APRENDER E ENSINAR NA EDUCAÇÃO INFANTIL

```
B318a    Bassedas, Eulàlia
         Aprender e ensinar na educação infantil / Eulàlia Bassedas, Teresa
     Huguet & Isabel Solé; tradução Cristina Maria de Oliveira. – Porto Alegre :
     Artmed, 1999.
         360 p. : il. ; 25 cm.

         ISBN 978-85-7307-517-5

         1. Educação infantil – Aprender – Ensinar. I. Huguet, Teresa. II. Solé,
     Isabel. III. Título.


         CDU 37.0152:372.3/.4
```

Catalogação na publicação: Mônica Ballejo Canto – CRB 10/1023

APRENDER E ENSINAR NA EDUCAÇÃO INFANTIL

EULÀLIA BASSEDAS
Psicóloga. Membro da Equipe de Assessoramento Psicopedagógico (EAP) do
VIII Distrito (Nou Barris) de Barcelona.
Ex-professora da Faculdade de Ciências da Educação da Universidade Autônoma de Barcelona (UAB).
Participa de atividades de formação permanente de professores e de psicopedagogos.

TERESA HUGUET
Psicóloga. Membro da Equipe de Assessoramento Psicopedagógico (EAP) de
Esplugues-Sant Just (Barcelona).
Participa de atividades de formação permanente de professores e de psicopedagogos.

ISABEL SOLÉ
Professora de Psicologia da Educação do Departamento de Psicologica Evolutiva e de Educação da
Universidade de Barcelona (UB).
Participa de atividades de formação permanente de professores e de psicopedagogos.
Pesquisadora de temas relacionados à leitura e à educação infantil.

Tradução:
CRISTINA MARIA DE OLIVEIRA
*Doutoranda do Departamento de Didática da Língua e Literatura da Universidade de Barcelona.
Professora de Didática da Alfabetização e de Português da FEEVALE, Novo Hamburgo, RS.*

Reimpressão 2011

1999

Obra originalmente publicada sob o título
Aprendre i ensenyar a l'éducació infantil
Autores: Eulàlia Bassedas, Teresa Huguet, Isabel Solé
© Serveis Pedagògics, 1996
ISBN 84-7827-139-2

Capa:
MÁRIO RÖHNELT

Preparação do original:
ZITA DE SOUZA, ELISÂNGELA ROSA DOS SANTOS

Consultoria e supervisão desta edição:
MARIA CARMEN SILVEIRA BARBOSA
Professora assistente da Faculdade de Educação da UFRGS. Doutoranda em Educação pela UNICAMP.

Supervisão editorial:
LETÍCIA BISPO DE LIMA

Editoração eletrônica e filmes:
GRAFLINE EDITORA GRÁFICA

Reservados todos os direitos de publicação, em língua portuguesa, à
ARTMED® EDITORA S.A.
Av. Jerônimo de Ornelas, 670 - Santana
90040-340 Porto Alegre RS
Fone (51) 3027-7000 Fax (51) 3027-7070

É proibida a duplicação ou reprodução deste volume, no todo ou em parte,
sob quaisquer formas ou por quaisquer meios (eletrônico, mecânico, gravação,
fotocópia, distribuição na Web e outros), sem permissão expressa da Editora.

SÃO PAULO
Av. Angélica, 1091 - Higienópolis
01227-100 São Paulo SP
Fone (11) 3665-1100 Fax (11) 3667-1333

SAC 0800 703-3444

IMPRESSO NO BRASIL
PRINTED IN BRAZIL
Impresso sob demanda na Meta Brasil a pedido do Grupo A Educação.

A Aleix, Adrià, Guillem, Anna e Caterina.
Todos nos ofereceram experiências peculiares e gratificantes
de educação infantil.

E a Albert, Joan e Oriol,
com quem tivemos a sorte de compartilhá-las.

Agradecimentos

Ao escrever um livro como este, em algum momento se pode ter a tentação de pensar que é exclusivamente fruto da própria experiência e do próprio conhecimento. Sem negar a responsabilidade que nos corresponde pelas limitações da obra e reivindicando, ao mesmo tempo, alguns méritos por seus acertos, reconhecemos que, por boa parte do que conseguimos encontrar e expusemos neste livro, devemos agradecer à interação e à experiência dividida com outros profissionais, com quem tivemos a oportunidade de trabalhar em vários âmbitos e que nos ajudaram a avançar e a aprender.

Entre todas essas pessoas, queremos nomear as educadoras e os educadores da E. B. L'Arboç, de Barcelona; da E.B. Marrecs, de Sant Just Desvern; da Escola Infantil El Sucre, de Esplugues, aos professores e às professoras da Escola Folch e Torres, de Espulgues e às turmas dos ciclos de creche das Escolas Bosc Forestier, Ignasi Iglesias e Turó Blau, de Barcelona; aos/às participantes do Seminário de Educação Infantil, de Esplugues (nos anos letivos de 1992/93 e 1993/94); às companheiras da Equipe de Orientação e Assessoramento Pedagógico – EAP, de Esplugues; aos assessores e às assessoras do Plano de Formação do Instituto Municipal de Educação de Barcelona – IMEB; aos companheiros e às companheiras da Unidade de Psicologia da Faculdade de Ciências da Educação, do Departamento de Psicologia da Educação, da Universidade Autônoma de Barcelona – UAB; e aos membros do Grupo de Estudos sobre Planejamento e Desenvolvimento do Currículo, do Departamento de Psicologia Evolutiva e de Educação da Universidade de Barcelona – UB.

Muito obrigada a todos por sua generosidade, seu empenho e desejo de fazer um ensino a cada dia melhor.

Sumário

Introdução | 13

1. Desenvolvimento e aprendizagem na etapa de 0 a 6 anos | 19
    1.1   Introdução | 20
    1.2   Como se desenvolvem e aprendem as crianças da etapa de educação infantil? | 20
    1.3   Características evolutivas | 30
    1.4   Algumas idéias que é preciso guardar | 47
   Se quiser ler mais... | 48

2. A etapa da educação infantil | 49
    2.1   Introdução | 50
    2.2   Características gerais da etapa | 50
    2.3   O currículo da etapa | 55
    2.4   As áreas curriculares e os principais blocos de conteúdos | 65
    2.5   Os ciclos na etapa da educação infantil | 86
    2.6   Algumas idéias que é preciso guardar | 88
   Notas | 89
   Se quiser ler mais... | 89

3. A prática educativa I: organização e planejamento | 91
    3.1   Introdução | 93
    3.2   Os aspectos organizacionais | 93
    3.3   O planejamento da ação educativa | 112
    3.4   Algumas idéias que é preciso guardar | 127
   Nota | 127
   Se quiser ler mais... | 127

4. A prática educativa II: critérios e âmbitos de intervenção | 129

4.1 Introdução | 131
4.2 Chegado o momento de atuar: onde fica o que planejamos? | 131
4.3 Critérios gerais de atuação educativa na escola infantil | 133
4.4 As principais situações educativas | 144
4.5 Os materiais | 167
4.6 Algumas idéias que é preciso guardar | 169
Notas | 169
Se quiser ler mais... | 169

5. A avaliação e a observação | 171

5.1 Introdução | 172
5.2 A avaliação é objetiva? | 172
5.3 Por que avaliar? | 173
5.4 Avaliar os alunos em diferentes momentos | 174
5.5 Avaliação e atenção à diversidade | 177
5.6 Como se avalia? | 178
5.7 A comunicação da avaliação e os seus efeitos no futuro escolar do aluno | 180
5.8 Avaliação das propostas educativas | 185
5.9 Pautas de observação: proposta de instrumentos para os diferentes níveis da escola maternal e da pré-escola | 187
5.10 Algumas idéias que é preciso guardar | 241
Notas | 241
Se quiser ler mais... | 242

6. Trabalho de equipe e Projeto Curricular de Centro | 243

6.1 Introdução | 245
6.2 Trabalho de equipe | 245
6.3 O Projeto Curricular de Centro | 254
6.4 Os componentes do Projeto Curricular de Centro | 260
6.5 Algumas idéias que é preciso guardar | 279
Se quiser ler mais... | 280

7. Família e escola | 281

7.1 Introdução | 282
7.2 Família e escola: dois contextos diferentes, um objetivo comum | 282
7.3 Compartilhar a ação educativa | 285
7.4 A comunicação com as famílias | 291
7.5 A participação dos pais e das mães no centro educativo | 295
7.6 Algumas idéias que é preciso guardar | 296
Nota | 297
Se quiser ler mais... | 297

Referências bibliográficas | 299

Anexos | 303

Anexo 1. A jornada escolar na creche e na pré-escola: exemplos | 305
Anexo 2. A situação de chegada à escola: programação de uma unidade didática | 316
Anexo 3. O cantinho da casinha: programação de uma unidade didática | 319
Anexo 4. A situação de refeição: as decisões da equipe de professores de um centro | 323
Anexo 5. As chegadas e as saídas: a sua concretização no Projeto Curricular de Centro | 328
Anexo 6. Proposta de blocos de conteúdos para as três áreas | 330
Anexo 7. Exemplo de seqüenciação de conteúdos e de objetivos da área de descoberta do meio em uma creche | 332
Anexo 8. A organização do espaço em uma creche: a sua concretização no Projeto Curricular de Centro | 339

Guia de recursos e serviços para a criança | 347

Guia de recursos bibliográficos e audiovisuais | 353

Introdução

Este livro é o resultado de um conjunto de experiências, de um processo de trabalho e de subseqüentes decisões que configuram sua identidade. Talvez não seja necessário dizer que um processo diferenciado ou o fato de propalar-se por outras posturas fez com que *Aprender e ensinar na educação infantil* resultasse desta maneira; de qualquer forma, nesta introdução, convém esclarecer quais foram nossas intenções e avaliar os limites e o alcance que nós, autoras, atribuímos à nossa obra.

Aprender e ensinar na educação infantil pertence a uma coleção que impõe certas condições: os livros que dela fazem parte precisam ser propostas bem-fundamentadas, tanto do ponto de vista disciplinar como psicopedagógico; devem ser um material auxiliar aos professores* para estruturar sua tarefa cotidiana; devem ser obras com intenção de "recurso", quer dizer, nas quais se possa encontrar informações variadas e soluções criativas para alguns dos problemas consubstanciais que surgem na própria prática. O nosso livro pretende corresponder a essas aspirações, porém é necessário destacar uma peculiaridade: não nos referimos aqui a uma área curricular, e sim a uma *etapa educativa*.

Esse fato possui algumas repercussões. De maneira imediata, é evidente que implica abordar muitos pontos. Também é certo que não dispúnhamos de um único referencial disciplinar; os âmbitos da experiência em que se concentram os conteúdos da educação infantil estão apoiados sobre referentes disciplinares diversos que, mesmo não tendo o peso de que dispõem em etapas posteriores, não deixam de estar presentes e precisam ser considerados. Em contraposição, podemos afirmar que o referente psicológico e psicopedagógico é a coluna vertebral deste livro, sendo esse o referencial a que devemos acorrer para qualquer decisão relacionada com as experiências educativas que envolvem meninos e meninas dessa etapa. É necessário destacar que o período temporal que delimita a educação infantil é formado por tan-

---

*N. de T. Na Espanha, a titulação correspondente à formação técnica profissional para trabalhar com a etapa de educação infantil e as séries iniciais do ensino fundamental é a de "professor". Para as demais séries, a titulação correspondente é a de "mestre". No Brasil, a primeira corresponde à formação obtida nas escolas de magistério e a segunda, à formação dos professores de 5ª série em diante. Aqui, utilizaremos a denominação "professor", fazendo menção específica quando for necessário.

tas mudanças, próprias dessa fase, que não é possível traçar um paralelo com nenhum outro período da vida das pessoas. É preciso dizer que, de um ponto de vista educativo, não é uma etapa obrigatória e que, em nosso país, até relativamente pouco tempo atrás, a organização administrativa referente à educação infantil não era tão intensa e, em muitos casos, era até mesmo caótica. Portanto, trata-se de uma etapa complexa.

Queremos remeter a nossa vontade de escrever um livro à referida complexidade que seja abrangente a toda a etapa, mesmo estando cientes dos riscos de tal pretensão. Grande parte da literatura existente sobre a educação infantil – felizmente abundante e de boa qualidade – geralmente se ocupa da creche ou da pré-escola ou de um período de idade (como, por exemplo, de 0 a 2 anos) ou de um aspecto concreto a uma idade específica. Tentamos fazer um livro, voltado para a educação infantil, que destacasse a continuidade entre os ciclos e as especificidades de cada um e que também atendesse às peculiaridades dos diferentes níveis que a compõem. Por esse motivo, apresentamos aspectos e temas que são mais adequados às creches e outros que se referem aos meninos e às meninas das etapas escolares posteriores. Porém, pelo nosso interesse em conservar a globalização da etapa *educação infantil* e por nossa vontade, já manifestada, de destacar as características comuns que perduram, evitamos de subdividir o livro em "partes" dirigidas a cada ciclo.

O exposto acima não tem a intenção de servir de desculpas a possíveis falhas e faltas que este livro possa conter. Sobre isso assumimos a responsabilidade, apesar de termos consciência de que não podemos perder de vista a vitalidade da educação infantil e, especialmente, dos professores e das professoras que a exercem, o que, até certo ponto, ridiculariza nossa pretensão de abordar todos os temas – e de fazê-lo de maneira competente – em um único livro. Nem este e nenhum outro poderá captar os mil matizes que cada professor possibilita, com sua atuação, criar e desenvolver em cada contexto de ensino; assim como não será este livro, nem outro, que proporcionará respostas a todas as perguntas ou satisfará todas as expectativas sobre este complexo tema.

De nossa parte, não pretendemos fazer um livro exaustivo, nem um livro de soluções ou uma compilação de generalizações. Fomos menos ou mais ambiciosas em alguns pontos, conforme podem ser observados. *Aprender e ensinar na educação infantil* aborda o tema que expressa em seu título, a partir de uma *perspectiva construtivista;* sintetizamos aqui alguns aspectos que consideramos relevantes: a fundamentação psicopedagógica do ensino e da aprendizagem; o currículo desta etapa de educação; os aspectos organizacionais e de planejamento; a concretização da prática educativa e sua avaliação; o trabalho de equipe de professores e os processos de elaboração de projetos conjuntos; as relações entre o contexto familiar e o contexto escolar. Não pretendemos dizer, em absoluto, que esses são *os* temas fundamentais, mas que são *alguns* temas em torno dos quais giram as preocupações, as discrepâncias e as dúvidas dos docentes nessa etapa.

Com relação ao tipo de abordagem dos conteúdos nos diferentes capítulos, há três aspectos que gostaríamos de destacar. Em primeiro lugar, tentamos não fazer afirmações arbitrárias, ou seja, afirmações em que não se reconheça o marco explicativo que as sustente e que lhes atribua parte de sua coerência e fundamentação; outro aspecto é se esse substrato pode ser compartilhado ou não, embora mais especificamente já comunicamos antes a nossa posição nesse caso. O que pretendemos é esclarecer que não se trata de usar um discurso muito teórico, e sim a pretensão de referir idéias; sobretudo, os *critérios* úteis para analisar e, quando for necessário, para melhorar o que já estava sendo usado na escola e aproximá-lo a um marco teórico coerente e rigoroso.

Em segundo lugar, e estreitamente ligado à idéia anterior, não busquem – nem encontrem! – soluções simples a problemas complexos, ao menos não as procurem neste livro. Aqui serão encontrados critérios que permitem entender, de uma outra perspectiva, o que traz preocupações provenientes das práticas; propostas que deverão ser interpretadas e incorporadas, ou seja, que somente serão úteis na medida que forem contextualizadas. No começo de cada capítulo, formulamos algumas questões que devem ajudar a encontrar respostas e que também contribuem para ajustar algumas das expectativas com respeito ao que, em seguida, expomos.

Em terceiro lugar, trata-se de um livro que conta com a cumplicidade de seus leitores e que será útil à medida que, ao ser lido, o leitor o interrogue com os problemas criados na sua própria prática; desse modo, preenchem-se os vazios ou concretizam-se as propostas mais gerais com a criatividade do leitor. Procuramos fazer com que essa tarefa não seja muito difícil e, por isso, obrigamo-nos a concretizá-la, a exemplificá-la, a refletir sobre situações práticas e vivenciadas. Porém, sempre há um ponto em que fizemos uma leitura pessoal e convertemos em funcional as aprendizagens, o que necessariamente vai exigir esforço e implicação por parte do leitor.

Assim, *Aprender e ensinar na educação infantil* quer ser um instrumento útil de reflexão, análise e otimização da prática educativa que é dirigida a crianças que, desde os três meses até os seis anos, participam de uma vida escolar. Não é um receituário, tampouco um discurso genérico. Não diz o que precisa ser feito, nem como fazê-lo, mas justifica determinadas orientações na hora de tomar decisões.

Não é um livro estritamente escrito a partir uma prática, nem exclusivamente a partir de uma teoria; é um livro em que ambas – teoria e prática – mantiveram, desde o início até o final, um jogo dialético que nos possibilitou evitar as posturas dogmáticas como aquelas que, apoiadas em um ecletismo mal-entendido, tornam tudo igualmente válido ou suscetível de ser rejeitado, sem proporcionar critérios que fundamentem as decisões. A nossa impressão é que a interação entre o conhecimento prático e o referencial teórico construtivista torna-se enriquecedora e interessante para caracterizar a etapa da educação infantil; consideramos que ela contém elementos úteis para os professores e para as professoras que desenvolvem seu trabalho nessa etapa, bem como para outros profissionais que trabalham sob perspectivas diversas. Em um sentido um pouco diferente, a sua leitura também pode ser proveitosa para futuros docentes e assessores psicopedagógicos.

Do ponto de vista formal, a estrutura e a organização deste livro são apresentadas de acordo com a finalidade que acabamos de expor (ser um instrumento útil para análise e melhoria da prática educativa). Estamos conscientes de que um livro com tais características não será lido começando-se pela primeira página e terminando-se na última; muitos leitores dirigem-se a um capítulo concreto ou, inclusive, a um subcapítulo, ou a algum item específico, porque eles mesmos ou suas equipes estão trabalhando um determinado tema que aqui é apresentado. Nossa intenção é que cada capítulo mantenha uma unidade própria, que permita a sua leitura isolada, mesmo que esta decisão traga alguns problemas: em alguns casos, há conteúdos que aparecem em mais de um capítulo – normalmente com perspectivas diferentes –, porque nos dois casos têm sentido. Em outros casos, a intenção de dar unidade ao capítulo obriga ao contrário: direcionar alguns conteúdos a um lugar, quando também poderia estar em outro. Esses inconvenientes são compensados pelo fato de este ser um livro cuja leitura pode ser iniciada em diferentes pontos, e não necessariamente desde seu início. Mesmo assim, tivemos o cuidado para que o leitor que queira fazer uma leitura de todo o livro encontre uma seqüência lógica, um fio condutor e um discurso que lhe facilite a tarefa.

De uma perspectiva mais analítica, o primeiro capítulo apresenta uma visão do desenvolvimento das crianças no decorrer de seus primeiros seis anos, vinculando esse processo à aprendizagem e à educação que se constrói em determinado contexto cultural. Sem mais detalhes, no decorrer desse capítulo, destaca-se não só o caráter ativo e construtivo da ação e do pensamento das crianças, como também o caráter igualmente ativo e determinante das pessoas que com elas atuam. Evidencia-se a necessidade de uma ação educativa de qualidade no período correspondente à educação infantil.

O segundo capítulo aborda os aspectos curriculares dessa etapa e acrescenta um aspecto supostamente qualitativo para melhorar o ensino que representa, em parte, uma novidade em relação a épocas anteriores. Consideramos, com certo resguardo, as finalidades e os âmbitos da experiência nessa etapa, fazendo algumas propostas para estruturar os conteúdos nela apresentados. Falamos também da diversidade das escolas em que atualmente se oferece educação infantil. Seu marco — o currículo e a administração — concretizar-se-á em um conjunto de decisões organizacionais e de planejamento e intervenção didática.

O terceiro capítulo ocupa-se dos aspectos organizacionais — desde os da escola até os da sala de aula, o espaço e o tempo, os recursos materiais, etc. — que tanta importância têm na configuração da prática educativa; também apresenta os aspectos de planejamento dos diferentes âmbitos que fazem parte dessa formação. Organização e planejamento são considerados ferramentas indispensáveis ao serviço de uma prática educativa de qualidade.

A concretização da prática educativa, os seus condicionamentos e as diversas possibilidades que podemos observar figuram no quarto capítulo, o qual não pretende oferecer modelos fechados, mesmo que não repudie a exemplificação, nem as situações concretas que podem ilustrar uma maneira construtivista de planejar as experiências educativas. Sem dúvida, uma das características dessa perspectiva é a possibilidade que oferece de ir avaliando e regulando o processo para poder adequá-lo às características e às necessidades que vão surgindo em seu transcurso.

Toda a ação educativa deve ser avaliada. O quinto capítulo aborda uma visão de avaliação dos alunos, do processo de ensino e de aprendizagem e do funcionamento da própria equipe que se adapte às características da educação infantil, ao mesmo tempo que proporcione exemplos e instrumentos úteis para serem aplicados na prática. A avaliação, como o próprio ensino, requer acordos e decisões conjuntas entre os participantes das equipes educativas.

O sexto capítulo aborda o tema crucial do trabalho em equipe. Mais que uma exigência burocrática, essa é uma condição necessária para um ensino de qualidade. A partir dessa perspectiva, porém sem evitar nosso pronunciamento sobre as dificuldades que implicam e os conflitos que provavelmente são gerados, abordamos os processos de trabalho em conjunto, em torno de projetos educativos no âmbito da educação infantil. Além desses projetos, é possível aproximar-se da realização de uma educação integral e coerente.

Por último, no sétimo capítulo, estão apresentados os contextos de desenvolvimento e de educação primordiais das crianças em seus primeiros anos de vida: a escola e a família. Analisam-se os benefícios da ação educativa compartilhada, estabelecem-se os âmbitos em que é possível e necessário estabelecer colaboração e apontam-se alguns aspectos que podem ser problemáticos, além de serem propostas algumas estratégias que permitem abordá-los. Este livro completa-se com um conjunto de anexos, que ilustram os conteúdos tratados no decorrer da obra, e com um guia de recursos e serviços para a infância. Uma ampla bibliografia, selecionada com atenção aos critérios de utilidades para a prática educativa, completa as referências que aparecem ao final de cada capítulo.

Isso é o que oferecemos; o que apresentamos também depende do leitor, de seus interesses e de sua implicação. E, antes de concluir, duas confidências. A primeira é quase evidente: este livro nunca teria surgido sem a colaboração dos professores e das professoras e de outros profissionais do mundo da educação com quem também colaboramos, a partir de perspectivas e de tarefas diferentes, durante vários anos; com eles aprendemos muitas coisas e continuaremos aprendendo.

A segunda confissão tem um caráter mais pessoal, porém acreditamos ser necessário compartilhá-la com os leitores. No transcurso da elaboração deste livro, as três autoras concordaram em muitos aspectos, mas também houve discrepâncias e desacordos; muitas vezes, tivemos que ceder, para poder encontrar soluções que nos deixassem satisfeitas. Agora, podemos dizer que esse processo foi válido, pois, por um lado, o fato de compartilhar, de discordar, de discutir e de entrar em consenso é previsto em um trabalho conjunto; por outro lado — e provavelmente por tudo isso — avançamos juntas (independentemente da valorização que merece nosso avanço). Desejamos que os leitores destas páginas encontrem alguns aspectos que os façam refletir, podendo compartilhar com seus companheiros e com suas companheiras e, assim, concordando e discutindo, divergindo construtivamente e encontrando o que os una, possamos avançar todos juntos com o objetivo de um ensino coerente e de qualidade.

1

Desenvolvimento e aprendizagem na etapa de 0 a 6 anos

1.1 **Introdução** | 20

1.2 **Como se desenvolvem e aprendem as crianças da etapa de educação infantil?** | 20
Como ocorre o processo de desenvolvimento? Em que consiste? | 21
Qual é o papel da herança no decorrer do desenvolvimento? | 22
Que relações podemos estabelecer entre o desenvolvimento e a aprendizagem? | 23
Como as crianças aprendem? | 25
- A experiência com os objetos | 25
- A experiência com as situações | 26
- Os prêmios e os castigos | 27
- A imitação | 27
- A aprendizagem por meio da criação de andaimes e a aprendizagem compartilhada | 28

1.3 **Características evolutivas** | 30
As capacidades motoras | 31
- O primeiro ano de vida | 31
- Do segundo ao sexto ano de vida | 33
As capacidades cognitivas | 36
- Do nascimento até um ano e meio ou dois anos | 36
- Dos dois anos aos seis anos | 40
As capacidades de relação com as outras pessoas e de equilíbrio pessoal | 43
- Do nascimento até os dois anos | 43
- Dos dois aos seis anos | 44

1.4 **Algumas idéias que é preciso guardar** | 47

Se quiser ler mais... | 48

> **A leitura deste capítulo deve proporcionar respostas para as seguintes perguntas:**
> - Como se desenvolvem as capacidades motoras no decorrer dos seis primeiros anos de vida das crianças? E as capacidades cognitivas? E as capacidades relacionadas com a possibilidade de estar bem consigo mesmo e com as outras pessoas (equilíbrio pessoal e de relação interpessoal)? E as capacidades de atuar e participar no mundo que está em volta (de atuação e de inserção social)?
> - Nesta idade, há limites nas capacidades de desenvolvimento?
> - Quais são os elementos envolvidos na consecução de uma série de capacidades que permitem uma aprendizagem sistemática na escola primária?
> - Precisamos esperar que a criança amadureça para planejar situações concretas de aprendizagem, ou as situações de aprendizagem que planejamos servem para que as crianças amadureçam? Quais as relações entre maturidade/educação/aprendizagem/desenvolvimento?
> - Qual é o papel das pessoas adultas no desenvolvimento das capacidades dos meninos e das meninas pequenas? Como os adultos podem ajudar a desenvolver ao máximo essas capacidades?

1.1 INTRODUÇÃO

Todos nós temos, em algum momento de nossa vida, uma relação próxima com crianças pequenas. Essa relação ocorre por motivos diversos e proporciona-nos diferentes níveis de conhecimento do mundo infantil. De toda maneira, provavelmente estaremos de acordo que, no decorrer do período que vai desde o nascimento até os seis anos, ocorrem mudanças evidentes, espetaculares, bastante visíveis, que nos permitem considerar que as crianças pequenas cada vez mais formam parte de nossa cultura e de nossa comunidade e que, a cada dia, vão-se tornando mais parecidas com as pessoas adultas.

O que provavelmente se tornaria mais difícil para a maioria das pessoas seria explicar por que e como ocorrem tais mudanças nas crianças pequenas; qual é o papel e a influência das pessoas adultas que as rodeiam; ou qual é o papel da herança nas capacidades que uma criança de seis anos manifesta. Essas são algumas das questões que encontramos como objetos de estudo da psicologia evolutiva e da psicologia da educação; a seguir, faremos uma referência aos fatores que intervêm no desenvolvimento, sempre os abordando a partir de uma perspectiva construtivista. Organizamos o capítulo atendendo a critérios de utilidade para os leitores interessados sobre a intervenção nessa etapa.

Na primeira parte, apresentamos algumas questões a respeito do desenvolvimento e da aprendizagem nos primeiros seis anos de vida.

Na segunda parte, ocupamo-nos dos grandes marcos do desenvolvimento nas diversas áreas (motora, cognitiva, afetiva).

1.2 COMO SE DESENVOLVEM E APRENDEM AS CRIANÇAS DA ETAPA DE EDUCAÇÃO INFANTIL?

Para poder avançar na explicação de uma determinada maneira de entender o desenvolvimento, convém esclarecer alguns conceitos que utilizamos seguidamente e que, às vezes, podem gerar confusões, se não forem utilizados da maneira como o leitor ou a leitora foram avisados para fazê-lo. Referimo-nos a três conceitos muito relacionados: maturação, desenvolvimento e aprendizagem. Quando falamos de *maturação*, estamos referindo-nos às mudanças que ocorrem ao longo da evolução dos indivíduos, as quais se fundamentam na variação da estrutura e da função das células. Assim, podemos falar, por exemplo, de maturação do sistema nervoso central, mediante a qual são criadas as condições para que haja mais e melhores conexões nervosas que permitam uma resposta mais adaptada às necessidades crescentes do indivíduo. A maturação está estritamente ligada ao crescimento (que corresponderia basicamente às mudanças quantitativas: alongamento dos ossos, aumento de peso corporal, etc.) e, portanto, aos aspectos biológicos, físicos, evolutivos das pessoas. Quando falamos de *desenvolvimento,* referimo-nos explicitamente à formação progressiva das funções propriamente humanas (linguagem, raciocínio, memória, atenção, estima). Trata-se do processo mediante o qual se põe em andamento as potencialidades dos seres humanos. Consideramos que é um processo interminável, no qual se produz uma série de saltos qualitativos que levam de um estado de menos capacidade (mais dependência de outras pessoas, menos possibilidades de respostas, etc.) para um de maior capacidade (mais autonomia, mais possibilidades de resolução de problemas de diferentes tipos, mais capacidade de criar, etc.). Finalmente, queremos destacar as características do conceito de *aprendizagem.* Mediante os processos de aprendizagem, incorporamos novos conhecimentos, valores, habilidades que são próprias da cultura e da sociedade em que vivemos. As aprendizagens que incorporamos fazem-nos mudar de condutas, de maneiras de agir, de maneiras de responder, e são produto da educação que outros indivíduos, da nossa sociedade, planejaram e organizaram, ou melhor, do contato menos planificado, não tão direto com as pessoas com quem nos relacionamos.

A partir dessas definições, podemos expor como entendemos que se desenvolvem os meninos e as meninas dessas idades e qual é o papel da escola na potencialização desse desenvolvimento.

Como ocorre o processo de desenvolvimento? Em que consiste?

De zero a seis anos, ocorre um processo de complexidade do ser humano que não se repetirá durante seu desenvolvimento. As crianças, quando nascem, necessitam de cuidados mínimos e de atenção não muito complexa (comer e dormir certas horas e receber atenção às demandas a que o recém-nascido começa a fazer). À medida que vão crescendo, aumenta a complexidade de suas demandas (choram porque têm vontade ou mal-estar, ou não querem estar sozinhas, ou querem estar com uma outra pessoa, etc.) e também aumenta sua capacidade de resposta (começam a ter critérios próprios em alguns aspectos e, portanto, mediante o uso de linguagem podem pedir o que querem). Também se tornam mais complexas as realidades em que vivem essas crianças: passam do âmbito relacional reduzido ao estabelecimento de relações com pessoas mais alheias e desconhecidas, a ter necessidade de valer-se por si mesmas, de garantir-se sem a presença constante das pessoas mais próximas. A complexidade é consubstancial ao processo de desenvolvimento dos seres humanos. Esse desenvolvimento é caracterizado pelo seu caráter *único* com relação às outras espécies vivas: o ser humano é o único ser vivo que pode planejar sua ação, pôr em andamento uma atividade psíquica que lhe permita realizar ações criadoras. Também é necessário destacar que a *diversidade* é uma característica do ser humano, pois todas as pessoas são diferentes em suas particularidades físicas e psíquicas: cada uma recebe, por meio de herança, determinadas características físicas e determinadas potencialidades, que se desenvolvem em um determinado ambiente. Tudo isso exige-nos a necessidade de falar simultaneamente das características de unicidade e de diversidade do ser humano.

Qual é o papel da herança no decorrer do desenvolvimento?

Quando uma criança nasce, recebe de seu pai e de sua mãe uma informação genética que lhe permite fazer parte da espécie humana: *traços morfológicos, um sexo definido, algumas capacidades de desenvolvimento que estão inscritas em determinada constituição do cérebro e um calendário de maturação*. Todos os recém-nascidos têm duas pernas, dois braços, traços faciais de seres humanos e um sexo determinado. Esses são os traços característicos que externamente o identificam como um ser humano. Também nascem com um cérebro, que está preparado para crescer e desenvolver-se de modo espetacular. A informação que o cérebro contém é caracterizada pelo fato de que marca todas as possibilidades de desenvolvimento que tem o ser humano, mas não impõe limitações. Assim, por exemplo, o cérebro contém todas as informações para que uma criança possa falar, porém não determina em que língua o fará, nem o grau de aquisição que atingirá. Isso dependerá do contexto lingüístico em que essa criança passe a conviver e a mover-se, do grau de correção de linguagem que se fala em sua volta e de suas experiências para utilizar a linguagem com diferentes finalidades. Nosso código genético contém uma informação que denominamos de *calendário de maturação*. Com esse conceito, referimo-nos a uma série de informações geneticamente estabelecidas por meio das quais se sabe que os seres humanos passam por uma seqüência de desenvolvimento que sempre é igual para todos (caminhar aproximadamente ao final do primeiro ano de vida, falar aos dois anos, etc.) e que, em seus traços característicos básicos, não se realizam com grandes variações (p. ex., uma criança não poderá caminhar aos seis meses, porque nessa idade ainda não tem um desenvolvimento motor que lhe permite fazê-lo; consegue somente permanecer sentada). Essa seqüência determina que coisas são possíveis em diferentes momentos. Esse calendário de maturação é especialmente indicativo das possibilidades e da seqüência de desenvolvimento nos dois primeiros anos de vida, já que está muito relacionado a uma maturação neurológica essencial. Depois disso, as aquisições estarão marcadas por outros aspectos, como a estimulação e a ajuda recebidas do exterior.

A compreensão da influência hereditária no desenvolvimento do ser humano está bem esclarecida na diferenciação, apresentada por F. Jacob e registrada em Palacios (1979), entre a parte aberta e a parte fechada do código genético. A parte fechada do código genético é aquela que impõe uma determinada informação genética que será necessariamente cumprida. Trata-se da informação genética que estabelece um ciclo de vida determinado para os seres humanos, alguns reflexos no momento do nascimento, algumas características genéticas determinadas. A parte aberta do código genético, ao contrário, estabelece um conjunto de potencialidades que não se desenvolvem totalmente sem influência do meio, sem a estimulação das pessoas com as quais convivem. Trata-se, por exemplo, das possibilidades de utilização da linguagem, das capacidades de estabelecimento de vínculos emocionais e da resolução de problemas. Em cada uma dessas funções e capacidades, há um predomínio específico da parte aberta ou da parte fechada do código genético. Assim, é esse grau de predominância do código que explica as diferenças entre umas e outras capacidades infantis. Por exemplo, podemos constatar que, em relação ao desenvolvimento das capacidades motrizes, todos os meninos e as meninas conseguem caminhar corretamente por volta do primeiro ano, sem necessidade de que se faça uma estimulação específica nesse sentido, uma vez que essas capacidades estão fortemente moduladas pela parte fechada do código genético. Por outro lado, é difícil que todas as crianças consigam um desenvolvimento da linguagem em toda a sua amplitude sem estimulação do meio que permite a sua utilização em todas as suas funções e usos, já que a linguagem está regulada pela parte aberta do código genético.

Assim, constatamos que a herança recebida dá-nos uma série de possibilidades e indica-nos em que momento aproximado estarão disponíveis. O grau de aquisição e as características de tal aquisição dependerão das inter-relações que a criança faz em experimentações com as pessoas de seu convívio. Podemos destacar que, no decorrer do primeiro ano, os bebês têm a capacidade de começar a estabelecer fortes vínculos com as pessoas que os cuidam. O fato de estabelecerem ou não esses vínculos, que lhes proporcionam segurança ou que constituem vínculos instáveis e inseguros, dependerá das características das relações que o bebê vai tecendo durante seu primeiro ano de vida.

O desenvolvimento da espécie humana é, portanto, o resultado de uma interação entre o programa de maturação (inscrito geneticamente) e a estimulação social e pessoal que a criança recebe das pessoas que a cuidam. Logo, entendemos que os aspectos psicológicos de desenvolvimento não estão predeterminados, mas que são adquiridos mediante a interação com o meio físico e social que envolve as crianças desde o seu nascimento.

Que relações podemos estabelecer entre o desenvolvimento e a aprendizagem?

Para entender as aquisições que os meninos e as meninas podem fazer no decorrer dos anos da educação infantil, convém definir como consideramos o processo de aprendizagem das crianças e, também, as relações que podemos destacar entre a aprendizagem e o desenvolvimento.

Nessas idades, sobretudo na fase da creche, considera-se, muitas vezes, que os meninos e as meninas não podem aprender, se não tiverem desenvolvido previamente algumas características consideradas imprescindíveis. Um dos exemplos mais típicos e conhecidos nas escolas é o fato de dizer que às crianças de quatro ou cinco anos não se pode ensinar os numerais, porque elas não têm a noção e o conceito de número corretamente estabelecidos. Isso ilustra claramente a tendência em subordinar a aprendizagem ao desenvolvimento, no sentido de entender que primeiro se desenvolve uma série de capacidades cognitivas e depois se pode iniciar o ensino de conceitos que envolvam tais capacidades. O fato de que a escola estabelece esse tipo de decisões está diretamente relacionado com o que a psicologia diz em relação a esses aspectos. Nesse sentido, destacamos que algumas das abordagens fundamentais feitas pela psicologia genética de Jean Piaget está, em nosso ponto de vista, rigidamente aplicada na escola e, então, ocorrem comportamentos práticos educativos discutíveis como promotores de uma boa aprendizagem.

A perspectiva que Vygotsky (1984) abordou em relação à aprendizagem escolar é fundamental para que se possa raciocinar e entender qual é a natureza da aprendizagem e do ensino escolar e sobre que relações seria conveniente estabelecer o desenvolvimento da criança. Segundo o psicólogo russo, para que possa haver desenvolvimento é necessário que se produza uma série de aprendizagens, as quais, de certo modo, são uma condição prévia. Assim, voltando ao exemplo que apresentamos antes, é necessária uma série de aprendizagens em relação a situações de contar, de lembrar, recordar a seriação numérica, experienciar contatos com coisas possíveis de contar e outras incontáveis, etc., para a criança poder chegar a conceitualizar a noção de um nome, como a inclusão de todos os outros (o cinco incluiu o quatro, o três, o dois, o um), independentemente de questões perspectivas (a disposição espacial dos objetos não influencia a quantidade).

A partir disso, entende-se que a maturação por si só não seria capaz de produzir as funções psicológicas próprias dos seres humanos: é a aprendizagem na interação com outras pessoas que nos dá a possibilidade de avançar em nosso desenvolvimento psicológico. Esses processos de interação com outras pessoas permitem o estabelecimento das funções psicológicas superiores. Assim, as crianças, começam a utilizar a linguagem como um veículo de comunicação, controle e regulação das ações das outras pessoas, e somente depois de tê-la utilizado interagindo com as outras pessoas é que a linguagem converte-se em um instrumento idôneo para planejar a ação, ou melhor, a linguagem transforma-se em pensamento.

Começamos, então, a delinear a importância fundamental que têm as pessoas mais capazes da espécie no processo de desenvolvimento das crianças e, em nosso caso, as mães, os pais, os professores de educação infantil e também os meninos e as meninas mais velhos. A criança pequena, quando atua juntamente com uma pessoa mais capaz, pode chegar a fazer algumas coisas que não consegue fazer em um momento em que esteja sozinha. Assim, por exemplo, um menino de um ano pode colocar uma peça em cima da outra e fazer uma torre somente se a pessoa mais capaz do que ela acompanhar sua mão. Ou, então, uma menina de dois anos poderá contar os dois pedaços de carne que tem para comer, se a pessoa mais capaz ajudar-lhe, contando com ela. Ou, ainda, um menino de três anos poderá pôr a mesa, na escola, se sua professora disser como deve proceder. Também um menino de quatro anos poderá reconhecer o seu nome, quando vê a professora escrevê-lo. Uma menina de cinco anos poderá explicar um conto literário, se a professora, a mãe ou o pai derem a ela diferentes pistas que a ajudem a ordenar os dados. As crianças poderão realizar todas essas atividades sozinhas, mais adiante, sem prescindir da ajuda de outra pessoa mais capaz ou de um adulto para indicar os processos, como apresentado nos exemplos anteriores. Nesses processos, as crianças pequenas *interiorizam* os objetivos, os procedimentos e as regulações que vão compartilhando com a outra pessoa mais capaz, o que as tornam capazes de fazê-lo automaticamente. A partir desses exemplos, podemos dizer que tudo o que a criança pequena sabe fazer com a ajuda, a orientação e a colaboração de pessoas mais capazes é o que Vygotsky denomina *nível de desenvolvimento potencial*. Aquilo que a criança pequena já é capaz de fazer sozinha no mesmo momento pode ser considerado o *nível de desenvolvimento efetivo*. Aquilo que a criança pequena sabe fazer com a ajuda de outras pessoas mais capazes e não sozinha, Vygotsky destaca que acontece porque algumas funções não estão totalmente desenvolvidas, mas estão em desenvolvimento; portanto, a aprendizagem que a criança pequena faz, praticando esses aspectos juntamente com uma pessoa mais capaz, é o que lhe permitirá chegar a desenvolver algumas capacidades pessoais que poderá exercer sozinha mais adiante.

Nesses conceitos vygotskianos, encontramos uma definição satisfatória referente às relações entre aprendizagem e desenvolvimento. Podemos destacar que a aprendizagem facilita e promove o desenvolvimento através da criação de *zonas de desenvolvimento potencial*, as quais, segundo o que já mencionamos, podemos definir como a "distância entre o nível atual de desenvolvimento, determinado pela capacidade de resolver independentemente um problema, e o nível de desenvolvimento potencial, determinado através da resolução de um problema sob a orientação de uma pessoa adulta ou com a colaboração de um companheiro mais capaz" (Vygotsky, citado por Riviere, 1984). Atuando com outra pessoa na zona de desenvolvimento próximo, a criança interioriza a ajuda proporcionada, incorporando, assim, aos seus conhecimentos e às suas ações novas dimensões que a farão mais funcional, mais complexa e mais capaz de resolver problemas.

Finalmente, podemos destacar que, no processo de ajuda, de cuidado dedicado a uma criança pequena, os educadores e os pais atuam de uma maneira ou outra, conforme entendem implicitamente que seja seu papel no processo de estimulação dessa criança: para que ela desenvolva suas aptidões e até possa antecipar suas capacidades, a partir de um processo de observação constante dos aspectos que esteja incorporando, para conseguir melhorar essas suas capacidades. Nessa atuação conjunta, pais e educadores ajudam a criança pequena em seu avanço pessoal.

Todos esses aspectos estão integrados na concepção construtivista do desenvolvimento e da aprendizagem (Coll, 1986, 1990) e, a partir dessa perspectiva, entendemos que o desenvolvimento não surge do nada, mas é uma construção sobre a base de desenvolvimento que já existe previamente, sendo uma construção que exige o envolvimento tanto do menino ou da menina como daqueles que se inter-relacionam com ele ou ela, tratando-se de processos modulados pelo contexto cultural em que vivem.

É necessário destacar que, nos últimos anos, tem havido entre os investigadores e estudiosos da psicologia evolutiva e da educação, em nosso contexto cultural, o que poderíamos nomear de um certo "acordo construtivista", já que seus fundamentos teóricos sustentam várias explicações dadas sobre o desenvolvimento do ser humano.

Como as crianças aprendem?

Os meninos e as meninas aprendem comportamentos, destrezas, hábitos e conhecimentos, de maneiras muito variadas. No decorrer da história da psicologia e da pedagogia, tem-se explicado, de diversas formas, a aprendizagem nessa idade. Segundo Palacios (1991), podemos considerar a existência de diversos caminhos, diferentes maneiras de aprender, cada uma destacada por referentes teóricos variados: a aprendizagem através da experiência com os objetos, a aprendizagem através da experiência em determinadas situações, a aprendizagem através do prêmio e do castigo, a aprendizagem por imitação e a aprendizagem da formação de "andaimes" por parte da pessoa adulta ou outra pessoa mais capaz.

A experiência com os objetos

O processo de conhecimento das crianças inicia sempre, desde pequenas, com uma exploração dos objetos. Tal como destaca Piaget

Figura 1.1 Jogo e experimentação com materiais diversos: turma dos dois anos da Creche Marrecs.

(1969), a criança conhece quando atua sobre os objetos, quando pratica ações sobre os objetos. Quando um bebê de quatro meses consegue segurar um objeto, aplica o que o investigador denomina *esquema de ação,* o qual poderíamos definir como o que sabe fazer, naquele momento, com os objetos. Os esquemas de ação do bebê de quatro meses, que representam seu conhecimento do momento, são, pelo que vemos, uma força limitada: certamente o bebê limita-se a segurar o objeto, puxá-lo, movê-lo, soltá-lo, observá-lo, etc. À medida que tenha experiências com os objetos, esses esquemas serão ampliados, diversificando-se e coordenando-se até chegar a condutas que já poderíamos denominar condutas *complexas* diante das coisas que são próprias das crianças de um ano e meio: trata-se de uma verdadeira experimentação, na qual ela faz uma análise do objeto, age sobre ele e tira conclusões sobre as suas características. Essa exploração e experimentação constantes que a criança faz sobre os objetos, no decorrer dos dois primeiros anos de vida, proporcionam-lhe um conhecimento do mundo que a envolve: as características dos objetos (os que têm gosto, os que fazem ruído, os que a mãe xinga quando toca, os que se movem, os que rolam...), as relações que podem ser estabelecidas entre os objetos e as situações (se movo isto, posso ver o que está em cima; se peço água, conseguirei que meu pai venha me ver, etc.).

Por meio desses processos, que Piaget denomina *assimilação* (aplicação do mesmo esquema a diferentes objetos e situações) e *acomodação* (pequenas mudanças que a criança introduz nos esquemas para adaptar-se a situações diferentes), a criança pequena da etapa sensório-motora faz uma aprendizagem do mundo que a envolve e aprende a resolver as situações com as quais convive, à medida que vai colocando em prática esquemas cada vez mais complexos para indagar e intervir na realidade.

No decorrer de toda a infância, a atividade sobre os objetos será muito importante. Porém, à medida que começa a estabelecer a capacidade de comunicação através do uso de linguagem, haverá uma variação no tipo de atividade que a criança fará para conhecer o mundo: ela passará a fazer operações mentais não-visíveis, utilizando a linguagem como instrumento de pensamento. De qualquer modo, o contato com os objetos e a experiência que a criança tem através do jogo individual, em grupo ou com uma pessoa adulta, são situações de aprendizagem básicas durante todo o período que poderíamos considerar como etapa da educação infantil.

É por isso que necessitamos proporcionar situações de jogo, experiência e manipulação de objetos diversos, bem como a realização de experiências adequadas ao nível de compreensão dos meninos e das meninas dessa idade.

A experiência com as situações

A criança pequena, além das experiências com os objetos, vive muitas experiências relacionadas com as situações da vida cotidiana. Essas experiências também lhe permitem formar esquemas que a ajudam a predizer e a antecipar o que é natural que aconteça em determinada situação na qual esteja envolvida, a imaginar o resultado de sua ação em uma determinada cena, etc. Assim, tanto as situações como as rotinas da vida cotidiana (despertar-se e vestir-se, tomar café matinal-merendar-almoçar-merendar-jantar, brincar no parque, ir de carro visitar a avó e o avô, etc.) ou, ainda, outras situações mais esporádicas (ir a um restaurante, andar de ônibus) servem para fazer uma representação de cenas que possuem uma lógica, uma sucessão determinada e que sempre estão presentes de uma maneira muito similar. Através de tais situações, a criança aprende a identificar os objetos que são previsíveis de encontrarem-se em determinados lugares (é estranho encontrar uma escova de dentes na cozinha), a maneira como as coisas estão habitualmente situadas no espaço (as cadeiras encostadas ou abaixo da mesa, os quadros na parede) e também a sucessão temporal de determinadas situações (primeiro tira-se as fraldas sujas; depois, limpa-se o bumbum; depois se põe fraldas limpas e começa-se a vestir a criança; ou, para passear, primeiro se põe o casaco, em seguida o gorro/boné e, finalmente, pega-se o carrinho em que vai a criança, abre-se a porta, etc.).

As experiências reiterativas ajudam no estabelecimento desses esquemas de conhecimento que permitem à criança conhecer as situações mais prósperas. Esses conhecimentos vão dar-lhe a segurança de que são situações em que ela pode fazer predições e ter expectativas, pode saber que tipo de conduta se espera dela nesse contexto e, também, as pessoas que habitualmente encontrará nessa situação. Por isso, é importante haver experiências variadas na vida diária das crianças dessa idade, mas com um certo componente de reiteração e de rotina que contribua para dar-lhe segurança e uma certa sensação de controle sobre os acontecimentos cotidianos.

Essas experiências com situações também ajudam a criança a ter alguns marcos claros e constantes de referência em relação às normas de conduta que necessita seguir e que situações precisa evitar. Mesmo assim, para que os meninos e as meninas aprendam uma série de hábitos, normas de conduta e atitudes, é importante a estabilidade. A criança deverá aprender o que lhe é permitido fazer em uma situação ou em outra, como se espera que ela se comporte e qual a atitude que deverá adotar em determinadas situações.

Assim, podemos ver que os meninos e as meninas dessa idade aprendem muitas coisas importantes por meio de sua própria participação nas situações mais habituais e cotidianas; aprendizagens que vão além de uma simples exercitação de hábitos e que são o germe de uma aprendizagem de conceitos que lhes servirá para continuarem conhecendo o mundo que os envolve.

Os prêmios e os castigos

As crianças defrontam-se com muitas situações em que suas condutas são premiadas (um sorriso, um abraço, um presente, um comentário elogioso, etc.), ou castigadas (indiferença, uma cara brava, algumas palavras com tom de aborrecimento, etc.), e isso serve para que aprendam quais são os limites a partir dos quais as suas condutas não são aceitas. Mais tarde, as crianças aprendem que podem averiguar quais são os limites permitidos, até aonde lhes é concedido chegar e até que ponto a outra pessoa está disposta a consentir. É muito freqüente assistir-se a desentendimentos entre professores e alunos, entre pais e filhos, nos quais os pequenos tentam pôr à prova os limites que lhes são dados e ampliá-los em benefício próprio para conseguirem fazer o que não lhes é habitualmente permitido.

Em todas as situações em que se faz uma aprendizagem das normas de conduta, são úteis os prêmios e os castigos que sejam pertinentes para reforçar ou evitar uma determinada conduta. Entretanto, é muito importante também que as pessoas adultas saibam ser coerentes com as normas que escolheram e que saibam mostrar-se flexíveis em certos momentos com relação aos limites estabelecidos. Nesse sentido, pode-se aprender que, às vezes, há coisas que se pode negociar, se há uma atitude responsável de ambas as partes. É preciso evitar situações de inflexibilidade muito grande, com as quais as crianças também aprendem a ser inflexíveis e incapazes de compreender a possível variedade nas situações. Mesmo assim, é preciso evitar os castigos que repercutem de maneira negativa na auto-estima e na própria segurança. Referimo-nos a situações como a ridicularização diante de outras pessoas ou a situações em que se coloca a retirada do afeto, as quais provocam, notadamente, insegurança e sofrimento na criança.

A imitação

Os meninos e as meninas da etapa da educação infantil, muitas vezes, aprendem por imitação daquilo que vêem e vivem ao seu redor. As pessoas que lhes rodeiam e que são importantes para eles (o pai, a mãe, os educadores, os professores, os companheiros, etc.) representam e são transformados em modelos daquilo que eles gostariam de ser. As crianças imitam as expressões, a maneira de agir, as atitudes, os comportamentos dessas pessoas.

Igualmente, todos sabemos que a experiência também dará às crianças elementos para repeti-las. Essa imitação de situações transforma-se em momentos de jogos simbólicos, em que elas poderão representar tanto as experiências prazerosas, como as situações que lhes fizeram sofrer de uma maneira ou de outra (os primeiros dias de escola, o fato de ter que se sentar no penico ou no vaso sanitário quando está aprendendo a controlar o esfíncter, etc.).

Assim, através da imitação, as crianças podem aprender com as pessoas que para elas são modelos a controlar e a representar situações vividas, bem como vivê-las.

A aprendizagem por meio da criação de andaimes e a aprendizagem compartilhada

A criança dessa idade recebe muitas influências das pessoas a rodeiam, tanto dos adultos como de crianças maiores e, portanto, dos mais capazes que ela. As interações que se estabelecem nas situações da vida cotidiana entre a pessoa adulta e a criança (comer, vestir) e nas situações que poderíamos denominar de situações de aprendizagem propriamente ditas (desenhar, recortar, olhar livros, cantar uma canção) têm algumas características definidas, nas quais o adulto faz determinadas ações e a criança faz outras. Em geral, trata-se de uma aprendizagem compartilhada, em que ambos têm um papel que se diversifica no decorrer da interação.

Quando a criança é muito pequena, ou quando se trata de uma atividade para a qual tem pouca experiência, o adulto ou a pessoa mais capaz é que predomina na relação, ou seja, é a que assume mais: começa as canções, inicia e faz todos os gestos que fazem parte de um jogo motor, organiza os momentos de refeições e de vestir, etc. À medida que a criança fica mais velha e começa a conhecer, através da repetição, algumas dessas seqüências, ela desempenha um papel mais ativo: participa, pronunciando algum som ou movendo o corpo, indicando que quer fazer o jogo motor, ou começa a segurar sozinha o garfo, tentando espetar a comida e levá-la à boca; e até ajuda a passar o braço, quando se veste nela o blusão. Nessas situações, o adulto continua conduzindo, sendo o diretor da situação e o organizador da seqüência, mas a criança também desempenha um papel ativo, receptivo, para participar e compartilhar com a pessoa adulta alguns dos momentos da seqüência que lhes são mais acessíveis.

Os momentos em que o adulto permite que a criança participe das situações ou a convida para participar, sabendo que será capaz de obter sucesso com a sua atuação, servem para estimular o desenvolvimento do menino ou da menina. Dessa forma, a pessoa adulta está atuando na zona de desenvolvimento potencial da criança, oferecendo-lhe um contexto compartilhado, no qual ela possa fazer coisas sozinha que lhe permitam avançar nas suas capacidades, partindo daquilo que já sabe. Ao mesmo tempo, essas experiências que a criança desfruta, sendo bem-sucedida nos seus intentos de fazer determinadas coisas e vivendo a experiência emocional que faz parte da atuação conjunta com uma pessoa com a qual mantém vínculos afetivos, contribuem para a sua segurança e auto-estima. Assim, o avanço tem lugar no desenvolvimento globalmente entendido e não somente em algumas de suas capacidades.

Essa maneira de estar em interação, algumas vezes, é explicada (Bruner, 1985) através da metáfora do "andaime" que se utiliza na construção de edifícios. Um edifício não é construído sobre o nada: os materiais utilizados podem apoiar-se em estruturas sólidas, já construídas anteriormente; são montados andaimes que permitem adaptar-se e subir até o ponto que já está construído; ao mesmo tempo, apoiados nos andaimes, pode-se continuar levantando por suas alçadas e, também, avançar no desenvolvimento da edificação. Quando a construção acabar, os andaimes são todos retirados, mas o edifício não poderia ter sido construído sem o seu apoio.

Podemos encontrar um exemplo de todo esse processo em uma situação muita habitual, como naquela em que o pai está explicando um determinado conto* à sua filha de um ano e meio. Tratando-se de contos populares, eles vêm acompanhados de canções, muito simples, mas bastante atrativas para as crianças pequenas, e também por uma série de gestos que acompanham a explicação. No primeiro momento em que o pai explica o conto, não atrai mais do que uma certa atenção de sua filha, o que não é muito difícil de conseguir, já que a situação é o suficientemente motivadora para a menina. Ela dispõe, do ponto de vista de maturação neurológica, das capacidades necessárias para conseguir dispensar essa atenção. Neste momento, o adulto atua, adotando um papel de protagonista. À medida que o pai tenha explicado o conto várias vezes, a menina começa a lembrar alguns dos gestos ou alguma parte da canção. O pai convida-a a participar da narração, sempre parando, de momento em momento, e auxiliando-a a fazer os gestos necessários. A ajuda que o pai lhe oferece é cada vez mais simples, até o ponto em que a menina é capaz de explicar partes do conto totalmente sozinha. O pai anima a menina, sserve de modelo, reforça positivamente o esforço feito de um jeito ou de outro; e assim ela vai, aos poucos, aprendendo a reproduzir, totalmente sozinha, uma história com seqüência temporal, gestos e canções que fazem parte do conto.

Esse tipo de interação permite que a criança aprenda e avance em suas capacidades. Porém, não é qualquer tipo de interação que é válida,

no sentido de ajudar a provocar o desenvolvimento pessoal. Podemos dizer que são necessárias três condições para que isso seja possível (Palacios, 1991). Em primeiro lugar, a criança precisará ter adquirido um certo grau de maturação que lhe sirva de base, a partir do qual poderá conseguir novos níveis de desenvolvimento (é quase inútil gastar muita energia para estimular uma criança de oito meses a caminhar, quando ainda não conseguiu um nível de maturação neurológica e muscular que lhe permita fazê-lo). Em segundo lugar, para que as interações promovam o desenvolvimento, é necessário que partam de onde está a criança (é preciso que se ajustem às suas necessidades) para animá-la a dar pequenos passos que signifiquem aprendizagem e incorporação de coisas novas. As ajudas devem ser adequadas ao nível de dificuldade que a criança pequena pode apresentar para fazer aquelas atividades: com menos competência, necessitará de mais ajuda. Depois, à medida que a criança vai adquirindo mais competência, deve-se diminuir a ajuda e aumentar as exigências, para avançar, desde uma prática muito orientada, até chegar-se a uma ajuda mais indireta para ela conseguir uma prática autônoma. Finalmente, é necessário que as situações de interação propostas aos meninos e às meninas sejam motivadoras e que eles se sintam tranqüilos, confiantes e que, no seu decorrer, estabeleça-se uma relação positiva e gratificante (em certo momento, a criança pode não dispensar a atenção necessária para ouvir um conto infantil, porque tem fome, está preocupada por não estar enxergando a sua mãe e não saber onde ela está, ou porque já é um conto muito conhecido pelo qual já perdeu o interesse, uma vez que não apresenta mais novidades, etc.). Em outras palavras, podemos dizer que nessa situação há possibilidade de que a criança faça uma aprendizagem significativa (Ausebel, 1983), a qual é definida como um processo em que se pode fazer ligações entre uma informação nova e algum aspecto já existente na estrutura cognitiva. Ausebel define a aprendizagem significativa contrapondo-a à repetiti-

---

*N. de T. Contos são materiais editados, geralmente, em cartelas com figuração dos cenários e dos personagens, representando cenas dos contos literários infantis; um material com cores vivas, variadas e de boa consistência para a manipulação da criança.

va e destaca que somente as aprendizagens significativas permitem desenvolver as capacidades cognitivas dos seres humanos. Na relação com os adultos, crê-se que existem muitas situações em que as crianças, no decorrer dos seus seis primeiros anos de vida, possam fazer aprendizagens significativas.

Assim, vemos que uma relação positiva, construtiva entre as pessoas adultas e as crianças, é um dos elementos imprescindíveis para a obtenção de novas aprendizagens estimuladoras das capacidades que as crianças apresentam. Convém levar em conta, além disso, que os diferentes caminhos que temos para aprender não se desenvolvem isoladamente; no transcorrer das atividades cotidianas, as crianças interagem com os adultos que lhes propõe diretrizes, as quais serão ajustadas por elas; mostram-lhes objetos concretos que exploram com diferentes instrumentos; conhecem pautas e normas de condutas e estudam seus limites. Em síntese, são situações globais que permitem pôr em prática e aprender estratégias diferentes para incrementar a aprendizagem e progredir no caminho para chegar a tornar-se um adulto.

1.3 CARACTERÍSTICAS EVOLUTIVAS

A seguir, explicaremos qual é o processo geral de desenvolvimento das capacidades dos seres humanos que permitem identificarmo-nos como membros dessa espécie e que também ajudam a identificar o que é ou não habitual que um menino ou uma menina de determinada idade saiba fazer ou dizer. Esse processo envolve, inclusive, aquelas capacidades muito reguladas pela parte fechada do código genético, como na relação com as outras pessoas; o desenvolvimento humano é social e culturalmente mediado, tanto na sua sustentação quanto nos meios que utilizamos para alcançá-lo (Rogoff, 1993). Assim, uma criança é capaz de começar a falar, porque estabeleceu uma série de relações com a pessoa que a cuida e que a ajudou a desenvolver interesses pela comunicação; também desenvolveu tais relações porque lhe foi aguçado algum interesse para explicar, para ser entendida, ou melhor, para comunicar-se.

Aquilo que um menino ou uma menina sabe fazer em determinado momento depende de múltiplos fatores. Em termos gerais, poderíamos dizer que as capacidades atuais de uma criança estão definidas pela interação entre a maturação psicofísica (crescimento, calendário de maturação) e as possibilidades que lhe foram oferecidas pelo contexto nesse momento (as relações com as pessoas, os objetos, as situações educativas de que tem participado).

Tal como veremos mais adiante, em relação a cada uma das áreas de desenvolvimento, podemos verificar alguns "cortes" em determinadas idades. Isso está apresentado como *etapas* ou *estágios de desenvolvimento* que representam saltos qualitativos naquilo que o menino ou a menina têm possibilidade de fazer antes ou depois desta mudança, a qual representa a passagem para outra etapa. Uma outra característica dos estágios é que são cumulativos, no sentido de que, em termos gerais, o primeiro estágio representa um domínio inferior do indivíduo na resolução das situações que enfrenta, em relação ao domínio que caracteriza o segundo. Finalmente, podemos dizer que os estágios são universais (ao menos dentro de um contexto culturalmente determinado, a universalidade dos estágios de desenvolvimento cognitivo é, atualmente, um tema controvertido), quer dizer, todos os seres humanos passam pelos mesmos estágios, mesmo que não necessariamente na mesma idade. Apesar da existência desses estágios, os momentos em que ocorrem os saltos qualitativos podem ser bastante diferentes, conforme as crianças e os diversos grupos culturais. Esse dado faz que, mais uma vez, destaquemos a importância do contexto no qual se desenvolvem as crianças. Os meios ricos em afeto e estimulação permitem uma evolução mais rápida no desenvolvimento das capacidades do que outros contextos menos ricos em estímulos.

Com base nessas considerações, indicamos os traços gerais da evolução da criança durante a etapa da educação infantil em três grandes áreas do desenvolvimento:

- Área motora: inclui tudo aquilo que se relaciona com a capacidade de movimento do corpo humano, tanto de sua globalidade como dos segmentos corporais.
- Área cognitiva: aborda as capacidades que permitem compreender o mundo, nas diferentes idades, e de atuar nele, através do uso da linguagem ou mediante resoluções das situações problemáticas que se apresentam. Mesmo assim, é necessário fazer referência às capacidades que a criança dessa idade tem para criar ou comunicar-se através do uso de todas as linguagens (verbal, artística, etc.).
- Área afetiva: engloba os aspectos relacionados com as possibilidades de sentir-se bem consigo mesmo (equilíbrio pessoal), o que permite confrontar-se com situações e pessoas novas (relação interpessoal) e ir estabelecendo relações cada vez mais alheias, distanciadas, bem como atuar no mundo que o rodeia (atuação e inserção social).

A divisão entre essas três áreas é para ser entendida apenas como um recurso expositivo, pois o desenvolvimento é global e existe uma estreita inter-relação com as capacidades que apresentamos e, inclusive, entre essas três áreas. Além disso, os cortes apontados dentro de cada uma das áreas, que as delimitam em diferentes períodos, foram estabelecidos somente para mostrar o que compreendem quanto à sua funcionalidade com respeito à escolarização, mas não passam de critérios formais ditados pela psicologia evolutiva.

As capacidades motoras

No decorrer dos primeiros seis anos de vida, há algumas mudanças muito grandes em relação a tudo que se refere à capacidade de movimento dos seres humanos. A criança passa de uma situação de total dependência das pessoas que a cuidam a uma autonomia completa, do movimento descoordenado e incontrolado ao controle e à coordenação quase total.

Para tornar mais clara a explicação, estabelecemos dois subestágios que marcam diferentes momentos de níveis de aquisição e, portanto, de capacidades. Em um primeiro momento, falaremos das aquisições no decorrer do primeiro ano de vida que culminam com a capacidade de locomoção independente. Depois, estabeleceremos uma outra etapa, entre o segundo e o sexto ano de vida, na qual podemos destacar que ocorre um exercício e um controle de todas as habilidades motoras essenciais (caminhar, correr, saltar); é a época de chegar ao domínio e ao conhecimento das partes do corpo e de suas possibilidades motoras.

O primeiro ano de vida

Durante o primeiro ano de vida, ocorre uma grande quantidade de aquisições muito importantes, as quais serão definitivas para o desenvolvimento posterior. Passa-se de alguns movimentos iniciais involuntários a um controle de movimentos; modifica-se a posição do corpo e começa a ser possível movimentar-se caminhando; inicia-se a preensão com os dedos da mão, bem como as primeiras aquisições perceptivo-motoras.

Quando nasce, o bebê está provido de uma série de reflexos arcaicos, movimentos não controlados conscientemente, porque se trata de respostas a estímulos externos que não passam pela zona do córtex cerebral. O seu sistema nervoso central está preparado para iniciar um maturação muito importante, que será a base de todo o desenvolvimento posterior. Esse desenvolvimento neuromotor baseia-se nas leis cefalocaudal e proximodistal, através das quais ocorre o processo de mielinização (recobrimento das células e das ramificações nervosas de mielina que facilita a efetivação de conexões nervosas). Ele inicia na cabeça e gradualmente vai passando para as partes distanciadas (os pés) e, também, começa nas partes mais próximas ao eixo da coluna vertebral e vai para as zonas mais distantes desse eixo (os dedos das mãos e dos pés). Assim, o bebê nasce com seus reflexos (de sucção, de preensão, movimentos automáticos, etc.) e com um sistema nervoso que está preparado para uma maturação constante, que permite passar desse movimento involuntário que representa os reflexos a um movimento consciente e voluntário que é a base do movimento humano. A existência dos movimentos reflexos no momento do nascimento e o seu desaparecimento posterior (aproximadamente entre os dois e os quatro meses) indica-nos que a maturação do sistema nervoso central segue um caminho correto.

Outro aspecto importante que se desenvolve durante o primeiro ano de vida é a possibilidade de usar as mãos para agarrar e explorar os objetos. Os recém-nascidos têm um reflexo denominado de *preensão (grasping)*, mediante o qual fecham a mão quando um objeto toca em sua palma. Esse reflexo vai desaparecendo e, aos poucos, o bebê esforça-se tentando dirigir sua mão até o lugar em que sua vista vê um objeto interessante. Por volta dos cinco meses, agarra voluntariamente, com toda a mão, os objetos que se põem ao seu alcance e os explora, colocando-os na boca, com as mãos. Aos poucos, vai fazendo movimentos mais precisos, utilizando a oposição entre os quatro dedos da mão e o dedo polegar para pegar um objeto. Dessa maneira, adquire o que se denomina *domínio da pinça fina,* o qual é um avanço que lhe permitirá precisar mais seus gestos, continuar com mais capacidade os jogos de dar e pegar, soltar e segurar, pôr e tirar, que lhe serão muito proveitosos para experimentar as características dos objetos e o resultado de suas ações e, dessa maneira, evoluir em suas capacidades cognitivas. Mesmo assim, somente na segunda metade do primeiro ano (aproximadamente aos oito meses) as mãos, e geralmente o seu corpo, começam a ser úteis para representar situações e comunicar-se: dar adeus com a mão, mover as mãos como é feito em uma canção conhecida para solicitar que ela seja cantada, mover o corpo para a pessoa que o segura entender que quer soltar-se ou descer do colo, etc.

No primeiro ano, o bebê utiliza as mãos para explorar o mundo à sua volta e o seu corpo. Constantemente, suas ações informam-lhe sobre o funcionamento dos objetos e das pessoas que aí estão, o que o ajuda do ponto de vista da evolução de suas capacidades cognitivas. *Pode coordenar as mãos e desassociar delas os movimentos.* Nessa evolução, intervêm a maturação do sistema nervoso central, todo o crescimento ósseo e muscular e também as experiências afetivas que o bebê vive com as outras pessoas e os objetos à sua volta.

O *tônus muscular* varia no decorrer do primeiro ano, desde uma hipotonia total (pouca tensão muscular) até uma tensão ajustada à situação. Isso nos faz lembrar que, durante o primeiro mês, o recém-nascido está deitado o dia inteiro e não pode controlar a cabeça: se o seguramos pelas mãos, a cabeça pende para trás. As extremidades estão muito flexionadas. Aos poucos, vai aumentando seu tônus muscular e, graças à maturação do sistema nervoso, ao final dos três meses, pode segurar a cabeça quando o levantamos. É nesse período que ele começa a querer levantar a cabeça, mas é difícil quando está deitado. Gradativamente, aumenta o tônus do seu tronco e da cabeça e, por volta dos cinco meses, já ajuda quando tentamos sentá-lo. É nesse período que procura mudar de postura quando o deitamos. Aproximadamente aos sete ou oito meses, consegue permanecer sentado sozinho, bem como mudar de postura; inicia a possibilidade de locomoção (engatinha, arrasta-se, etc.). Por volta dos dez meses, tem interesse de agarrar-se aos objetos para conseguir parar e apoiar-se e, até completar o primeiro ano, habitualmente o bebê começa a dar os primeiros passos com ou sem ajuda. Dessa maneira, começa a conhecer, além das partes do seu corpo, todo o espaço próximo que lhe oferece uma grande variedade de possíveis experiências.

Do segundo ao sexto ano de vida

Ao final do primeiro ano de vida – ou em torno dele – obtém-se uma aquisição muito importante para o desenvolvimento posterior: a possibilidade de caminhar autonomamente. Essa aquisição, do ponto de vista psicomotor, é básica para evoluir até o domínio e o conhecimento das possibilidades do corpo.

O avanço no domínio do conhecimento do corpo e das suas possibilidades no espaço e no tempo são os elementos principais a partir dos quais analisaremos as capacidades dos meninos e das meninas nessa etapa, a qual delimitamos desde o segundo ano de vida (a criança tem um ano de idade) até aos seis anos. Falaremos, pois, do desenvolvimento do *esquema corporal* (entendido como a representação que temos do nosso corpo, dos seus segmentos e de suas próprias possibilidades e limitações de movimento e de ação) e da *orientação espacial e temporal*.

A construção do esquema corporal. No decorrer desses anos e, posteriormente, durante toda a vida, as experiências relacionadas com o corpo (representações cognitivas, experiência verbal, atividades motoras, sensações que o corpo recebe) permitem que se vá construindo, progressivamente, o esquema corporal próprio, uma construção que é totalmente pessoal e que se elabora a partir das ações que a pessoa faz ou que recebe a partir do seu próprio corpo.

Podemos destacar que a principal conquista da criança na etapa da educação infantil em relação ao seu esquema corporal é que, graças ao movimento e às ações que realiza, chega a um conhecimento do seu próprio corpo e de suas possibilidades. No final desta etapa, inicia-se uma progressiva tomada de consciência do corpo, uma interiorização que permitirá representá-lo com maior precisão e situá-lo no tempo e no espaço de maneira mais precisa, que não se acaba com a entrada na educação primária. Dos sete aos oito anos, pode-se dizer que há uma interiorização total do corpo e, a partir disso, é preciso ajustar-se às habilidades motoras, educando as suas próprias capacidades expressivas e ajustando as aptidões físicas básicas.

No decorrer dessa etapa da educação infantil, há um ajuste progressivo das habilidades motrizes básicas. Em geral, há uma gradativa independência (dissociação) motora, quer dizer, a capacidade de controlar em separado cada segmento motor; e uma coordenação motora, ou seja, a possibilidade de encadear movimentos simples que se transformam em compostos e que vão sendo automatizados. Seguindo uma classificação dessas habilidades (Ruiz Pérez, 1987), podemos diferenciar entre as habilidades de *locomoção* e de deslocamento, as de não-locomoção e, portanto, de *estabilidade* e *equilíbrio* e, finalmente, as de *projeção-recepção* e *manipulação*.

Dentre as *habilidades de locomoção e de deslocamento*, apresentamos habilidades básicas como: caminhar, correr, saltar, rodar, puxar, baixar, levantar, etc. Em todas elas há uma evolução no decorrer da educação infantil que se inicia com a falta de coordenação, com as dificuldades para manter o equilíbrio, com a rigidez de algumas partes do corpo, até chegar a um certo automatismo adquirido aproximadamente aos dois ou três anos e, a partir daí, há um progresso mais harmônico até os quatro ou cinco anos. As variações e as complicações introduzidas em todas essas habilidades permitem que, aos poucos, os diferentes meninos e meninas desenvolvam as suas próprias habilidades.

As *habilidades de locomoção*, ou seja, as que desenvolvem capacidades de equilíbrio e de estabilidade, são todas aquelas que não requerem deslocamento do corpo no espaço; somente um deslocamento em relação ao eixo corporal. Alguns exemplos desse tipo de habilidades são: balançar-se, inclinar-se, girar, dobrar-se, agachar-se, etc. O domínio deste tipo de movimento exige controle do tônus muscular e do equilíbrio do corpo. No decorrer dos seis primeiros anos de vida, há um notável desenvolvimento dessas habilidades que preparam o corpo para os trabalhos mais precisos, os quais surgirão em etapas posteriores.

Finalmente, as habilidades de *projeção-recepção e manipulação* são as que envolvem basicamente uma parte do corpo e representam um esforço de coordenação relacionado entre a percepção visual do movimento do objeto e o próprio movimento. Nesse item, podemos incluir as habilidades com bola ou similares, através das quais se pode fazer lançamentos e recepções de diversas maneiras (rolando, agarrando com uma ou com as duas mãos, etc.). Desse modo, e em um âmbito de manipulação mais preciso, mais fino, podemos destacar as habilidades visuomotoras, que experimentam um avanço muito importante nessa etapa; referimo-nos às habilidades de costurar, recortar, perfurar, repassar, pintar, enfileirar, etc. Todas elas evoluem, no decorrer dos anos, tornando-se mais precisas, com uma melhor coordenação e uma dissociação dos movimentos envolvidos.

A prática de tais habilidades permite desenvolver uma consciência mais ampla do corpo, a qual ajuda a construir progressivamente o esquema corporal, por vezes importantíssimo na construção da própria identidade. Um dos aspectos que estão presentes nessa construção é o conhecimento das partes do corpo. O domínio da linguagem, por volta dos dois anos, é um elemento importante no conhecimento do corpo, na medida em que a criança pode começar a dizer o nome de cada uma de suas partes. Aos poucos, os diferentes elementos desorganizados que o recém-nascido percebe em relação ao seu corpo integram-se em organizações globais tendo um nome, que pode ser utilizado em determinadas situações e que a criança, progressivamente, pode ser mais capaz de representar graficamente.

Aos seis anos, os meninos e as meninas normalmente já conhecem todas as partes externas que formam o seu corpo e começam a interessar-se por algumas partes internas. Também é nessa etapa que descobrem a simetria imaginária que divide o corpo em duas partes, denominadas parte direita e parte esquerda. Aprendem que algumas pessoas utilizam, preferencialmente, uma dessas partes. É bastante comum que, ao final da etapa de educação infantil, já conheçam o nome de cada uma das duas partes do seu corpo, a direita e a esquerda; porém, ainda será muito difícil para eles orientarem-se seguindo referência dessas partes em relação à outra pessoa, aspectos que serão mais especificados nos primeiros níveis do ensino fundamental.

Algumas vezes, ocorrem situações de dúvidas, nas escolas de educação infantil, referentes a meninos e meninas que manifestam pouco desenvolvimento em seu processo de lateralização, sobretudo em relação às suas mãos: utilizam, aos três ou quatro anos, indistintamente a mão esquerda ou a direita para realizar determinada atividade que requer habilidade manual, como, por exemplo, recortar e pintar. É conveniente que se proponha uma atividade específica para observar em qual mão a criança tem mais força, mais precisão, mais habilidade, a partir daquela com a qual ela não aprendeu ainda e ajudando-a a trabalhar de maneira mais sistemática com a mão que estiver mais preparada. Nos casos em que existir notadamente ambidestrismo (a criança ser igualmente capaz com as duas mãos), é melhor estimular a utilização da mão direita, já que muitas situações contextuais estão preparadas para que se aja com a direita. Porém, atualmente, existe no mercado uma grande quantidade de material preparado para as pessoas canhotas (tesouras, cadeiras com apoio para braço, etc.); é conveniente que a escola adquira esse material, para facilitar a aprendizagem dos meninos e das meninas canhotos. Para esses alunos, a professora deverá planejar atividades mais específicas para a aprendizagem da forma e dos enlaçamentos das letras e dos numerais, a fim de desenvolverem a habilidade de realizar tarefas de precisão.

Um outro elemento que ajuda a desenvolver o esquema corporal é o exercício das aptidões básicas de resistência, força, flexibilidade, agilidade e velocidade. O exercício dessas aptidões em um ambiente lúdico e não-competitivo proporciona elementos que permitem construir uma representação ajustada às capacidades da criança e estimular a descoberta de suas próprias possibilidades e as do ambiente.

Por último, é importante que não nos esqueçamos de um aspecto que está relacionado com todo o trabalho do corpo e que é a base de todas as aquisições posteriores. As experiências que a criança vive em relação com seu corpo dão-lhe a imagem que será um dos aspectos que a ajudarão a delimitar uma determinada maneira de ver-se a si mesma. Se suas experiências ajudarem-na a ter uma percepção positiva de si mesma, ajustada, com possibilidades de superação, como a aceitação dos próprios defeitos, a criança poderá ter uma boa auto-imagem e uma boa auto-estima, que lhe permitirão também ter confiança em suas possibilidades.Da mesma maneira, marcarão as experiências que trouxeram à tona os aspectos contrários. Por isso, todo o trabalho do corpo que os meninos e as meninas da etapa de educação infantil fazem na escola também será muito importante para configurar a maneira de ver-se, de ser e de relacionar-se com outras pessoas.

A orientação no espaço e no tempo. Graças às experiências do corpo em movimento, a criança vai vivenciando uma série de noções fundamentais nessa etapa de escolaridade. Os adultos que rodeiam a criança, desde os primeiros anos, utilizam uma série de conceitos básicos para poderem comunicar-se, e a criança, aos poucos, através de suas experiências, vai interiorizando-os. Essa interiorização permite às meninas e aos meninos pequenos iniciarem a construção de suas idéias sobre o tempo e o espaço, as quais continuam desenvolvendo no decorrer de suas vidas. Estamos referindo-nos a noções como: sobre, até aqui, perto, em seguida, depressa, cedo, amanhã, depois, etc. A utilização que nós, adultos, fizemos dessas noções é constante, e as crianças, aos poucos, vão relacionando uma série de ações e de fatos cotidianos que vivenciam com tais conceitos. Mesmo assim, as ações motoras que as crianças pequenas fazem, ao utilizarem materiais diversos, também lhes permite ajustar esses conceitos para uma compreensão na qual a linguagem é elemento fundamental.

Algumas das noções de situação e direção espacial que as crianças de dois a seis anos vão entendendo e utilizando são: no alto/embaixo, em frente/atrás, de um lado/de outro, direita/esquerda, em cima/embaixo, dentro/fora, até aqui/até lá, até/desde, etc. Nessa etapa, o principal referente para a construção dessas noções é o próprio corpo; somente mais tarde elas poderão relativizar, à medida que começarem a identificar-se em relação ao corpo de outras pessoas e ao meio em geral.

Se falamos do processo de orientação e organização temporal, devemos fazer referência à construção das noções de duração, de sucessão, de ritmos. Elas são elaboradas durante toda a vida, e as pessoas incorporam-nas conforme sua maneira de fazer os ritmos pessoais, que são o resultado de suas vivências em relação com o tempo. O passar do tempom e os ritmos estão presentes na vida dos meninos e das meninas desde que nascem (horários para comer, horários para dormir...). Porém, o processo de construção das noções temporais desenvolvem-se à medida que a criança toma consciência de que esses ritmos vão surgindo externamente à sua vontade. Os meninos e as meninas incorporam as noções temporais quando se exige que eles sigam um ritmo, quando precisam esperar um pouco até a hora de comer, quando precisam dormir em determinada hora, quando se pede que ordenem uma história em sua sucessão lógica, ou quando são ajudados a relacionar que, em dois dias da semana, aos sábados e aos domingos, não virão à escola.

Durante a etapa da educação infantil, há um progresso em relação à orientação temporal, no sentido de que as crianças, aos poucos, incorporam essas noções e consigam utilizá-las corretamente. Algumas delas são: hoje/ontem/amanhã, agora/antes/depois, dia/noite e outras formas sociais de tempo, como os dias da semana. O menino e a menina dessa idade podem entender que há seguimentos e ciclos que se repetem no decorrer do tempo e que esse fato marca os ritmos que são necessários compreender para orientar-se no tempo. O processo de construção dos conceitos temporais tem muito a ver com as suas vivências no decorrer do dia (a seqüência que a criança vive: o que faz antes de chegar à escola, na escola, no almoço, em casa, no banho, na janta, na hora de dormir) e a contínua utilização que as pessoas adultas fazem dessas noções. Além disso, em suas próprias ações e nos seus movimentos, nas atividades escolares, muitas vezes, estão envolvidas noções temporais: caminhar devagar, saltar seguindo o ritmo marcado por um tamborim, cantar todos juntos, ao mesmo tempo, uma canção, etc.

As noções temporais e espaciais são muito importantes na organização pessoal das crianças pequenas e, também, para o desenvolvimento de suas capacidades cognitivas.

As capacidades cognitivas

Neste item, vamos tratar das capacidades que a criança possui para compreender o mundo que a envolve e para poder atuar nele. Centramo-nos, então, nas capacidades cognitivas, ou seja, de raciocínio e de pensamento, que estão estreitamente relacionadas com a capacidade de utilização da linguagem verbal. Dividiremos toda essa etapa em dois subestágios, a fim de esclarecer nossa explicação. No primeiro, abordaremos a explicação das capacidades desde o nascimento da criança até começar a dominar a linguagem; no segundo subestágio, abordaremos o pensamento e a inteligência dos meninos e das meninas de dois até aproximadamente o final da etapa da educação infantil.

Do nascimento até um ano e meio ou dois anos

As crianças nascem preparadas com uma dotação genética determinada para fazerem parte da espécie humana. Porém, ao nascerem, os seres humanos precisam de uma dedicação muito grande dos adultos que fazem parte da espécie para conseguirem sobreviver e chegar a ser pessoas autônomas. O processo que leva os seres humanos a não dependerem de outras pessoas é bastante longo, em comparação ao processo de outras espécies mais próximas dentro da escala filogenética. Isso se deve ao fato de que podemos considerar toda a infância dos seres humanos como uma etapa de desenvolvimento das capacidades que os tornam independentes. Entre as capacidades que se desenvolvem no decorrer de muitos anos, podemos considerar as capacidades cognitivas e de linguagem. A possibilidade de comunicar-nos através do uso da linguagem verbal e de possuir um raciocínio lógico é próprio e exclusivo dos seres humanos. O processo que conduz ao máximo desenvolvimento dessas capacidades é longo e inicia-se justamente no momento em que o recém-nascido começa a ter vida própria.

A primeira etapa que destacamos durante os primeiros seis anos de vida inicia com o nascimento e termina com o domínio da linguagem verbal, o que permitirá à criança ter acesso a todo um processo de utilização de símbolos para comunicar-se. Essa aquisição é básica para todo o desenvolvimento posterior das capacidades de raciocínio.

O bebê nasce com algumas *capacidades perceptivas* (visão, audição, tato, gustação e olfato) bastante elaboradas, que são a base para o desenvolvimento posterior de todas as outras capacidades e que lhe permite ter contato com o mundo e com as pessoas que o rodeiam. Segundo informações de recentes pesquisas sobre as capacidades perceptivas dos recém-nascidos, é importante observar, quanto à *percepção visual*, que os bebês vêem desde o momento em que nascem; contudo, sua visão não é tão precisa como a das pessoas adultas, o que vai sendo adquirido no decorrer dos primeiros meses. Eles se interessam pelo que está à sua volta e, aos poucos, vão gravando as características dos objetos e dos rostos mais habituais. Comprovou-se que os recém-nascidos interessam-se especialmente por algumas partes do rosto humano, ou seja, por aquelas que podem ser mais expressivas: a boca e os olhos. O recém-nascido centra sua atenção nessas partes do rosto da mãe, enquanto come ou quando estabelece uma relação com o olhar.

A percepção auditiva parece começar antes do nascimento e, portanto, quando o bebê nasce, já é capaz de perceber ruídos e sons em sua volta. Ele se mostra especialmente interessado pelos sons que têm a freqüência da voz humana e é capaz de identificar facilmente diferentes vozes. As *percepções gustativa, tátil e olfativa* iniciam bem depois e, com o tempo, vão tornando-se mais precisas e discriminadoras.

Além dessas sensações provenientes de estímulos externos, sabemos que o recém-nascido defronta-se também com algumas *sensações internas* que, às vezes, produzem-lhe bem-estar ou mal-estar. Essas sensações relacionam-se, sobretudo, com o funcionamento do aparelho digestivo (percepções introspectivas).

A informação dada ao recém-nascido pelos seus sentidos permite-lhe diferenciar alguns cheiros de outros, alguns ruídos de outros, algumas visões de outras e relacionar algumas sensações externas com um bem-estar interno. Se os recém-nascidos pudessem explicar suas impressões dos primeiros meses, através da linguagem que os adultos utilizam, certamente nos diriam alguma coisa como: "Aos poucos, dou-me conta de que, quando aquela coisa líquida, tão doce, entra pela minha boca, deixo de sentir mal-estar na barriga; às vezes, quando me dói, choro e, então, alguém me dá o que quero".

Até agora, explicamos que o conhecimento das meninas e dos meninos pequenos é devido às suas percepções externas e internas. Também é preciso destacar que uma outra fonte de conhecimento do recém-nascido é *a ação que ele mesmo pode ter sobre os objetos*. Essas ações são básicas para que ele possa conhecer as características dos objetos que estão à sua volta, bem como a influência que ele mesmo pode ter na relação com esses objetos. O interesse dos meninos e das meninas por explorar objetos, por tocar aqueles que vêem, ou por provocar o ruído que faz determinado objeto é um instrumento constante de conhecimento e de compreensão do mundo que os envolve. Nesse aspecto, também é muito importante o papel do adulto, uma vez que ele dá a informação às crianças pequenas e que, muitas vezes, torna-se o modelo do que eles podem fazer com as coisas.

Tal como Piaget (1977) identifica, essa etapa da infância está presidida por uma *inteligência sensório-motora*, pois a principal fonte de conhecimento está nas ações que o bebê faz, provocadas por algumas sensações interessantes de muitos pontos de vista ou por ações que provoquem tais sensações. A maneira que a menina pequena tem para conhecer, distinguir, identificar, comparar e relacionar as coisas que a envolvem é a partir de suas ações; ela aprende a partir dessas ações. O bebê de quatro meses aprende a estabelecer relações entre o chocalho que tem na mão e o movimento para provocá-lo; o bebê de seis a oito meses sabe aproximar-se do trenzinho que o agrada, esticando a corda na qual está amarrado, etc. Através do contato com os objetos e as pessoas, a criança começa a relacionar meios e fins e, portanto, a estabelecer progressivamente uma conduta intencional, aplicando certas ações sobre os objetos com alguma finalidade determinada. Piaget destaca que a criança pequena vai coordenando, repetindo, diversificando os esquemas da ação (conjunto de ações) sobre os objetos com o objetivo de conhecer a realidade.

Durante o primeiro ano de vida, as relações que se estabelecem entre o bebê e a pessoa que o cuida estão cheias de *situações de comunicação*, nas quais trocam informações e estabelecem alguns laços afetivos primordiais para o crescimento e o desenvolvimento de todas as capacidades. Desde o nascimento, são estabelecidas interações entre o bebê e a outra pessoa, as quais são básicas para desenvolver o substrato que permitirá adquirir as formas de representação que culminam na aquisição da linguagem verbal, a melhor forma de comunicação entre os seres humanos.

Nas contínuas situações de cuidado ou de jogo que ocorrem entre um adulto e um bebê, há momentos de comunicação que são muito importantes para ajudar o bebê a avançar nos processos de representação cada vez mais complexos. Referimo-nos ao que Bruner (1985) chama de *formatos*: situações rotineiras e repetidas que permitem que o adulto e a criança pequena cooperem para fazer evoluir a linguagem. Nessas situações, o adulto e a criança pequena fazem coisas conjuntamente que se transformam no contexto adequado para aprender sobre o funcionamento da linguagem (há um intercâmbio entre o emissor e o receptor que participam da comunicação, há um tema compartilhado, atuam por turnos intercalando-se, etc.). Assim, por exemplo, quando se está vestindo e arrumando uma menina de dez meses, habitualmente há uma seqüência muito conhecida de fatos e de linguagem que acompanha a ação: ao botar colônia, a mãe ou a professora abre a tampa, e a menina, que já se acostumou a segurá-la, pega-a e depois a devolve para que seja novamente fechado o frasco; a mãe penteia a menina... Nessa situação, ocorre um ritual de ação conjunta entre a mãe e a menina, acompanhada de determinada linguagem pertinente a esta situação: "Você tem a tampa?", "Dê-me a tampa", "Agora vamos pentear...", "Como você está bonita!", etc. Bruner destaca que os formatos são de *ação conjunta*, como no exemplo citado, ou de *atenção conjunta*, por exemplo, quando as duas pessoas olham e falam em relação ao mesmo objeto, como no telefone ou em um conto infantil. Há muitas situações utilizadas durante a educação dos pequenos que são formatos mistos de atenção e de ação conjunta, como nas canções, nos jogos de colo, ao fazer caretas. No transcorrer dessas situações e em muitas outras, os adultos, talvez de maneira inconsciente, exigem da criança mais capacidade do que ela realmente tem; ou seja, falam, brincam, participam com a criança pequena como se ela pudesse entender e participar plenamente de tudo o que o adulto constrói. Esse fenômeno de atribuição excessiva (Kaye, 1986) – que, no fundo, traduz uma visão otimista e algumas expectativas favoráveis nas suas possibilidades – atua como um motor de desenvolvimento, à medida que o adulto aumenta as capacidades da criança pequena e permite-lhe ir mais além. É preciso destacar que, nos casos de meninos e meninas que sofrem de alguma dificuldade em seu desenvolvimento (por deficiência física ou psíquica), esse fenômeno fica alterado e exige que se realize um trabalho ainda mais complexo para ajudar igualmente a desenvolver as capacidades dessas crianças.

Através do tempo, as situações de comunicação são acompanhadas de muitos momentos em que a criança pequena aprende, pelo contexto, que há um encadeamento de ruídos, palavras ou sinais que representam a chegada de uma situação esperada. Assim, por exemplo, muito antes que o recém-nascido saiba que se aproxima o momento de comer, ao ver a mamadeira, o ruído do liquidificador na preparação de sua fruta ou a colher, ele sabe que isso significa que, em seguida, comerá seus cremes. Depois também começará a antecipar quando alguém lhe põe o agasalho; isso significa sair para passear. O mesmo acontecerá quando alguém pegar uma sacola com as pazinhas e o baldinho de brincar na areia do parque, etc. Todas essas situações, aos poucos, preparam-lhe a capacidade para que se consolide a *função simbólica*, através da qual a criança é capaz de evocar um objeto ou adivinhar o que não está presente por meio de um sistema de representação. O acesso às palavras significa conseguir iniciar o domínio do sistema de representação mais potente que o ser humano tem e que lhe será útil para ter acesso a um conhecimento maior do mundo das pessoas adultas.

No decorrer desse processo de comunicação e do início da representação, durante os primeiros dezoito meses de vida, desenvolvem-se as capacidades cognitivas das crianças dessa idade e, portanto, desenvolvem-se as capacidades de pensamento e de raciocínio, mesmo sem o acesso a todas as palavras.

A relação com a pessoa adulta durante toda essa etapa é fundamental por diversas razões. Por um lado, é ela que apresenta as condições de estabilidade, de afeto, de tranqüilidade e de estimulação para que tudo isso seja possível. De outro lado, é a conhecedora da utilização da linguagem e, portanto, oferece constantemente marcas interpretativas das vocalizações e interpretações da criança pequena; ela também amplia, dá significado, organiza e melhora as expressões da criança. A pessoa adulta atribui ao menino ou à menina mais capacidade do que, na realidade, eles têm, por exemplo: explica-lhe o que fazer, explica-lhe o que comer no almoço, fala sobre o que farão seus irmãos e, assim, ajuda a criança a atribuir sentido à linguagem e a entender a sua funcionalidade. Durante todo o *processo de aprendizagem da linguagem,* a pessoa adulta desempenha a função de andaime para as realizações da criança (conceito já comentado no item 1.4, que fala como aprendem e desenvolvem-se as crianças).

Nesse contexto, ocorre a evolução habitual das produções lingüísticas dos meninos e das meninas no decorrer dos seus dois primeiros anos de vida. Como já foi dito, nas situações de comunicação entre uma pessoa adulta e uma criança, esta se comunica através da produção de vocalizações, ou melhor, graças ao choro, ao sorriso e às gesticulações. Podemos dizer que é entre o primeiro e o oitavo mês que os bebês fazem aquilo que denominamos *balbucios*, ou seja, a exercitação do seu aparelho bucofonador, por meio da produção de sons vocálicos e consonantais que, aos poucos, transformam-se nos sons da língua falada ao seu redor.

Aproximadamente no final do primeiro ano (dos 9 aos 12 meses), o pequeno já imita sons, faz uma entonação similar à da fala e pode começar a fazer o que se denomina *jargão expressivo,* o qual não tem um caráter representativo, e sim expressivo. Nesse período, realizam-se as repetições das sílabas simples (ma, pa, ta, etc.), configurando o que a mãe e o pai interpretam como as primeiras palavras (mama, papa), sendo que, com certeza, os bebês não lhes atribuem o mesmo significado que os adultos. Na verdade, trata-se de meras repetições de sílabas que levam a um avanço muito importante no desenvolvimento da linguagem.

Por volta do primeiro aniversário, muitos meninos e meninas já começam a falar a *primeira palavra*, quer dizer, aquele primeiro elemento lingüístico, normalmente muito ligado a um contexto experiencial, que significa um avanço importante para a utilização de um elemento comunicativo a partir do qual todas as pessoas que falam a mesma língua podem entender-se. É bastante habitual que essa primeira palavra seja uma expressão que acompanha o final do almoço, por exemplo, "Tá!"; ou uma saudação, ao chegar a algum lugar, como "Oi!"; ou a expressão que acompanha o final de uma realização: "Muito bem!". Aos poucos, essas expressões distanciam-se dos contextos em que normalmente se expressam e generalizam-se. Também logo começam a ampliar o número de palavras que utilizam, mesmo não se ajustando perfeitamente ao significado que os adultos lhe atribuem: "água", por exemplo, serve para denominar todos os líquidos; "bu-bu" representa os animais de grande porte e quatro patas, etc.

Dos 12 aos 18 meses, as crianças começam a fazer combinações de duas ou mais palavras ou utilizam o que chamamos de *palavra fra-*

se, através da qual elas comunicam todo o argumento com uma ou duas palavras que sejam possíveis de compreender perfeitamente, em função do contexto em que se pronuncia. Por exemplo, a palavra *água* pode valer por: *"eu quero água"* ou *"minha água caiu"* ou até *"ele tomou água"*.

Dos 18 aos 24 meses, há uma melhora espetacular na linguagem e, muito depressa, aparecem os verbos, os primeiros pronomes, os artigos e as preposições, bem como uma grande quantidade de nomes novos. Por volta do segundo e do terceiro ano, a linguagem apresenta alguns "erros" (hiper-regularizações, utilização incorreta ou escassa dos pronomes pessoais, pronúncia deficiente, etc.) que vão sendo solucionados no decorrer de toda a etapa da educação infantil.

É preciso destacar que as idades citadas são sempre aproximadas, e podemos encontrar meninos e meninas que não apresentam o tipo de linguagem mencionada. Nessas situações, é muito importante identificar quais são as aquisições atuais e intervir do ponto de vista educativo, de maneira que se possa ajudar a avançar a partir da situação em que se encontram.

Dos dois aos seis anos

O acesso à função simbólica ajudou a criança pequena a evoluir, de uma maneira espetacular, não somente em relação à aquisição da linguagem, mas também em relação ao acesso para a representação constante de um mundo que é complexo e que, aos poucos, poderá ser compreendido. Dessa maneira, podemos entender a importância, do ponto de vista do desenvolvimento cognitivo, dos jogos e das situações em que a criança faz imitações diferenciadas (representação de um gesto ou de algumas palavras que foram ditas em outra situação), do jogo simbólico, do desenho, da escrita. Em muitas dessas situações, reproduzem-se algumas cenas vivenciadas, com uma seqüência determinada, com planejamento e verbalização.

No decorrer desse período, as crianças de dois a seis anos fazem um esforço constante de compreensão do mundo que lhes envolve e configuram a sua própria explicação a partir do que os adultos explicam-lhes ou do que elas experimentam. Isso não quer dizer que o tipo de compreensão do mundo que as crianças dessa idade têm seja igual ao tipo de compreensão dos adultos. Apesar de já possuírem um certo conhecimento do mundo que os envolve, os meninos e as meninas têm capacidade para resolver problemas e organizar a realidade. O tipo de raciocínio que utilizam é bastante diferente do raciocínio do adulto. É por isso que, às vezes, o tipo de explicação que as crianças pequenas dão é, pela lógica das pessoas adultas, estranho e incompreensível. Por exemplo, uma menina pode dizer que o carrinho que tem em casa irá crescer com ela, ou poderá não querer levantar a pipa, pensando que não vai mais recuperá-la das alturas; também pode reclamar que o irmão ganhou mais laranjada do que ela, porque seu copo é mais alto e fino; ou xingar o chão, porque lhe machucou quando caiu; ou até pode brincar de irmão com um amigo e discutir constantemente sobre quem será, naquele dia, o irmão no jogo.

Tais condutas em relação ao pensamento das crianças foram muito bem-explicadas por Piaget. As características do *egocentrismo* (tomar o ponto de vista pessoal como o único, depreciando o dos outros, ou a dificuldade de ver sob o ponto de vista do outro), que provoca *artificialismo* (considerar que os fenômenos naturais são provocados por alguma vontade humana, como os seus atos de vontade; não distinguir aquilo que é natural daquilo que é artificial), *finalismo* (considerar que os fenômenos naturais são provocados com uma finalidade, como os próprios atos intencionais, ou não distinguir entre a finalidade e a conseqüência) e *animismo* (considerar do mundo como animado, assim como elas próprias, não distinguindo entre o que é vivo e o que não é) são traços que caracterizam as explicações que os meninos e as meninas dão para o mundo que os envolve. Também podemos destacar algumas outras características que definem o raciocínio das crianças dessa idade: a *centração* (dificuldade para levar em conta todos os elementos presentes em uma situação e, geralmente, centrar-se em apenas um). Como exemplo, podemos comentar as dificuldades que pode ter um interlocutor para entender as explicações que as crianças fazem das situações vividas, pois centram-se em suas próprias vivências e não conseguem adotar outro ponto de vista de uma pessoa que não tenha vivenciado o mesmo. Também podemos citar as dificuldades que pode ter um adulto para entender uma criança que fala por telefone quando ela "mostra" a boneca com a qual está brincando. E, finalmente, a *irreversibilidade* (dificuldades para representar a seqüência de ações contrárias, a fim de resolver corretamente mudanças na matéria). Parece-nos interessante comentar como exemplo as dificuldades para a criança aceitar que se corte a carne em pedaços pequenos, porque ela acredita que então não haverá mais carne; ou, ao contrário, quando ela pede mais frutas e o adulto corta em pedaços menores os pedaços que já estão no seu prato. Essas características não lhe impedem de começar a compreender a organização e o funcionamento da realidade que a envolve.

As *experiências* de uma menina ou um menino, ao longo da infância, dão-lhes um conhecimento muito importante que devemos ter em conta, se quisermos entender o que é o processo de desenvolvimento das capacidades cognitivas. Pode-se destacar a importância das seqüências cotidianas que a criança vivenciou, o desenvolvimento que passa a ser regulamentado a partir de uma concomitância de materiais, de vivências, etc., que lhe permitem prever o que virá depois ou assumir as mudanças que foram introduzidas, ou até antecipar as condições necessárias para conseguir com sucesso o que se está vivenciando. Essas vivências representam o que alguns investigadores denominaram esquemas de conhecimento (Coll, 1983; Rodrigo, 1990).

Esses esquemas são as porções de realidade que as crianças dessa idade conhecem e que, no decorrer dos anos, vão enriquecendo, diversificando, relacionando para, então, adquirirem um conhecimento cada vez mais ajustado ao funcionamento real das coisas. Assim, por exemplo, em relação à organização social de uma cidade, as crianças da zona urbana terão desenvolvido mais esquemas de conhecimento que as da zona rural. As experiências vivenciadas através de visitas, passeios e vivências na cidade proporcionarão esquemas mais ou menos completos e complexos entre as crianças da zona urbana (há crianças que conhecem diferentes tipos de lojas, porque acompanham os pais nas compras; outras conhecem diferentes maneiras de locomover-se, porque andam de ônibus, de táxi, de carro com seus pais; outras, ainda, conhecem a função dos diferentes carros com sirene, porque próximo à sua casa passam vários tipos...).

Devemos também considerar as situações e as seqüências vivenciadas pelos meninos e pelas meninas, o que lhes informa os componentes, as condutas habituais, as condições necessárias para que se produzam os resultados que se obtêm.... Nesse sentido, podemos falar das experiências que vive uma criança quando está presente com seus pais, na cozinha, durante o preparo das refeições ou nos diferentes ambientes da casa, ou quando vai a um restaurante, também por participar de uma situação de troca de roupa por parte dos adultos. Em tais seqüências, as crianças fazem uma interpretação pessoal das relações entre os diferentes momentos vividos, o que lhes ajuda a antecipar sua própria conduta e o que podem esperar que aconteça consigo nessas situações.

Além disso, as crianças são capazes de explorar a realidade, de memorizar alguns dados, sempre que a situação seja interessante para ela e faça parte de seus jogos e de suas situações conhecidas. Também podem começar a resolver problemas nos quais esteja envolvido o sistema de numeração, sempre que sejam quantidades baixas.

Desse modo, os meninos e as meninas dessa idade vão aprendendo e desenvolvendo a sua própria capacidade de raciocínio a partir da confrontação de suas idéias iniciais com as das pessoas adultas, apesar de o tipo de raciocínio ser diferente. As crianças podem compreender as relações entre as coisas e fazer hipóteses sobre o funcionamento do mundo, as quais vão confrontando, modificando, enriquecendo, através de suas experiências e das informações proporcionadas pelos adultos.

As crianças utilizam como meio de comunicação preferido, nas experiências com os objetos e as pessoas, a *linguagem verbal*; dessa maneira, praticam, em diversas situações, aperfeiçoam e ampliam as suas capacidades de comunicação em contextos mais distantes e desconhecidos; também ampliam, de uma maneira muito importante, o seu léxico. A partir dos dois anos, a linguagem acompanha todas as suas ações. Aos poucos, vão interiorizando-a e será cada vez mais um instrumento de pensamento, além de uma ferramenta de comunicação.

Dos dois aos quatro anos, as crianças esforçam-se para melhorar a sua *pronúncia* e, assim, incorporar todo um repertório fonético. Somente em alguns casos a criança pode apresentar dificuldades ao pronunciar certos fonemas, o que ficará resolvido até os cinco ou seis anos. O *léxico* duplica-se a cada ano. A partir dos dois anos, as crianças são capazes de fazer frases contendo três ou quatro elementos lingüísticos; ao final dos quatro anos, já dominam orações simples. Um outro aspecto que se desenvolve é a incorporação de *leis que regem a linguagem* verbal, do ponto de vista gramatical e sintático: verbos regulares e irregulares (p. ex., deixa de usar as expressões "eu tenho fazido" e passa usar "tenho feito" ou "eu fazi" por "eu fiz"...); progressiva utilização correta dos pronomes ("esta boneca é de mim" por "esta boneca é minha").

Ao final da educação infantil, é comum que a linguagem das crianças seja totalmente compreensível, com um domínio completo do repertório fonético, com o uso correto de todas as flexões (concordâncias, tempos verbais, etc.) e com a utilização de muitas frases compostas; elas ampliam os diferentes usos da linguagem e vão adequando, aos poucos, a linguagem às diferentes funções lingüísticas. Gradativamente, podem utilizar a linguagem para explicar suas experiências a outras pessoas que dela não participaram e para dar informação sobre um fato que não esteja ocorrendo naquele momento presente, ou seja, podem utilizar uma linguagem que vai transformando-se em uma ferramenta para conhecer o mundo que as envolve; isso se intensificará mais, à medida que se expõe a criança a situações que lhe estimulem o interesse pela comunicação.

Convém, portanto, deixar de lado a crença popular de que a evolução da linguagem ocorre através de um desenvolvimento espontâneo e que está marcada por aspectos genéticos, hereditários, etc. Mesmo havendo meninos e meninas que, no começo, estejam mais interessados em comunicar-se, em analisar as diferenças entre os sons das diferentes palavras, em aprender palavras novas, há muitos aspectos do desenvolvimento da linguagem que estão relacionados com o uso e a aprendizagem que eles têm feito.

Um outro aspecto que cabe destacar é o das repercussões que o crescimento tem nos contextos bilíngües para o desenvolvimento da linguagem, como o contexto da nossa realidade como moradores da Catalunha (castelhano e catalão). O fato de estar em contato de maneira natural com duas línguas, faz com que as crianças interessem-se muito antes por seus aspectos de funcionamento. A curiosidade para saber como é dita uma palavra em castelhano, ou melhor, pelas diferenças entre uma pronunciada em catalão e em castelhano, faz as crianças começarem cedo uma análise metalingüística, o que é muito útil para o domínio da linguagem.

Finalmente, é importante destacar que, durante o segundo ciclo da educação infantil, muitas crianças que estão em contato com uma utilização funcional da linguagem escrita (observa fazer listas de compras, participa de situações nas quais são lidas contas, notas ou cartas etc.), têm interesse por conhecer e praticar o funcionamento do código escrito e começam a interessar-se por dizer umas letras e por como se escreve seu nome. Se o adulto, nessas situações — como em muitas outras de acesso à linguagem oral —, proporcionar à criança informação e continuar utilizando a linguagem escrita como um meio de comunicação, irá ajudá-la a entender o código escrito e a interessar-se por adquiri-lo.

As capacidades de relação com as outras pessoas e de equilíbrio pessoal

Uma explicação global do conhecimento deve incluir as capacidades que permitem às pessoas comportarem-se como tal. Ou seja, entendemos que o substrato que possibilita um bom desenvolvimento psicomotor, cognitivo e lingüístico é *a progressiva construção da identidade pessoal* (a personalidade) juntamente com as capacidades de *relacionar-se e comunicar-se com as outras pessoas*.

A criança constrói seu *processo de identidade* durante toda a sua evolução. Portanto, poderíamos dizer que é um processo que não tem fim, uma vez que as pessoas adultas incorporam durante toda a sua vida novas situações que lhes permitem ir definindo a sua identidade em situações diversas: como pais, como adultos com responsabilidades de trabalho, como filhos de pais idosos, etc. Por isso, é importante entender que o eu e a personalidade infantil não são uma entidade que a criança tem incorporada ao nascer e que depois vai mostrar na relação com as outras pessoas; ao contrário: a personalidade estrutura-se a partir da relação com outras pessoas e, nessa interação, vai sendo interiorizada. Dessa perspectiva é conseqüente atribuir uma grande importância às relações e às interações entre as pessoas como um fator que possibilita a construção progressiva da identidade pessoal e do desenvolvimento de todas as capacidades.

Do nascimento até os dois anos

Praticamente todas as crianças, ao nascer, estão imersas em um ambiente de estima, de afeto, de proteção e de cuidado que é essencial para o estabelecimento das primeiras relações e, portanto, para o crescimento físico e o desenvolvimento de todas as capacidades. Os adultos sentem satisfação no cuidado, na alimentação e na relação com os recém-nascidos; estes, por sua vez, sentem-se atingidos pelo sorriso, pelas palavras que lhes são dirigidas e, naturalmente, vão identificando os seus cuidadores como as pessoas que acalmam suas angústias, suas moléstias, suas agonias... Essas primeiras relações e comunicações são acompanhadas de manifestações corporais (sorrisos, abraços, carícias) expressas pelos adultos que envolvem os recém-nascidos e, também, por manifestações auditivas (choros, palavras) que tanto os bebês como seus pais ou educadores expressam. Assim, em meio a esses códigos que, gradativamente, a criança vai identificando, cria-se uma seqüência de fatos que se repetem e que são fundamentais para que a criança crie uma série de esquemas mentais das pessoas com as quais habitualmente mantém um estreito vínculo de relacionamento. Inicia-se um processo de socialização que permitirá a construção progressiva de elementos que lhe permitem atuar e ver como pessoa em um determinado ambiente sociocultural.

Temos visto que as necessidades que o indivíduo da espécie humana tem ao nascer (proteção diante dos perigos, alimentação, cuidados higiênicos básicos, interesse na exploração do meio) somente são resolvidas através da relação com as outras pessoas. Essa relação é que lhe permite desenvolver e amadurecer todo o seu potencial biogenético o qual, por sua vez, irá deixá-lo responder aos poucos e de maneira adaptada às suas potencialidades e aos estímulos externos.

Essa relação tão próspera será o início do estabelecimento de vínculos afetivos que são extremamente necessários durante todo o processo de socialização das pessoas. A vinculação afetiva desenvolve-se através da repetição das situações de cuidados dispensados ao bebê e nas situações repetitivas de sua alimentação. Aproximadamente aos três meses de vida, o recém-nascido já começa a conhecer as pessoas com as quais tem uma relação mais constante. Mesmo assim, em um primeiro momento, o bebê sorri a quem lhe sorri e não tem dificuldade em receber colo, em ser segurado por um desconhecido. Aos poucos, torna-se mais forte o *vínculo de afeição* e, durante um bom tempo — até aproximadamente um ano e meio ou aos dois anos —, a criança sente-se protegida, segura e tranqüila somente com as pessoas com quem tem uma relação mais próxima (normalmente com os pais, mas também, de acordo com a relação estabelecida, com os avós, com a babá, com os professores de creches...). Esses vínculos manifestam-se de diferentes maneiras, como condutas, no sentido de designar proximidade física: no seu interesse em contatos táteis, visuais, na busca de mais contatos em momentos em que se sente intranqüilo, no sorriso recebido quando voltou a ver a figura da pessoa da qual estava separada por uns momentos; também aqui se encontram os sentimentos e as sensações de segurança, de bem-estar, de prazer e de acalmar as ansiedades. Gradativamente, a segurança que transmite afeição permitirá à criança construir representações dessas pessoas e entender que, mesmo não estando sempre presentes, pode recorrer a elas nos momentos difíceis e que serão acessíveis quando estiver sentindo necessidade (López, 1990).

A segurança transmitida pela presença constante de figuras de afeição à criança de um ano é a base que lhe permite a tranqüilidade para explorar o mundo em que está envolvida e começar a desenvolver relações com pessoas que lhe são estranhas. Durante o segundo ano de vida, ela já possui alguns instrumentos que lhe dão maior autonomia (caminhar, comunicar-se através de gestos e palavras), e isso lhe permite fazer uma exploração dos limites do que pode e do que não pode fazer. Em todo esse processo, o adulto é muito importante para o estabelecimento dos limites do afeto, que será a base para marcar a relação entre o pai, a mãe e a criança ou entre educadora e aluno.

Aos dois anos, a criança já conhece muitas coisas de si mesma e, também, do processo de relação com as outras pessoas. É capaz de reconhecer-se no espelho ou ao ver uma foto sua; sabe o seu nome e conhece o nome das pessoas que a rodeiam; sabe que há coisas que lhe são permitidas fazer e outras que não; começa a ter uma certa noção de suas capacidades e limitações. Também sabe reconhecer as coisas que são suas e as defende ante outras crianças. Começa a delinear-se uma certa maneira de ser e manifestar seu caráter, por um lado, produto de determinadas características genéticas, inatas e, por outro, com matizes adquiridos nas experiências de relação que tem durante os seus dois primeiros anos de vida.

As crianças dessa idade iniciam um processo que as leva à independência e à autonomia gradativas, o que corresponde à finalidade do desenvolvimento. Esse caminho não se desenvolve de maneira linear e progressiva; é determinado por diferentes momentos que incluem dificuldades, as quais podem ser superadas por meio da relação de afeto e de confiança expressa pelos adultos que rodeiam as crianças.

Dos dois aos seis anos

Durante o primeiro ano de vida, e em parte do segundo ano, a mãe, o pai e os educadores são os organizadores da vida dos pequenos e assumem todas as decisões que lhes dizem respeito. À medida que os meninos e as meninas crescem e, especialmente, a partir dos dois anos, começam a opor-se, algumas vezes de maneira muito forte, ao que os educadores lhes exigem.

As situações de oposição, muito habituais nessa idade, representam uma maneira de fortalecer a própria personalidade e a capacidade de autonomia. As crianças descobrem que podem tomar iniciativas, não fazer aquilo que lhes é pedido, opor-se às exigências, etc. Esses são indícios de um interesse para "separar-se" da mãe, começar a ser menos dependente e iniciar o difícil, mas emocionante, caminho da autonomia.

A maneira como as pessoas com quem a criança tem contato reagem a esses negativismos contribuirá para fazer evoluir os traços da personalidade, de uma forma ou de outra. Assim, a condescendência de todos cria crianças onipotentes e que fazem sempre o que querem, com a conseqüente dificuldade de adaptação social para respeitar normas externas que a vida em comunidade exige. Na outra extremidade, podemos destacar as atitudes de rigidez que formam crianças inseguras, tímidas e que não se atrevem a mostrar-se tal como são.

O papel do pai, da mãe e dos educadores é crucial. É importante entendê-lo como um dos aspectos que facilitam a adaptação social das crianças. Nessa etapa, começam a entender que, em determinados momentos, existem coisas que podem ser feitas e outras que não, e que nem sempre vai valer a nossa opinião, havendo normas sociais que devem ser cumpridas para poder relacionar-se com as outras pessoas, etc. Em geral, essa etapa de desenvolvimento pessoal é mais conflitiva que a anterior, pois surgem conflitos de diferentes tipos (rivalidade, perda de certos privilégios, ajuste a determinadas normas, necessidade de dividir, etc.), sendo necessária a sua resolução para seguir o processo de desenvolvimento pessoal.

Outro aspecto também muito importante é aquele relacionado com os sentimentos de rivalidade com os demais membros da família: irmãos, pai, mãe. A criança, por volta dos três anos, dá-se conta de que precisa compartilhar a estima e o tempo que é dedicado a ela com outras pessoas, seja com o pai, a mãe ou outros irmãos menores ou mais velhos. Essas situações criam problemas às crianças, os quais devem ser resolvidos aos poucos, para seguir o processo evolutivo normal: avançar a partir de pequenos retrocessos.

As experiências que as crianças vivenciam no decorrer dos anos, em todos os contextos (família, escola, entre amigos e amigas), fazem com que elas interiorizem uma imagem e um conhecimento de si mesmas ("Sou uma menina que se chama Caterina", "Sou um menino que tem um irmão que se chama Marc", "Sou uma menina bonita", "Sou um menino grande", etc.) e, ao mesmo tempo, adquirem uma valorização do próprio conceito que é transmitido por pessoas significativas em sua relação diária. Isso representa a *auto-estima*. Uma das características propostas pela criação e educação é que a criança desenvolva uma auto-estima adequada (adaptada às próprias características, com importantes doses de valorização positiva, de confiança nas próprias possibilidades, com conhecimento das dificuldades, etc.), já que essa dimensão da identidade pessoal facilita a saúde mental, o êxito escolar e a possibilidade de estabelecer relações socioconstrutivas. De acordo com Palacios (1991), abordaremos algumas das atitudes e práticas educativas de pais e educadores que facilitam a aquisição de uma alta auto-estima nas crianças:

- Trata-se de pais e educadores que demonstram afeto freqüentemente, que se interessam pelas coisas que acontecem à criança e que são capazes de mostrar respeito por ela e confiança em suas possibilidades, a cada dia, no trato pessoal.
- São pais e educadores que cumprem os acordos e as normas estabelecidas a partir de raciocínios feitos com a criança com firmeza, mas também com uma certa flexibilidade. Geralmente, as normas são claras, necessárias e exige-se que sejam cumpridas. Costumam propor exigências adequadas às possibilidades da criança e comemoram os sucessos e os progressos alcançados. Marcam-se limites coerentes e acessíveis, o que permite

à criança ter uma orientação do que se espera dela, podendo mostrar-se segura do que pode fazer.
- São pais e educadores que preferem utilizar medidas não-coercitivas de disciplina: não usando o castigo corporal, corrigindo os erros pela eliminação de privilégios. Geralmente, as medidas disciplinares são raciocinadas com a criança e tenta-se fazê-la entender por que se considera inapropriada a conduta. A disciplina estabelecida a partir desse tipo de companheirismo é firme, porém adequada ao contexto e às possibilidades da criança, sendo sempre acompanhada de uma situação de afeto.
- Trata-se de pais e educadores que estimulam seus filhos e alunos a emitirem a sua própria opinião e levá-la em conta quando as situações possibilitarem. Trata-se de uma relação de respeito mútuo e que favorece os laços de confiança na capacidade de melhoria e desenvolvimento da criança.

Existem outros aspectos que se constituem no decorrer desses anos e que são conseqüências importantes na aquisição de autonomia. Referimo-nos à autonomia no controle das necessidades fisiológicas e nos hábitos de alimentação. A partir de dois anos, considera-se que a criança está preparada física e psiquicamente para poder controlar suas necessidades fisiológicas, tanto de dia como, progressivamente, de noite. Ao participar ativamente de toda a seqüência envolvida nos diferentes momentos do dia em que necessita ir ao banheiro, aos poucos ela vai adquirindo autonomia em tudo que está relacionado a esse aspecto: tirar as calças e a roupa íntima, posicionar-se no vaso sanitário, limpar-se, etc. Entre os dois e os quatro anos, a criança conquista o nível de autonomia necessário nessa ação.

Da mesma maneira, aproximadamente nessa idade, as crianças podem ser totalmente autônomas nas situações de alimentação — refeições. Será difícil para a criança utilizar facas, o que poderá dominar a partir de cinco ou seis anos. Mesmo assim, as idades de aquisição de autonomia podem variar substancialmente, de acordo com o que lhe exigir o contexto: comer na escola ou não, permitir que se lambuze ou não, etc.

Outra característica da faixa etária e a partir de dois anos é a descoberta que as crianças fazem de que podem ser companheiras de jogos. No primeiro momento, aquelas de idades similares são objetos de observação, de contato físico, de interesse; porém, mais adiante, são vistas como competidores na manutenção do jogo, como rivais na vontade de pegar o livro para si, o que, muitas vezes, acaba em condutas agressivas. Há meninos e meninas que têm mais tendência a ser agressivos e outros que padecem de agressão; as situações em que isso ocorre acabam criando uma dinâmica de conflito na sala de aula. Através dessas situações, a criança aprende determinados conhecimentos sobre os sentimentos, as maneiras de fazer, os comportamentos que lhe agradam ou não, etc. Aos poucos, no dessa etapa educativa, começará a estabelecer momentos de relação que se referem ao início de um sentimento de amizade, apesar de que ainda não se pode falar de um vínculo de amizade, assim como entre pessoas adultas.

Há crianças que têm tendência desenvolvida através de suas experiências familiares, ou pelo tipo de relações estabelecidas até o momento, a estabelecer fortes relações interpessoais. É preciso destacar que a escola é um bom contexto para que a criança aprenda, com a ajuda dos educadores, a inserir-se nesse outro tipo de relações, em dinâmicas que possuem características diferentes da sua maneira pessoal de ser (é importante que a criança que tem a iniciativa de pegar primeiro o material aprenda a compartilhar com seus colegas; como também que sempre fica sem nada, porque lhe tiram tudo, aprenda a defender seus objetos; aquela que sempre quer brincar sozinha deve aprender a brincar com seus companheiros; e aquela que não sabe brincar em nenhum momento sozinho, tranqüilamente, encontre materiais e jogos para realizá-lo).

No decorrer dos anos, e graças à evolução no campo do raciocínio e da linguagem, as crianças tornam-se mais capazes de discutir entre elas, com uso de argumentos lingüísticos, e não cometem tanta agressão corporal; de desenvolver conjuntamente uma tarefa e planejar entre duas ou mais crianças um jogo ou outro brinquedo, repartindo os papéis; de compartilhar material entre uns quatro companheiros; de entender que, mesmo que o brinquedo seja seu, depois irá recuperá-lo; de estabelecer relações diferenciadas com companheiros e companheiras e de buscar uma relação que seja enriquecedora para a tarefa que querem desenvolver.

1.4 ALGUMAS IDÉIAS QUE É PRECISO GUARDAR

Entender o processo de desenvolvimento a partir da perspectiva construtivista tem repercussões no momento de intervir e planejar como professores no processo de aprendizagem dos alunos. Alguns aspectos a ressaltar são os seguintes:

A. Conceitualizar as relações entre desenvolvimento e aprendizagem como processos indissociáveis e entender que é precisamente a aprendizagem, em algumas condições determinadas, que permitirá o desenvolvimento.
- *Implicações educativas:*
  - Não esperar que a criança amadureça para começar a introduzi-la em algumas aprendizagens mais elevadas. Se lhe interessam, essas primeiras informações ajudarão a desenvolver capacidades que lhe permitam entender melhor (a aprendizagem da língua escrita, a aprendizagem dos primeiros nomes, o uso de materiais não estritamente difíceis para a idade, etc.).
  - Confiar no papel dos educadores e das educadoras como promotores do desenvolvimento.

B. Importância do papel da pessoa adulta como mediadora entre o mundo cultural e a criança.
- *Implicações educativas:*
  - Aprender a observar qual é o nível da criança em relação aos jogos e às aprendizagens e dar-lhe ajuda justa, permitindo que ela continue gostando do que está fazendo. Incentivar, aos poucos, as meninas e os meninos a assumirem mais responsabilidades, quando estiverem seguros de que podem fazê-lo.
  - Diversificar o tipo de material oferecido para as crianças. Incorporar, nas suas aulas, o material que faz parte da própria vida cotidiana da criança e outros que lhe exijam outros níveis de resoluções.
  - Não se preocupar em dar mais informações do que os pequenos possam assimilar. Cada um assimilará aquilo que pode, de acordo com o seu nível de desenvolvimento.
  - Falar com os pequenos de uma maneira adequada para que eles possam entender o que lhe dizem, porém sem transgredir as informações da realidade.

C. A importância das informações vividas pelas crianças pequenas em relação aos objetos e às situações diversas que são a base para fazer novas construções e ampliar o campo de conhecimento.
- *Implicações educativas:*
  - Apresentar na sala os problemas, as situações, as cenas, os materiais que "falem" da vida cotidiana das meninas e dos meninos, solicitando que os identifiquem e analisem.

— Considerar o contexto sociocultural em que vivem as crianças e planejar a prática educativa de maneira que sejam oferecidas as experiências que talvez não tenham vivido em seu ambiente familiar e cultural.

D. As mudanças ocorridas no decorrer da evolução são devidas ao processo de construção que partem sempre das possibilidades atuais do indivíduo e que conduzem à capacidade de chegar a estágios mais avançados que integrem os conhecimentos anteriores.

- *Implicações educativas:*
  — Partir sempre do que a criança sabe e apresentar situações educativas que lhe permitam relacionar o que sabem com o que lhe está sendo apresentado.
  — Não desvalorizar o que as crianças sabem e levar isso a situações educativas; também não menosprezar sua capacidade para agir em situações complexas.
  — Aceitar as respostas das crianças, mesmo que sejam menos convencionais do que se espera, e valorizá-las adequadamente.

SE QUISER LER MAIS...

COLL, C.; PALACIOS, J.; MARCHESI, A. (comp.): *Desarrollo psicológico y educación II. Psicología de la Educación*. Madrid: Alianza, 1990.

MEC. *Diseño Curricular Base. Educación Infantil*. Madrid: Ministerio de Educación y Ciencia, 1989, p. 71-80.

PALACIOS, J.; MARCHESI, A.; COLL, C. (comp.): *Desarrollo psicológico y educación I. Psicología Evolutiva*. Madrid: Alianza, 1990.

SILVESTRE, N.; SOLÉ, R. *Psicología Evolutiva. Infancia y preadolescencia*. Barcelona: CEAC, 1993.

TRIADÓ, C. (coord.): *Psicología Evolutiva*. Vic: Eumo, 1992.

2

A etapa da educação infantil

2.1 Introdução | 50

2.2 Características gerais da etapa | 50
- Os principais traços característicos da etapa | 52
- As grandes finalidades da etapa | 54

2.3 O currículo da etapa | 55
É preciso falar em currículo? | 55
Quais são as características do currículo atual? | 57
Que informações o currículo proporciona? | 59
- O que é preciso ensinar | 59
- Como ensinar | 63
- Quando é preciso ensinar | 64
- O que, como e quando é preciso avaliar | 64

2.4 As áreas curriculares e os principais blocos de conteúdos | 65
A descoberta de si mesmo | 67
A descoberta do meio natural e social | 70
Intercomunicação e linguagens | 74
- Linguagem verbal | 77
- Linguagem matemática | 81
- Linguagem musical e expressão corporal | 83
- Linguagem plástica | 84

2.5 Os ciclos na etapa da educação infantil | 86
- O primeiro ciclo | 86
- O segundo ciclo | 87

2.6 Algumas idéias que é preciso guardar | 88

Notas | 89

Se quiser ler mais... | 89

> **A leitura deste capítulo deve proporcionar respostas para as seguintes perguntas:**
>
> - Qual o significado do currículo na etapa da educação infantil? Não há perigo de "escolarizar" mais (no pior sentido da palavra) a creche e a pré-escola?
> - Quais as informações que o currículo fornece?
> - O que devemos considerar como mais importante em cada um dos ciclos da etapa?
> - Que relação existe entre as atividades de aprendizagem e os conteúdos escolares?
> - Qual o sentido dos diferentes tipos de conteúdos educativos na etapa da educação infantil?

2.1 INTRODUÇÃO

No capítulo anterior, explicamos os aspectos que estão envolvidos no desenvolvimento das crianças entre o nascimento e os seis anos. Também abordamos a inter-relação entre os diferentes aspectos, o processo habitual de crescimento e de desenvolvimento no decorrer desses primeiros anos de vida. Falamos indistintamente de pais/ mães e/ou de educadores/educadoras: fizemos isso propositadamente.

Desde o nascimento, os contatos mais próximos sempre são estabelecidos pelos pais e, especialmente por questões biológicas e sociais, pela mãe. Muito cedo — por volta de quatro ou cinco meses — algumas famílias já requerem a ajuda de profissionais para cuidarem do seu filho ou de sua filha durante algumas horas do dia. É esse o motivo pelo qual, historicamente, começaram a aparecer as escolas ou instituições que se encarregam de cuidar das crianças pequenas. Mesmo para a faixa etária maior, com o passar do tempo, percebeu-se a necessidade de que as crianças de seis anos tivessem experiências escolares, já que se acreditava que seria preciso elas conviverem com outras crianças e em contextos diferentes do familiar. Assim, planejaram-se etapas correspondentes às idades, nas quais as crianças, mesmo não sendo obrigatória a escolarização, participassem de uma escola ou instituição que tivesse como objetivo principal cuidar de meninos e meninas pequenos na ausência de seus pais. O modo como foram surgindo as necessidades de escolarização para os pequenos e o processo seguinte a essa etapa por parte da administração pública explicam a situação atual da escola para as crianças entre os primeiros meses e os seis anos de vida. A consideração da entidade educativa dessa etapa é muito recente; isso permitirá começar a atribuir critérios que devem ser observados por todas as escolas e a ordenar as ofertas feitas pelos âmbitos públicos e privados. Assim, sabemos que coexistem diferentes maneiras de atender as crianças dessa faixa etária: na escola com maiores de seis anos, nas creches, dentro dos locais de trabalho, nas escolas próprias para crianças dessa idade, etc. A diversidade que, muitas vezes, implica diferentes concepções nessa etapa educativa, resulta em uma grande dispersão na organização e nas características dessas escolas. Para conhecer os elementos que são comuns a todas, é interessante abordar os aspectos normativos exigidos, o que nos permitirá, mais adiante, relacioná-los com a maneira como se planeja o currículo dessa etapa educativa.

2.2 CARACTERÍSTICAS GERAIS DA ETAPA

Ao longo do tempo, a educação institucionalizada das crianças menores de seis anos esteve direcionada, administrativamente, a diferentes departamentos. Primeiro, esteve vinculada ao Departamento de Trabalho, quando se dava ênfase aos aspectos de custódia das crianças, enquanto a mãe trabalhava; de Saúde, quando os aspectos essenciais eram de caráter assistencial, e de Ensino, quando se tratava de atender dentro da Escola também a escolarização obrigatória.

Em linhas gerais, esse era o panorama que presidia a vinculação administrativa da escola dos pequenos até a promulgação da Lei Orgânica de Organização Geral do Sistema Educativo (LOGSE), por parte do Ministério da Educação e Ciências, em outubro de 1990. Nessa Lei, que se refere a todas as ordenações educativas das diferentes comunidades autônomas do Estado Espanhol (Espanha), estabelece, em seu artigo 3º, que a educação infantil está incluída nos ensinamentos de regime geral do sistema educativo, juntamente com a educação primária, a educação secundária, a formação profissional e a educação universitária. Esse é um passo importante na consideração educativa da escola dos primeiros anos, aspecto muito reivindicado e esperado pelos profissionais que apresentavam experiências novas e interessantes nesse campo de trabalho.*

Esse princípio geral concretiza-se depois, na articulação da Lei, na qual o artigo 7º estabelece:

- A idade que compreende a escolarização é o final dos seis anos.
- A necessidade de colaboração entre pais e educadores.
- O caráter voluntário dessa etapa educativa.
- A necessidade de existência de lugares de caráter público para todos que solicitarem.

- A necessidade de coordenação entre as diferentes escolas que oferecem ciclos dessa etapa educativa.

No artigo 8º:

- As capacidades básicas que as crianças precisam desenvolver.

No artigo 9º:

- A distribuição em dois ciclos – do primeiro aos três anos e dos quatro aos seis – e os aspectos que caberá a cada um desenvolver.
- A organização em áreas de conteúdo educativos, que representam âmbitos próprios de experiência e de desenvolvimento das crianças desta idade.
- Os aspectos metodológicos básicos – jogos e atividades baseadas em experiências.

No artigo 10º:

- A titulação dos profissionais – professores – mesmo que se leve em conta uma diferenciação entre o primeiro e o segundo ciclo.

No artigo 11:

- A possibilidade para as escolas oferecerem um ou outro ciclo da etapa da educação infantil.
- A necessidade de as administrações educativas desenvolverem as normativas sobre a educação infantil.

A partir do mandato da LOGSE, em relação à educação infantil, o MEC vai promulgar um decreto oficial em que se estabelecem os aspectos básicos do currículo de educação infantil (R.D. 1330/1991). Esse texto legal é o marco mais concreto referido às comunidades autô-

---

*N. de R.T. No Brasil, também foi a LDB 9.394/96 que inseriu a educação infantil como a primeira etapa do ensino básico do sistema de educação nacional. A educação infantil no Brasil está dividida em duas etapas: a creche (de 0 a 3 anos) e a pré-escola (de 4 a 6 anos).

nomas para estabelecer o currículo próprio. Na Catalúnia, o decreto que estabelece a ordenação curricular da educação infantil é de 28 de abril de 1992 (D. 94/1992, DOGC núm. 1593, de 13-5-1992). Mais adiante, neste mesmo capítulo, faremos referência a ele.[1]

Os principais traços característicos da etapa

Como traços principais que conferem uma identidade a essa etapa educativa, abordaremos os seguintes:

O caráter não-obrigatório da etapa educativa. Da mesma maneira que em todos os países europeus, a escolaridade obrigatória começa somente depois de um tempo de escolarização que, normalmente, denominamos *etapa da educação infantil*. Em alguns casos, acaba aos cinco anos e, em outros, aos seis; a partir dessa idade inicia-se a obrigatoriedade da assistência na escola, que pode durar até o final dos 14 ou dos 17 anos, de acordo com o país.

A consideração da educação infantil como uma etapa não-obrigatória tem provocado algumas discussões entre a comunidade educativa e os âmbitos políticos. Já foram atribuídas muitas razões para que o segundo ciclo da educação infantil seja considerado obrigatório. Considera-se que a partir dos três ou quatro anos, de uma maneira muito geral, na sociedade atual, as crianças possam apresentar mais experiências enriquecedoras na escola do que exclusivamente em casa. O intercâmbio com outras crianças e com pessoas adultas, que lhes propõem atividades adequadas a seu nível, pode significar uma ajuda importante no desenvolvimento de suas capacidades. É por isso que, durante o processo de debate do *Libro Blanco para la Reforma del Sistema Educativo*, diversos grupos de professores expuseram argumentos, de maneira enérgica, a favor de uma etapa de escolarização obrigatória desde o final dos três até os oito anos, considerando que, do ponto de vista psicológico, é possível dar mais identidade a essa etapa. De qualquer modo, sob o aspecto administrativo, neste momento, no Estado Espanhol, já existe praticamente uma escolarização plena a partir dos três anos. É por isso que, além de estarmos de acordo com o raciocínio de alguns núcleos em relação à reivindicação do caráter obrigatório desse ciclo educativo, podemos destacar que se conseguiu que praticamente todos os meninos e as meninas tenham experiências escolares antes dos seis anos.

O fato de tal etapa não ser obrigatória possibilita que alguma criança, quando chegue pela primeira vez à escola, verifique que os seus companheiros ou suas companheiras já tenham alcançado uma série de aprendizagens que possivelmente tenham aprendido na escola: a impossibilidade de ter sempre toda a atenção da pessoa adulta, a necessidade de compartilhar os brinquedos com outras crianças, a necessidade de seguir ritmos externos, coisas que todos precisem fazer ao mesmo tempo, etc. Isso pode ocorrer no início da escola obrigatória (no primeiro curso da educação primária), porém o mais habitual é que isso aconteça nas diferentes turmas da pré-escola. A criança que está na escola desde os dois anos já terá aprendido uma série de coisas relacionadas à educação institucionalizada; esses aspectos terão de ser trabalhados, por exemplo, com outra criança que entra na escola pela primeira vez com três ou quatro anos. Eles são aprendidos bastante cedo, mas precisamos considerar que queremos que todos os meninos e as meninas sejam atendidos a seu nível, quando estiverem na escola. Além do mais, no decorrer da creche e da pré-escola, as crianças aprendem, na melhor das hipóteses, uma série de conteúdos que lhes permite entender o mundo que as envolve e que lhes permitirá compartilhar cada vez mais elementos com os adultos que estão mais próximos de si: desde as características dos objetos que lhes rodeiam até a compreensão e a capacidade de resolução das situações problemas que se apresentam.

A necessidade de uma colaboração estreita com a família. Para começar, poderíamos dizer que a colaboração entre a família e a escola é importante em todas as etapas educativas, se pretendermos conseguir um desenvolvimento harmônico da pessoa. Também podemos destacar que essa relação deve ir modificando-se, mas que sempre é muito necessária. Na etapa da educação secundária, convém que, em determinados momentos, os jovens possam ter autonomia diante de certas decisões escolares e que as medidas de controle que os pais exercem adaptem-se à nova situação. Também podemos destacar que, na etapa primária, os pais aprendem a estar menos presentes em determinados momentos (acompanhar à escola, controle diário das tarefas, etc.). Porém, também é preciso observar que, na etapa da educação infantil, o contato e a colaboração entre a família e a escola é fundamental para estarmos atentos às diferentes necessidades que as crianças expressam e manifestam. E essa colaboração é absolutamente essencial no decorrer do primeiro ciclo dessa etapa: poderíamos dizer que, na creche, as mães e os pais são parte integrante dela.

Durante o primeiro ciclo de educação infantil, os pais e as educadoras precisam estar de acordo nos aspectos essenciais, como os hábitos alimentares, os ritmos diários, o controle das necessidades básicas, etc. Além do mais, é preciso que a criança perceba que está em dois contextos que não são estranhos entre si. Também é preciso que os professores e os familiares possam compartilhar as angústias, as dúvidas, os questionamentos que surgem no decorrer do processo de desenvolvimento das crianças, sobretudo nos primeiros anos de vida.

O equilíbrio entre a etapa como própria identidade e a relação necessária com as outras etapas educativas. Em relação a esse aspecto, é preciso destacar que, na etapa da educação infantil, mesmo sendo considerada uma etapa única, as mudanças que se produzem nos alunos são de uma magnitude sem comparação com as das outras etapas educativas. Apesar das diversidades entre os meninos e as meninas de diferentes idades, é necessário que essa etapa tenha uma identidade própria que a diferencie das outras. Essa é uma das grandes metas da escola que atende alunos desde os primeiros meses de vida aos seis anos: buscar os elementos comuns que precisam estar presentes no decorrer de toda a etapa, até porque, muitas vezes, as crianças mudam de escola antes de terminar o primeiro ciclo; estabelecer os elementos básicos do projeto do ciclo e da etapa; estabelecer a seqüenciação dos conteúdos, levando em conta os aspectos evolutivos como os da experiência; estabelecer os traços básicos comuns em relação à metodologia da aula nesta idade, etc. Assim, pois, no decorrer da etapa, é preciso considerar os aspectos que lhe dão unidade e sentido, mas também considerar as diferenças entre as capacidades e as necessidades dos alunos de um ano e os alunos de cinco anos.

A etapa da educação infantil apresenta, ao mesmo tempo, uma característica que lhe confere um *status* especial: é a etapa prévia às etapas educativas obrigatórias posteriores. Poderíamos pensar que as crianças, nessa primeira etapa, têm uma experiência inicial em relação ao mundo escolar que pode ser muito importante para sua própria escolarização posterior. Alguns adquirem uma experiência interessante, divertida e outras, não. A maneira como viveram, o tipo de aprendizagem que realizaram e o tipo de relações que estabeleceram podem ser determinantes no sucesso posterior de toda a escolarização. É por isso que entendemos que, na etapa da educação infantil, é preciso considerar também uma coordenação com as outras etapas educativas, para poder determinar as necessidades e as dificuldades que todos os profissionais vêem a partir de uma visão do seu ciclo ou etapa.

Função educativa e função social simultâneas. Na época em que vivemos, a incorporação progressiva que se dá ao mundo do trabalho e a transformação progressiva do núcleo familiar fazem com que as outras instituições educativas compartilhem com a família uma tarefa que, há 30 ou 40 anos, era unicamente exercida pela família. Assim, consideramos que a escola infantil tem também, muitas vezes, a função social de ajudar o meio familiar a educar as crianças nos seus primeiros anos de vida.

Paralelamente à função social da escola infantil, é preciso recordar que, como todas as outras etapas, a sua função é também educativa; seu trabalho deve desenvolver ao máximo as capacidades de todos os alunos, através dos conteúdos educativos próprios para a etapa. Nesse sentido, pode-se falar por que a etapa educativa tem necessariamente a consideração social e cultural que merece. É importante que se reconheça o valor da educação nessa idade e, portanto, a necessidade de formação e especialização dos profissionais. Caberá, então, avançar na consideração justa dessa etapa. É necessário ir além das idéias que lhe conferem somente uma perspectiva assistencial: é preciso pensar que é uma escola que educa, e não somente que guarda as crianças.

As grandes finalidades da etapa

As considerações anteriores levam a enumerar grandes finalidades da etapa da educação infantil, o que permitirá abordar as propostas curriculares que são apresentadas pela administração educativa.

Potenciar e favorecer o desenvolvimento máximo de todas as capacidades, respeitando a diversidade e as possibilidades dos diferentes alunos. O desenvolvimento não pode ser considerado como uma expansão automática de potencialidades, mas como um complexo processo de interação entre a criança e o adulto. Por essa razão é preciso que a escola infantil organize-se em torno de situações experienciais através das quais tornará possível a aprendizagem de habilidades, estratégias, atitudes, conceitos e, portanto, avançará no desenvolvimento das capacidades que estão envolvidas neste processo. Assim, entendemos que a escola infantil é um contexto de desenvolvimento, pois nela tem lugar as condições ótimas para desenvolver-se como pessoa. As vivências, as experiências compartilhadas, os sentimentos, as frustrações, as ilusões são tudo o que a criança apresenta na escola infantil. Enfrentar tais situações com a ajuda de pessoas adultas e de outras crianças é o que a faz crescer, o que põe em ação novas capacidades para ir em frente. Em resumo, isso a faz tornar-se maior.

Compensar as desigualdades sociais e culturais. Quando as crianças chegam à escola, cada uma possui diferentes experiências e vivências familiares. Essas experiências, juntamente com algumas características próprias geneticamente adquiridas, configuram um determinado grau de competência em relação à capacidade de expressar-se por meio da linguagem, no conhecimento de conceitos básicos das situações e do meio que envolve a criança, nas capacidades de relacionar-se e de expressar sentimentos, no domínio do conhecimento do corpo e de suas possibilidades de movimento, etc. Essas características diferenciais são mais evidentes em meninos e meninas que vivenciaram situações de carências graves (afetivas e relacionais). A escola infantil pode contribuir de uma maneira eficaz para tentar compensar essas diferenças que, muitas vezes, são causadas por carências do tipo social, econômico ou cultural. Dessa maneira, uma das finalidades da escola infantil seria a de compensar as diferenças quando as crianças são muito pequenas e ajudar a prevenir possíveis dificuldades posteriores no decorrer da escola obrigatória e da vida adulta.

Preparar para um bom acompanhamento da escolaridade obrigatória. Destacamos anteriormente que a etapa da educação infantil tem sentido por si mesma e que não pode subordinar-se a outras etapas educativas. Defendemos que é preciso que tenha uma estrutura, um funcionamento e uma organização própria que sejam coerentes com os objetivos próprios desse nível educativo.

Durante muito tempo, a pré-escola, em termos gerais, esteve subordinada a ser unicamente uma preparação para a EGB.* Assim, continha altas distorções na maneira de entender a prática educativa nessa faixa etária. Afinal, eram valorizados unicamente os conteúdos "escolares", entendendo-os em um sentido pejorativo: ensino de conteúdos pouco ajustados às necessidades das crianças; utilização de uma metodologia centrada sobretudo no trabalho em folhas de papel, etc. É por isso que, atualmente, enfatiza-se o aspecto de dar uma identidade própria a essa etapa educativa, com uma maior relação à creche do que com a escola do ensino fundamental. É preciso que a pré-escola incorpore práticas próprias das boas creches: considerando educativas todas as situações escolares; enfatizando o trabalho e os jogos em pequenos grupos, não somente os coletivos ou individuais; apresentando relação mais próxima com as famílias, etc. De fato, essas e outras particularidades são também indicadoras de boas escolas do ensino fundamental.

De toda a maneira, mesmo estando absolutamente de acordo com as críticas à "escolarização" na pré-escola, não se pode negar que é preciso ter uma estreita relação entre a etapa infantil e os primeiros cursos da etapa do ensino fundamental. É importante que entendamos que, na escola, as crianças estão em contato com os expoentes culturais da sociedade em que vivem, sendo necessário que isso sirva, aos poucos, para que elas se apropriem desse aspecto, ao nível que lhes seja possível em sua idade. Isso quer dizer que, durante o tempo que a criança fica na escola infantil, é necessário que lhe seja permitido aceder aos conhecimentos próprios da cultura: o acesso a todos os sistemas de representação da realidade que as pessoas adultas

utilizam (língua escrita, linguagem matemática, linguagem plástica, etc.) pode ser iniciado já na pré-escola; terá sentido se for funcional, como deverá ser sempre o processo de ensino. É preciso não esquecer que nem todas as crianças são iguais e aquilo que parece interessante a umas pode não ter nenhum sentido a outras e, portanto, poderão ter dificuldades em aprendê-lo.

Finalmente, é correto não querer "escolizar" muito cedo, mas também é importante que não se restrinja de maneira artificial o acesso à cultura e ao conhecimento do meio social que se apresenta.

2.3 O CURRÍCULO DA ETAPA

É preciso falar em currículo?

No nosso âmbito cultural, até pouco tempo, falar em currículo para os meninos e as meninas de zero a seis anos poderia produzir uma certa confusão, especialmente com referência às crianças menores. Falar de programas, de planos de estudo, de programações, ou seja, falar de currículo, já vinculava as etapas posteriores da escolaridade, nas quais há conteúdos que é preciso ensinar. Em resumo, entendia-se que esses termos traziam a idéia de "transmissão de conhecimento", e não tanto de desenvolvimento das capacidades.

Por parte dos profissionais da educação infantil sempre se pensou que a escola deva ser um lugar onde as crianças se sintam bem, onde convivam em um ambiente agradável, e que isso as ajude a desenvolver as diferentes capacidades humanas. Por isso, o termo currículo associa-se aos planejamentos pedagógicos mais "escolares", identificando como um escolar o mais negativo, isto é, situações pouco interessantes, pouco agradáveis, pouco ligadas às necessidades e aos interesses dos meninos e das meninas. Até aos que não fazem essa assimilação, e que é tão pouco considerada nos planejamentos atu-

---

*N. de T. EGB correspondente à primeira etapa do ensino fundamental.

ais de reforma educativa, convém explicarmos o que entendemos por currículo e como se concretiza nessa etapa; isso no que se refere às crianças menores, tanto no primeiro ciclo – creche (0-3) – como no segundo ciclo – pré-escola (4-6).

Pelo fato de sermos membros de uma determinada sociedade, compartilhamos uma série de valores, conhecimentos e hábitos que são próprios do contexto cultural em que nascemos e vivemos. Esses conhecimentos sociais são adquiridos através da nossa participação em diferentes contextos e de maneiras diferentes conforme as idades: primeiro, na família e, posteriormente, nas diversas instituições educativas (ensino fundamental, médio e superior), através dos meios de comunicação e, também, a partir das nossas relações com grupos sociais, seja através do mundo do trabalho ou do lazer.

Assim, se nos situarmos no mundo da escola, podemos dizer que a educação tem como um de seus objetivos integrar os pequenos de nossa comunidade à cultura do grupo ao qual pertencem e permitir que dele participem. Podemos dizer que a escola é um dos instrumentos que a sociedade possui para transmitir os conhecimentos, o legado cultural de uma geração à outra. Porém, a escola também precisa favorecer um desenvolvimento pessoal do aluno que lhe permita participar e atuar de maneira crítica em relação aos saberes culturalmente organizados, com o qual colabora desenvolvê-los e adequá-los para as gerações posteriores.

A partir disso, podemos dizer que os currículos são o conjunto de saberes culturais que, em dado momento, os responsáveis políticos e os especialistas em educação – referendados pelos representantes da soberania popular (Parlamento) nas sociedades democráticas – concordam que seja preciso trabalhar na escola para formar pessoas que vivem em um contexto social e cultural. Podemos dizer, ainda, que, no currículo oficial do nosso país*, pretende-se proporcionar informações concretas sobre *o que, como e quando é preciso ensinar e avaliar.*

Cada país, cada comunidade com competências educativas, toma uma série de decisões que estão baseadas em determinadas concepções sobre o ensino, a aprendizagem, o papel dos profissionais de ensino, etc., envolvendo componentes ideológicos em relação ao que é mais ou menos importante que seja aprendido. É por isso que, além das semelhanças nas tomadas de decisões curriculares nos diferentes países e comunidades autônomas do meio europeu, há também inúmeras diferenças.

A elaboração dos currículos admite que os profissionais que intervêm nos diferentes níveis (desde as pessoas responsáveis pela administração educativa até os professores) tomem uma série de decisões que, normalmente, são de caráter variado. De acordo com Coll (1986), podemos destacar que há diversas fontes que ajudam a tomar as decisões ao nível curricular:

- *A análise sociocultural:* dá informações a respeito daqueles aspectos que são necessários ensinar prioritariamente, considerando o contexto social em que se situa. Essa análise exige que os responsáveis pela administração educativa façam uma seleção dos saberes culturais que as crianças da Catalunha incorporaram no momento atual (p. ex., a limpeza como um valor, o conhecimento de canções tradicionais); por sua parte, os profissionais da creche e da pré-escola precisam fazer uma releitura, levando em conta o local onde se encontra a sua

---

*N. de T. A Espanha possui uma divisão geopolítica interna, em "países". Por exemplo: o País Basco, a Catalunha e outros. Como uma aproximação muito genérica, podemos dizer que correspondem aos "estados" do Brasil, porém ressaltando que o regime é diferente.

escola (p. ex., a priorização do trabalho de linguagem oral, porque se trata de um contexto muito desfavorecido no qual as crianças, no seu meio familiar, possuem poucas oportunidades para argumentar ou discutir questões pessoais, etc.).

- *A análise psicológica:* proporciona informações sobre as características das crianças nas diversas etapas e os processos de aprendizagem que irão fazer. De um lado, a administração educativa define os conhecimentos atuais da psicologia em relação ao processo de aprendizagem das crianças e os toma como uma referência; de outro, as professoras da escola infantil concordam com o modo como acreditam que se produz a aprendizagem dos diferentes conteúdos. É preciso destacar que, atualmente, não há acordos únicos, na comunidade de especialistas em psicologia, sobre o desenvolvimento das pessoas e o impacto que tem a aprendizagem, mesmo que se esteja avançando nestes aspectos. De toda maneira, pode-se falar de um certo "acordo" construtivista, como desenvolvemos no Capítulo 1. É por isso que, às vezes, as informações podem não ser coincidentes, conforme a teoria que se tenha na base das decisões tomadas.

- *A análise disciplinar:* informa sobre os tipos de conhecimento que cada disciplina proporciona e que permite compreender a sua lógica interna. Os responsáveis pela administração educativa, assessorados por especialistas das diferentes disciplinas (língua, matemáticas, ciências, etc.), fazem uma triagem dos conteúdos de cada disciplina que poderão fazer parte das diferentes etapas; por sua vez, caberá às professoras da pré-escola priorizarem os conteúdos relacionados, por exemplo, como da aprendizagem da língua escrita, levando em conta os conhecimentos de que a criança dispõe naquele momento.

- *A análise pedagógica:* fornece informação sobre a situação da prática educativa que permite uma melhor aprendizagem. É preciso considerar as grandes modificações produzidas na prática educativa no decorrer dos anos. Assim, a administração educativa fará uma recomendação dos elementos que devem necessariamente estar presentes nas práticas educativas das escolas; as professoras das creches tomarão as decisões sobre o melhor, levando em conta a sua prática: deixar o material de jogos para as crianças estruturados em cantinhos ou optarem por não organizar a sala dessa maneira.

Sendo assim, na etapa da educação infantil, também tem sentido falar de currículo. Nela devem ser apresentadas situações para que as crianças possam desenvolver as suas capacidades como seres humanos (cognitivas, de linguagem, de relação entre as pessoas, de equilíbrio pessoal e motriz); como nas outras etapas, esse desenvolvimento apresenta-se vinculado à aprendizagem de determinados saberes culturais que lhes permitem conhecer o mundo que as envolve. Como nas outras etapas, compor o currículo exige uma análise a partir de diversas perspectivas que permitam tomar as decisões mais adequadas para elaborar o projeto educativo que a sociedade dirige aos menores de seis anos.

Quais são as características do currículo atual?

A ordenação do sistema educativo atual, por um lado, está ligada à aprovação, por parte do Parlamento Espanhol, da Lei Orgânica de Ordenação Geral do Sistema Educativo (LOGSE), de 1990; por outro, às regulações posteriores que foram feitas pelo próprio Ministério da Educação e Ciências e das diferentes comunidades autônomas, como é o caso da Catalunha.

Com a finalidade de sintetizar os itens importantes em relação à ordenação do sistema educativo e às diferentes decisões sobre o currículo dessa etapa, abordaremos a seguir alguns aspectos relevantes.

A função do currículo em uma etapa que não é obrigatória

O fato de a etapa da educação infantil não ser obrigatória libera também da obrigatoriedade de adotar o currículo oficial. Assim, todos os aspectos que propusemos (conteúdos, objetivos, orientações didáticas) devem ser orientativos, e não prescritivos. Contudo, consideramos muito útil a existência de um currículo orientador para que sirva como referência às professoras, para não esquecerem qualquer aspecto importante no decorrer da etapa e para utilizá-lo como um elemento de contraste em relação à própria prática.

A adoção de um currículo para a etapa também pode ajudar a organizá-la de maneira coerente, em especial quando os diferentes ciclos situam-se em centros separados, como é o caso habitual das escolas do nosso meio. A busca de características comuns e coerentes pode ser mais fácil, quando se parte de uma mesma organização curricular, já que pode haver elementos que se unifiquem de entrada, como a linguagem ou a identificação dos conteúdos das diferentes áreas.

As vantagens de partir de um modelo curricular único para todas as etapas educativas. Todas as propostas educativas das diferentes comunidades autônomas e do próprio MEC partem de um mesmo marco curricular (Coll, 1986) que tem servido de base para elaborar todos os currículos das diferentes etapas. Isso levou, pela primeira vez na história da educação do nosso país, os professores do ensino médio, do ensino fundamental e da educação infantil a poderem referir-se à estrutura e aos componentes do currículo, partindo de uma mesma concepção e de uma mesma linguagem. Esse fato, a princípio, possibilita uma melhor coordenação entre os diferentes níveis e as etapas educativas, apesar de que não basta a utilização de uma mesma linguagem para que se possa entrar em um acordo.

A adoção de um modelo curricular aberto e flexível. Os diferentes níveis de concretização do currículo. Em nosso país, há uma grande tradição de a Administração Educativa (sistema educacional) tomar as decisões fundamentais em relação ao que é preciso ser feito nas escolas. Até agora, sempre se partiu de uma estrutura fechada de currículo, quer dizer, as decisões em relação a que, quando e como é preciso ensinar e avaliar tomadas de maneira centralizada por parte das autoridades educativas do momento, deixando, em princípio, pouca margem de decisão para os profissionais das escolas. A adoção de modelos fechados de currículos – vigentes em outros países europeus como na França e na Alemanha — apresenta vantagens e inconvenientes. Por um lado, cabe menos responsabilidade aos educadores em relação à tomada de decisões importantes, porque elas são tomadas pelos menos experientes em sala de aula; ocorre um certo grau de comodidade para os professores, no sentido de que é preciso aplicar o que os outros pensam. Porém, por outro lado, um modelo com tais características permite pouca adequação ao contexto, dá pouca margem à individualização e restringe as possibilidades de inovação por parte do professorado que o executa.

Com a reforma educativa vinculada à promulgação da LOGSE, fez-se uma aposta na adoção de um modelo mais aberto, no sentido que nem todas as decisões são tomadas pela Administração Educativa. Propõe-se a necessidade de organizar um currículo com diferentes agentes: desde a Administração Educativa até o professor individual, passando pelas equipes da escola e do ciclo. A adoção de um modelo aberto também apresenta vantagens e inconvenientes.

De um lado, pode-se adequar melhor o currículo ao contexto, possibilitando o respeito às diferenças individuais, permitindo que os professores possam ser criativos ao colocar em prática o currículo na sua escola, permitindo às equipes de professores tomarem decisões e executá-las. Por outro lado, requer um esforço e um nível mais alto de formação dos professores e pode ter, entre outros aspectos, diferenças relativamente grandes entre os centros educativos de uma mesma zona geográfica.

Os diferentes níveis de concretização são os seguintes:

- *Primeiro nível de concretização* que se define no documento do plano* curricular (currículo, *plano curricular básico*, de acordo com a terminologia de diferentes administrações). O agente responsável é a Administração Educativa (o Ministério da Educação e Ciências — MEC — ou os Departamentos de Ensino dos governos autônomos), que estabelece objetivos gerais para as etapas e/ou áreas, refere-se a uma etapa educativa e dá orientações para o ensino e para a avaliação. É um referente obrigatório para a elaboração do segundo ou do terceiro nível de concretização.
- *Segundo nível de concretização* que se explicita em um documento que é o Projeto Curricular do Centro (PCC) e que elabora o núcleo do Centro. Consta dos objetivos gerais da etapa e dos objetivos e conteúdos de cada uma das áreas, juntamente com outros aspectos que definem a prática educativa do Centro: os objetivos gerais de cada ciclo; a seqüenciação dos conteúdos; a metodologia didática; os materiais curriculares utilizados e as decisões em relação à avaliação e aos critérios de promoção dos ciclos. No Capítulo 6, explicaremos detalhadamente a elaboração dos projetos do Centro na etapa da educação infantil.
- *Terceiro nível de concretização* que compreende as programações da sala de aula que cada professor fará durante a sua prática no decorrer do curso.** Os aspectos referidos são os objetivos das diferentes seqüências didáticas e os conteúdos que serão trabalhados; corresponde a uma tomada de decisões em relação aos conteúdos dentro de um ciclo e uma adaptação no decorrer de diferentes conteúdos; também é preciso explicitar as estratégias didáticas, as atividades e os recursos que se quer utilizar. Ainda assim, é necessário fazer uma referência à maneira como se fará a avaliação inicial, formativa e somativa. As decisões tomadas na programação devem ser coerentes com as do Projeto Curricular do Centro. Nos Capítulos 3 (item 3.1) e 4, comentaremos os aspectos relacionados com o terceiro nível de concretização do currículo (ver figura adiante).

Que informações o currículo proporciona?

Vimos que o currículo proporciona informações referentes a que, quando e como ensinar e avaliar. A seguir, revisaremos alguns aspectos importantes pelo modo como se relacionam a cada uma dessas questões.

O que é preciso ensinar

No decorrer da etapa da educação infantil, há uma série de saberes culturais que devem ser conhecidos e de aspectos que ajudam a desenvolvê-los. Quando falamos de tudo isso, referimo-nos aos conteúdos educativos. Eles têm sido uma fonte de mal-entendidos em educa-

---

*N. de T. Plano curricular é a tradução equivalente a "diseño curricular".

**N. de T. "Curso" deve ser compreendido como ano letivo.

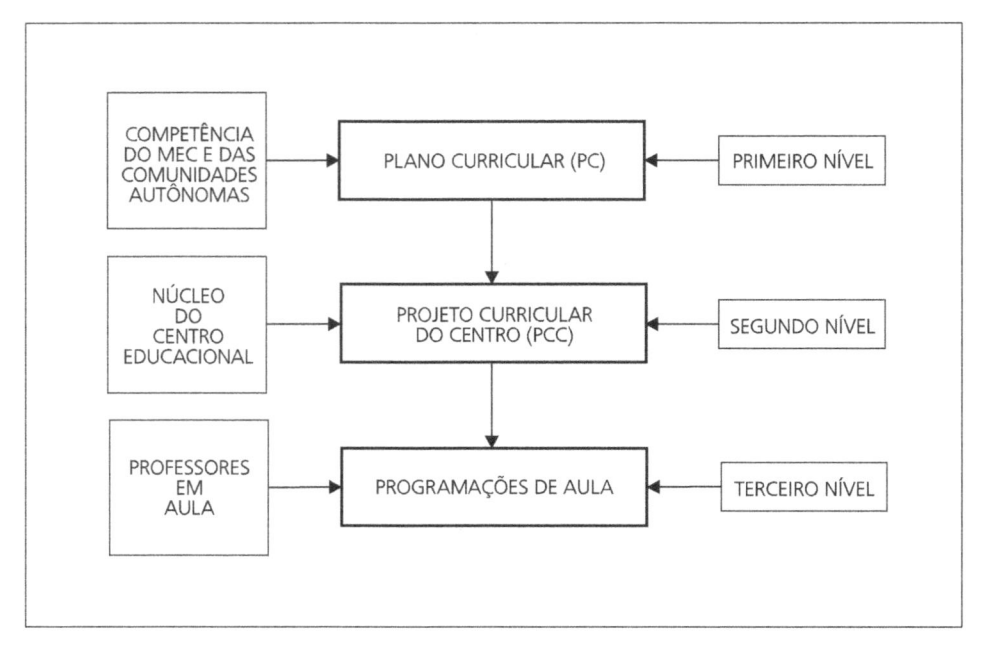

```
┌─────────────────────────────────────────────────────────────────────┐
│                                                                     │
│   ┌──────────────┐                                                  │
│   │ COMPETÊNCIA  │      ┌──────────────────┐    ┌───────────────┐   │
│   │ DO MEC E DAS │ ───▶ │ PLANO CURRICULAR │◀── │ PRIMEIRO NÍVEL│   │
│   │ COMUNIDADES  │      │       (PC)       │    └───────────────┘   │
│   │  AUTÔNOMAS   │      └──────────────────┘                        │
│   └──────────────┘               │                                  │
│                                  ▼                                  │
│   ┌──────────────┐      ┌──────────────────┐    ┌───────────────┐   │
│   │   NÚCLEO     │      │ PROJETO CURRICULAR│   │               │   │
│   │     DO       │ ───▶ │  DO CENTRO (PCC) │◀── │ SEGUNDO NÍVEL │   │
│   │   CENTRO     │      │                  │    │               │   │
│   │ EDUCACIONAL  │      └──────────────────┘    └───────────────┘   │
│   └──────────────┘               │                                  │
│                                  ▼                                  │
│   ┌──────────────┐      ┌──────────────────┐    ┌───────────────┐   │
│   │  PROFESSORES │      │                  │    │               │   │
│   │      EM      │ ───▶ │ PROGRAMAÇÕES DE  │◀── │ TERCEIRO NÍVEL│   │
│   │     AULA     │      │      AULA        │    │               │   │
│   └──────────────┘      └──────────────────┘    └───────────────┘   │
│                                                                     │
└─────────────────────────────────────────────────────────────────────┘
```

Figura 2.1 Níveis de concretização do currículo.

ção e, sobretudo, em educação infantil. Julgava-se que falar de aprendizagem de conteúdos nessa etapa, necessariamente, queria dizer não considerar as particularidades da etapa e "escolarizar" (no mau sentido da palavra) a creche e a pré-escola. No auge da reforma educativa, dá-se muita importância aos conteúdos, porque é o que se aprende, sobre o que atua a atividade auto-estruturante das crianças: é a partir dos conteúdos que somos capazes de desenvolver as nossas capacidades e converter-nos, gradativamente, em pessoas com mais recursos, com uma inteligência que nos permite o confronto com outras situações, etc. Por exemplo, para que a criança construa a sua noção de identidade — conteúdo conceitual — é preciso fazer diferentes atividades que lhe permitam diferenciar-se de outras pessoas: aprender o seu nome e os dos outros membros da família, saber que é um menino ou uma menina, etc.

O que entendemos por conteúdo?
O conjunto de formas culturais e de saberes selecionados para fazer parte das diferentes áreas curriculares; sua assimilação e apropriação é fundamental para o desenvolvimento e a socialização dos alunos (Coll, 1986).

Apresentando o termo conteúdo em um sentido amplo, entendemos que é tudo o que pode ser objeto de aprendizagem e, conseqüentemente, de ensino (Coll & Solé, 1987).
Trata-se de:

- Saberes fundamentais de uma cultura, ou seja, são informações e experiências socialmente valorizadas (p. ex., estar limpo, saber ler e escrever, ser autônomo, etc.).
- Aspectos que indicam e concretizam os elementos do desenvolvimento dos alunos que a educação promove. Na educação infantil, o que um menino ou uma menina de zero e seis anos devem ter de experiência para alcançar um desenvolvimento equilibrado (p. ex., iniciar-se em alguns períodos de tempo regulares — as

refeições – como uma capacidade estruturadora das futuras noções de tempo; começar a entender que há sistemas de representações que permitem a comunicação por escrito, etc.).
- Os conteúdos fazem parte do currículo escolar, pois a sua apropriação requer uma ajuda específica (na creche, porque a pessoa adulta é absolutamente necessária para um correto desenvolvimento e socialização; na pré-escola e no ensino fundamental, porque existem itens que são específicos para as crianças aprenderem na escola, por exemplo: a entender o sentido e a utilidade da língua escrita, a resolver situações pelo uso de cálculos, etc.).

Os conteúdos ordenam-se e organizam-se em torno de áreas curriculares que, na educação infantil, são âmbitos de experiência muito próxima da criança:[2]

- A descoberta de si mesma.
- A descoberta do meio social e natural.
- A intercomunicação e as linguagens.

O conceito de conteúdo é entendido de maneira mais ampla do que anteriormente; em geral, têm-se identificado conteúdo com dados ou conceitos que a criança precisa aprender. Atualmente, identificamos como conteúdos de aprendizagem todos os aspectos que as crianças precisam conhecer, saber fazer, ou melhor, saber como se comportar. Assim, fala-se de três tipos de conteúdos: conceituais, procedimentais e atitudinais. É preciso destacar que essa é uma terminologia muito útil para o ensino fundamental e também interessante para a educação infantil. Às vezes, porém, apresenta algumas dificuldades nos conteúdos trabalhados na creche e na pré-escola. Em termos gerais, para todo o sistema educativo, tem a vantagem de permitir ir mais além na polêmica de "se a escola deve ensinar conceitos ou incidir nos processos de aprendizagem", isto é, se é necessário ensinar para aprender a aprender. Considerando que esses processos somente tomam corpo envolvendo conhecimentos específicos, trata-se de não esquecer dos diferentes tipos de conteúdos, se quisermos que os meninos e as meninas aprendam coisas e que saibam utilizá-las para continuarem aprendendo. Esses três tipos de conteúdos coexistem em um eixo de diferentes aprendizagens que devem ser realizadas na escola (Mauri, Valls & Gómez, 1992).

- *Fatos, conceitos e princípios:*
  - Fatos: primeiras informações, primeiras noções, dados.
  - Conceitos: conjuntos de objetos, fatos ou símbolos que possuem certas características comuns. Na escola infantil: aproximações globais aos conceitos, primeiras conceitualizações de como funciona o mundo, relacionar as coisas que vemos, etc.

Uma vez aprendidos, o escolar *saberá dizer coisas das coisas*. Para responder à pergunta: "O que é, com o que se parece?", devemo-nos referir a esse tipo de conteúdo. Conhecer a existência de coisas, poder dizer características e estabelecer relações, implica aprender fatos e conceitos.

Na creche e na pré-escola, existem basicamente fatos: as cores, o nome da criança, as partes do seu corpo, saber que se pode conseguir coisas através da linguagem, conhecer o nome das coisas e alguns conceitos iniciais: os conceitos que elabora em torno do que é um animal, a escola, a noite, a televisão; uma representação que o menino ou a menina faz da realidade a partir de cenas e *planos* vividos – sempre que signifiquem a representação do que se apresenta – que lhe permitam antecipar e prever.

- *Procedimentos:*
  Os procedimentos podem ser mais abertos, como as estratégias (conjunto de ações ordenadas para facilitar a resolu-

ção de problemas diversos), nos quais intervirá a direção e a decisão de quem os utiliza; ou mais fechados, como as técnicas (atividades sistematizadas e relacionadas com uma aprendizagem concreta) que prescrevem mais o curso da ação. Tal como diz Coll (1986): "um procedimento é um conjunto de ações ordenadas e finalizadas, ou seja, orientadas à consecução de uma meta. Para que um conjunto de ações constituam um procedimento, é preciso que se oriente para uma meta e que as ações ou os passos se sucedam com um certa ordem".

A partir da aprendizagem dos procedimentos, queremos que as crianças *saibam fazer coisas*, como recortar, memorizar canções, utilizar o tom de voz adequado para a situação, compreender ordens, dar-se conta e dizer quando precisa ir ao banheiro, realizar caminhadas, planejar uma atuação, etc.

- *Atitudes, valores e normas:*
  As atitudes para a tendência de comportar-se de uma determinada maneira diante de pessoas, fatos, situações e objetos traduzem-se em um nível de comportamento. Os valores são princípios normativos que presidem e regulam o funcionamento das pessoas em qualquer momento. As normas constituem uma concretização dos valores, sendo regras de conduta que deverão ser respeitadas em determinadas situações.

Através da aprendizagem desse tipo de conteúdo, pretende-se que o aluno *saiba responder com determinados critérios e comportamentos, diante das pessoas, das coisas, etc.*, como ter cuidado com os livros, esforçar-se para falar bem, estar consciente das situações de perigo, tomar as precauções necessárias e respeitar as outras pessoas, fazer um esforço para vencer as dificuldades a seu nível, mostrar interesse em cuidar de si próprio (limpeza), etc.

Às vezes, podemos encontrar certas dificuldades para saber se um conteúdo é um procedimento ou uma atitude, porém é preciso considerar que isso é pouco relevante no momento e na situação que nos preocupa. De fato, um mesmo conteúdo pode ser trabalhado com um enfoque mais conceitual, procedimental ou atitudinal. O que é preciso levar em consideração quanto à diferenciação de tipos de conteúdo é que podemos fazer propostas de atividades aos alunos que tenham procedimentos ou atitudes como eixo; porém, em torno desse eixo, necessariamente, há outros conteúdos que as crianças podem aprender ao mesmo tempo. Não é preciso fazer atividades diferentes ou isoladas para aprender cada tipo de conteúdo, mas analisar se, na nossa prática diária, não nos esquecemos de enfatizar ou de verbalizar, comentar, apresentar aspectos que estejam mais relacionados com as atitudes; ou seja, no decorrer do ciclo, ir modificando o eixo organizador de algumas das áreas. A diferenciação de tipos de conteúdos pode ser útil em determinadas situações, mas é preciso levar em conta que, na escola infantil, às vezes, é difícil identificar, separadamente, os diferentes conteúdos em aprendizagem. A diferenciação de conteúdos é útil para fazer uma reflexão sobre a prática: o que queremos que as crianças aprendam, quando propusemos essa atividade?

Entendidos dessa maneira, atribuímos um papel fundamental à aprendizagem dos conteúdos como possibilidade de desenvolver as capacidades na educação infantil e, portanto, de alcançar os objetivos próprios dessa etapa.

Os objetivos. As informações que o currículo oferece em relação ao que é preciso ensinar são complementadas com os objetivos. No currículo da educação infantil do Departamento de Ensino da Generalidade da Catalunha, fala-se em diferentes tipos de objetivos: gerais, terminais, referenciais e didáticos. Na continuação deste item, comentaremos um pouco como se entende no documento o exposto nos diferentes tipos de objetivos.

Gerais: Os objetivos gerais da educação infantil estão formulados em termos de capacidades que as crianças devem dominar ao concluírem a etapa. Referem-se a capacidades cognitivas e lingüísticas, motrizes, afetivas e de equilíbrio pessoal, de relação interpessoal e de atuação e inserção social. Essas capacidades representam um crescimento pessoal obtido através da educação no sentido amplo: o que é preciso planejar, como faremos na escola para conseguir, por meio da aprendizagem de determinados conteúdos, esses objetivos gerais. Devemos planejar quais serão as situações educativas que proporcionaremos aos meninos e às meninas, por meio das quais caminharemos para conseguir esses objetivos ao final da etapa.

Terminais: O grau e o tipo de aprendizagem que se realizará ao concluir a etapa, em relação aos conteúdos selecionados para o ensino (o primeiro nível de concretização), mas considerando que não são prescritivos, já que a etapa não é obrigatória.

Referenciais: Servem como um ponto de referência para os docentes, quando se trata de concretizar os objetivos gerais em um determinado ciclo; são o caminho para alcançar os objetivos terminais no final do ciclo (estão apresentados nos exemplos do segundo nível de concretização que o Departamento de Ensino oferece).

Didáticos: O grau e tipo de aprendizagem que se pretende obter ao colocar em prática uma seqüência didática. Servem como referência para a avaliação. A consecução dos objetivos didáticos deverá contribuir para alcançar os objetivos gerais da etapa.

Na educação infantil, todos os objetivos têm um caráter unicamente orientador, já que a etapa não é obrigatória. O último referente da ação educativa deverá situar-se sempre nas capacidades gerais, ou seja, nos objetivos gerais da etapa; todos os outros objetivos – que, na ocasião, podem confundir um pouco devido à sua profusão – submetem-se a esses. Pode ocorrer que alguma criança não adquira determinados conteúdos terminais; em compensação, o seu desenvolvimento global será satisfatório.

Como ensinar

O currículo da etapa, na sua função orientadora, informa os critérios gerais que devem ser contemplados nas práticas educativas mais favoráveis à aprendizagem referente a cada idade. Trata-se basicamente de informações sobre os aspectos metodológicos.

Qualquer prática educativa fundamenta-se em algumas bases psicopedagógicas implícitas: como os seres humanos aprendem, que peso tem a influência da interação com as outras pessoas no crescimento e no desenvolvimento pessoal, etc. Os documentos e as sugestões educativas que surgiram, a partir da implantação da reforma educativa no nosso país, apresentam aspectos do que se sabe hoje sobre o processo de aprendizagem de uma perspectiva construtivista. No capítulo anterior, apresentamos uma explicação que nos permite entender como se produz o desenvolvimento e a aprendizagem nestas idades; está em total consonância com as propostas construtivistas, planejamentos que são a base de todas as propostas que estamos fazendo no decorrer deste livro e, especialmente, nos Capítulos 3 e 4.

A seguir, descreveremos os aspectos mais gerais que estão contidos no currículo do Departamento de Ensino e que devem ser considerados na prática educativa nas escolas do nosso contexto.

A relação entre a professora e as crianças. A base que sustenta as aprendizagens feitas pelas crianças dessa idade na escola é a relação afetiva que se cria entre elas e a professora. É necessário aproveitar todas as situações de interação que habitualmente se estabelecem entre a criança e o adulto para motivá-la a atuar, a assumir novos caminhos, a relacionar-se, a colocar as dúvidas e a buscar soluções. É preciso facilitar contextos ricos que permitam à criança defrontar-se com novas experiências que lhe sejam interessantes e nas quais possa experimentar, manipular, observar, etc. A relação ótima entre a professora e as crianças é aquela que se estabelece através de situações de comunicação real, que permite à menina ou ao menino criarem novos significados, com os quais poderão dar sentido a suas novas aprendizagens. A professora deverá facilitar as ferramentas para conhecer a realidade e para ajudar a fazer uma memorização abrangente dos aspectos que vivenciam na escola.

Os meninos e as meninas dessa idade apresentam necessidades educativas diversas, as quais a professora deverá conhecer para poder ajustar à sua ajuda, conforme as capacidades manifestadas. É importante utilizar metodologias diversas que incorporem diferentes tipos de situações de interação; nesses momentos, a professora poderá proporcionar a ajuda que cada criança necessita, considerando as suas capacidades e as suas dificuldades. Em consequência, não se trata de prescrever um só método, mas de utilizar as estratégias que sejam adequadas para dar o tratamento educativo que cada menino ou menina necessita.

A relação com as famílias. O objetivo prioritário da colaboração entre professores e pais é o de ajudar a desenvolver todas as capacidades das crianças. É preciso buscar canais de comunicação entre ambos, que permitam incentivar ao máximo essas capacidades. Particularmente na etapa da educação infantil, é importante uma boa comunicação entre a escola e a família para facilitar a adaptação das crianças aos novos contextos e, em consequência, às novas demandas, exigências e possíveis dificuldades. A comunicação entre as famílias e a escola normalmente é estabelecida através dos seguintes canais: as entrevistas pessoais, os informes, as reuniões das turmas de cada ciclo, os escritos informativos, a celebração de atividades e de festas conjuntas e a colaboração nas tarefas educativas. No Capítulo 7, faremos uma exaustiva descrição de todos esses aspectos.

Quando é preciso ensinar

Ao adotar um currículo aberto e flexível, muitas das decisões em relação a como e quando ensinar ficam atribuídas às equipes de professores das escolas. Uma vez definidos os objetivos e os conteúdos para a etapa no primeiro nível de concretização, as escolas podem seqüenciar esses conteúdos por ciclos e por cursos, identificando os objetivos para as áreas adequados às características do contexto em que sejam trabalhados. Essas decisões fazem parte do que se denomina "um segundo nível de concretização" e que integram o Projeto Curricular do Centro. Em parte, referem-se ao momento que cremos ser o mais conveniente para os nossos alunos aprenderem determinados conteúdos. No Capítulo 6, explicaremos detalhadamente o que compreende elaborar uma seqüenciação dos conteúdos no Projeto Curricular do Centro.

O Departamento de Ensino da Generalidade da Catalunha publicou uma proposta de segundo nível de concretização que, para algumas equipes educativas, pode ser útil à identificação de uma possível seqüenciação dos conteúdos na etapa da educação infantil (ver *Generalitat de Catalunya: Currículum. Educació Infantil*. Departament d'Ensenyament, 1992).

O que, como e quando é preciso avaliar

Finalmente, um currículo fornece informação em relação aos diferentes aspectos referentes à avaliação: o que avaliar, como avaliar e em que momentos é preciso fazê-lo. No documento normativo a que nos referimos, são oferecidas as seguintes recomendações:

- *O quê:*
  - A avaliação deve proporcionar informação útil para poder continuar ensinando.
  - É preciso avaliar todos os tipos de conteúdos e em relação a todas as capacidades que são necessárias desenvolver.
  - O referente último em avaliação deve ser os objetivos gerais da etapa; porém, como esses não são diretamente avaliáveis, é preciso identificar os objetivos didáticos que se referem aos objetivos gerais que deverão ser alcançados. Os objetivos didáticos referem-se às situações educativas propostas às crianças e, portanto, podem ser avaliados através da análise e da observação do grau de alcance dos objetivos previsto para a situação.
  - É preciso avaliar também o Projeto da escola, com a finalidade de identificar possíveis desconexões entre os objetivos formulados e o nível de aprendizagem obtido.

- *Quando:*
  - É necessário avaliar no princípio, durante e no final do processo de aprendizagem.
  - É necessário fazer uma avaliação sistemática e continuada no decorrer de todo o curso.
  - É necessário avaliar ao concluir uma etapa educativa.

- *Como:*
  - A avaliação é um processo que compreende uma série de dados; é preciso valorizá-los e tomar decisões que impliquem o ajuste da prática educativa.
  - A observação é a estratégia principal da avaliação na etapa da educação infantil.
  - É preciso utilizar os instrumentos que sejam mais adequados para avaliar os aspectos concretos da prática: escalas de observação, entrevistas, conversas, atividades, diário, folhas de registro das observações, observações externas, meios audiovisuais, produções das crianças, jogos, etc.
  - É preciso dar informação às pessoas interessadas sobre as decisões extraídas a partir da avaliação (aos pais, às mães, aos outros professores, aos outros profissionais da educação).

No Capítulo 5, faremos uma análise mais profunda da avaliação nessa etapa e proporemos ferramentas para poder fazê-la.

2.4 AS ÁREAS CURRICULARES E OS PRINCIPAIS BLOCOS DE CONTEÚDOS

O primeiro nível de concretização, como já destacamos anteriormente, indica as capacidades e os objetivos gerais que é preciso alcançar ao finalizar a etapa da educação infantil. Se fizermos uma análise das finalidades a serem alcançadas, propostas no currículo da Generalidade da Catalunha, podemos ver que:

- Essas finalidades referem-se, no mínimo, a alguma das cinco grandes capacidades de que habitualmente falamos quando queremos caracterizar o desenvolvimento e o que configura uma pessoa (cognitivas, de relação interpessoal, motoras, de atuação social e de equilíbrio pessoal).
- Exceto em algum caso muito concreto, esses objetivos gerais fazem referência a mais de uma capacidade geral. Isso é lógico, porque a pessoa é global e não pode compartimentar-se em âmbitos.
- Ao serem observadas as grandes capacidades, veremos que, de um lado, pode-

mos distinguir duas grandes dimensões: uma dimensão configurada para o que afeta a *própria pessoa* (capacidades cognitivas, motoras e de equilíbrio pessoal) e uma dimensão configurada pelo *meio social que a envolve e as relações que as mantêm* (as capacidades de relação interpessoal e de inserção social). Essas duas dimensões são inseparáveis na construção individual, por exemplo: as relações interpessoais estão muito determinadas pelo equilíbrio emocional de uma pessoa e, ao inverso, esse equilíbrio (ou desequilíbrio) é uma conseqüência de como ela se sente competente no exercício das capacidades cognitivas ou motoras ou nos seus esforços para inserir-se socialmente. De outro lado, se dermos atenção às capacidades que se quer alcançar no final da etapa, veremos que se agrupam em volta dessas duas dimensões (o eu e o meio) e que fazem aflorar também os instrumentos que permitem a relação e a interação constante entre o eu e o meio, ou seja, *as formas de comunicação e de representação*: as linguagens. Esses instrumentos, quando caracterizamos os cinco grandes tipos de capacidades, apresentam-se envolvidos em todos eles (ver Figura 2.2).

Na etapa da educação infantil, fomentar a aprendizagem e o desenvolvimento das crianças pequenas significa ajudá-las a progredir na definição da própria identidade, no conhecimento e na valorização de si mesmas, tanto pelo que são capazes como por suas limitações. Não é possível elaborar esse conhecimento sem a participação das outras pessoas, mas também é preciso prová-lo autonomamente, em contextos diferentes dos habituais, o que propõe caminhos diferentes e, portanto, novas possibilidades de conhecer-se e de valorizar-se. "Dar uma olhada para dentro" conhecer-se a si mesmo e valorizar-se requer o contraste de uma "olhada para fora", aos outros, às situações que se apresentam e de seu reflexo, como também a outros contextos.

Assim se desenham os dois grandes âmbitos, o *eu* e o *meio*, configurado por outras pessoas, pelos sucessos e pelos acontecimentos que são significativos na vida da criança, âmbitos que se apresentam profundamente relacionados, já que é a própria interação que configura o que é a criança em um dado momento de sua existência. Justamente a importância dessa interação delimita um novo âmbito, aquele constituído pelos meios ou os instrumentos que permitem tal interação entre as crianças e os agentes mediadores da cultura, na qual aprendem, entre outras coisas, os próprios instrumentos de mediação.

A linguagem verbal, oral e escrita e outras *formas de representação* da realidade (linguagem plástica, musical e matemática) fazem parte desse novo âmbito, de natureza formalmente instrumental, que garante a apropriação dos procedimentos que promovem a interação e a regulação mútua entre a criança e as outras pessoas, oferecendo-lhe ferramentas para interpretar, compreender e incidir na realidade. Por sua vez, os êxitos e os fracassos que são experi-

```
A própria pessoa: o eu  —————  O meio social que a envolve
              \                    /
               As formas de comunicação: as linguagens
```

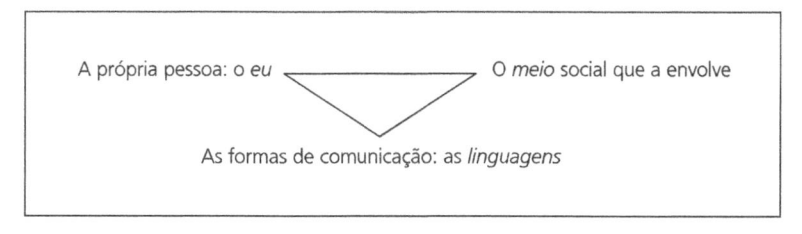

Figura 2.2 O eu, o meio e as linguagens.

mentados nesse processo, a valorização que se faz, a forma como os outros a vêem, aceitam-na e estimam-na fazem com que a criança aprofunde seu próprio conhecimento e sua auto-estima.

Deparamo-nos, pois, com três âmbitos indissociáveis, importantes no decorrer de todo o ciclo vital, mas que adquirem uma relevância especial no início da vida, período em que nos formamos como pessoas. Esses três âmbitos traduzem-se em todos os currículos da educação infantil de diferentes comunidades com competências na educação e nas próprias propostas do Ministério em três áreas curriculares que, como já dissemos, levam nomes diferentes. No contexto da Catalunha, as áreas curriculares propostas são as seguintes:

- *Descoberta de si mesmo*. Acentua o processo do conhecimento que as crianças fazem de si mesmas, a auto-imagem que vão configurando e as possibilidades de utilizar os recurso de que dispõem no caminho para a autonomia.
- *Descoberta do meio natural e social*. Está bastante ligada à primeira descoberta; essa área refere-se à ampliação do meio infantil e ao conhecimento da realidade física e social que inclui uma determinada representação do mundo (de suas pessoas, acontecimentos, objetos, regularidades), a existência de vínculos de afeto e de sentimentos de pertinência (família, amigos, escola) e de respeito e valorização envolvendo tudo isso.
- *Intercomunicação e linguagem*. A mediação entre o indivíduo e o meio, que possibilita tais aquisições, ocorre com o uso dessas formas de comunicação e de representação, que se convertem, desde o início, em objeto de conhecimento de si mesmo e em instrumento para a relação entre o eu e os outros; portanto, para uma aprendizagem e compreensão da realidade.

Na educação infantil, os conteúdos de aprendizagem agrupam-se no que se denomina *áreas*; porém, queremos reafirmar que possuem um sentido muito diferente daquele que normalmente se dá a essa expressão no ensino fundamental e no ensino médio, em que a área está invariavelmente ligada a uma – ou mais de uma – disciplina do conhecimento. Nessa etapa, falamos de áreas em termos de experiência. Essa expressão, por um lado, remete ao sentido experiencial que a aprendizagem e a construção da própria identidade possuem; por outro, reforça a necessidade de atender ao caráter global, tanto da realidade que a criança irá conhecer como da própria aproximação a tal realidade. Podemos afirmar que o máximo enfoque globalizador (a realidade é aquilo que se deve conhecer, e as disciplinas oferecem os métodos e os instrumentos conceituais que facilitam esse conhecimento) tomado em um sentido mais profundo, nessa etapa, é a necessidade de partir da realidade, da experiência e do meio da criança para ajudá-la a conhecer essa realidade, a incidir nela e a conhecer-se a si mesma. Em síntese, falamos dos três âmbitos que precisam ser tratados globalmente, sem negar também que a maioria engloba aspectos de mais de uma área. Para o professor, a delimitação das áreas ajuda a sistematizar, ordenar e planejar a ação educativa, mas, em alguns casos, não supõe que seja trabalhado parceladamente.

Partindo dessa perspectiva, passaremos agora a comentar cada uma das áreas e, considerando as capacidades que é preciso alcançar, tentaremos delimitar os núcleos de conteúdo que as formam. Para realizar esse trabalho, baseamo-nos em uma análise das propostas da Generalidade da Catalunha (1992), do Ministério da Educação e Ciências (1992) e do Governo Basco (1992).

A descoberta de si mesmo

A descoberta de si mesmo refere-se à *construção da identidade psicológica* da criança que é resultante do conjunto de experiências que ela tem com o mundo físico e social. Nessa construção, manifesta-se a interação estabelecida entre as possibilidades que oferece o calendário de maturação — que possibilita competências no âmbito motriz, dirigidas ao alcance da autonomia, por exemplo, em relação às capacidades de deslocar-se — e as interações sociais e as experiências que lhe são oferecidas. Destaca-se, muitas vezes, que a construção da própria identidade está ligada *ao conhecimento, ao controle e domínio do próprio corpo*, das suas capacidades e limitações; de fato, o conhecimento do próprio corpo é o primeiro referente da criança para conhecer-se como pessoa. Esse conhecimento envolve tanto o que já comentamos (conhecimento global e segmentário, coordenação e controle dinâmico geral), como as habilidades manipulativas relacionadas à resolução de tarefas de todos os tipos (expressão plástica, construções/jogos de montar, costura, etc.) ou como no controle postural. Envolve, também, em um nível incipiente, a *aquisição de hábitos de saúde, higiene e nutrição*. É importante recordar que, se no começo da etapa infantil a criança depende absolutamente do adulto para resolver suas necessidades nesses âmbitos, no decorrer dos dois ciclos da educação infantil, progressivamente, irá adquirindo autonomia para resolver essas funções. Compõem-se, assim, os núcleos de conteúdos (conhecimento de si mesmo, o corpo e o movimento, uma pessoa na sociedade) que contribuem de maneira decisiva para o alcance das capacidades que se quer promover na etapa; porém, isso transcende a muitos aspectos mais ligados às capacidades de índole motriz, porque, de fato, o descobrimento de si mesmo transcende também os aspectos corporais. Todo o trabalho relacionado a essa área encaminha-se à *construção da própria identidade e da auto-estima*.

Efetivamente, a construção da própria identidade passa pela diferenciação que se estabelece entre a criança e as outras pessoas e a criança e o mundo. Essa diferenciação, que se produz basicamente no transcurso dos dois primeiros anos de vida, tem a sua continuidade no processo que leva não a conhecer-se como "um" entre os outros, mas a conhecer-se e valorizar-se de uma determinada maneira. A interação que se produz com as outras pessoas e com o mundo — a qual é enriquecida e tornada complexa pelo crescimento das possibilidades que a criança manifesta (possibilidades que não são somente produto de um processo, de uma maturação cerebral, mas também da interação entre esse e a estimulação, bem como a ajuda que recebe da parte externa) — deixa-a participar cada vez mais e de maneira mais autônoma no conjunto das atividades e das experiências que configuram seus contextos de desenvolvimento. No transcurso das interações inerentes a tais atividades e a partir da leitura que a própria criança faz da sua atuação e dos seus resultados, ela pode experimentar sentimentos de segurança e competência, sentindo-se querida; esses sentimentos apresentam-se à base da imagem que irá compondo a respeito de si mesma. Em relação à *construção da própria imagem*, existem dois aspectos importantes a destacar:

- A imagem que a criança constrói de si mesma nunca é neutra. Os sentimentos de competência e de auto-estima que intervêm possibilitam a elaboração de um autoconceito ajustado, permitindo perceber capacidades e limitações, bem como possibilidades de superação, a qual ajuda a evitar tanto os comportamentos inseguros e temerosos como os onipotentes. A coordenação das próprias atividades com as outras pessoas ajuda a atuar construtivamente com o outro, desde a aceitação de si mesma.
- Todo o núcleo de sentimentos e de emoções que contribuem para as *capacidades de equilíbrio pessoal e de relações interpessoais* estabelece-se a propósito do conhecimento e da atuação da criança sobre o seu meio, como também a propósito da utilização de instrumentos que permitem essa incidência; a comunica-

ção com as outras pessoas e a regulação mútua de sentimentos e condutas. Queremos dizer com isso que a criança se vê mais ou menos querida, segura, competente, à medida que os seus intentos de compreender o mundo e de aproximar-se das pessoas têm sucesso e, também, à medida que esses revertem-se em uma valorização positiva. Manifesta-se a necessidade de considerar, de uma maneira global e integrada, o conjunto dos três âmbitos de experiências que configurem a etapa, ainda mais quando nos damos conta de que muitos de seus conteúdos nucleares — como, por exemplo, os que se referem à área do eu — não podem ser trabalhados isoladamente.

Em síntese, no decorrer da etapa, e para fazer a "descoberta de si mesmo", podemos fazer agrupamentos dos conteúdos dos seguintes tipos:

- *Conhecimento de si mesmo e do próprio corpo:*
  – O conhecimento do corpo e dos seus segmentos e órgãos (alguns internos), de suas necessidades e das sensações que permitem experimentar, bem como das suas possibilidades expressivas.
  – A diferenciação com as outras pessoas e o alcance de uma imagem como uma pessoa individual, com características próprias em seu meio, e da relação com as outras pessoas.
  – A construção da própria identidade e auto-imagem, competência e segurança.

- *O corpo e o movimento:*
  – O movimento e a coordenação global envolvem grandes grupos motores, deslocamentos, etc.
  – A construção de noções de espaço e de tempo ligadas às próprias atividades.
  – As habilidades manipulativas, requeridas pelas atividades habituais que se efetivam.
  – O controle postural em relação às diversas atividades de que participa.

- *O indivíduo na sociedade:*
  – O cuidado de si mesmo nos aspectos relacionados à higiene, à alimentação, à prevenção da saúde, no decorrer das atividades cotidianas, etc.
  – A autonomia progressiva em seus contextos naturais.

Esses grandes núcleos de conteúdos podem ser abordados a partir de uma perspectiva de procedimento, de atitude ou de conceito, em que o mais comum é fazer as três juntas. Assim, por exemplo, os núcleos de conteúdos dos quais falamos sugerem um conjunto de *procedimentos*:

- de *observação* e de *exploração* das possibilidades do próprio corpo, das suas qualidades e das diferenças e semelhanças com os outros;
- de *expressão* do estado e/ou necessidades por meio do corpo (o gesto, o movimento);
- de *controle* do próprio corpo, do tom e da postura para adequar-se às situações;
- de *adaptação* do próprio ritmo e das próprias necessidades, diferente do que experimentam as outras pessoas;
- do *controle e da regulação* progressivamente autônoma da conduta em relação à satisfação das necessidades básicas;
- da *coordenação e do controle* das atividades manipulativas de caráter final;
- da *regulação* do próprio comportamento e da *coordenação* com o dos outros;

- do *planejamento da ação e da constatação* dos seus efeitos (da organização temporal).

Os mesmos núcleos, do ponto de vista conceitual, requerem a presença de *conceitos* relacionados com:

- o conhecimento do próprio corpo e das suas possibilidades, necessidades, sentimentos e sensações;
- a identidade como uma pessoa;
- os movimentos e os deslocamentos;
- as noções que permitem a orientação no espaço e no tempo;
- o cuidado de si mesmo, no que se refere à higiene, aos hábitos alimentares e às ações que favorecem a saúde;
- as atividades cotidianas de que participa.

Do ponto de vista de *atitude*, é necessário trabalhar:

- a valorização ajustada de si mesmo e em relação às outras pessoas;
- a aceitação das diferenças;
- a confiança nas possibilidades de ação;
- o esforço para vencer as dificuldades superáveis;
- a colaboração e a iniciativa nas atividades realizadas;
- a constância na ação;
- a autoproteção diante dos perigos, etc.

O fato de organizar os conteúdos por volta de núcleos, na nossa opinião, apresenta algumas vantagens:

- permite tornar mais significativos (concretizar melhor) os conteúdos que aparecem no currículo;
- permite dar-se conta das relações entre os três tipos de conteúdo; de fato, nos núcleos delimitados, necessitaríamos trabalhá-los sob a tríplice perspectiva;
- permite delimitar grandes finalidades em relação à área. Isso é interessante, porque pode concretizar o que se persegue em nível mais geral e, por sua vez, fundamental;
- orienta bastante em relação às propostas e às recomendações didáticas, especialmente aos critérios de organização dos conteúdos.

O fato de adotar uma visão muito parcial no tratamento dos conteúdos dificulta a adoção de enfoques globais. E, como já vimos, adotar enfoques globais não é uma decisão metodológica à margem de outros elementos do Projeto Curricular do Centro. Alguns conteúdos próprios dessa área não podem ser trabalhados isoladamente; damo-nos conta disso sobretudo quando temos uma visão mais organizada.

A descoberta do meio natural e social

As pessoas vivem e interagem em um espaço e em um tempo determinado, em um meio formado por indivíduos, relações e normas sociais, como também por outros elementos e condições impostas pela própria natureza. Um dos objetivos mais importantes da atividade da criança, nesse momento, é a *adaptação ao seu meio,* que compreende tanto as pessoas que a envolvem e que gozam de um papel privilegiado nesse processo, como o meio físico em que se desenvolve. Tal adaptação não supõe uma atitude passiva por parte da criança; ao contrário: implica a capacidade de poder atuar, modificar e produzir alterações no seu meio. A inter-relação entre as influências e as exigências do meio e a competência para explorar, transformar e provocar mudanças nos elementos, nos objetos e nas pessoas que se apresentam possibilita o seu desenvolvimento e o seu crescimento pessoal. Através desse processo, a criança constrói a sua identidade, atribuindo significados aos fenômenos do exterior e sendo capaz de atuar mais autonomamente.

Para esclarecer o sentido do trabalho nessa área, é preciso falar do *ambiente* e do meio. Ainda que, muitas vezes, sejam utilizados como sinônimos, eles não o são. O *ambiente* é definido por elementos, espaços, condições, situações e relações que fazem parte do contexto da criança e que incidem no seu desenvolvimento. O meio é o que abarca os *ambientes* e os objetos físicos, bem como as organizações e as relações sociais imediatas dos outros âmbitos que, mesmo com o seu caráter mediador (p. ex., a televisão) e a sua distância física e temporal, estão estreitamente relacionadas com os interesses da criança e despertam sua curiosidade e o seus desejos de saber. Propusemos entender o *ambiente* como um meio ou que ampliemos ao máximo a definição de *ambiente*, fazendo referência, quando se falar de contexto, não somente a um contexto físico, mas também a um contexto mental.

O que se estimula nessa área é precisamente a *ampliação progressiva da experiência infantil* (de fazer, de ir ao centro já é a primeira experiência) e a *construção de um conhecimento sobre o meio físico e social*. Como sempre, os aspectos cognitivos e relacionais apresentam-se estritamente ligados, de maneira que o conhecimento de que estamos falando implica também o estabelecimento de vínculos, de sentimentos de pertinência, respeito, interesse e valorização de todos os elementos que o integram. Dessa perspectiva, faz sentido que, por meio do âmbito da experiência, a criança possa sistematizar as suas vivências práticas e cotidianas nos *sistemas sociais mais próximos e nos habitats onde vive* (família e escola), o que lhe permite construir a sua identidade junto aos grupos a que pertence, nas quais pode experimentar agora as vantagens e os inconvenientes da vida em sociedade, a compreensão das normas que a regulam, a sua transgressão e as conseqüências que isso envolve, bem como a sua própria participação no estabelecimento de pautas que ajudem a regular a atuação; tudo isso desde a vivência que a autonomia crescente proporciona, o que não é alheio ao próprio conhecimento que está sendo construído (ver Figura 2.3).

Figura 2.3 "Hoje estamos brincando de cozinheiros.": turma dos dois anos da Creche Marrecs.

Entendemos que essa aproximação inicial aos primeiros grupos sociais (nos quais existem vínculos afetivos e relações imediatas de pertinência), como também a outras organizações e sistemas de vida em sociedade (serviços, transportes, meios de comunicação), persegue fundamentalmente a atuação autônoma da criança e o conhecimento do que configura a sua realidade. A implicação progressiva do meio da criança permite-lhe utilizar instrumentos de comunicação (as linguagens) em um leque mais amplo e mais complexo de situações e permite-lhe aprofundar o conhecimento da sua própria pessoa, à medida que vai conhecendo as suas circunstâncias. Dessa maneira, tornam-se a manifestar as estreitas relações entre as três áreas, já que essas configuram a realidade e a realidade é global.

O conhecimento de que estamos falando agora é referente ao conhecimento de um conjunto de sistemas e de relações do qual a criança é protagonista, personagem secundário ou especial, porém é participante. Por isso, podemos dizer que, através da área, desenvolvem-se capacidades de relação interpessoal e de inserção social, porém além do equilíbrio pessoal envolvem também os motores e, como um conhecimento, fomenta também as capacidades cognitivas. De fato, a criança, ao aproximar-se dos sistemas sociais, aproxima-se também dos *habitats* que lhe são próprios, como também dos objetos de diversas características que fazem parte desses habitats e dos *ambientes* onde se situam. Os objetos e as atividades que se realizam em torno dos objetos são muito importantes para o conhecimento do *ambiente* físico e social. Destacamos também que, das primeiras explorações das crianças pequenas até as mais sistemáticas e planejadas, já ao final da etapa, há um enorme caminho que permite pôr em andamento procedimentos, às vezes, bastante complexos de planejamento da ação, de previsão e constatação de conseqüências e de regulação de planos previamente estabelecidos. Então, essas explorações permitem à criança conhecer as propriedades e as funções de objetos muito diversos, desde os mais habituais até os mais específicos, desde os mais naturais até os que respondem a uma estrutura tecnológica complexa.

Também podemos destacar que as explorações do *ambiente* permitem o desenvolvimento do seu pensamento. No decorrer dessa etapa, a atuação da criança é basicamente egocêntrica, pois suas opiniões e seus pontos de vista pouco se desprendem de suas emoções; seus esquemas de interpretação da realidade tendem a elaborar uma interpretação particular, ao que se denomina *artificialismo* (o ser humano controla a natureza), *animismo* (todas as coisas têm vida e intencionalidade, como as pessoas) e *finalismo* (todos os fenômenos têm uma finalidade determinada). As crianças dessa faixa etária constroem teorias bastante coerentes em si mesmas, porém pouco adaptadas à realidade. A interação e o conhecimento do *ambiente* permitem a elas irem construindo interpretações mais ajustadas e mais potentes para poder continuar aprendendo sobre o funcionamento do mundo que as envolve.

O *estudo dos diferentes ambientes ou contextos de vida* pode ser considerado como uma aproximação à descoberta do *ambiente* natural e social que apresenta a vantagem da acessibilidade e da funcionalidade por parte da criança, já que esse conhecimento promove a sua atuação cada vez mais autônoma. Da mesma forma, tais contextos não se apresentam isolados; são sistemas dentro de outros sistemas sociais e naturais. Assim, uma aproximação à área implica também uma abertura desses contextos ao que supõe a vida em sociedade, como já comentamos antes, e também à análise dos habitats onde se situam diversos sistemas dos quais falamos. Essa aproximação permite, por outro lado, introduzir contextos diferentes daqueles em que a criança vive e que muito lhe interessam e, de um certo modo, conhece e amplia, em um nível mais acessível, sua representação do mundo.

Essa perspectiva mais ampla e globalizadora (que põe em relevo algumas relações entre paisagem, forma de vida e elementos diversos) enriquece-se com o trabalho aprofundado sobre alguns elementos próprios do meio físico e natural, como os animais e as plantas.

O *estudo dos seres vivos* permite trabalhar, de maneira funcional, através dos procedimentos de observação e de coleta de dados, as atitudes relacionadas com a curiosidade, o rigor, o cuidado, o surgimento de pequenas responsabilidades e todo um conjunto de conceitos ligados às funções dos seres vivos e do seu ciclo de vida.

A idéia é que a configuração do meio da criança não é somente o *ambiente* próximo; aquilo que faz parte de seus interesses também tem repercussões imediatas na hora de estabelecer as temáticas concretas que são trabalhadas. Assim, quando estudamos a família ou as formas de vida próprias da nossa sociedade, essa visão pode enriquecer-se com o acesso a formas de vida ou sistemas que se apresentam distantes de nós no tempo e/ou no espaço. O mesmo podemos dizer dos outros seres vivos: podemos estudar um coelho ou um leão. O que importa é ter claro que o estudo de uns ou de outros permite coisas diferentes, pela acessibilidade ao objeto de estudo e pelas características da atividade intelectual nessa etapa; isso faz com que a representação que as crianças fazem, por exemplo, da vida de um povo indígena, esteja muito ligada à sua própria vida. Da mesma maneira, não se planeja do mesmo modo o estudo de uma galinha ou de um elefante. Por isso, também é importante ter claro que o acesso do menino ou da menina à realidade e ao que lhe interessa não passa somente por uma experimentação física ou por uma atividade observável: de diferentes maneiras, a criança progride, por exemplo, também através de suas perguntas, das respostas que obteve e do que se apresenta a ela de forma mediatizada, por exemplo, por imagens. Isso pode significar romper alguns mitos de vez, os quais podem estar fortemente atrelados a essa etapa; porém, ao mesmo tempo, é importante ter cuidado com a informação que se dá à criança em relação aos temas que estudam: é preciso que sejam adequados às suas possibilidades de compreensão, mas não devem ser transgredidos, simplificados ou limitados.

A partir dessa perspectiva e considerando as capacidades que precisam ser desenvolvidas na etapa, esquematizam-se alguns núcleos de conteúdos que permitem dar significação aos procedimentos, aos conceitos e às atitudes trabalhados nessa área:

- *Adaptação à escola e relação com as outras pessoas*
  - Orientação e exploração dos espaços da escola.
  - Localização dos lugares, das pessoas e dos objetos habituais.
  - Adaptação e respeito progressivo pelas normas e pelos hábitos de convivência.
- *Relação e interação com as outras pessoas*
  - Relação e interação com as pessoas do seu *ambiente*: crianças, educadores, pais, mães, outras pessoas adultas, etc.
  - Atitudes e estratégias de colaboração, interação e relação.
  - Diferenciação das diversas pessoas e das suas funções.
- *Conhecimento e exploração do meio*
  - Sistemas direcionados à realidade mais ampla: organizações e sistemas próprios da vida na sociedade, englobando a aproximação de elementos fundamentais da nossa cultura — serviços, equipamentos, festas, folclore, etc. — e a aproximação a sistemas próprios da vida em sociedade de outros grupos ou contextos.
  - Aproximação global às diversas paisagens em que se direcionam os sistemas sociais e às relações entre as suas características, os elementos naturais, os demais seres vivos e as formas de vida.

- *Jogo e experimentação*
  - Observação, exploração, manipulação de objetos, materiais diversos e brinquedos.
  - Comparação, construção, experimentação com os objetos e os materiais.
  - Cuidado e conservação dos objetos de uso habitual.

Todos esses conteúdos não fazem alusão somente ao conhecimento de novos âmbitos da realidade que a criança pode ter; de fato, é através da observação e da experimentação, como também graças à escuta das informações que poderá chegar ao conhecimento da realidade e a intervir à medida de suas possibilidades, em uma aproximação que engloba a curiosidade, a estima e o respeito que essa suscita. Assim, os conteúdos de procedimentos, de fatos e conceitos e de atitudes podem aplicar-se de maneira significativa e integrada.

Intercomunicação e linguagens

Essa área inclui todas aquelas formas de representação da realidade que os seres humanos são capazes de utilizar: linguagem verbal – oral e escrita –, linguagem matemática, música, plástica e linguagem corporal.

Uma das suas peculiaridades é que acentua o caráter comunicativo e representativo desse conteúdo e os apresenta de maneira conjunta. Cremos que é correto considerar essas áreas na mesma dimensão da linguagem, de um instrumento/veículo que permite relacionarmo-nos com as outras pessoas, e não somente como um objeto de conhecimento em si mesmo, como uma matéria, como uma disciplina escolar. Considerar tais aspectos como uma linguagem significa considerar importante que, na idade da creche e da pré-escola, as crianças possam utilizá-la como um meio de comunicação, expressão, representação, interpretação e modificação da realidade. Nesse sentido, a experiência vai contribuir para uma otimização das relações entre o indivíduo e o meio. As linguagens ou as formas de representação da realidade, cada uma a seu nível, constituem *instrumentos que possibilitam as interações, a comunicação, a representação e a expressão do pensamento, dos sentimentos, das vivências, etc.* Assim, entendemos que é importante as crianças vivenciarem a manifestação da alegria representada de diferentes maneiras e que todas são válidas em diferentes situações (através da música, de uma canção alegre, rindo ou dançando em uma expressão corporal, fazendo um desenho plástico e dizendo palavras com uso de linguagem verbal).

Considerando, pois, que a música, a plástica, a linguagem matemática, a linguagem corporal e a linguagem verbal são formas de representação da realidade, como veículos ou instrumentos que foram inventados pelos seres humanos e que servem para comunicarem-se e interagirem com o *ambiente* (comunicação de uma idéia, de um conceito ou de uma intenção). Cada uma dessas linguagens de que estamos falando tem um caráter simbólico mais ou menos convencional e algumas regras de codificação e expressão; essas podem servir como um meio e instrumento de comunicação, porque os que convivem em uma mesma cultura conhecem os códigos que as regem. Os professores, no âmbito escolar, dão as informações, por meio de sua utilização, do sentido da comunicação dessas linguagens.

Defendemos e estamos de acordo que as crianças crescem e desenvolvem-se graças à sua relação com o meio social e físico; também, quanto mais possibilidades oferecermos para representar essa realidade (mais instrumentos, mais linguagens), como interpretá-la e utilizar as diversas formas de representação, estaremos oferecendo mais possibilidades de interação em relação com o seu meio e, portanto, mais possibilidades de aprendizagem e de desenvolvimento. Vimos que um mesmo conteúdo (idéia, sensação ou conceito) pode ser transmitido por meio de diferentes códigos/linguagens: palavra, desenho, gesto, música, etc. A utilização de um ou de outro dependerá do contexto em que se situam, da aprendizagem que estejamos fazendo, porém é preciso assimilar que "o esforço" que fizermos na utilização de um ou outro será útil ao desenvolvimento cognitivo e ao desenvolvimento geral da pessoa. Quando se ensina a criança a cantar, a explicar um conto, a desenhar uma paisagem, uma dança, ou quando se estuda as semelhanças entre dois objetos, estamos dando uma série de instrumentos que, mais adiante, permitirão uma continuidade do estudo em relação a essas matérias, estão sendo dadas (de maneiras diferentes, o que queremos quando falarmos das diferentes linguagens) algumas estratégias, algumas ferramentas que lhe permitirá relacionar-se com o mundo externo – cultural, físico e social – de maneira cada vez mais elaborada. Um outro exemplo que representa essa idéia constitui-se nas diferentes maneiras que temos de representar uma situação de compra-venda (pagar e receber troco): por meio da linguagem verbal, com palavras, utilizando a linguagem matemática com os recursos de uma operação que requer a utilização dos signos matemáticos; e, em linguagem plástica, desenhando (ver Figura 2.4).

Essas e outras situações têm uma maneira melhor (mais ajustada, mais rápida, de mais fácil compreensão) de ser representada, cujos aspectos irão ajudando à medida que a criança vai aprendendo, na escola, maneiras mais afinadas e precisas de representar a realidade. Assim, seria importante recordar a necessidade que a criança tem de adquirir experiências diversas, em diferentes aspectos de representação que lhe permitam desenvolver a formação de conceitos e o desenvolvimento geral de sua estrutura cognitiva.

Finalmente, em relação a esse primeiro aspecto, somente queríamos recordar que sobretudo a *linguagem verbal* é uma ferramenta no processo de aprendizagem de outras áreas. Do mesmo modo, cabe ressaltar os aspectos que unem as diferentes linguagens, o que é comum, também, quando há elementos diferenciadores que serão expostos quando nos ocupamos de maneira específica.

Na educação infantil, *não se propõe os mesmos objetivos em todas as linguagens*:

Figura 2.4 Situação de jogo com água no pátio: Casa da Criança El Sucre.

em algumas, o objetivo será incentivar e otimizar aprendizagens já iniciadas; em outras, poder-se-á iniciar pela primeira vez ou de uma maneira diferente da que a criança já estava acostumada. É, portanto, imprescindível fazer um esforço na creche e na pré-escola para trabalhar tudo o que ajude a criança a dispor de ferramentas que lhe permitam começar a tornar-se um indivíduo da sociedade.

Assim, as *linguagens servem para representar a realidade, para podermos criar, comunicarmo-nos e divertimo-nos*. É por isso que a experiência com as linguagens pode possibilitar às crianças situações em que elas possam desfrutar: é preciso que lhes pareça interessante saber como escrevemos as palavras; é preciso terem interesse em usar os números para contar; é preciso que se divirtam com caretas e palhaçadas; é preciso que desfrutem desenhando o brinquedo que lhes agrade, etc. Resumindo, é preciso que, ao final da etapa, as crianças tenham tido boas experiências com os trabalhos nessas áreas, o que representará o alicerce sobre o qual elas poderão ser trabalhadas separadamente, consideradas como matérias sobre as quais será necessário fazer um trabalho aprofundado, no decorrer de toda a etapa de ensino fundamental e médio. Portanto, é objetivo da educação infantil que, ao final da etapa, as crianças tenham os instrumentos de comunicação, expressão e representação necessários para poderem compreender, criar e atuar no mundo que as envolve.

Já comentamos que as linguagens são úteis e que podemos usá-las com diferentes funções. As funções que sintetizamos como prioritárias são:

- A função comunicativa (instrumentos que permitem a relação do indivíduo com o meio).
- A função representativa (possibilidade de utilizar símbolos para representar o que se quer).
- A função lúdico-criativa (divertir-se com a utilização da linguagem).

Todas as linguagens que essa área inclui podem cumprir tais funções, ainda que em diferentes graus: as que têm um componente mais representativo, mais lúdico ou mais comunicativo. Faremos uma breve explicação do que significa cada uma dessas funções e depois uma análise de linguagem por linguagem.

Função comunicativa. A interação com o ambiente (social, cultural e físico: coisas e pessoas) exige que tenhamos instrumentos que nos permitam relacionarmo-nos. Um meio rico em linguagem não é suficiente por si só: é necessário entender as mensagens e o código com os quais estão sendo usados para transmitir. Na função comunicativa, as linguagens são utilizadas como instrumentos úteis. Por exemplo, a linguagem verbal interessa-nos para podermos manifestar um temor, uma mensagem, cantar uma canção, etc., e não tanto como um objeto de análise e de estudo (na linguagem verbal utilizamos as palavras formadas por fonemas, um certo número de palavras são uma oração, há palavras de tipos diferentes, há entonações interrogativas que expressam as dúvidas, etc.).

Função representativa. As linguagens servem para desenvolvermos as capacidades de simbolização, para referirmo-nos ao que não está presente, para representarmos a realidade de uma maneira descontextualizada (independentemente do momento e do local concreto onde ocorram os fatos). O desenho e a linguagem verbal são uma recriação da realidade, servindo para evocarmos as coisas no presente.

O fato de representar desenvolve as capacidades cognitivas, porque requer um descentramento da situação e dos objetos concretos, por exemplo: quando eu quiser fazer um desenho da minha casa, a qual tem janelas em frente e na parte de trás, mas no desenho, não se poderá ver todas as janelas. Também exige uma análise dos traços comuns, ou seja, é preciso generalizar e categorizar a realidade, permitindo a formação de conceitos como comprido, redondo ou conceito de animal que inclui os cachorros, etc.

A função comunicativa e a função representativa estão estreitamente vinculadas: podemos comunicar porque compartilhamos com as outras pessoas os traços genéricos das nossas representações.

Função lúdico-criativa. O jogo é uma atividade importante no processo de aprendizagem e no desenvolvimento das crianças. É bastante desejável que, na maior parte do tempo que as crianças passam na escola, elas joguem; porém, também sabemos que é preciso aprender cada um dos jogos e as situações em que se propõem:

- Jogos de linguagem: rodas, canções, apresentações faladas, etc.
- Jogos de construção, encaixes, jogos de mesa: relações entre os objetos, os nomes, os conceitos lógicos.
- Jogos simbólicos: recreação e imitação de situações vividas (quando brincam de dramatizar situações vividas na escola, usam a linguagem da própria escola; quando for sobre um restaurante, utilizam a linguagem própria de comunicação naquele lugar; ou quando brincam de mamãe, etc.).

Os grandes blocos de conteúdos, nessa área, ficam constituídos pelas próprias linguagens que se procura desenvolver. A seguir, destacaremos os aspectos que julgamos mais importantes em relação a cada uma dessas linguagens.

Linguagem verbal

A linguagem verbal é o instrumento básico da comunicação e representação dos seres humanos e é o que os identifica precisamente como tal. Na escola infantil, a utilização da linguagem verbal permite às crianças desenvolverem diferentes capacidades.

Os psicólogos destacam as importantes relações que existem entre a linguagem e o pensamento. No Capítulo 1, fizemos uma análise dessas relações no processo de desenvolvimento das capacidades cognitivas. Aqui, queremos somente recordar que, ao longo de toda a vida, desde a infância até a vida adulta, a linguagem é o verdadeiro motor do pensamento, o que nos permite ativá-lo e organizá-lo.

Quando, na escola de educação infantil, seja na creche ou na pré-escola, as crianças fazem atividades nas quais a linguagem intervém, ela potencia o desenvolvimento das seguintes capacidades:

- *Capacidade de descentramento* das situações imediatas, das pessoas e dos objetos não-presentes no momento em que se fala ou escreve-se. Por exemplo, a criança precisa aprender a explicar as coisas, porque os que não estão com ela, naquele momento, vão vivenciar junto a situação que conta e, por isso, precisa aprender a utilização dos termos dêiticos, quer dizer, os termos que variam de significado, dependendo de como são ditos. Não são termos absolutos, mas relativos à situação de enunciação, à situação da qual se fala, como: aqui, ali, agora, hoje, o meu, o teu, eu, tu. Um outro exemplo que nos pode ser útil é a situação de falar por telefone: a criança, aos poucos, irá compreendendo que, para o receptor da mensagem saber como é o presente que recebeu de sua avó, é preciso descrevê-lo e não bastará que diga: "é muito bonito, olha!", ou melhor, para responder às perguntas do receptor, não é útil responder com o movimento afirmativo da cabeça. Na linguagem oral, isso é um longo processo de aprendizagem, o qual irá reproduzir-se, mais adiante, na linguagem escrita: o outro dia, o domingo, em cima, embaixo, etc.
- *Capacidade de análise:* a análise da realidade permite fazer abstração dos traços que caracterizam os objetos ou as situações: magro, longo, bonito, diferenciação entre correr e saltar, tudo o que

permite categorizar. Também, aos poucos, vão utilizando os matizes: quase, muito, pouco. Esse processo exige um grau mais elevado de precisão que cada vez irá perfilando mais até poder utilizar também a mesma linguagem que a criança fala. Isso significa o início das capacidades para começar a aprender a ler e a escrever, tal como podemos comprovar quando as crianças dão-se conta de que existe um lugar onde está uma escrita com a letra inicial do seu nome e identificam isso como uma descoberta interessante, por exemplo: nas palavras "Enric" e "bonic"* há alguma coisa em comum.

- *Capacidade de generalização:* quando se analisa a realidade e externaliza-se os traços essenciais, podemos chegar a uma generalização na formação dos conceitos e dar um nome ao conceito adquirido. Por exemplo, no começo, cachorros são todos os animais, porém, depois de fazer uma análise das semelhanças e das diferenças, a criança pode dar uma etiqueta de "cachorro" a todos os que têm as mesmas características que um cachorro e não aos demais. Também podemos exemplificar o desenvolvimento dessa capacidade na utilização dos conceitos de pequeno e grande; no começo, somente alguns objetos com os quais a criança tem tido bastante experiência, muitas vezes acompanha a palavra com expressões gestuais; porém, aos poucos, generaliza para as diferentes situações com as quais vai conhecendo de novo a realidade, até começar a relativizar os conceitos (na utilização de mais que, a metade, etc.)
- *Capacidade de uma relação interpessoal:* quando as crianças falam, estabelecem comunicação com as outras pessoas e, aos poucos, vão aprendendo a utilizar a palavra com as pessoas menos conhecidas.

No decorrer do primeiro ciclo da educação infantil, a criança aprende a utilizar a linguagem ao ver como as pessoas adultas que são mais significativas para ela a utilizam; aprenderá, também, pela interpretação que as pessoas fazem de seus intentos de comunicar. As situações que resolvem as necessidades básicas (as trocas de fralda, a alimentação, etc.) e os jogos são as situações privilegiadas em que as crianças começam a utilizar as palavras que designam as coisas e os acontecimentos e através das quais se inicia uma comunicação que é básica para ir construindo o sistema de representação que lhe permite comunicar-se e que será ampliado.

Podemos dizer que a criança, por volta dos três anos, já faz uma utilização da gramática (fonologia, morfossintaxe e léxico) e também tem uma boa capacidade comunicativa na sua língua materna; esse conhecimento é realizado pelo contato com as pessoas que falam e pelo fato de haver se relacionado. Porém, é preciso destacar que essa competência dependerá muito das experiências lingüísticas que tenha na sua família e na escolarização anterior, nos casos em que isso ocorra. Existem famílias em que o tipo de comunicação que se estabelece é mais pobre do que em outras: a linguagem é somente utilizada para dar ordens, para responder perguntas – atuam mais do que falam –, falam de coisas imediatas, contextualizadas, e pouco argumentam (atribuem razões), pedem, conversam ou explicam fatos não vividos conjuntamente, explicam emoções e sensações, etc. Portanto, apesar de que à primeira vista a linguagem de duas crianças possa parecer igual nas suas manifestações como entendedor, porque sabem pronunciar bem as palavras, pode acontecer que o referente que uma utiliza para começar a falar é mais elaborado que o da outra criança, ou seja, uma teve maiores experiências que a outra e isso a ajudou a organizar melhor a linguagem, uma linguagem que serve

---

*N. de T. Enric = Henrique e bonic = bonito.

para comunicar com maior precisão as situações vividas.

À medida que, na escola, as crianças tenham possibilidades de praticar, fazendo diferentes usos da linguagem, isso dá a todas possibilidades de melhorarem o seu nível de elaboração da linguagem oral, tanto ampliando os contextos de comunicação como assistindo ao processo que conduz de uma maneira progressiva a utilizar a linguagem como um meio de regulação da própria conduta; permite passar de formas de atuação mais impulsivas a outras mais meditadas, o que possibilita imaginar e planejar o curso de uma ação, sem necessidade de realizá-la, poder antecipar as condições de sucesso ou de dificuldades previsíveis. Nesse sentido, pode ser útil uma relação de categorias de comunicação verbal, cuja utilização permitirá fazer evoluir a linguagem (Bosch, 1985).

1. Dar e obter informação sobre os fatos
   Alguns exemplos de funções lingüísticas dessa categoria podem ser:
   - identificar;
   - descrever e narrar;
   - corrigir;
   - perguntar.
2. Verbalizar posições intelectuais (expressar – descobrir, no sentido de perguntar para saber)
   Alguns exemplos:
   - expressar acordo ou desacordo;
   - negar;
   - rechaçar;
   - expressar certezas ou incertezas;
   - expressar possibilidades ou impossibilidades.
3. Verbalizar estados emocionais (expressar – descobrir)
   Alguns exemplos:
   - expressar prazer ou desgosto;
   - expressar surpresa;
   - expressar satisfação ou insatisfação;
   - expressar temor ou preocupação.
4. Verbalizar posições morais (expressar – descobrir)
   Alguns exemplos:
   - desculpar-se ou aceitar desculpas, perdoar;
   - expressar aprovação ou desaprovação.
5. Fazer com que outras pessoas façam coisas
   Alguns exemplos:
   - sugerir uma ação;
   - aconselhar ações;
   - avisar;
   - dar ordens;
   - pedir a outras pessoas que façam coisas;
   - convidar outras pessoas a fazerem alguma coisa.
6. Fórmulas sociais
   Alguns exemplos:
   - felicitar;
   - cumprimentar;
   - despedir-se;
   - fórmula para conseguir a atenção.

Os aspectos básicos que se deve levar em conta na etapa da educação infantil relativos a essa área são os seguintes:

- É importante fazer uma reflexão sobre as *situações educativas* nas quais se faz um trabalho de potenciação da linguagem. Não adianta dizermos que a linguagem oral é trabalhada sempre, mas é preciso saber o que se trabalha e como em relação à língua.
- É preciso priorizar o *elemento comunicativo da língua,* o seu uso, e não enfatizar as situações pouco comunicativas e pouco funcionais, de pouco interesse aos dois componentes do ato enunciativo: o emissor e o receptor (exemplos de situações em que isso é possível: situações repetitivas de explicar, na segunda-feira, o que fez no domingo). *É necessário buscar situações nas quais manter uma conversa possa ser inte-*

ressante para os dois integrantes da situação de comunicação.

Não criar situações fictícias, mas tentar aproveitar ao máximo o que as crianças têm de suas experiências. É importante não chegar a tornar a conversa rotineira, no sentido de pouco interessante, de uma comunicação mecânica. Também podemos dizer que não é preciso que seja sempre quem ensina que dê início à conversa; vale a pena aproveitar comentários das crianças para estabelecer um diálogo que pode ser interessante para todos.

- Convém que haja *diferentes tipos de interação na sala* e que todos sejam aproveitados para trabalhar a linguagem oral:
  — professor-aluno: falar de coisas pessoais da menina e do menino;
  — professor-alunos: em pequenos grupos ou em grandes grupos;
  — aluno-aluno: nas cenários montados na sala, na biblioteca.
- Deixar que as crianças também falem, não somente a professora. A maneira como se pergunta faz com que elas respondam com mais ou menos utilização da linguagem. As perguntas fechadas levam-nas a utilizar somente uma palavra, uma monossílaba. As perguntas nas quais se solicita a hipotetização, a antecipação, a predicação, a verbalização das ações feitas são situações que dão mais oportunidades para que elas usem a linguagem oral.

Para finalizar, reforçaremos que o enfoque de trabalho da língua oral na escola infantil deverá ser basicamente procedimental.

A maioria dos conteúdos que as crianças aprendem são procedimentos de utilização da língua, através dos quais aprendem atitudes e conceitos relacionados com a linguagem.

Em relação à *aprendizagem da língua escrita* na educação infantil, há muitos mitos (não se pode ensinar antes de...) e muitas posições contrárias (é melhor o método fonético que o global ou vice-versa).

O trabalho de iniciação na língua escrita, na escola infantil, não pode estar à margem dos aspectos comunicativos da língua: a escrita serve para saber coisas, para divertirmo-nos, para estarmos informados, para aprender, para conhecer a marca de um produto, etc. Se entendemos que isso é importante, será necessário refletir em relação a alguns aspectos:

- Levar em conta que a criança já tem experiência pelo que faz com a língua escrita quando chega à pré-escola. É preciso partir disso e do que já identificam.
- Dar sentido às situações da língua escrita, apresentando situações que tenham interesse para as crianças: fazer listas do que cada um pode levar nas saídas às colônias de férias; dos meninos e das meninas da sala; fazer leitura e explicação de livros com letras; ler para as crianças os avisos que irão levar aos pais, etc.
- Dar a informação de como funciona o nosso código, à medida em que a criança o domine.

O problema não reside, na nossa opinião, em se é necessário ou não ensinar a ler e a escrever na pré-escola; mas o que convém levar em conta é que as informações de funcionamento do código escrito não podem aborrecer a criança, quando ela faz perguntas sobre isso. É importante utilizar a língua escrita para o que é necessário (saber qual é a minha folha, quem deu o papel para enviar à mãe ou ao pai, o que precisamos trazer amanhã à escola), o que pode ser feito de uma maneira que as crianças que estiverem interessadas participem. Assim, o que a escola poderia fazer em relação à língua escrita consiste em: apresentar proposta para a criança utilizá-la em situações que tenham sentido, falar e dar informações sobre a língua escrita, mas não tentar ensinar o código em situações pouco significativas para a maioria das crianças (livrinhos de pré-leitura ou de pré-escrita, livros com textos centrados unicamente em determinados sons, etc.). Dessa maneira, a escola poderá despertar a curiosidade e as competências das crianças em relação aos conteúdos, como fazemos com os demais conteúdos (pode-se encontrar um tratamento específico do tema em Ferreiro & Teberosky, 1979; Garton & Pratt, 1991; Solé, 1992, especialmente no Capítulo 3).

Linguagem matemática

A atuação das crianças sobre os objetos e, mais concretamente, o estabelecimento de relações que possibilitem sua atuação e interação com as outras pessoas apresenta-se na base do conhecimento lógico-matemático. Com as suas explorações sobre os objetos, a criança chega à conclusão de que a bola rola, o caminhão corre e a almofada é macia; graças às possibilidades dadas pelas pessoas que as acompanham – pai, mãe, professores – chega também à conclusão de que o carro corre mais do que o caminhão, porém que este é maior; de que a almofada pode ser mais grossa, porém a bola pesa mais. As relações que permitem organizar, relacionar, agrupar, comparar não se apresentam nos objetos em si, mas em operações (comparações, análise, generalizações) que a criança estabelece com os objetos. Essas relações são expressas de uma maneira diferente e podem chegar a uma linguagem matemática.

As capacidades que se desenvolvem através das tarefas de conteúdos matemáticos na escola são as seguintes:

- Capacidade de apropriar-se das linguagens mais formais, com mais *abstração da realidade* (utilização de cifras, utilização de algarismos matemáticos para representar as situações de agrupar objetos, etc.).
- Capacidade de *abstração das propriedades dos objetos* ou de acontecimentos e de generalização de todas as situações nas quais se apresentam formação de conceitos por meio do ajuste da linguagem verbal, por exemplo: o conceito de redondo ou de pequeno, em um primeiro momento, somente faz referência a um determinado objeto. Aos poucos, terá experiências com materiais e situações diversas, o que lhe fará ver a relação entre essa e as outras formas, até poder utilizá-la e aplicá-la a situações novas que tenham as características adequadas. As noções são adquiridas no decorrer de toda a vida, ampliam-se, diversificam-se e tornam-se complexas; formam uma rede lógico-matemática que permite às pessoas adultas estabelecerem relações complexas entre os conceitos de redondo e esfera, por exemplo; também se pode saber como partir de um esboço em papel ou das medidas de uma mesa redonda para ver se caberá no carro ou não.
- Capacidade de *resolução de situações-problema* que se apresentam, de buscar estratégias que permitam apresentar a solução (compra-venda, jogos de carta em família, dominó, etc.).

O trabalho no âmbito da matemática, nesta idade, ajuda a criança a compreender, a ordenar a realidade (as características e as propriedades dos objetos) e também a compreender as relações que se estabelecem entre os objetos (semelhança, diferença, correspondência, inclusão, etc.).

A matemática pertence à nossa vida cotidiana e, portanto, antes de entrar na creche ou na pré-escola, a criança terá vivenciado muitas situações que resultam de conhecimentos matemáticos que lhe favorecem para: colocar os brinquedos nas suas caixas, pôr um copo para cada pessoa quando ajuda a preparar a mesa, saber que ela tem menos balas do que o irmão ou o amigo, etc. Os seus conhecimentos dependerão do meio mais ou menos rico em que tenha vivido e da possibilidade que se oferece para buscar respostas aos problemas que se apresentam, bem como da informação que se dá nesse sentido. A criança tem preconceitos sobre muitos dos aspectos trabalhados na escola; é preciso encontrar a maneira de conhecer essas suas concepções informais do mundo, para partir e oferecer situações que permitam constrastá-las com os seus conhecimentos, questioná-las e tornar seus conceitos mais adequados. Por exemplo, devemos saber que, quando perguntamos a um menino ou a uma menina de dois anos a cor de alguma coisa, e se ainda não sabe muito bem o nome das cores, poderá responder uma cor qualquer, porém não com uma palavra qualquer. Isso nos mostra o quanto já sabem sobre as cores, quer dizer, que existem várias palavras que podem ser convenientes para responder a uma pergunta, como "De que cor é...?" e que há outras que nunca o serão (p. ex., *grande, pequeno, etc.*). Também podemos reconhecer que as crianças dessa idade utilizam mecanismos informais para resolver as situações-problema que se apresentam, como as de contagem (utilização dos dedos, de um em um) que, aos poucos, irão formalizando através da utilização do número. O que poderá ir incorporando são os aspectos da linguagem matemática mais simbólica: signos, números, etc.

Os grandes blocos em que podemos organizar os conteúdos relativos à linguagem matemática são:

- *A análise das propriedades dos objetos e das relações que podemos estabelecer*
  Nas escola, ocorre, muitas vezes, que as crianças aprendem a utilizar procedimentos de comparação, classificação e ordenação. Assim, há uma aprendizagem de conceitos, de semelhança e diferença, e começam a conceitualizar as formas, as cores, as propriedades dos objetos. Por meio do trabalho com esses conteúdos, podem ser alimentadas atitudes de interesse pelos objetos, pela investigação de suas características e do seu funcionamento.
- *O início da quantificação*
  Entre os conceitos que nos permitem ir conhecendo matematicamente a realidade, há conhecimentos dos quantificadores básicos (*tudo, nada, nenhum, pouco, etc.*) e, especialmente, o conhecimento da série numérica. Na escola infantil, é preciso trabalhar procedimentos de utilização da série numérica nas situações variadas, de comparação de conjunto de objetos, de representação gráfica da série, de representação das diferentes formas nas quais estão envolvidos o aumento ou a diminuição de quantidades, etc. Assim, é importante ter interesse para aprender a utilizar os números para resolver as situações da vida cotidiana nas quais eles intervêm.
- *A resolução de situações-problema*
  As crianças devem aprender a identificar e a confrontar-se com situações nas quais possam desenvolver procedimentos e estratégias de resolução de problemas: identificar os dados, buscar a melhor estratégia para essa situação, utilizar procedimentos mais adequados, etc. Esses aspectos estão muito relacionados com as aprendizagens de todas as áreas.
- *A medida*
  Durante a escola infantil, as crianças começam a compreender as noções e os conceitos de medida do espaço e do tempo. Em relação ao espaço, começam a utilizar os conceitos que o expressam (*longe, perto, aqui, ali*), a conhecer os instrumentos de medida e a utilizar procedimentos de comparação e quantidades, de exploração da medida dos objetos, etc. Em relação ao tempo, há uma aprendizagem dos conceitos que indicam a sua medida (*ontem, hoje, de manhã, antes, depois, etc.*) e, também, os procedimentos de estimativa do tempo que passa a partir de suas próprias

vivências cotidianas e a situação em diferentes momentos do dia, etc.

Assim, começam a dar-se conta de que existem coisas que podem ser medidas pelos seus pés, pela sua capacidade, pela sua longitude; começam a utilizar algumas unidades de medidas arbitrárias (o quilo, o quilômetro) como uma aproximação intuitiva ("Pesa mais do que um quilo", "Aqui cabe menos do que um litro", etc.), ou unidades naturais (as mãos, os passos).

- *A representação do espaço*
  As crianças, nessa idade, já começam a identificar as formas geométricas e a identificá-las no espaço imediato. Igualmente, identificam as noções espaciais em relação ao corpo (*em frente, atrás, acima, abaixo, etc.*).

Na escola, podem ser aproveitadas muitas situações funcionais, interessantes e úteis às crianças, para trabalhar conteúdos matemáticos, como aprender a contar nas situações em que precisamos usar o recurso da série numérica (alunos que faltam, casinhas a correr em um jogo, etc.). Também há numerosas situações nas quais é preciso encaminhar estratégias de relação entre os objetos: fazer grupos na sala para diferentes tarefas a partir de diversos critérios de classificação; comparar, ordenar os lápis e o material da sala; utilizar conceitos de medida quando estão recortando papéis, fazendo caminhos para os carrinhos passarem, etc.

Isso não quer dizer que, às vezes, não se possa fazer exercícios com papéis e lápis, porém é preciso considerar que o tipo de trabalho, em geral, representa mais uma avaliação dos conceitos para a professora do que um momento de aprendizagem para a criança. No caso do trabalho com papel e lápis, nesse tipo de conteúdo serve para exercitar alguns conteúdos que a criança já conhece e que pode representar.

É preciso ter o cuidado para não centrar a aprendizagem dos conteúdos dessa área somente nos aspectos mais abstratos e na linguagem mais simbólica. É importante fazer uso da ação, da linguagem verbal acompanhada da ação, da linguagem verbal sozinha e também de linguagens mais figurativas e simbólicas. É preciso avançar e retroceder no uso de diferentes linguagens para ajudar a fazer um processo de abstração progressiva.

É muito interessante utilizar a linguagem verbal vinculadas à matemática, ou seja, solicitar que as crianças verbalizem aquilo que fizeram, explicando como o planejaram, como verificaram os resultados e que antecipem os diferentes resultados possíveis, por exemplo: antes de fazer uma construção, quando vão ao supermercado, quando respondem uma pergunta da professora; esse método ajuda as crianças a raciocinarem.

É muito importante oferecer um ambiente e um material variado e rico, mas, sobretudo, é preciso que o professor:

- Proponha situações interessantes às crianças.
- Proponha questões que apresentem pequenos problemas ligados ao nível do desenvolvimento infantil.
- Saiba dar informação, relacionar vivências semelhantes, etc.
- Saiba deixar os alunos atuarem, proporem problemas e tentarem resolvê-los.

Linguagem musical e expressão corporal

Na etapa da educação infantil, há um forte vínculo entre os diferentes âmbitos da experiência que constituem o currículo da etapa. Já comentamos, mais de uma vez, a necessidade de globalização. Também destacamos que, entre os blocos expressivos, entre as linguagens, há um grande vínculo e, especialmente, nessa etapa, entre a linguagem corporal e a linguagem musical. Os meninos e as meninas começam a vivenciar ritmos, gestos, jogos motrizes através de canções e danças. É por esse motivo que os apresentamos como um único âmbito de experiência, no qual aprendem conteúdos da área da música e, ao mesmo tempo, aprendem a utilizar o corpo para expressar intenções, emoções e vivências.

Na área de "descoberta de si mesmo", já destacamos também alguns conteúdos relacionados à linguagem corporal, os quais referem-se ao conhecimento do corpo, realizados através do denominado *trabalho de psicomotricidade*. É por isso que a linguagem corporal é relacionada, por um lado, à linguagem musical e, por outro, à área de descoberta de si mesmo.

Entre as capacidades mais básicas que se desenvolvem através do trabalho nessa área, identificaremos aquelas de:

- *Estruturação do tempo:* a criança trabalha os ritmos (começar-parar, depressa-devagar, longo-curto), vivenciando-os mediante danças, canções, etc.
- *Educação do ouvido:* da capacidade de poder discriminar sons por meio da audição e progressivamente ir entoando canções, ir reproduzindo sons e ruídos (instrumentos, onomatopéias), etc.
- *Simbolização:* através da representação de traços pessoais, estados de ânimo, atitudes e jogos simbólicos, nos quais a criança comporta-se e atua simulando e imitando situações, fazendo "como se...", etc.

Nesse trabalho, é preciso potenciar a função lúdica e criativa que as linguagens possuem, desenvolvendo atividades nas quais as crianças desfrutem e experimentem situações de prazer, mediante a exploração, a ação e a participação em ocasiões nas quais intervenham a música e o movimento. É preciso entender esse trabalho como uma possibilidade muito clara de dar asas à imaginação e à criatividade. A professora deverá aproveitar as manifestações espontâneas das crianças para canalizá-las, dar-lhes sentido e ajudá-las a fazer novas criações em outros momentos.

A voz é o primeiro instrumento musical que as pessoas podem utilizar e, desse modo, a canção constitui-se na maneira mais fácil e espontânea de fazer música. Em toda a etapa, podem ser incorporadas canções com maior ou menor complexidade: desde as canções com gestos, simples (Upa, upa, cavalinho... ou Um elefante...), até a memorização de canções com ou sem acompanhamento de instrumentos. É preciso levar em conta ainda que, através da canção e da dança, possibilita-se uma aproximação aos bens culturais da comunidade onde a criança vive, ao mesmo tempo em que se pode dar a conhecer a existência de outras culturas e línguas mais ou menos distantes.

Na música e na expressão corporal, na escola infantil, é preciso contemplar as diferentes vertentes, tanto a produção e a expressão (cantar, dançar, tocar instrumentos, emitir sons e fazer ruídos) como a versão de seus espectadores (escutar audições, ver bailes, presenciar pequenas obras de teatro, etc.).

Nessa área, achamos interessante destacar a importância que o professor ou a professora atribuem às situações em que se canta e dança. É preciso levar em conta que, se o professor sente prazer em tais atividades, será capaz de transmitir e poderá ir aprendendo novas estratégias que lhe permitam enriquecer progressivamente o tipo de atividades que apresenta às crianças.

Linguagem plástica

As crianças dessa etapa educativa, sobretudo a partir dos dois anos de idade, estão muito interessadas em todas as atividades nas quais intervêm instrumentos que permitam a representação plástica. A princípio, as crianças observam que as suas manipulações com lápis no papel deixam marcas; então, pintam e fazem rabiscos por simples prazer. Aos poucos, dão-se conta de que podem representar a realidade de maneira que cada vez possa ser mais reconhecida e os seus desenhos são mais fiéis à realidade.

Ao mesmo tempo, há o prazer da utilização de materiais e instrumentos diversos. Pela expressão e representação plástica, as crianças mostram o seu mundo interno e também refletem o conhecimento que possuem do mundo externo.

As principais capacidades que se desenvolvem através das atividades plásticas são:

- *Formação de conceitos:* a observação e a análise da realidade servem para ampliar os conceitos. Por exemplo, se quiser desenhar a minha rua, terei que prestar atenção se existem casas altas e baixas, estreitas e amplas, etc.
- *Habilidade manual:* são trabalhadas de uma maneira muito significativa todas as habilidades manuais necessárias, desde a precisão em fazer uma linha com um pincel até o relaxamento da mão para poder pintar uma coisa sem cansar todo o corpo.
- *Imaginação e a fantasia ativadas:* não é uma capacidade que se trabalha somente através da plástica, mas essa o permite de uma maneira bastante clara.

Nessa etapa, é preciso trabalhar com as crianças a maioria das técnicas próprias de expressão plástica (modelagem, pintura, colagem, montagem, desenho, etc.). Será bom que ensinemos técnicas que sejam úteis para poder trabalhar com a maioria dos materiais, mesmo que alguns alunos mostrem certo receio na utilização de materiais novos (argila, pintura com dedos, etc.). Destacamos a importância de saber os objetivos que temos ao usar uma técnica ou outra. Por exemplo, na utilização de um instrumento de pinçar é preciso tomar decisões sobre quando pode ser necessário, o que desenvolve e que poderá ser substituído por tesoura para não pisar os dedos.

Através do *desenho*, as crianças aprendem a observar a realidade e a fazer um mapa, apresentando, aos poucos, as relações espaciais, as seqüências temporais, a perspectiva, etc. É interessante *ensinar a observar a realidade* para poder representá-la da maneira mais fiel possível, por exemplo: no desenho de objetos presentes ou modelos. É também importante que as crianças façam desenhos de maneira livre, sendo interessante que possam ser realmente livre, no sentido que não tenham que desenhar todos ao mesmo tempo e com as mesmas técnicas. É preciso reservar, nos cantinhos de jogos ou oficinas, materiais que elas possam utilizar em diferentes momentos do dia ou da semana para fazer desenhos, colagens, pinturas, sem uma ordem estabelecida. Também queremos destacar que, em relação aos conteúdos dessa área, por causa de concepções deterministas, fazem-se afirmações muito fechadas e categóricas sobre as crianças ("Ernesto desenha muito bem", "Helena não sabe desenhar!") como se fossem capacidades inatas, as quais não se pode modificar. Nesses conteúdos, como em todos os outros, as crianças precisam aprender, precisarão de modelos, ajudas e guias para poderem avançar e, assim, demonstrar o que poderão fazer no futuro.

Outro aspecto a ser destacado é o da importância de *partir das elaborações próprias das crianças para que possam ir melhorando-as e ampliando-as*. As suas produções ocorrem em nível evolutivo, por exemplo: quando a criança faz um desenho da figura humana, expressa o que pode representar essa figura. Com a ajuda e os comentários da professora, será capaz de ir interiorizando e, portanto, poderá representar mais partes do corpo. É preciso que a professora inspire-lhe confiança para que possa representar o que sabe. Aos poucos, os comentários das outras coisas que podem ser desenhadas, a sugestão sobre sua a cor, o comentário sobre as formas e as medidas ajudarão a criança a ir aprimorando a sua produção e a ir ampliando as suas capacidades de representação.

Além das situações de expressão plástica, também nesta idade se pode começar a educar as habilidades que se requerem para ser espectador de obras plásticas: a observação do que vêem, o que isso lembra, o que lhes agrada; a atenção às particularidades da obra e, também, as diferenças entre várias obras.

Finalmente, um outro aspecto é a necessidade de articular diferentes maneiras de trabalhar essa área. De um lado, com um *trabalho sistemático de habilidades específicas* através da exercitação: equilibrar, pintar, pinçar, recortar, ligar... o que pode ser feito de maneira autônoma nos cantinhos de jogos. De outro lado, através da utilização dessas técnicas em *projetos mais amplos*: elaboração de um circuito para passear com os carrinhos, no qual tem sentido pintar a cores e os sinais de trânsito, fazer as linhas retas e curvas bem-feitas, recortar bem os detalhes que é preciso que se encaixem, etc.

Até agora abordamos a amplitude e o interesse dos conteúdos trabalhados no decorrer da etapa da educação infantil. Nos próximos capítulos, e sobretudo no Capítulo 4, veremos algumas recomendações à organização da prática pedagógica para poder alcançar os objetivos que se propõe em relação aos diferentes âmbitos da experiência. Destaca-se que as aquisições e o grau de desenvolvimento variam muito no decorrer da etapa e, por isso, é preciso contemplar as diferenças entre os dois ciclos. A seguir, faremos um breve comentário em relação a esses aspectos.

2.5 OS CICLOS NA ETAPA DA EDUCAÇÃO INFANTIL

A normativa atual faz uma diferenciação da etapa em dois ciclos, os quais possuem uma especificidade própria e apresentam grandes diferenças entre si. Normalmente, como veremos no próximo capítulo, esses dois ciclos são oferecidos por escolas diferentes, o que pode acentuar mais as diferenças que aludimos.*

---
*N. de R.T. A divisão em dois ciclos também acontece na educação brasileira – o 1º ciclo equivale à creche e o 2º ciclo, à pré-escola. Uma das diferenças básicas é que o segundo ciclo, na Espanha, está cada vez mais vinculado às escolas de ensino fundamental.

O primeiro ciclo

Esse ciclo abrange crianças de três meses até por volta de três anos. Os aspectos relevantes a serem ressaltados são os seguintes:

A especificidade do primeiro ano de vida: as grandes mudanças. Durante o primeiro ano de vida, as rotinas de alimentação, higiene e descanso são, mais do que nunca, o eixo em torno do qual se situa a relação com o educador ou a educadora. Nesses momentos, estabelecem-se as relações de afeto, os vínculos, a comunicação. É, portanto, importante que sejam observados, dando-se atenção à regularidade de horários, das pessoas e dos espaços. Também é necessário estar atento às manifestações das crianças pequenas (choros, mal-estares) que indicam a sua situação, para que se possa atuar em conseqüência disso. É preciso aprender a conhecer o significado de tais manifestações; mesmo que as crianças somente se comuniquem por meio de sons, ruídos, sorrisos e choros, é importante que as pessoas adultas com quem se relaciona utilizem a linguagem verbal, pois esse fato será imprescindível para um bom desenvolvimento das suas capacidades cognitivas e lingüísticas. Também é preciso destacar a importância do contato físico com as crianças pequenas, o que lhes dá segurança, ao mesmo tempo que lhes permite ir conhecendo o corpo de outras pessoas e o seu próprio corpo. Finalmente, destaca-se que é preciso ir variando a nossa intervenção, considerando as diferentes aquisições que as crianças fazem no decorrer do primeiro ano de vida.

O efeito estruturador da personalidade das figuras de afeição (vínculos de afeição). No decorrer do primeiro ciclo, as crianças começam a investigar contextos menos conhecidos, à medida que se sentem seguras, que têm a segurança que reencontrarão as pessoas, os espaços e os objetos desconhecidos. Esse fato é fundamental para um bom desenvolvimento das capacidades de equilíbrio emocional. Por isso, é muito importante ter um responsável junto à criança em todos os momentos em que ela possa defrontar-se com situações em que ocorre uma separação das pessoas que lhe dão segurança. Referimo-nos ao início do curso, quer dizer, ao período de adaptação ou às mudanças de educadora no decorrer do dia ou dos diferentes anos de escolaridade.

O papel estruturador da resolução das necessidades de alimentação e limpeza: da dependência total à autonomia progressiva. Já comentamos a importância das rotinas no decorrer do primeiro ano de vida. Depois, continuam mantendo o seu papel central nas possibilidades de desenvolvimento de capacidades, porém as crianças, cada vez mais, intervêm de maneira ativa na resolução dessas necessidades. Isso compreende que as educadoras permitem essa intervenção progressiva e que, por sua vez, não forcem muito uma autonomia total, que pode repercutir negativamente nas aquisições feitas no momento. É preciso ir planejando pequenos direcionamentos que pareçam alcançáveis pela criança, sempre negociando com ela os momentos em que se possa assumir. É importante que os adultos transmitam às crianças expectativas positivas em relação às suas capacidades de assumirem progressivamente uma maior autonomia ao comer e no controle do esfíncter.

A necessidade de movimento e de jogo. As crianças do primeiro ciclo da educação infantil têm grande necessidade de explorar o espaço, de exercitar o movimento do seu corpo e de conhecer os objetos que existem à sua volta.

É por esse motivo se deve cuidar o espaço e os materiais aos quais elas têm acesso, evitando os possíveis perigos e adaptando os objetos a suas necessidades. É necessário que haja momentos de jogo espontâneo, de exploração e, também, situações em que os adultos comecem um jogo em que, progressivamente, a criança pequena passará de espectadora para iniciar pequenas ações adequadas ao momento.

A necessidade de uma estreita relação entre a família e a escola. Tanto para satisfazer as necessidades das crianças como as de seus pais, é imprescindível que se estabeleça uma relação muito estreita entre a educadora e as famílias. Nem todos os pais e todas as crianças necessitam do mesmo tipo de tratamento e atenção. Por isso, é necessário estar muito atento, a partir de uma organização escolar e normas claras, atendendo às preocupações e às perguntas que os pais e as mães possam ter por deixar seu filho em boas mãos; a criança percebe isso quando o seu pai e a sua mãe sentem-se confiantes e tranqüilos.

O segundo ciclo

Esse ciclo abrange as crianças dos três até os seis anos. Alguns dos aspectos que é preciso levar em conta e que são bastante específicos desse ciclo seriam os seguintes.

A turma dos três anos como um momento de transição entre os dois ciclos. Os meninos e as meninas de três anos cada vez mais se escolarizam em jardins de infância de escolas que atendem às crianças no decorrer de todo o ensino fundamental. As crianças dessa idade podem ser muito "pequenas" para algumas coisas (higiene, segurança pessoal, necessidade de descanso) e "grandes" em outras (domínio da linguagem, capacidade de movimento, atenção). Esses aspectos irão reformular algumas particularidades da turma dos três anos, se a compararmos com as outras crianças da pré-escola. Portanto, é preciso ter muito cuidado para não querer ir mais depressa do que a capacidade de algumas crianças em relação aos hábitos de autonomia, já que todas elas podem fazer mudanças espetaculares no decorrer do curso. De toda maneira, também é preciso aproveitar o interesse que as crianças de três anos manifestam para aprender coisas novas; por isso, pode-se iniciar o estudo da observação de temas do ambiente que as envolve.

O domínio progressivo da linguagem verbal que permite conhecer o mundo que as envolve. A linguagem verbal é o instrumento principal que as crianças possuem para tentar compreender o funcionamento do mundo que as envolve. Vale a pena aproveitar ao máximo essas capacidades na escola, propondo situações que as façam perguntar, que aprendam a escutar e a explicar coisas que vivenciaram ou que sabem. Além do mais, as crianças dessa idade têm um grande interesse para entender o funcionamento e as regras do mundo em que vivem. Se a professora for capaz de captar esse seu interesse pelo mundo, isso repercutirá positivamente na percepção do que se pode abordar na escola, com o que estaremos construindo os fundamentos para uma boa aprendizagem no ensino primário. É importante que a escola saiba conservar essa capacidade das crianças pequenas, o planejamento constante de perguntas, o que lhes permitirá continuar aprendendo no decorrer da vida.

O alcance de uma grande autonomia nos hábitos pessoais (vestir, comer, higiene pessoal). No decorrer do segundo ciclo da educação infantil, as crianças conquistam a possibilidade de mostrarem-se autônomas em relação aos hábitos pessoais. Isso significa que é preciso trabalhar esses hábitos na aula, dedicando tempo suficiente para dar possibilidade a todas as crianças de chegarem lá.

O alcance dessa autonomia ocorre graças aos diferentes graus de ajuda que as pessoas adultas possam dar às crianças pequenas e, sobretudo, pelo interesse que elas têm de ser grandes, de crescer.

É importante, porém, que as pessoas adultas possam entender que as crianças, em alguns momentos, apresentem contradições entre as vantagens e os inconvenientes de ser pequeno ou de ser grande; isso as faz atuarem de maneira mais infantil do que nós esperamos ou do que sabemos que podem fazer. Nesse momento, é conveniente atuar de maneira compreensiva, sempre animando-as a continuarem o processo de crescimento que estejamos seguros de que já sejam capazes de fazer.

A importância da comunicação com a família. No decorrer do segundo ciclo, continua sendo importante uma comunicação entre a família e a escola. Certamente não é tão necessário comunicação diária, porém continua sendo básico uma boa comunicação entre os dois contextos. Os pais e as mães compreenderão a dinâmica da escola a qual, certamente, assistirá seus filhos no decorrer de vários anos. É, portanto, um bom momento para iniciar uma relação de confiança e de respeito mútuo. É conveniente que as mães e os pais conheçam os canais de que dispõem para comunicarem-se com a escola, com uma mostra dos trabalhos feitos pelas crianças e, também, com as atividades especialmente preparadas para as famílias.

2.6 ALGUMAS IDÉIAS QUE É PRECISO GUARDAR

- É necessário que essa etapa seja planejada com uma identidade própria; convém não cair no engano de deixar-se levar pelas exigências que as etapas obrigatórias de ensino possam manifestar.
- É muito importante sabermos o que queremos ensinar e o porquê. A partir disso, já encontraremos maneiras diversas de chegar lá. A reflexão sobre o que queremos que as crianças aprendam no decorrer da etapa é um elemento fundamental para que haja coerência.
- Aprendemos através da relação que estabelecemos com os objetos e as pessoas. É fundamental proporcionar experiências diversas às crianças pequenas e ajudá-las a estabelecerem relações entre tudo o que experimentam. Tudo o que queremos que as crianças aprendam, desde o nascimento até os seis anos, pode

ser considerado conteúdos de aprendizagem dessa etapa.
- É importante identificar as particularidades de cada ciclo, porque isso nos ajudará a saber os objetivos próprios que queremos alcançar em cada um. É evidente que há diferenças entre aquilo que as crianças de um ano necessitam e o que necessitam as de quatro; a identificação dessas diferentes necessidades ajudam-nos a pensar no currículo próprio de cada uma das idades e dos ciclos.
- As propostas curriculares constituem-se em documentos orientadores para a prática educativa. Sua leitura, análise e discussão, nas equipes de professores, contribui para esclarecer os referentes contidos e tomar as decisões mais coerentes e compartilhadas.

NOTAS

[1] Em relação aos aspectos normativos, também é preciso considerar que, para cada curso escolar, o Departamento de Ensino da Generalidade da Catalúnia publica algumas instruções de organização e funcionamento de Casas de Crianças públicas que dependem do referido Departamento de Ensino, além de algumas instruções de organização e funcionamento de Jardins de Infância, públicos e privados.

[2] Esses nomes correspondem aos escolhidos para o âmbito da Catalunha. A zona do MEC e de outras administrações educativas de comunidades autônomas (País Basco, Navarra, etc.) denominaram essas áreas de modo diferente (*área da identidade e da autonomia pessoal, área do meio físico e social, área de comunicação e representação*), porém os conteúdos que delas fazem parte são praticamente os mesmos.

SE QUISER LER MAIS...

AA.DD: *La educación infantil (3 volumes): I Descubrimiento de sí mismo y del entorno; II. Expresión y comunicación; III. Organización escolar).* Barcelona: Paidotribo, 1992.

IBÁÑEZ SANDÍN, C.: *El proyecto de educación infantil y su práctica en el aula.* Madrid: La Muralla, 1992.

MAURI, M.; SOLÉ, I; CARMEN, L. del; ZABALA, A.: *El currículum en el centro educativo.* Barcelona: ICE/Horsori, 1990.

MOLINA, L. "El reconocimiento de una etapa". *Cuadernos de Pedagogía,* núm. 183, pág. 11-16.

SOLÉ, I.: "Algunos retos para la educación infantil". *Aula de Innovación Educativa,* núm. 11, 1993, pág. 5-8.

3

A prática educativa I: organização e planejamento

3.1 **Introdução** | 93

3.2 **Os aspectos organizacionais** | 93
Os centros que oferecem a etapa | 93
- Os diferentes centros e a sua repercussão na prática | 94

As profissionais que educam | 96
- As professoras e educadoras | 96
- A coordenadora ou diretora | 97
- Outras pessoas que colaboram | 97
- Outros professores que colaboram | 98

Organização dos grupos e rotação dos professores | 98
O tempo | 100
- Todo o tempo é educativo | 100
- É preciso uma certa regularidade | 100
- Flexibilidade e resposta para as necessidades das crianças | 101
- Diversidade e alternativas | 101

A jornada escolar | 102
- A acolhida | 102
- O reencontro do grupo e a rodinha | 104
- A atividade proposta | 104
- O momento do pátio e dos jogos ao ar livre | 104
- O momento do meio-dia | 105
- A tarde | 105
- Os momentos de transição | 106

A organização do espaço | 106
- Espaços e necessidades | 106
- Como decorar a escola? | 107

- Portas abertas ou fechadas? | 108
- A entrada da escola | 108
- O pátio | 109
- O espaço de cada grupo: a sala | 110
- A cozinha | 112
- Outros espaços da escola | 112

3.3 O planejamento da ação educativa | 112
Que utilidade tem planejar na educação infantil? | 113
Quem planeja, o que e quando planejar? | 114
Que unidades de programação são necessárias na educação infantil? Tipos e variáveis que contemplam | 116
- A programação: as atividades de cuidado das crianças e as atividades de acolhida e de reencontro | 117
- A programação e outros âmbitos de atividades das crianças e da intervenção educativa | 119
- Programar diferentes unidades | 122
- Planilhas e instrumentos para o planejamento | 124

3.4 Algumas idéias que é preciso guardar | 127

Nota | 127

Se quiser ler mais... | 127

Neste capítulo podem ser encontradas respostas a diversas perguntas que freqüentemente os educadores e os professores desta etapa fazem:
- Que vantagens apresentam as pré-escolas que funcionam junto à escola de ensino fundamental? Que inconvenientes? Que aspectos precisam ser observados e o que deve ser mais cuidado?
- Que critérios convém levar em conta na hora de fazer os grupos na nossa escola?
- Como podemos decidir a rotação dos educadores da educação infantil nas mudanças de cursos escolares? Que critérios podemos considerar?
- Como podemos analisar, organizar e revisar a organização da jornada durante o dia? Que critérios podem guiar-nos na hora de organizar o tempo das crianças na escola?
- Como podemos organizar o espaço da nossa escola? Que critérios podemos adotar para organizar o pátio? E a sala de aula?
- Vale a pena planejar a ação educativa nesta etapa? Que relações se estabelecem entre o Projeto Curricular do Centro e a programação?
- Que relações se estabelecem entre o planejamento posto em prática e a análise e valorização deste?

3.1 INTRODUÇÃO

Neste capítulo, explicaremos dois aspectos fundamentais para que haja uma prática de qualidade: os aspectos de organização e os de planejamento. As decisões tomadas nesses dois âmbitos condicionam aquilo que sucederá na aula e vice-versa. A vida da sala de aula indica até que ponto temos acertado no planejamento que elaboramos ou na organização – do tempo, do espaço, do material – que usamos. Portanto, não estamos falando de dois aspectos estáticos, totalmente previstos na prática; estamos falando, antes de tudo, de questões dinâmicas, as quais devem ser contempladas com flexibilidade.

3.2 OS ASPECTOS ORGANIZACIONAIS

Os aspectos organizacionais têm uma grande importância e influem mais do que parece na qualidade pedagógica e educativa do centro no qual trabalhamos. A princípio, eles deveriam ser submetidos aos aspectos pedagógicos e educativos, bem como deveriam tomar uma ou outra forma em função dos princípios e dos objetivos educativos que orientam o trabalho.

Na prática, essas coisas não são assim. Às vezes, fazem-se novas e interessantes propostas educativas, as quais, se não existir um suporte organizativo e institucional, acabam sendo guardadas e esquecidas pelas dificuldades que se apresentam na hora da prática. Por exemplo, a equipe de professoras da creche resolve trabalhar com uma organização de "cantinhos" interséries, de maneira que, em determinados momentos, as crianças pequenas possam agrupar-se de acordo com seus interesses, em vez de estarem agrupadas por idade cronológica, como é habitual. Inicia-se a experiência, com muitas expectativas, mas no caso de não estarem previstas mudanças nos aspectos básicos de organização da escola (funções dos educadores, organização dos espaços, responsabilidades na organização dos "cantinhos", nos materiais, etc.), é fácil que surjam problemas e dificuldades que possam inviabilizar o projeto.

Tratar dos aspectos organizacionais é, afinal, tratar das condições que devemos levar em conta para conseguir desempenhar uma tarefa educativa. Esses aspectos não são os mesmos em uma escola de educação infantil e educação primária ou em um centro educativo somente para pequenos. Por essa razão, sempre nos referiremos aos/às profissionais; abordaremos também a organização dos grupos e a rotação dos docentes; e, por último, trataremos dos clássicos âmbitos de organização do tempo e do espaço.

Os centros que oferecem a etapa

A etapa de educação infantil e os seus diferentes ciclos são atualmente oferecidos por diversos centros:

- *Centros de 0-6:* poderíamos denominar especificamente de centro de educação infantil.
  Esses centros abrangem os dois ciclos da etapa, completos ou não – os que somente têm o segundo ciclo completo e os que têm o primeiro incompleto. Na Catalunha, não são numerosos, ou seja, nas outras comunidades espanholas existem em maior número. Os dois tipos de centros têm direção e equipe educativa próprias.
- *Centros de 0-3:* costumam ser denominados *lares infantil/casa da criança* ou *maternais.**
  Acolhem somente crianças do primeiro ciclo. Têm direção e equipe educativa próprias e, geralmente, um espaço pensado para satisfazer as necessidades próprias e específicas das criança dessas idade.

---

*N. de R.T. Usaremos o termo creche, pois ele é o escolhido pela legislação brasileira para indicar tais espaços pedagógicos.

- *Centros de 3-12* com a pré-escola* (3-6) incorporados ao ensino fundamental: dirigem-se a crianças do segundo ciclo da etapa da educação infantil (jardim da infância), juntamente com alunos da etapa da educação primária. Têm direção e administração única para todo o centro e equipe educativa e coordenadora específica para cada etapa. Podem compartilhar os espaços, ou, como é mais habitual, há um tipo de separação entre as duas etapa (zonas e prédios/andares diferentes, um pouco separados).

Os diferentes centros e a sua repercussão na prática

O tipo de centro (de 0-6, creche ou de 3-12) condiciona bastante os aspectos organizacionais. No decorrer do capítulo, faremos referências a algumas diferenças e características em relação a dois tipos de centro: escolas de educação infantil, quando nos referimos a centros de 0-3 ou de 0-6 (pré-escolas), e centros de educação primária, quando nos referimos a centros que têm a pré-escola e o ensino fundamental.

Diferentes ciclos, diferentes centros? Geralmente, em nosso contexto não é muito freqüente, com exceção de alguns centros concretos, que os centros públicos tenham crianças desde o nascimento até os seis anos. Em outras comunidades (País Basco ou Madri, por exemplo), são mais numerosos os centros que acolhem toda a etapa da educação infantil; aqui, na Catalunha, é mais habitual lares infantis, para acolher os pequenos de 0-3, e os centros de educação primária com jardim de infância (segunda etapa, de 3-12 anos).

Alguns tipos de centros apresentam características e organizações muito diversas, que podem marcar notáveis diferenças no tipo de educação que as crianças recebem, na relação que estabelecem com as famílias, no papel que atribuem a determinadas aprendizagens, no tempo que é destinado às atividades de jogos e em muitos outros aspectos, extremamente importantes para a educação dos pequenos e das pequenas.

As professoras da educação infantil, nas escolas de 3-12, seguidamente alegam as dificuldades que enfrentam entre seus colegas para compreenderem as necessidades e as características específicas das crianças pequenas. Às vezes, também se torna difícil um tratamento diferenciado aos pais desses pequenos como deixá-los entrar na sala quando vêm trazer ou buscar seus filhos; alguns companheiros, professores do ensino fundamental, pensam que se usa muito tempo em jogos e pouco tempo dedicado aos conteúdos propriamente escolares.

Falando em termos gerais, nos centros de 0-3, há maior tendência a estabelecer um tipo de relação e de atuação mais próximo ao contexto familiar, com tudo o que isso implica: clima afetivo, contexto acolhedor, presença de jogos/brinquedos, menos planejamento, mais liberdade de atuação, menos atividades dirigidas, ritmo marcado pelas rotinas habituais, etc. Por outro lado (sempre temos em conta que se trata de uma simplificação), nas escolas de 3-12, a tendência maior é estabelecer um contexto mais escolar, com tudo o que isso implica de positivo e também de negativo, considerando as idades, maior rigidez no horário e na organização, maior distância afetiva com a educadora e o educador, mais planejamento, menos liberdade e iniciativa, atividades mais dirigidas e fechadas, etc.

Essas considerações não devem ser interpretadas como uma maior valorização de um centro ou de outro. De fato, há uma grande e rica diversidade que nos faz relativizar visões mais simplificadoras. Não se trata de pensar que alguns centros sejam melhores que outros, mas de constrastar essa diversidade, para poder discernir determinadas atitudes que não devem ser admitidas como desculpas em determinados ti-

---

*N. de R.T. Usamos o termo pré-escola, como define a legislação brasileira.

pos de centro (exagerar na proteção aos pequenos ou organizar um ambiente muito "escolar" no ciclo de 3-6 anos).

Essa diversidade é positiva, como também seria a existência de mais centros de 0-6, os quais teriam estilos mais adequados para toda a etapa. Nesses centros, seria mais fácil respeitar o sentido da etapa como uma unidade e poderiam experimentar maneiras de ser mais coerentes entre os dois ciclos que podem servir de referente ou de contraste.

O que acontece quando uma pré-escola está no mesmo centro que os da etapa primária? Fica favorecido o seu funcionamento, a sua qualidade? Essa realidade prejudica os pequenos?
Nesta parte, referimo-nos aos centros que acolhem crianças de pré-escola e de educação primária; e, a esses, porque são a maioria, tanto ao nível de escola pública como de privada/particular.

As desvantagens não são muitas. Nas escolas públicas de educação primária, as crianças desfrutam de ensino gratuito e podem estar juntas com os companheiros de mais idade. As escolas têm uma dinâmica mais potente, no sentido de serem uma escola maior, com ambientes mais ricos e diversificados (às vezes, as escolas menores dispõe de pouco ambiente e, ainda, de ambiente muito fechados). Os professores e as professoras também dispõe de estímulos e modelos da etapa primária que, devidamente adaptados, podem enriquecer a atuação educativa com os pequenos (a metodologia de trabalho para projetos, por exemplo, adapta-se, com grande sucesso, para o jardim da infância). Os professores conhecem o que as crianças deverão conhecer e aprender quando terminarem a pré-escola e isso pode facilitar uma adaptação mais gradativa segundo as exigências da etapa primária. Os pequenos podem dispor de mais espaços diversificados e especializados, como sala de música, ginásio, biblioteca, salão de atos ou laboratório.

Por outro lado, também a escola de ensino fundamental ganha com o fato de ter crianças de 3-6 anos: acostuma-se a não perder de vista a evolução gradativa do conjunto de alunos, a manter uma continuidade na maneira de agir e nas propostas da pré-escola. É freqüente que, nesse ciclo, surjam interessantes propostas e metodologias que, gradualmente, vão transpassando e continuando na etapa primária, colaborando para uma renovação e inovação pedagógica.

Porém, às vezes, não se aproveita essa potencialidade enriquecedora e, mais adiante, isso provoca desajustes entre o que as crianças necessitam e a oferta educativa que recebem. Quando se adotam os modelos educativos da educação primária de maneira mecânica, sem levar em conta as necessidades educativas das crianças pequenas, também pode constituir-se em um inconveniente.

Devemos considerar que o estilo educativo que tradicionalmente as famílias oferecem às crianças pequenas, como um ambiente de afeto, seguro, de estímulo-resposta, é insubstituível e o mais adequado para crescer e aprender. A criança necessita de ajuda, de estímulo constante para animar-se a enfrentar desafios e para esforçar-se nas tarefas que lhes são apresentadas. As creches, normalmente, oferecem um ambiente acolhedor e um estilo educativo mais familiar. Nas escolas de ensino fundamental, é preciso tentar também que, na pré-escola (e, na realidade, da mesma forma nas séries da educação primária), a menina e o menino tenham o ambiente afetivo e acolhedor do qual necessitam para aprender e para avançar no seu desenvolvimento.

Nessa idade, a criança está bastante centrada nela mesma e necessita poder adaptar-se, descansar ou brincar quando estiver mais cansada ou angustiada devido à atividade proposta. À medida que vai avançando no ciclo e, sobretudo, na turma de cinco anos, já pode adaptar-se completamente ao ritmo e pode-se exigir dela um comportamento mais "escolar".

Ao iniciar esse ciclo, deve-se oferecer, especialmente, um estilo educativo que respeite mais os ritmos individuais, que detecte com facilidade os cansaços, ansiedades ou necessidades de movimento. À medida que as crianças vão ficando mais velhas, podem começar a regular mais as suas necessidades, podem controlar-se, adiar as vontades ou manifestarem-se verbalmente para a pessoa adulta, além de adaptar-se mais facilmente ao ritmo da escola.

Quando a pré-escola funciona junto ao ensino fundamental, é preciso ter isso mais presente. Em certas ocasiões, pode ser difícil manter essa prática e que seja aceita pelos professores e professoras dos outros níveis que podem considerá-lo pouco adequado e pouco coerente com o funcionamento de suas aulas. Nesse sentido, às vezes, ocorrem pressões mais ou menos explícitas para que as crianças da pré-escola fiquem mais quietas, mais atentas, trabalhem mais na sua sala de aula e sigam um ritmo mais homogêneo e rígido. Nesses centros, é preciso oferecer uma informação a todos os educadores sobre as necessidades e características diferenciais da etapa e das crianças pequenas. Dessa maneira, à medida que isso é entendido e assumido por todos, no projeto do centro e na prática de cada dia, será possível concretizar e destacar a especificidade e a particularidade de cada etapa, mantendo a coerência e a unidade de toda a instituição.

Nesse sentido, alguns dos aspectos que precisamos considerar são:

- *A relação e a comunicação entre a família e a escola*. Comunicação diária, estreita colaboração com a participação dos pais e das mães na entrada e na saída, etc.
- *A organização dos espaços e dos materiais*. Organização que facilita o brinquedo e a sala de aula (cantinhos), materiais diversificados e ao alcance dos pequenos, joguinhos, etc.
- *A organização do tempo*. Flexibilidade, entradas e saídas graduais, adaptação às necessidades e às possibilidades das crianças dessa idade, cuidado no período do meio-dia, etc.
- *A metodologia, as maneiras de fazer, os tipos de atividades.*
- *A relação e o tipo de interação da educadora com as crianças pequenas*. Relação que assegura um clima de confiança e de segurança, vínculo afetivo, etc.

A continuação do desenvolvimento dessas questões e de outras será tratada nos capítulos seguintes.

As profissionais que educam

O fato de a etapa de educação infantil, atualmente, ser oferecida por diferentes centros, provoca diferenças notáveis em relação aos profissionais que estão envolvidos na tarefa educativa própria dessa idade. Referimo-nos às *profissionais,* falando do sexo feminino, uma vez que podemos assegurar que a imensa maioria desses profissionais são mulheres. Faremos uma recapitulação das diferentes profissionais que normalmente trabalham nos centros e comentaremos um pouco as suas funções. De todo modo, não nos esqueçamos de que, nas escolas atuais, há uma grande diversidade de pessoal e de funções.

As professoras e educadoras

Cada professora tem responsabilidades, diante dos pais e dos outros profissionais da escola, por um grupo de meninos e de meninas. Algumas vezes, essa responsabilidade é compartilhada com uma outra educadora (é o caso das escolas maternais, nas quais, no decorrer do dia, há duas professoras tutoras que somente estão juntas em um período diário) ou com uma professora de apoio ou *mainaderes**. Nessas situações, é preciso lembrar como são divididas as

---

*N. de T. Pessoa não-titulada em Educação Infantil; encarregada auxiliar com formação de segundo grau para trabalhar com crianças pequenas.

funções, para ajudar as crianças e as famílias a situarem-se em relação a cada uma das pessoas. Estabelece-se uma coordenação que transmite aquela informação que seja relevante para o conhecimento e o progresso escolar.

A professora titular ocupa-se da relação e da colaboração com as famílias: realiza as entrevistas, dirige as reuniões de grupo, estabelece o canal de comunicação cotidiano e está receptiva e disponível aos requerimentos e às consultas familiares. Também é responsável pela ação educativa com o seu grupo, que deverá planejar, realizar e avaliar, considerando a sua tarefa e a evolução das crianças que estão sob sua responsabilidade. Sua tarefa, de qualquer modo, não poderá ser um trabalho isolado dentro da escola; terá que estar vinculada e responder aos critérios gerais que estejam explicitados no projeto educativo e curricular do centro e nas reuniões de toda a equipe.

A titulação atualmente exigida para as profissionais e os profissionais dessa etapa é diferente para cada ciclo em que vai trabalhar. A princípio, para ser educador, no primeiro ciclo, é necessário o título de formação profissional e uma professora na equipe. Para o segundo ciclo, todos os professores precisam ter Magistério. Isso pode ser um elemento de dificuldade em alguns centros, já que a responsabilidade profissional é a mesma, porém a remuneração salarial é diferente.

A coordenadora ou diretora

As pré-escolas que estão vinculadas ao ensino fundamental possuem uma coordenadora encarregada de coordenar as professoras do ciclo ou dos ciclos e de zelar pelo cumprimento dos acordos estabelecidos pela equipe, em que se busca participação, espaço para intercâmbio; organiza e estimula sua coordenação, levando à discussão temas que ultrapassam seu poder de decisão ou a outras instâncias específicas. Nesses casos, ela é responsável por transmitir e explicar a tarefa, as necessidades e as decisões que competem ao seu ciclo, levando às reuniões os temas gerais da escola para debate e criação de consenso. Por outro lado, a coordenadora participa das reuniões da comissão pedagógica do centro, apresenta as necessidades próprias da etapa que coordena e colabora na elaboração de um projeto coerente ao centro.

Nos casos de centros de educação infantil ou de creches, esse cargo é denominado *coordenadora* ou *diretora*, e a pessoa que o ocupa é a responsável geral pela escola e também se ocupa das questões externas (associação de pais e mestres, infra-estrutura de funcionamento escolar, etc.).

Para a realização das tarefas de coordenação e/ou direção é preciso desenvolver uma série de habilidades e conhecimentos, dos quais podemos destacar os seguintes: dinâmica de grupos, organização e gestão, formação permanente, estabelecimento de relações pessoais claras. As funções que necessita executar exigem um desempenho com eficácia, com uma dedicação de tempo e respeito a todos.

Outras pessoas que colaboram

Tanto para o primeiro como para o segundo ciclo, há outros profissionais que colaboram na educação dos pequenos e das pequenas (responsáveis pela limpeza, cozinheira, monitora de refeitório). São pessoas que dedicam toda a sua jornada de trabalho ou uma parte dela em colaboração com a equipe das professoras da escola ou do ciclo. Nas creches, há pessoas que se dedicam à limpeza e à manutenção dos espaços da escola, e as cozinheiras ocupam-se do preparo da alimentação dos pequenos e dos grandes. Normalmente, esses profissionais não atuam diretamente com as crianças, mas estão presentes na escola e participam em alguns momentos da vida dos grupos dos meninos e das meninas. Na pré-escola, os monitores do refeitório, em certos casos, colaboraram para ensinar as crianças a comerem e zelam, nesse momento, para que tudo transcorra bem. Assim mesmo, podemos falar das pessoas que cozinham, da pessoa responsável pela recepção, pela administração, etc., as quais são compartilhadas por toda a escola e, muitas vezes, têm pouca relação com os as crianças da pré-escola.

Convém que as pessoas que têm contato direto com as crianças estabeleçam uma estrita coordenação com as professoras, para facilitar a consecução dos objetivos que a escola ou o ciclo fixou à educação das crianças nesse nível de idade.

Outros professores que colaboram

Em muitas escolas também existem especialistas em música, em artes plásticas ou em educação física. Esses professores dedicam algumas horas de sua atenção às crianças pequenas. Há experiências muito interessantes nesse sentido, nas quais a professora titular é ajudada por outros profissionais especialistas nesses aspectos da educação. Muitas vezes, o trabalho é conjunto entre a professora e o especialista, com a participação de todos os professores da classe que ajudam a fazer um trabalho mais aprofundado e próprio para as crianças pequenas.

Organização dos grupos e rotação dos professores

Há uma normativa do Departamento de Ensino que estabelece o número máximo de crianças, segundo sua idade (Grupos de crianças até 12 meses: 7 crianças; de 1 a 2 anos: 10 crianças; 2 a 3 anos: 18 crianças; 3-6 anos: 25 crianças); o grupo de 2 a 3 anos, de 18 crianças, torna-se excessivo para a educadora.

Esse número excessivo pode modificar, se a Administração correspondente autorizar (mediante inspeção e delegação), segundo as necessidades e as condições específicas do Lar infantil/Casa da criança, a demanda e as necessidades de matrícula ou de integração de crianças com necessidades educativas especiais.

Quanto à formação dos grupos de crianças, nesta idade e, especialmente, no primeiro ciclo, existe uma certa flexibilidade. Nas idades posteriores, ainda que se agrupem as crianças que nascem no mesmo ano, a creche as agrupa um pouco diferente; muitas vezes, compõe-se por distintos níveis de autonomia e competência, por exemplo: agrupam-se, de um lado, os que começam a caminhar (*caminhantes*) e, de outro, os que não caminham (*lactentes*). Não é uma etapa de escolarização obrigatória, mas, com muita freqüência, as crianças são assim agrupadas em função da demanda de matrícula em cada turma.

Essa maneira de proceder supõe uma ruptura com a tradição, que considera como critério básico de formação de grupos a idade e que responde à intenção de criar uma certa homogeneidade, avalizada por determinados argumentos: as mesmas necessidades educativas para idades similares possibilitam que a metodologia e as atividades programadas sejam adequadas a todas as crianças da sala; também se justifica a favor de que os grupos tenham uma certa continuidade e, para facilitar, tenham contato com o ciclo seguinte.

Ainda que alguns desses argumentos estejam certos, convém não esquecer que o fato de juntar crianças com idade semelhante não assegura, como todos e todas sabem, que as crianças tenham as mesmas necessidades educativas; também pode ser ilusão que seja possível articular o ensino para um grupo homogêneo. De fato, boa parte de nossa história educativa está baseada em tais idéias. Quantas vezes não temos ouvido um professor ou uma professora comentar: "Esse grupo é muito difícil de dar aula, porque há uns quantos que não acompanham" ou "Tudo isso já explicamos e fizemos com o grupo e a maioria já sabe; mas aqueles quatro não têm jeito...". Seguidamente, o professor ou a professora que faz essas observações partem da expectativa de ter um grupo homogêneo.

Por outro lado, não podemos perder de vista o potencial educativo da relação das crianças com outras idades diferentes e interesses em criar experiências educativas e sociais em que haja mais diversificação. Essa relação beneficia as crianças menores, pois permite-lhes aprender modelos dos mais velhos, imitá-los, ajudá-los, etc., e permite uma interação entre iguais que, se for bem-demarcada, poderá ser muito positiva. Segundo Vygotsky (1984), essa interação com iguais um pouco mais competentes permite incidir na zona de desenvolvimento próximo da criança e possibilita que seja capaz de fazer muitas coisas com a ajuda, o modelo e a companhia dos meninos e das meninas maiores.

Além disso, na relação com crianças menores, a criança aprende a dedicar um certo cuidado, começa a colocar-se no lugar do outro, protege e adona-se dos seus níveis de competência. Essa relação, evidentemente guiada e acompanhada, possibilita a aprendizagem de muitas capacidades de relação que se estimulam na escola.

Por todas essas considerações, quando planejamos os grupos na escola, é preciso considerar também a necessidade de criar espaços de relação educativa de dois tipos: entre grupos de diferentes idades e entre crianças da mesma idade, para oferecer maior diversidade e uma progressiva diferenciação nas relações que umas crianças estabelecem com outras. No item *Portas abertas, portas fechadas?*, neste mesmo capítulo, selecionamos algumas sugestões com relação a esse tema.

Um aspecto que convém ponderar com muito cuidado relaciona-se com a integração do conjunto de alunos e com as necessidades educativas especiais. Como critério geral, também parece adequado distribuí-los em diferentes grupos para facilitar uma ajuda mais individualizada que muitos dos alunos precisam e, também, para que os benefícios da integração sejam extensivos ao maior número possível de grupos. Porém, cada caso deverá ser convenientemente avaliado para tomar a decisão mais oportuna.

Com relação à permanência e a rotação dos professores e das professoras, é preciso fazer algumas considerações. Em muitas escolas, é bastante comum a decisão de que a professora titular acompanhe o grupo por dois anos letivos. A organização em ciclos de dois anos, na etapa fundamental e média obrigatória, favorece e avalia este fato, porém, na etapa da educação infantil é, preciso ter outros critérios.

O fato de estar dois anos com os mesmos alunos favorece um maior conhecimento do grupo e de todos os seus componentes, permite um conhecimento e uma relação mais continuada com as famílias e possibilita que a professora veja os frutos de sua tarefa, depois de um prolongado período de relação e trabalho cotidiano. Também, se considerarmos a forte dependência emocional e relacional que se estabelece nesta idade entre as crianças e suas professoras, é preciso acrescentar outros aspectos aos já argumentados.

A criança encontra-se em um momento no qual está formando sua própria identidade, está começando a ver-se como pessoa independente e autônoma; afinal, está construindo a sua imagem e o seu autoconceito. Nessa formação da própria imagem, tal como explicamos no Capítulo 1, a professora é como uma "outra significativa" para a criança e tem uma importância e um papel decisivos. O fato de a criança sentir-se estimada, valorizada e apreciada por sua professora como aluna favorecerá que se sinta segura na escola e com capacidade para enfrentar os diferentes desafios que lhe forem propostos.

A partir dessas considerações, precisamos reconhecer que há meninos e meninas com os quais é fácil de entender-se muito bem desde o princípio e outros com quem é mais difícil de conectar-se e de relacionar-se. Há meninas que compreendem, em seguida, o que se pede e mostram-se receptivas e graciosas; outras que não fazem caso ao que propomos e mostram-se ariscas e difíceis. Há famílias com as quais se inicia uma relação fácil e positiva e outras que se mostram desconfiadas e pouco agradáveis. É indiscutível que tudo isso influi e pode condicionar as expectativas da profissional em relação às crianças e às suas possibilidades de sucesso.

Por isso, é muito importante valorizar as decisões tomadas em relação às questões de permanência ou de rotação. Cada docente é diferente e especial, dá valor a umas ou outras coisas, sintoniza-se muito bem com umas crianças ou com outras. É conveniente, portanto, que as crianças de 0 a 6 anos possam ter experiências de relação com diferentes professores que lhes ofereçam espelhos diferentes que tenham diferente expectativas e que formulem desafios diferentes. Não há nenhum inconveniente que o grupo troque de educadora a cada ano; pensamos até ser mais enriquecedor e positivo para a criança, já que, dessa maneira, poderá ter experiências com diferentes pessoas adultas. No caso de a escola optar por essa organização, deve garantir uma boa coordenação com a educadora do curso anterior e planejar atividades que favoreçam uma adaptação gradativa para a nova educadora.

Quando a escola decide por estabelecer uma certa continuidade da professora com o grupo, é totalmente desaconselhável que seja por mais de dois anos. No segundo ciclo, poderá ser favorável uma continuidade nos cursos de três e quatro anos, para acabar de consolidar o processo de adaptação e mudança de professora aos cinco anos. A turma de cinco anos de idade poderá ser considerada como um curso transitório entre a etapa da educação infantil e do ensino fundamental, em que se pode começar a estabelecer um ritmo um pouco diferente para aproximar a criança do ritmo do ciclo inicial da educação primária.

O tempo[1]

Poucas coisas são tão subjetivas como o tempo que passa, quando não se dispõe de um relógio e de suficientes habilidades para interpretá-lo. Quando se trata de planejar o tempo, os educadores dessa etapa sabem que precisam considerar muitos aspectos relativos às necessidades dos pequenos e das pequenas.

Todo o tempo é educativo

A creche, quanto ao aspecto temporal, geralmente já está bem-organizada e os educadores estão com as crianças, cuidando-as e educando-as no decorrer do dia. É preciso que seja assim, mas que isso aconteça também nas escolas do ensino fundamental. Desde que chega à escola, acompanhada de seu pai ou de sua mãe, até voltar à companhia deles, ao final do período, os profissionais da escola precisam organizar a sua intervenção para ajudar a criança a sentir-se à vontade e para favorecer o seu desenvolvimento e sua aprendizagem.

O tempo de aprender e o tempo de viver e crescer não estão separados e, em todo o momento, a criança cresce e aprende graças à ação educativa das pessoas que a envolvem (professores, educadores, meninos, meninas, outros adultos, etc.) e às experiências que tem no seu contexto. Por esse motivo, quando planificamos o que faremos na aula ou na escola, devemos considerar "todos os momentos" da jornada, refletindo e valorizando os diferentes aspectos que aqui incidem.

É preciso uma certa regularidade

Nessa idade é necessário uma certa regularidade na organização do tempo e da jornada, porque as crianças começam a orientar-se com relação a determinadas situações que se repetem a cada dia: antes do almoço, lavar as mãos e colocar os babeiros; antes de sair ao pátio, recolher os brinquedos e os joguinhos, ordenar o espaço da sala; depois de voltar do pátio, preparar-se para a refeição, etc. As atividades sucedem-se normalmente na mesma ordem e isso faz com que as crianças sintam-se seguras e confiantes.

É necessário oferecer aos meninos e às meninas pontos de referência estáveis, que se repitam a cada dia. Dessa maneira, aprenderão a antecipar e a prever o que virá depois e cada vez se sentirão mais tranqüilos na escola. A educadora, com as suas explicações e verbalizações, aproveita esses momentos para ensinar as crianças. Também há outros recursos que se utilizam para ajudar-lhes a antecipar e a orientar-se no tempo: a canção para ir ao pátio, as fotografias dos diferentes momentos do dia, um fantoche que lhes avisa que está na hora da refeição, etc.

Flexibilidade e resposta para as necessidades das crianças

As necessidades urgentes e eventuais das crianças podem mudar o que havia sido previsto. O cansaço, o sono e as vontades aparecem de súbito e é preciso que o educador seja receptivo e observador para detectá-los. Podem também ocorrer outros fatores que obriguem o educador a variar o que havia previsto ("Estava previsto merendar no pátio, mas começou a chover e a merenda precisou ser feita na sala").

Todos esses fatos e situações fazem-nos modificar a previsão e, em meio ao transcurso das situações, obrigam-nos a improvisar novas atividades e situações. Quando trabalhamos com crianças desta idade, temos que estar treinados a sermos flexíveis e receptivos para modificar os planos previstos em função dessas observações do contexto e do estado emocional e físico das crianças.

Diversidade e alternativas

Os meninos e as meninas dessa idade cansam-se rapidamente, quando realizam determinadas atividades que requerem atenção ou concentração. Por isso, convém prever e dar alternativas às propostas que programamos em relação a diferentes aspectos.

Entre esses, deve-se considerar quem é *a pessoa que guia a atividade*. De um lado, estão as atividades e os jogos propostos e dirigidos pelas professoras e, de outro, os cantinhos de brinquedo livre onde é a criança que seleciona e decide o que quer fazer.

Um outro aspecto é o *tipo de agrupamento* que se organiza para determinada situação: as atividades de grande grupo, as atividades de pequenos grupos ou as atividades mais individualizadas.

É preciso considerar também o *local* onde se realizam tais atividades. As crianças pequenas gostam e necessitam sair periodicamente ao ar livre ou trocar de cenário. É conveniente, portanto, introduzir momentos de mudanças em relação ao espaço.

Também caberá valorizar o *grau de atividade física ou intelectual e o esforço* que requer uma determinada proposta para ir intercalando atividades mais movimentadas com outras mais tranqüilas e relaxadas (momentos de descanso e de quietude/momentos de movimento e de expansão física; momentos de atenção e de concentração/momentos tranqüilos e sem exigências).

Uma outra variável que não podemos perder de vista é a de favorecer, no decorrer da jornada, situações em que a criança trabalhe e desenvolva diferentes capacidades básicas.

Para determinar o grau em que sejam contemplados esses critérios de variedade e de diversificação e para captar o ritmo que precisamos marcar ao grupo, no decorrer de uma jornada ou da semana, é conveniente fazer uma análise das atividades, levando em conta os critérios mencionados anteriormente.

Essa análise é útil para valorizar os aspectos do ritmo no decorrer do dia, a sucessão e a ordem das atividades e o equilíbrio e a variedade durante a atividade, do ponto de vista das crianças. Neste capítulo sobre a prática da aula, propomos algumas perguntas e questões para analisar as atividades a partir de uma perspectiva mais global, em relação aos objetivos e à metodologia educativa.

Quadro 3.1 Roteiro para analisar a jornada da escola

Sugerimos fazer um quadro de entrada dupla; à esquerda, situar as diferentes atividades ou situações que se realizaram durante o dia e o tempo que foi dedicado a elas; na linha superior, situar certas perguntas que devem ser feitas:
1. Onde realizamos a atividade?
   na sala/ no pátio/ outros
2. Que grau de autonomia e de liberdade houve nesta jornada para os pequenos?
   livre/ dirigida/ auto-selecionada a partir de diversas opções
3. Que grau de atenção e de esforço ou cansaço (intelectual e físico) foi necessário?
   bastante/pouco/ nada
4. Como agrupamos as crianças?
   em grande grupo/em pequeno grupo/individualmente
5. Que capacidades mais trabalhamos?
   de movimento/de linguagem/cognitivas/ de relação/ de cuidado de si mesmo e/ou de hábitos de autonomia

A jornada escolar

Os diferentes momentos do dia que se sucedem na escola seguem, em linhas gerais, uma mesma ordem, a qual, em parte, é imposta pelas necessidades fisiológicas das crianças, especialmente as do primeiro ciclo. Na jornada da escola, precisa-se favorecer que a menina ou o menino tenham experiências diferentes e desenvolvam todas as suas capacidades.

Em qualquer dia da escola, deveríamos poder encontrar:

- Momentos livres (de jogo, de descanso, de passeio, etc.).
- Momentos curtos (segundo o interesse das crianças) com atividades coletivas (canção, conto, fantoches, marionetes, rodinhas, etc.) conduzida por pessoas adultas.
- Momentos de jogos motores e de motricidade global (livre, com material ou similares para pátio e internos).
- Momentos de atividades dirigidas ou propostas pela pessoa adulta (individuais ou em pequenos grupos/ nos cantinhos ou para todo o grupo) para trabalhar determinados conteúdos (habilidades manipulativas, linguagem, conteúdos da área de contexto, etc.).
- Momentos tranqüilos, mais individualizados (quando chegam, quando vão despertando, quando jogam, etc.) nos quais procuramos sistematicamente ter em conta todas as crianças da classe.

A seguir, abordaremos brevemente os diferentes momentos que, em geral, sucedem-se na escola e alguns critérios que precisamos considerar ao planejar e colocá-los em prática. Em termos gerais, esses momentos são: a acolhida, o reencontro do grupo, o pátio, os jogos ao ar livre, o meio dia e a tarde. Evidentemente, à margem desses momentos mais habituais, cada escola programa outros mais ou menos cotidianos e mais ou menos livres, segundo o seu projeto curricular e a idade de seu alunado.

A acolhida

Na chegada da criança à escola, o fato de distanciar-se do familiar que a acompanhou e de iniciar sua jornada no centro é um momento que tem grande influência em seu projeto de adaptação: cada criança e família o vê de uma maneira diferente, com mais ou menos preocupação. Portanto, devemos ter um cuidado especial, sobretudo com as crianças menores, ao iniciar qualquer processo de escolarização nessa etapa.

Nesses momentos, e de maneira clara e tangível, a criança vê a relação que há entre a escola (sua educadora) e a família (o pai, a mãe ou o familiar que a acompanha). É preciso preparar as condições para poder estar tranqüila e atender a cada criança e familiar quando chegarem.

Se a entrada for gradual e houver uma certa flexibilidade de horário (de 15 a 30 minutos), evitam-se as aglomerações; os pais e as mães podem fazer as recomendações que lhes preocupam (se é preciso tomar algum medicamento, se a virão buscar antes, se é preciso que a criança se proteja ao ar livre, etc.); e a criança verá que há uma boa relação e uma continuidade entre os dois contextos.

Convém aguçar as capacidades de observação para conhecer os estilos e as diferentes maneiras de agir de cada família e para tentar adaptar-se ao seu caráter. A mãe que leva o Ernesto nos braços, porque ainda está meio adormecido, irá sentir-se mais tranqüila e confiante ao ver que seus costumes sejam respeitados, ou seja, se pegarem o menino nos braços quando o receberem e depois, gradualmente, colocarem-no no solo para que possa mover-se livremente. Quando chega o pai com vontade de jogar um pouco com Helena e fazer brincadeiras com os outros pequenos, podemos afastar-nos ligeiramente e deixar que se aproxime mais da sua filha e jogue com ela.

Quando se recebe as crianças na sala, é conveniente oferecer diferentes possibilidades de jogo ou atividades tranqüilas (contos, jogos, cantinhos, etc.), para que os pequenos possam incorporar-se livremente à atividade que queiram. A organização aberta e flexível favorece a participação dos pais nesse momento do dia.

Se o espaço estiver organizado em cantinhos e as crianças puderem brincar nesses espaços quando chegam, facilita sua adaptação à escola, ao seu ritmo, sem pressa nem imposições. Cada criança escolhe o que quer fazer e estabelece-se um momento de separação mais gradativo do mundo familiar. Progressivamente, à medida que a criança sentir-se segura e tranqüila na escola, já não necessitará que os familiares fiquem, nem que a ajudem a integrar-se aos jogos da sala.

Às vezes, é necessário explicitar algumas questões de relacionamento... Há certos familiares que, por terem pouca confiança, não sabem ainda o que fazer no momento da chegada; então, comportam-se de maneira pouco adequada. Às vezes, permanecem muito tempo com a criança nos braços e não sabem como se despedir, se saem precipitadamente ou às escondidas para que a criança não chore ou mostre-se inquieta, negativa ou desorientada.

É preciso explicar para as mães e os pais (na reunião de início de curso) os objetivos educativos desse momento e dar a eles algumas estratégias de atuação, para a situação ficar mais fácil para todos, o que ajuda a criar segurança para a criança. Quando se percebe que isso se torna difícil para a família, é preciso conversar com os seus membros e ajudá-los a sentirem-se mais cômodos na escola, especialmente se vemos que isso provoca desconcerto ou agonia na criança.

Decisões institucionais com relação à acolhida. Em nível de escola, é preciso tomar decisões claras e comuns para os diferentes grupos, favorecendo a coerência e a boa qualidade de ação do centro.

Especialmente na creche, às vezes, é preciso fazer revezamento de pessoal ou troca de turno e não é a educadora que recebe a criança de manhã cedo. Nesse caso, é preciso explicar com antecedência aos pais e às mães e esperar um pouco antes de começar esses turnos. No caso em que não seja possível, é preciso preparar um pequeno processo de adaptação de familiares e crianças para com essa outra pessoa de referência que deverá dispor de tempo para coordenar-se e trocar informações com a educadora do grupo.

Nos centros de 3 a 12 anos, é preciso decidir quanto tempo será dedicdo para a acolhida e em que horário será a entrada na escola; onde se realizará; quem o fará; como se realizará: tipos de intervenção, tipos de organização da turma, informação e orientações aos pais e às mães; se será usado algum tipo de instrumento para fazer as comunicações escritas com os familiares (quadro de notas, caderneta de comunicações pessoais família-escola, folhas para notas, agendas, etc.), quando necessitamos deixar alguma informação ou comunicação importante.

Em qualquer caso, são questões que precisamos tratar no projeto do centro e sobre os quais se precisa chegar a um acordo e tomada de decisões.

O reencontro do grupo e a rodinha

Quando já chegaram todas as crianças, é o momento do reencontro com todo o grupo; é o momento que muitos professores dedicam para fazer a rodinha, para ver se estão todas; em caso de faltar alguma, verificar o que ocorreu e como pode explicar isso ao grupo.

Com essas atividades, a criança vai tomando consciência de grupo, vai conhecendo os companheiros e as companheiras e vê que na escola também ocorrem as experiências que existem fora dela.

Dependendo do dia e da atenção que dedicamos aos pequenos, esse é o momento para apresentar um conto infantil, algum acontecimento escolar ou pessoal e de estabelecer relações entre fenômenos, situações ou pessoas. Nesse momento, também podemos retomar e compartilhar com o grupo pequenas informações ou acontecimentos extra-escolares que os pais proporcionaram ao trazê-los ou escreveram na caderneta de comunicação família-escola.

No grupo dos maiores, também é o momento de repartir ou de recordar alguma tarefa (buscar os babeiros, organizar a pequena cozinha, regar as plantas, etc.) e de explicar o que será feito durante o dia. Isso é especialmente importante para que participem e entendam mais a vida escolar, para favorecer sua orientação e para potencializar sua capacidade de antecipar e prever as diferentes situações.

Embora consideremos um momento interessante e aconselhável no decorrer de toda a etapa, é preciso cuidar para que não seja muito prolongado e as crianças percam a motivação, nem que se converta em uma atividade rotineira e pouco interessante.

A atividade proposta

É habitual propor, como continuidade, uma atividade coletiva, individual ou em pequenos grupos, de acordo com a idade das crianças, para trabalhar determinados conteúdos. É o momento em que se propõe atividades que requerem uma certa atenção e concentração e, nas últimas turmas da creche, as crianças começam a perceber como "de trabalho". Aqui se deve estabelecer algumas combinações necessárias ao desenvolvimento da atividade, as quais devem ser entendidas, observadas e cumpridas; essas requerem um certo grau de esforço e apresentam uma certa dificuldade, sempre resolvidas com a ajuda necessária.

Na creche, esse momento deve ser mais flexível e adaptar-se ao estado de ânimo dos pequenos ou a outros fatores circunstanciais.

O momento do pátio e dos jogos ao ar livre

A estada fora da sala não se realiza sempre exatamente na mesma hora e com a mesma duração. É preciso ser receptivo e flexível para saber propor cada atividade no momento adequado, quando as crianças mostrarem-se negativas por estar em um espaço fechado, com ruído e com requerimento de atenção; também quando se percebe que o grupo necessita mover-se com mais liberdade, gritar ou passear ao ar livre.

Cada grupo sai para o pátio, procurando os seus cantinhos, jogos e brinquedos preferidos; aos poucos, começam a dominar aquele espaço exterior. Convém evitar, sempre que possível, a aglomeração de muitos meninos e meninas no pátio.

Os turnos, a distribuição dos grupos e, inclusive, a possibilidade de reservar um espaço para os menores (como é feito em muitas escolas) contribuem para a qualidade desse momento.

Mesmo que o ar livre, provavelmente, seja uma atração comum nessas idades, pode ocorrer que os menores apresentem uma certa agonia ao dirigirem-se para fora e, nesse caso, necessitarão de preparação. Isso se dá, sobretudo, no início do ano e com as turmas de maternais; convém criar espaços acolhedores, para que cada grupo brinque tranquilo, sob a vigilância de sua educadora. À medida que vão aprendendo e que se tornam mais autônomos nos deslocamentos dentro da escola, sabendo localizar a sua educadora e aceitando também a atenção de outras pessoas, já podem ocupar outros espaços do pátio e não necessitam de um específico para eles.

As dificuldades de adaptação das crianças maiores da creche, provavelmente, não ultrapassarão um pequeno processo de adaptação, depois do qual elas sairão contentes, com vontade de correr e brincar livremente.

Para os maiores, que já começam a estabelecer separações entre brinquedo, jogo e trabalho, e dos quais se começa a exigir mais esforço e maior atenção, esse momento representa um momento esperado, em que podem descansar depois de ter trabalhado e jogar ou brincar com seus companheiros e com suas companheiras, escolhendo a atividade a seu gosto.

Do ponto de vista organizacional, como dissemos, é muito recomendável que os centros — especialmente os de educação infantil e primária — tomem decisões para evitar grandes aglomerações de crianças no pátio, como também a convivência de crianças muito pequenas com outras muito grandes, no mesmo espaço.

O momento do meio-dia

Esse momento abrange desde a preparação para o almoço até o final do "soninho" ou do descanso (para os mais grandinhos). Trata-se de um momento muito importante, no qual aprendem muitas coisas e desenvolvem a sua autonomia. Nessa etapa, convém que o ambiente seja na mesma sala ou em um outro espaço próprio e isolado.

Nas escolas de 3 a 12 anos, não é recomendável que permaneçam todos juntos no almoço, com muitos grupos diferentes, uma vez que os pequenos necessitam de um ambiente mais familiar, que lhes proporcione tranquilidade e segurança. Esse momento deve estar bem integrado à jornada do dia, para que a criança o perceba como uma continuidade das atividades anteriores. No caso de ter ajuda de outros profissionais ou de pessoas específicas, a mudança deve ser gradual; é preciso garantir o tempo necessário e dividir bem as tarefas que cabem a cada um. É importante, também, programar reuniões de coordenação e fazer uma programação, segundo referências apresentadas no item 3.3. deste capítulo.

É importante prever a sequência que será seguida para poder identificar os conteúdos que devem ser trabalhados e os aspectos específicos correspondentes a cada momento: a preparação do momento da refeição, o momento de comer, junto à mesa, depois da comida, o descanso ou o "soninho", o momento de acordar e de iniciar outras atividades.

A tarde

O período da tarde costuma ser tranquilo. As crianças vão levantando e costumam estar relaxadas, após terem descansado.

Às vezes, a creche não dá a devida importância a esse momento, talvez por estar acostumada a fazer atividades menos planejadas, de acordo com o tempo que resta e conforme estão as crianças pequenas. Porém, trata-se de um período que permite uma relação mais individualizada e tranqüila com as crianças e com os familiares que começam a vir buscá-las.

Nesse momento, pode-se realizar atividades descentralizadas e deixar que joguem com os joguinhos e os objetos que estão ao seu alcance. Às vezes, podem sair ao pátio até o momento da merenda.

No jardim da infância, após terem dormido ou descansado, precisam calçar os sapatos, lavar o rosto e, então, passam a realizar as atividades previstas para esse momento. Pode-se propor uma atividade que não seja muito extensa e, à medida que a concluem, comecem a brincar nos diferentes "cantinhos" da sala. Depois podem sair um pouco para o pátio até a hora da merenda. Aos poucos, se a hora da saída também for flexível, as mães e os pais vão chegando e seus filhos podem mostrar-lhes o que fizeram durante o dia ou como colaborar para guardar os joguinhos que foram utilizados.

Os momentos de transição

Os momentos de mudança de atividade e os momentos de transição entre um período e outro, nessa idade, envolvem muito tempo, no qual é preciso trabalhar o domínio dos hábitos mais básicos de autonomia. É preciso planejar com cuidado tais momentos, para que não se tornem momentos de longa espera e aborrecidos, nos quais facilmente o grupo se descontrola e fica ansioso.

Pode-se recorrer a técnicas diversas ao agrupar as crianças, como, por exemplo, quando é preciso que se desloquem e realizem diferentes atividades: as de três anos podem ir ao banheiro em grupos, enquanto as demais ficam na sala jogando; para buscar o lanche, pode ser por mesas, enquanto as outras colocam as toalhinhas ou distribuem os guardanapos. É evidente que, quanto mais adequadamente estiverem distribuídos os espaços, de acordo com as necessidades correspondentes às idades, mais fácil será de evitar as esperas que podem ser muito extensas e pesadas (p. ex., se tiver lavabo acoplado à sala, instalar uma divisória de separação, etc.).

A organização do espaço

Cada escola é diferente em sua estrutura física, o que, naturalmente, não foi decisão dos professores: as medidas, os espaços e as determinadas distribuições são fixas. O que é possível é adaptar os espaços às necessidades educativas do centro.

Se nos fosse perguntado se o espaço condiciona o tipo de intervenção educativa e a relação que se estabelece na escola, com certeza, a maioria de nós responderia que, ainda que não seja uma condição determinante, o espaço e a sua organização têm grande influência no bem-estar dos profissionais e, ainda mais, das crianças pequenas. As crianças necessitam de espaços abertos e com o mínimo de condições higiênicas e físicas (luz, ventilação, amplitude, etc.) para sentirem-se à vontade. Se o espaço for muito pequeno, pouco iluminado e não-acolhedor provavelmente vai gerar apatia, agressividade, nervosismo e uma sensação de incômodo nas crianças.

É preciso decorar e organizar o espaço de maneira que fique acolhedor, seguro, amplo e funcional para os deslocamentos. Um espaço acolhedor, harmonioso e funcional, mesmo que não garanta um comportamento adequado, é uma condição básica para consegui-lo.

Espaços e necessidades

Ao considerarmos as pessoas que utilizam os espaços da escola, devemos lembrar das crianças, dos profissionais, do pessoal que trabalha indiretamente com as crianças, dos pais que trazem seus filhos: cada um tem diferentes necessidades, relacionadas com a função que desempenha na escola. Não se pode deixar de ter essa visão mais ampla, que inclui todos os usuários e as usuárias do centro. Mesmo que concordemos que, no contexto escolar, o mais importante é a criança e o seu bem-estar, é preciso lembrar que, para isso acontecer, é necessário que os demais trabalhadores também se sintam à vontade e contem com o espaço necessário para realizar bem sua tarefa.

Essas necessidades requerem, algumas vezes, espaços diferentes e, em outras, realizam-se em espaços polivalentes, conforme as diferentes funções e os diferentes momentos.

As diversas necessidades das crianças pequenas, como jogar, brincar, aprender, dormir, comer, chegar, brincar ao ar livre, lavar-se e fazer suas necessidades fisiológicas, precisam ser resolvidas na sala, no dormitório ou no pátio. Mais adiante, revisaremos os espaços básicos necessários em uma escola de educação infantil: a entrada, o pátio, a sala, a cozinha, etc.

Por sua vez, os professores e os outros profissionais necessitam de um lugar onde possam conversar e trabalhar em equipe, um lugar para guardar seu material, para receber visitas, para preparar as refeições e distribuí-las, para realizar as tarefas administrativas, para trocar de roupa e de um lavabo, etc.; nesses diferentes espaços da escola, realizam as diferentes tarefas que lhes compete.

Por último, com relação à família, é preciso dispor de um espaço para conversar com a educadora, para receber e dar informações, para despedir-se e reencontrar-se, para relacionar-se entre si e estabelecer relações com pessoas de outras famílias.

Em muitas ocasiões, os espaços de que dispomos são muito limitados. Nessas situações, é preciso usar a imaginação para poder fazê-los polivalentes ao máximo e adaptá-los às diferentes necessidades que vão surgindo.

Como decorar a escola?

Não se trata de fazer uma escola "de revista" ou decorada à última moda, mas sim, é muito importante, de cuidar do aspecto e do ambiente do espaço físico.

Tal como já dissemos, cabe incentivar as iniciativas dos diferentes membros da equipe e saber valorizar positivamente as diferentes opiniões de cada um. Por esse motivo, mesmo sendo esta uma tarefa que requer concordância e decisão de todos, em cada escola sempre encontramos uma ou mais pessoas que têm mais gosto ou interesse por tais questões e que podem assumir a função de preocupar-se um pouco mais para que o espaço seja acolhedor para todos. Essas pessoas devem ocupar-se da elaboração de propostas para que a distribuição e a organização corresponda às diferentes necessidades que são detectadas e para que as pessoas tenham uma impressão agradável e acolhedora do ambiente.

Enfim, mais que o efeito estético, convém cuidar do efeito geral de sentir-se à vontade em um ou noutro espaço. Portanto, não se trata de fazer uma combinação de cores muito trabalhadas, que até pode resultar fria e impessoal, mas de criar uma sensação de lugar acolhedor, vivo, em que se possa fazer modificações de acordo com as necessidades das crianças e dos grupos e onde se necessite de espaços diferenciados e pessoais.

Nesse sentido, as cortinas, as almofadas, os tecidos combinados, os papéis de parede e os quadros, os móveis trazidos de casa e reaproveitados podem criar um lugar vivo, o qual, necessariamente, deve ser modificado, de acordo com os momentos e as funções do cotidiano escolar.

Os móveis baixos e fáceis de deslocar e que possam servir como divisórias em determinados momentos são de grande utilidade na escola, também porque poderão ser acoplados em diversas situações. Muitas escolas têm encontrado maneiras originais de compor e adaptar os móveis ao ambiente; encontraremos, igualmente, vários exemplos em publicações (Saussois, 1991, 1992; Tavernier, 1987, 1991; Trueba, 1994 e Willis, 1990).

Ao organizar ou decorar os espaços, é preciso colocar-se no lugar das crianças e tentar valorizá-los com "olhos e medidas de crianças". Às vezes, a decoração é pensada para pessoas adultas e da sua perspectiva que, evidentemente, fica bastante distante da infantil. É uma boa idéia agachar-se ao entrar no espaço que se está decorando e observá-lo da mesma altura que os pequenos o fazem. Por esse motivo, muitas vezes, um rebaixamento de teto, efeito resultante de um tecido dependurado harmoniosamente, torna-se acolhedor para os pequenos e favorece um ambiente mais próximo às suas medidas.

É muito importante que a escola disponha de luz natural nos ambientes e de janelas baixas, por meio das quais as crianças podem ver e ampliar suas experiências. Quando as janelas dão acesso ao pátio, isso é altamente vantajoso, porque se pode controlar as crianças que começam a sair, os meninos e as meninas podem observar os outros brincando e jogando e podem ficar com vontade de acompanhá-los. Os espaços amplos e com boa visibilidade produzem um ambiente mais tranqüilo e relaxante.

Portas abertas ou fechadas?

Nessa etapa, existem experiências muito interessantes em relação à utilização de espaços abertos e não-divididos.

Há escolas que criaram oficinas comuns, nas quais crianças de diferentes grupos brincam, jogam ou trabalham. Outras escolas utilizam espaços comuns (corredores, vestiários) para oferecer propostas de jogos a todos os grupos. Em alguns centros, realizam-se determinadas atividades comuns e coletivas, em um ou mais dias da semana. As possibilidades de organização, nesse sentido, devem-se às iniciativas dos professores que as planejaram e são bastante variadas.

Por trás dessas propostas, identifica-se a idéia de não criar grupos fechados e separados e de estimular relações mais diversificadas possível entre as crianças e os educadores. Assim, as crianças aprendem a relacionar-se com meninos e meninas de outras idades e de outros grupos. Também se pode aproveitar as capacidades e os gostos de outros professores, ao participar de uma oficina ou de uma proposta conjunta e, dessa maneira, ampliar cada vez mais o leque de possibilidades e propostas.

Dentro desse funcionamento, a criança seleciona, conforme os seus gostos e as suas possibilidades, o que se supõe que atenda a diversidade e respeite o ritmo de cada um. Será necessário, evidentemente, complementá-lo a partir de uma cuidadosa tarefa de observação e de controle, para evitar a repetição das atividades rotineiras e facilitar uma boa administração do próprio tempo. Tavernier (1987) propõe esse tipo de experiência sempre que seja adequadamente previsto o papel da pessoa adulta e a organização. Em geral, é aconselhável iniciar esse tipo de experiências gradativamente, em situações bem-planejadas e consensuais e, quando se considerar conveniente, ampliá-las de maneira progressiva.

A seguir, abordaremos alguns espaços em que convém tomar um cuidado especial.

A entrada da escola

O lugar por onde se entra é o primeiro a ser visto por quem vem de fora. É o espaço onde se recebem as mães, os pais e as demais pessoas e, de certo modo, deixa transparecer como a escola vê essa relação.

É preciso que seja um espaço agradável, onde se tenha a sensação de ser bem-recebido; um lugar em que se possa ficar por um momento conversando agradavelmente com uma mãe, com uma educadora, olhar os murais ou as fotografias expostas e informar-se do que está acontecendo na escola.

Pode ser um bom lugar para expor as fotografias sobre as experiências e os eventos vivenciados na escola ou murais que mostrem o que as crianças estão trabalhando; também pode ser um espaço para informações diversas (anúncios, associação de pais e mestres, horários e normas de funcionamento da escola, etc.) e para colocar uma caixa de sugestões e propostas que estimule a participação da família no centro.

Além desses aspectos, é preciso procurar, sempre que seja possível, que esse espaço de entrada seja amplo e aproveitável para uma ou outra situação. Nos casos em que isso for impossível, favorece-se a entrada dos pais e das mães na sala de aula ou em outros espaços em que possam ser desenvolvidos momentos de intercâmbio e de comunicação informal entre as famílias e os educadores.

O pátio

Esse é um lugar muito importante na creche, no qual se pode aumentar e favorecer as capacidades e determinados conteúdos. É um ambiente em que os meninos e as meninas têm contato com a natureza e com os elementos do meio físico e natural a cada dia.

Na organização, na ambientação e na utilização desse espaço são favorecidas determinadas experiências extremamente positivas e necessárias. Todos sabem como as crianças têm e demonstram necessidade de contato com o ar livre e com os espaços exteriores. Ao mesmo tempo, também vimos como os pequenos podem dispersar-se e sentir-se perdidos nos primeiros dias em que freqüentam o pátio. É um ambiente no qual se aprende a relacionar-se com crianças e educadores de outros grupos, a conviver e a defender-se das invasões ou das agressões dos maiores.

Freqüentemente nos deparamos com centros que não consideram o potencial desse espaço e aproveitam-no somente como um espaço para as crianças correrem e descontraírem-se. Mesmo sendo essa uma de suas funções, a qual é altamente positiva para a saúde mental de todos, é necessário que, em outros momentos, seja usado como um espaço em que se proponha jogos e experiências diversas para aproveitar todo o seu potencial: lá se pode observar o céu, as nuvens e o sol; fazer jogos e experimentações com areia; observar e cuidar das árvores, das plantas, dos insetos, dos vermes, das formigas e de outros pequenos animais; fazer jogos de motricidade ao ar livre; brincar com água; experimentar e sentir o vento, a chuva, o frio, o calor; jogar e brincar com outros grupos de crianças.

Se o pátio for grande, podem-se criar zonas diversas, em que as crianças sintam-se protegidas. Assim como fazemos nos cantinhos da sala de aula, podemos propor que o pátio seja dividido, para que as crianças possam escolher, formar pequenos grupos e lá refugiar-se quando necessitarem. Assim, em um pátio organizado podemos encontrar:

- O cantinho da areia, para brincar com as pás, os baldinhos e moldes variados.
- O cantinho da casinha, com bancos interiores e escadas ou rampas acopladas para entrar, sair, enfileirar-se, subir, observar o ambiente de outra perspectiva, etc.
- O cantinho dos elementos de jogos motores exteriores (balanços, escorregadores, tubos, rampas e construções diversas).
- O cantinho das bicicletas e de outros veículos com pistas para deslocamentos e passeios.

Nas creches é importante que haja o cantinho dos bebês, onde fiquem protegidos da força das crianças maiores e possam passar alguns momentos tranqüilos, longe do alcance da areia e das pedras deslocadas pelos maiores.

No caso de o pátio ser muito pequeno, terá que ser priorizada a função que se lhe atribui e pensar como é possível substituir as necessidades de movimentos e de experimentações ao ar livre.

Quanto aos objetos e aos brinquedos que podem ser trazidos ao pátio, é preciso que as crianças aprendam a selecioná-los, deixando aqueles que estragam na sala, ou trazendo de volta, quando elas retornarem, aqueles que foram levados para o pátio.

O espaço de cada grupo: a sala

A organização do espaço na sala deverá respeitar as diferentes necessidades das crianças e estar de acordo com a realização das diversas atividades que lhes são propostas. Considerando as necessidades educativas das crianças pequenas, apresentamos diversos lugares que precisamos considerar quando organizamos o espaço do nosso grupo:

- *Lugares de encontro:* são favoráveis para as crianças conversarem, fazerem comentários — perto da cesta em que se colocam as merendas, o lugar dos objetos pessoais, o lavabo onde estão as torneiras e pias para lavarem suas mãos, a entrada, etc.
- *Lugares de ação individual ou em pequenos grupos*: de jogos simbólicos, de construção e montagem, de artes plásticas, de quebra-cabeças, etc. (os diferentes cantinhos).
- *Lugares amplos para moverem-se*: saltar, puxar, correr e experimentar, através de movimentos amplos, o próprio corpo — sala de motricidade ampla, pátio, vestíbulo, etc.
- *Locais de grupo*: é onde se faz a rodinha ou ficam as salas de motricidade, música e dança.
- *Lugares para dormir ou para descansar:* dormitório ou um cantinho na mesma sala, conforme a idade das crianças. Cantinho da almofada, com travesseiros para descansar, ouvir contos infantis ou brincar com algum objeto. Para o primeiro ciclo é melhor que se disponha de um dormitório ao lado da sala para facilitar a calma e a possibilidade de dormir se estiver muito cansado; já as crianças do segundo ciclo podem dormir ou descansar na mesma sala, sobre colchonetes ou almofadões.
- *Lugares para trocar-se ou limpar-se*: é o trocador ou a sala de limpeza, para as crianças menores, e os lavabos, para as crianças maiores. Nesses lugares deverá haver prateleiras ou cabides, para que possam ser colocados os instrumentos de limpeza e as toalhas de cada criança. Para os maiores, as toalhas e outros utensílios devem estar ao seu alcance, para usarem sozinhos em caso de necessidades.
- *Lugares de ação individual:* é preciso que os cantinhos estejam bem-demarcados para facilitar à criança o acesso, os limites e a manutenção da ordem. Dessa maneira, facilita para os pequenos identificá-los, diferenciá-los e encontrarem qualquer coisa de que necessitem. As separações devem ser feitas com móveis baixos ou com cortinas, para que não sejam definitivas e possam ser modificadas de acordo com os interesses da educadora e a idade dos pequenos. Se os móveis não forem altos, a educadora poderá controlar todas as crianças, enquanto elas brincam.

O importante não é a quantidade de espaço, e sim as possibilidades de jogos e brinquedos que oferecem e a possível ação das crianças. Por isso, é bastante freqüente que os educadores, nesses ciclos, mudem a organização que haviam preparado ou tirem algum cantinho que não estava sendo atrativo para os pequenos.

Na entrada da sala (fora ou dentro), é preciso haver um espaço próprio para cada um pendurar os casacos de inverno e as mochilas, guardar as coisas que trazem de casa (brinquedos, objetos pessoais, etc.) para mostrar ou para brincar e comunicar-se. Também deve haver um mural, no qual se coloque os avisos para os familiares sobre o que aconteceu no grupo ou sobre o que farão no dia seguinte.

Não é preciso ter tudo preparado ou previsto desde o primeiro dia de aula, pois pode haver necessidade de modificações no decorrer do ano. O espaço da sala pode ser organizado e preparado em função dos diferentes temas e das necessidades que sejam detectadas, segundo os objetivos planejados e as idades das crianças.

Em relação ao *mobiliário*, já falamos da funcionalidade de serem baixos, com prateleiras e compartimentos, para poder separar espaços e criar cantinhos conforme as necessidades. As cadeiras pequenas, os colchonetes e os sofás são úteis para as crianças usarem nas refeições, para descansarem, ao pintarem ou fazerem atividades junto à mesa. Convém dispor de armários e de prateleiras altas para colocarem essas cadeiras quando se necessita espaço vazio naquele momento. Deve ser feito um esforço para poder retirar ou guardar os móveis e os objetos que não serão usados em um determinado momento para não causarem uma sensação de agonia, de sufocamento.

Uma mesa pequena e baixa, com beirada para que não caia o material, é muito útil sobretudo no primeiro ciclo, para a criança jogar e começar a manipular e experimentar com diferentes materiais. No decorrer do ano, e de acordo com a idade, deve-se mudar os materiais oferecidos para jogar e brincar: carrinhos, bonecos, areia, água, barro, massinhas, pincéis, círculos, bastões, almofadas, etc. Essa mesa serve também para as crianças pequenas que não caminham apoiarem seus brinquedos ou objetos diversos.

Nos grupos dos menores ou quando há crianças de diferentes idades no mesmo grupo, às vezes, é preciso delimitar zonas para que os menores não sejam atrapalhados pelos maiores. Separados por uma barra baixa, nas almofadas ou travesseiros, os pequenos poderão brincar com mais tranqüilidade, enquanto estivermos trocando algum ou quando vemos que se sentem invadidos pelos demais.

Nos trabalhos de Saussois (1991, 1992), podem-se encontrar diferentes propostas organizacionais do espaço da sala que podem ser utilizados quando se quiser organizar ou modificar esse espaço.

Com relação ao material, especialmente no primeiro ciclo, devemos selecionar aqueles que deixaremos ao alcance (que poderemos trocar de acordo com o jogo oferecido ou o cansaço do grupo, etc.) e os que reservaremos e traremos somente em certas ocasiões, ou quando quisermos trabalhar determinados conteúdos. Certos jogos de peças pequenas, por exemplo, podem perder-se rapidamente, se não forem oferecidos somente quando houver uma certa calma e quando houver a possibilidade de oferecer material para todos. É preciso, então, diferenciar os materiais que ficam ao alcance de todos — como alguns materiais dos cantinhos, bonecos grandes, contos no seu lugar, brinquedos grandes, etc. — dos materiais não-acessíveis diretamente — como pinturas, jogos de peças pequenas, encaixes ou materiais delicados.

À medida que as crianças vão crescendo, e sobretudo no segundo ciclo, pode-se colocar mais material ao seu alcance, pois já são capazes de segurá-los, guardá-los e cuidá-los. Convém vigiar a sua colocação para que seja fácil de localizá-los e de ensinar as crianças a encontrá-los (estantes assinaladas, caixas com etiquetas, etc.).

Na organização da sala e dos espaços adjacentes (lavabos, entrada, etc.), é preciso considerar os objetivos educativos que a esses se referem. Nessa idade, a autonomia é uma das finalidades importantes: aprender a tirar o abrigo e a colocar o avental, a pendurar a mochila e saber localizá-la ou indicá-la, guardar os brinquedos, joguinhos e materiais da sala nos seus espaços correspondentes. Para conseguir esses objetivos, é preciso levar em conta as condições que os facilitem.

A organização da sala, das estantes, dos armários e dos cantinhos deve possibilitar a utilização progressiva da autonomia e favorecer que a criança possa fazê-la sozinha. Por isso, consideramos tão importante prever todas essas questões. É preciso que nos coloquemos em seu lugar e, na medida do possível, com seus olhos, tentando reconstruir o espaço e aquelas tarefas que queremos exigir delas. Observemos se os espaços estão bem-delimitados, se é fácil colaborar para afastar ou guardar as cadeiras, se podem pegar seus colchonetes para dormir, se alcançam os seus babeiros, etc., depois, à medida que passa o tempo, podemos ir modificando ou melhorando os aspectos pouco funcionais que, em um primeiro momento, não havíamos percebido.

A cozinha

É bom que as crianças, desde pequenas, conhecem as pessoas que lhes preparam as refeições. Às vezes, podem ir levar ou buscar alguma coisa na cozinha ou aproveitar esse espaço e o seu pessoal para realizar determinadas atividades relacionadas com alimentação.

Nessa etapa, a cozinha e as pessoas que aí trabalham desempenham um papel importante na tarefa educativa e, com certeza, colaboram com muito interesse através de seu trabalho (podemos ver isso no dia em que preparam as bolachas, quando vamos à cozinha para observar como se prepara a sopa, quando vamos buscar os talheres, etc.). A cozinha deve ser ampla, estar limpa e ter os diferentes espaços e aparelhos necessários para preparar as refeições e fazer a limpeza posterior. Convém que seja acessível, para que se possa chegar com o grupo em determinados momentos para cumprimentar os cozinheiros, observar como cozinham e preparam a refeição ou assam alguma coisa ao forno. Nesta idade, pode-se proporcionar muitos momentos de relação das crianças pequenas com o pessoal que trabalha para o funcionamento da escola e seus espaços específicos.

Outros espaços da escola

Esses outros espaços da escola são diversos e dependem da infra-estrutura concreta da qual se dispõe.

Os corredores, a sala de reunião dos professores, a sala para fazer as entrevistas com os familiares, o vestiário, a biblioteca, a sala de motricidade. Todos esses espaços devem ser organizados de uma maneira funcional para criar uma dinâmica cômoda e eficaz; é necessário que sejam planejados, do ponto de vista educativo, como espaços que possam ser conhecidos e utilizados pelas crianças. Já falamos da possibilidade de utilizar alguns deles como ambiente onde se realizem determinadas oficinas ou atividades que favoreçam uma diversidade maior e mais agrupamento das crianças.

Até aqui, podemos ver o quanto os aspectos organizacionais são mediadores importantes do trabalho que se realiza na escola. Por um lado, a sua disposição apresenta as condições específicas do tipo de escola (creche, escola de educação infantil e primária), pela estrutura arquitetônica do edifício, pelos meios materiais e humanos que dispõe, etc. Por outro, a atenção a esses aspectos deriva do conhecimento profissional, das decisões tomadas pelas equipes de professores para articular uma prática pedagógica que pode ser mais ou menos coerente ou consensual, mais improvisada ou, ao contrário, mais reflexiva. A utilização do espaço, a organização do tempo, os critérios para mudar de grupo, dependem, então, daquilo que se quer conseguir e dos meios de que se dispõe para alcançá-lo. Nessa perspectiva, é preciso entender a tarefa de planejamento, tanto no aspecto coletivo quanto na sua parte mais individual.

3.3 O PLANEJAMENTO DA AÇÃO EDUCATIVA

Uma parte importante do trabalho do professor recai na tomada de decisões que fazem parte do "plano" de sua atuação. Muitos autores (Shavelson & Stern, 1981; Pérez Gómez, 1983; Del Carmen, 1993) coincidem ao descrever uma parte prévia ao ensino, ou "pré-ativa", fase caracterizada pela preparação daquilo que depois será posto em prática na sala de aula.

No entanto, essa fase é muito diferente de uma equipe para outra ou de uma professora para outra. É preciso estabelecer uma programação minuciosa e detalhada e alimentar algumas idéias a partir das quais se vai concretizando as atividades diárias da aula. Também há quem adote um material curricular (livro de fichas ou projeto oferecidos pelas editoras) e o siga fielmente — nesse caso, podemos dizer que se delega a outro a tarefa do planejamento; e quem, mesmo dispondo de algum material de suporte, elabore seu próprio plano de ação. Não há uma maneira única de planejar, nem um modelo ou "planilha" ideal à qual se possa ajustar as programações.

De fato, muitos professores da educação infantil estabelecem um certo distanciamento a modelos de planejamento que lhes parecem muito rígidos; às vezes, argumentam que é muito difícil planejar quando os pequenos são tão diferentes e quando, a cada dia, ocorrem surpresas ou fatos interessantes que precisam ser inseridos, naquele momento, na jornada programada. Por essas e por outras razões, acabam perguntando se é necessário programar a educação infantil.

Que utilidade tem planejar na educação infantil?

Em nosso ponto de vista, planejar na educação infantil tem a mesma utilidade que planejar em qualquer outra etapa educativa: planejar permite tornar "consciente a intencionalidade que preside a intervenção;. permite prever as condições mais adequadas para alcançar os objetivos propostos; e permite dispor de critérios para regular todo o processo". Como destacou Del Carmen (1993), se admitirmos que as finalidades da educação — favorecer o desenvolvimento do aluno em todas as suas capacidades — alcançam-se mediante o trabalho que se realiza em torno dos conteúdos que fazem parte do currículo, é inegável que a análise e a tomada de decisões sobre o planejamento constituem um elemento indispensável para assegurar a coerência entre o que se pretende e o que se sucede na sala de aula.

Também acrescentamos comentários sobre o papel que tem o planejamento na adaptação da ação educativa às diversas necessidades dos alunos. O respeito e a atenção à diversidade é um dos princípios que compõem a LOGSE; por outro lado, a partir de diferentes teorias, aceita-se que a "boa" educação é aquela capaz de adaptar-se às necessidades do aluno a quem está dirigida. As diretrizes que gestionam e põem em prática uma "ação adaptativa" (Miras, 1991) não podem depender da improvisação ou do acaso. Somente se tivermos claro o que queremos conseguir e o que queremos que consigam as meninas e os meninos, poderemos oferecer a cada um deles uma proposta educativa adequada; nesse aspecto, alguns autores falam de qualidade do ensino.

Está claro, então, que planejar é necessário nessa atividade intencional e em qualquer outra. Também é preciso que fique claro que o planejamento de que estamos falando, supõe, essencialmente, *reflexão sobre o que se pretende, sobre como se faz e como se avalia*; uma reflexão que permita fundamentar as decisões que são tomadas e que sejam observadas pela coerência e pela continuidade. Tal como entendemos, o planejamento é uma ferramenta na mão do professorado que lhe permite dispor de uma previsão sobre o que acontecerá durante a aula; uma ferramenta flexível que permite fazer variações e incorporações, bem como deixar de lado o que a situação, no momento da prática, não aconselhar que seja feito.

Muitas vezes, entende-se o planejamento como uma rotina, como uma questão fundamentalmente técnica que é preciso elaborar e que, uma vez elaborada, é preciso que seja seguida passo a passo como uma receita de cozinha, sem poder ser alterada. Em outras posturas, o planejamento é considerado como um documento que se elabora e guarda na gaveta, à disposição de alguém que o peça. Nesse caso, atribuiu-se uma conotação extremamente burocrática, que também não corresponde ao seu devido papel no desenvolvimento do ensino e da aprendizagem.

Entendemos o planejamento como uma ajuda ao pensamento estratégico do professor, sendo um recurso inteligente por meio do qual ele pode elaborar suas aulas, não fechando nenhum caminho de acesso; ao contrário, o planejamento somente pode concretizar-se na aula, e lá será necessário tomar um conjunto de decisões que, às vezes, afetam pouco o que se havia previsto e, em outras, exigem modificações substanciais. Del Carmen (1993, p. 46) resume, de uma maneira breve, os benefícios trazidos pelo planejamento:

- Permite tomar decisões refletidas e fundamentadas.
- Ajuda esclarecer o sentido que queremos potencializar dentro do que ensinamos e do que aprendemos.
- Permite levar em consideração as capacidades e os conhecimentos prévios do alunado e adaptar a isso a programação das atividades.
- Esclarece as atividades de ensino que queremos realizar.
- Permite prever as possíveis dificuldades de cada criança e orientá-la com a ajuda necessária.
- Prepara e prevê os recursos necessários.
- Conduz a organizar o tempo e o espaço.
- Ajuda a concretizar o tipo de observação que é necessário para avaliar e prever os momentos de fazê-lo.

Em resumo, planejar é uma ajuda para ordenar e organizar um ensino de qualidade. E, se isso se aplica a todas as etapas educativas, poderíamos dizer que mais ainda na educação infantil, pelas razões que já apresentamos. Indicamos, também, que as características do alunado, juntamente com os conteúdos que configuram essa etapa, exigem da professora um dinamismo, uma capacidade de observação e de parâmetros gerais em que há de mover a aula no seu conjunto, o que lhe facilitará para responder, adequadamente, ao que requer quando se planeja educar pessoas curiosas e incansáveis, como os meninos e as meninas dessa etapa.

Quem planeja, o que e quando planejar?

Dentro da escola infantil, o planejamento tem diferentes protagonistas, diferentes objetos e diferentes momentos. Existe todo um conjunto de decisões relativas à educação da criança, que correspondem à comunidade educativa, incluindo as mães e os pais; essas decisões devem ser apresentadas no *Projeto Educativo do Centro*. Estamos comentando esse fato porque o PEC inclui, entre outros aspectos importantes, os princípios gerais sobre o alunado, os quais formarão, necessariamente, a orientação da prática da escola.

Esses princípios expostos e detalhados no *Projeto Curricular do Centro* podem ser considerados como um instrumento fundamental no planejamento da ação educativa (ver o Capítulo 6). Como se sabe, a elaboração do PCC corresponde à equipe de professores e inclui os acordos sobre os aspectos nucleares do ensino: o que se pretende ensinar e o porquê; como se considera necessário fazê-lo; em quais momentos e como poderemos estar seguros de que toda a engrenagem funciona; quando e como se ajustará todo o conjunto.

A lógica subjacente ao PCC baseia-se em que a ação educativa de cada professor, tomada individualmente, não garante a coerência, nem a continuidade e nem a sujeição a determinados critérios compartilhados que caracterizam um ensino de qualidade. Por exemplo, a acolhida aos familiares e às crianças não pode ser decidida pela professora individualmente; as normativas em relação às refeições, no segundo ciclo, ou aos "cantinhos" propostos aos diversos níveis do primeiro ciclo, afetam o conjunto de profissionais que trabalham no centro, os tipos de materiais que são utilizados, as características das entrevistas, etc. Todos esses exemplos simples destacam a necessidade de as equipes de professores fazerem determinados acordos que fundamentem e dotem de coerência seu trabalho cotidiano.

O PCC constitui um nível de planejamento correspondente ao conjunto dos professores; no caso da educação infantil, pode ser de todas as professoras da etapa — supondo que se fale de uma escola infantil de 0 a 6 anos ou de um ciclo — de 0 a 3 anos ou de 3 a 6 anos. Caberá observar se o PC da educação infantil seja coerente como o PC da escola primária, quando juntos funcionarem no mesmo centro de educação. Com relação ao que se planeja, por exemplo, quanto ao currículo, às características da escola e de seus usuários, já constando no PEC, o PC conduz a tomar decisões (ver Quadro 3.2).

O PCC atua como um referente para o planejamento de cada ciclo e/ou curso; tal referente contempla os acordos de cada equipe de professores e constitui os parâmetros do terceiro nível de concretização. Não é, mesmo assim, um referente estático. De fato, a elaboração e a prática das programações de nível constituem um autêntico banco de provas para as decisões apontadas no PCC; essas podem ser a fonte de possíveis e desejáveis regulações e modificações. O caminho que vai do Projeto Curricular para a programação da aula exige uma caminhada de ida e volta, em que sempre se pode colher frutos que permitam enriquecer e melhorar tanto um quanto outro.

Quanto à *programação da aula*, geralmente, considera-se que corresponde à professora ou ao professor que a põe em prática; em centros maiores, com turmas de classes paralelas, sente-se que corresponde a todos os que compartilham o mesmo nível. Isso não quer dizer que, na hora de programar, não se possa compartilhar com outros professores, ao contrário: uma programação mais conjunta e contrastada será, provavelmente, mais rica e regulada. Ao mesmo tempo, a prática de programar juntos e de elaborar um plano do ciclo, por exemplo, é uma excelente ferramenta para avaliar e aprofundar as decisões tomadas no PC. Do mesmo modo, cada turma de alunos apresenta peculiaridades que exigem decisões também peculiares e, possivelmente, que não poderão ser divididas entre diversos professores. Partir de um projeto comum, com o acordo de todos, proporciona segurança e confiança, porém não supre a capacidade planejadora, diagnóstica e resolutiva de cada docente em relação aos alunos que tem sob sua responsabilidade.

Quando os professores e as professoras querem elaborar uma programação de aula ou de ano letivo, normalmente partem de sua experiência, daquilo que têm feito e do que têm visto ou percebem que os outros fazem; às vezes, dispõem de um planejamento escrito e, em outras, baseiam-se nas previsões que fazem nos guias didáticos dos materiais curriculares. Também não é habitual encontrar a programação do curso completamente "pronta", quando o educador assume a classe: em geral, a partir do co-

Quadro 3.2 Os componentes do PCC

- Os objetivos gerais da etapa e os objetivos e conteúdos de cada uma das áreas que guiará a atuação do centro.
- A especificação dos objetivos gerais da área em cada ciclo.*
- A seqüenciação dos conteúdos que serão trabalhados.
- O estabelecimento dos objetivos referenciais.
- As opções metodológicas eleitas e os materiais que serão utilizados.
- Os critérios e as pautas de avaliação e de difusão da avaliação.

*Nos centros educacionais que oferecem somente um ciclo da etapa, entende-se essa especificação ao ciclo correspondente.

nhecimento das crianças pequenas que constituirão o grupo, da experiência e do que está disposto no Projeto Curricular, elabora-se um marco global com as previsões mais gerais para o curso.

Essas previsões podem concretizar-se, depois, em planos de trabalho trimestral; as paradas para férias, os feriados de cada trimestre e, especialmente, os conhecimentos que adquirem sobre o grupo, à medida que transcorre o tempo, justifica esta opção; isso também está reforçado pelo fato de que muitos materiais curriculares que se utilizam estão estruturados por trimestre.

Em muitos centros, funcionam também os planos de trabalhos mensais, uma concretização que permite tomar decisões mais próximas à atividade diária; às vezes, a unidade de referência ao trabalho corresponde à quinzena ou à semana e até se programa a jornada escolar de cada dia.

Mesmo que cada professor ou equipe trabalhe da maneira que melhor se adapte e desempenhe suas funções, convém lembrar que cada opção tem vantagens e inconvenientes. Assim, por exemplo, uma excessiva centração na atividade diária pontual, ou no que se fará durante a semana, pode levar os educadores a falarem e ocuparem-se, essencialmente, do que programaram – das atividades, das saídas, etc. – sem ter presente por que o farão. Por sua vez, quando a programação é muito geral, pode ocorrer que, por um lado, não se pense o suficiente no que se faz cotidianamente e que os resultados ficarão a cargo do sucesso do uso de materiais escolares; por outro lado, os princípios gerais próprios de uma programação para um curso inteiro ou para todo um trimestre podem perder seu objetivo, se não se concretizarem ou não aprovarem com a turma de alunos.

Evitar as desvantagens e aproveitar os benefícios conduz, provavelmente, a incorporar a programação nas diferentes dimensões temporais em que se possa levar a termo. Isso assegura tanto a reflexão sobre as finalidades que pretendemos assumir a longo prazo, em um plano global de ação, como a disposição das soluções que nos ajudarão a chegar a ele através do trabalho cotidiano. Essa é a solução que encontramos ao propor as diversas unidades de programação que cabe contemplar na educação infantil.

Que unidades de programação são necessárias na educação infantil? Tipos e variáveis que contemplam

A etapa de educação infantil compreende um conjunto de peculiaridades que se derivam das características tão diferenciadas do seu alunado. Como vimos no Capítulo 1, no período dos primeiros meses até os seis anos, são espetaculares as mudanças que se operam nas crianças; podemos afirmar que, nessa etapa, as crianças pequenas passam de uma dependência total dos educadores para poderem satisfazer as suas necessidades vitais (de afeto e estimulação, de alimentação, de higiene, etc.) até converterem-se em pessoas, progressivamente, autônomas para resolver essas necessidades.

No decorrer da etapa, além disso, a curiosidade das crianças, a sua própria necessidade de conhecer o mundo que as envolve e aquilo que configura leva-as a desprender uma intensa e variada atividade que, muitas vezes, põe à prova a capacidade das pessoas adultas de lhes darem respostas, de abrir novos caminhos suscetíveis de satisfazer seus desejos de indagações e de exploração.

Essas mudanças profundas – que provavelmente não ocorrem em uma dimensão similar em outros níveis de escolaridade – obrigam-nos a adequar as propostas que fazemos e o próprio fundamento da escola nos diferentes momentos pelos quais as crianças vão passando: isso se traduz na inutilidade de pensar em um único padrão em volta do qual se possa organizar as unidades de programação, coisa que, com uma certa flexibilidade, é possível de ser feita em outras etapas.

Em termos gerais, as professoras da educação infantil terão que fazer sua programação em relação aos seguintes âmbitos:

- Âmbito de programação:
  – Hábitos e rotinas da vida cotidiana e de cuidados da criança.
  – Unidades temáticas, centros de interesse, projetos e problemas.
  – Cantinhos ou oficinas.
  – Saídas, festas da sala, outros projetos.
  – Atividades de recreio, de acolhida e de reencontro do grupo.
  – Atividades mais especializadas (música, expressão corporal, etc.).

Essa classificação é muito semelhante à proposta de Zabala (1993): unidades temáticas, projetos ou problemas; cantinhos ou oficinas; rotinas (que inclui acolhida, recreio, satisfação das necessidades básicas e outras).

Interessa ressaltar que essas unidades não têm a mesma natureza, nem as mesmas características, o que deve ser considerado também na hora de planejá-las. Assim, enquanto um centro de interesse pode ser proposto como uma unidade de programação durante uma quinzena, no final da qual se propõe uma nova temática, a atividade de almoçar tem presença diária e pode ser uma programação mais ampla e leve. As festas, conforme as trabalhamos, podem fazer parte de um projeto, constituir-se em um projeto específico ou serem consideradas como atividade concreta; em cada caso, a programação é diferente: mais ou menos especificada, com objetivos próprios ou subentendidos em outros mais gerais e com um período de tempo discreto ou mais alargado. A variabilidade afeta também os cantinhos e as oficinas: é preciso fazer uma programação geral – que ultrapassa a programação da aula – e uma programação mais concreta – que estabelece quem os colocará em funcionamento, por quanto tempo, com que materiais e que tipo de intervenção será feita, etc.

Concluindo, a programação da educação infantil tem uma ampla gama de matizes, tanto por aquilo que se pode programar, de natureza muito variada, como pelo que afeta o período de tempo que abarca as diferentes unidades. Há todo um conjunto de fatores que incidem nesta diversidade, entre os quais convém destacar os seguintes:

- O fato que, no decorrer da etapa, as situações de vida cotidiana e familiar e as mais escolares convivem de maneira muito semelhante.
- Os pensamentos psicopedagógicos das professoras, a importância que atribuímos às diversas situações e às atividades, e o grau em que valorizamos a própria intervenção nesse cursos, como elemento de progresso da criança.

A seguir, dedicaremos nossa atenção às rotinas ou atividades de cuidados das crianças, como unidades de programação privilegiada – e não exclusiva – no primeiro ciclo da etapa; nesta parte, introduzimos também as atividades de acolhida e de reencontro, especialmente as que apresentam notáveis diferenças com as anteriores. Posteriormente nos referimos a alguns outros âmbitos a que aludimos (cantinhos, unidades temáticas, etc.) como unidades de programação relevantes no decorrer desta etapa, e, especialmente, no segundo ciclo. Mais adiante, no Capítulo 4, retornaremos a esse âmbito, desde uma perspectiva de intervenção didática. Concluiremos as questões relativas à programação com alguns comentários sobre grades ou planilhas que possam facilitá-la.

A programação: as atividades de cuidado das crianças e as atividades de acolhida e de reencontro

No decorrer da educação infantil, mas especialmente no primeiro ciclo, a programação está condicionada de tal maneira às necessidades das crianças, que é a partir delas que se derivam os eixos para a sua organização. Nesse período, as atividades relacionadas ao cuidado das crianças pequenas – o afeto, a higiene, a alimentação, o descanso – determinam o tempo e as atividades da sala.

Assim como necessitam estar limpas, descansar quando isso lhes faz falta e comer em determinadas horas, as crianças pequenas também necessitam que as estimemos, que as recebamos, que se brinque com elas, que lhes mostremos afeto e conversemos com elas. A qualidade da interação diádica que se estabelece entre o bebê e a sua educadora constitui o motor do seu desenvolvimento, o que aborda uma nova dimensão às atividades que são consideradas "rotineiras" ou "rotinas de cuidado".

Do nosso ponto de vista, o único aspecto que essas atividades têm de rotineiro é o seu caráter, necessariamente reiterativo no decorrer do dia e de uma jornada diária a outra; sem pressa, os pequenos vão aprendendo a organizar o seu ritmo de acordo com o ritmo do grupo, de maneira que fica facilitada a atenção de todos e de cada um. Nesse sentido e, inclusive, o caráter reiterativo das rotinas de cuidado adquirem caráter também educativo. Porém, à margem disso, nada mais é rotineiro, nem na hora de mudar as fraldas de uma menina ou alimentar um menino: o jogo de observações ou das olhadas, das carícias, das palavras que se estabelecem nesses instantes são sempre um momento único, que se cria a cada trocada, entre o bebê e a professora; vai muito além da higiene ou do ato de comer e converte-se em um contexto de diálogo, de desenvolvimento no sentido mais estrito do termo.

Voltando às necessidades individuais do bebê, no caso das necessidades de afeto, de acolhimento e de relação interpessoal, apresentamos um conjunto de atividades que compartilham o seu caráter reiterativo com o dos cuidados físicos (alimentação, higiene, descanso e tempo livre); ao trabalhar essas necessidades centramo-nos fundamentalmente nos conteúdos da área de "identidade e autonomia pessoal". Referimo-nos aos momentos de entrada e de acolhida, ao reencontro do grupo que somente acontece na rodinha. Esses momentos revestem-se de uma grande importância, uma vez que o essencial é a relação individual com o bebê e a relação dele com os demais. Convém que seja dedicado muito cuidado e que se aproveite ao máximo esses momentos, porque contribuem para o equilíbrio pessoal da criança e para as suas capacidades de relação interpessoal. Não são um trâmite, nem um hábito ou algo do estilo; são atividades educativas que ajudam a desenvolver o bem-estar do bebê.

Continuando, no primeiro ciclo, é importante refletir que, à medida que a criança se desenvolve e exerce um controle maior sobre seu corpo – quando já pode sentar e levar a comida à boca, quando começa a caminhar –, as atividades relacionadas com o cuidado (físico e afetivo) tornam-se cruciais no caminho em busca de autonomia. Pode parecer exagerado, porém, em nossa opinião, nada impede considerar tais atividades como grandes *unidades didáticas* que se retomam cotidianamente, presididas pelo objetivo – muitas vezes implícito – de fazer a criança progredir na autonomia e na configuração de uma auto-imagem positiva.

Se nos fixarmos, veremos que, através dessas atividades, a criança pode explorar os objetos que a envolve, conhecer os outros e ir conhecendo a si mesma; pode pôr em jogo seu sistema de comunicação, afirmar-se, colaborar, rechaçar e tomar iniciativas. Nessas situações, bastante procedimentais – comer utilizando a colher, lavar as mãos com água e sabão, sentar-se na rodinha e escutar a professora –, aprendem-se também os conceitos associados e alimentam-se determinadas atitudes. As crianças incorporam, assim, com a ajuda das outras e através da própria atividade, conhecimentos e pautas culturais que lhes ajudam a crescer e a tornar-se uma pessoa única dentro do seu grupo social. Além do mais, as atividades a que nos referimos, ao exigir a presença e a ajuda da educadora, permitem-lhe que faça um acompanhamento para ajudar na atribuição progressiva de responsabilidade à criança.

É importante, portanto, parar, refletir e programar essas tarefas, não no sentido de suprimi-las, mas para tomar consciência dos objetivos que permitem alcançar, a partir dos conteúdos que se pode trabalhar através delas, quando requerem a atuação da professora e da criança, bem como dos critérios que adotamos para valorizar o seu desenvolvimento e o progresso das crianças.

É verdade que os elementos clássicos da programação (objetivos, conteúdos, atividades, proposta de avaliação, etc.) podem, nesse caso, tomar uma dimensão diferente; também o lapso do tempo dedicado pode ser distinto do tempo usado em uma programação mais "convencional". As atividades como o almoço, o descanso, a higiene ou as relacionadas com a acolhida, o reencontro do grupo, especialmente, requerem um período dilatado – um trimestre ou todo o curso – para que se possa observar um progresso substancial. Não obstante, o fato de serem diferentes não significa que não precisam ser planejadas. Seu planejamento, com uma intencionalidade educativa, permitirá atribuir-lhe os critérios necessários para avaliar o processo, para além da observação cotidiana; isso se dará em momentos determinados e, a partir dessa avaliação, devem ser adotadas as medidas pertinentes e as modificações para se ajustar às necessidades das crianças.

Pode ser consultado um exemplo de programação de uma dessas unidades no Anexo 2: "Situação de chegada à escola".

A programação e outros âmbitos da atividade das crianças e da intervenção educativa

No parágrafo anterior, apareceram os elementos que, em geral, constituem a programação de unidades didáticas: os objetivos a que se referem, os conteúdos que são trabalhados, os materiais, as previsões de atuação das crianças e das professoras e os critérios para dar valor e regulamentar todo o processo. Programar, além do mais, exige a intervenção de outras variáveis muito importantes (a maneira de as crianças serem agrupadas, os critérios para organizar os conteúdos, a organização do espaço, a distribuição do tempo, etc.), alguns dos quais já discutimos no item da organização.

De todas essas variáveis, na hora de programar, os professores fixam-se fundamentalmente nas atividades que pretendem desenvolver e nos conteúdos que serão trabalhados. Os outros aspectos apresentam-se implicados ou, simplesmente, não se dedica muito tempo a discuti-los.

Na educação infantil, à medida que avançam para o segundo ciclo e no decorrer deste, as crianças têm necessidades de conhecer, de atuar, de explorar; isso requer a estruturação da intervenção através de diversos âmbitos, desde que tenhamos a convicção de que somente essa diversidade poderá adaptar-se à diversidade do alunado.

Assim, apresentamos na escola infantil um conjunto de atividades que se realizam em volta de um tema, como os "centros de interesse", um projeto ou um problema; toda uma outra categoria de atividades para as quais podemos envolver os cantinhos e as oficinas. É preciso considerar também um conjunto de atividades articuladas ao jogo físico e às atividades motoras, na aula e no pátio, como também aqueles em torno dos contos dramatizados a todo o grupo, as canções, etc., que se realizam na rodinha.

Essa ampla diversidade, faz com que, ao organizar o programa, as professoras da educação infantil pensem, fundamentalmente, em quais cantinhos ou oficinas vão propor, que projetos ou centros de interesses trabalharão e como vão juntar tudo isso na hora do pátio, na hora de comer, de dormir, de receber as crianças, etc. Pode-se dizer que se reflete mais sobre o que se fará do que por que se fará uma ou outra atividade.

Essa maneira de proceder, muito prática, também apresenta alguns inconvenientes. Talvez não tenhamos qualquer clareza do que fazer na rodinha – por exemplo, quando a criança não intervém ou torna-se um pouco retraída. Outras vezes, não chegamos a decidir sobre como variar a proposta dos cantinhos a cada mês, cada trimestre ou cada ano; ou se devemos apresentar material para montagem em todo o segundo ciclo, ou explicar os contos no último nível, etc. Não temos claro se vamos utilizar projetos ou centros de interesse e quando nos dedicamos a falar disso surgem dúvidas para cada uma das opções: qualquer projeto é adequado? Em torno de que deve girar o centro de interesse? Todos podem trabalhar dentro do tópico escolhido?, e outras perguntas que se fazem todos os professores individualmente ou na sua equipe.

Em grande parte, para resolver essas dúvidas, é preciso refletir sobre o que se faz, por que e como é feito. É por isso que nos parece fundamental a programação, pois permite-nos fundamentar a prática, ajuda a tomar decisões, fazer opções de critérios e não seguir modismos. Programar serve para trazer à superfície a intencionalidade educativa do trabalho, para argumentar e valorizar as diversas possibilidades de que se dispõe para responder o caminho do ensinar, e desta visão inteligente, eleger as opções mais adequadas em função das intenções, das crianças, do contexto e de nós mesmas, as professoras.

Nesse sentido, Del Carmen (1993) enumera as perguntas-chave que é preciso formular em torno das unidades de programação. Adverte que, em um primeiro momento, não encontraremos respostas para todas; se refletirmos depois, durante e após a prática da unidade, teremos mais clareza de seu sentido e poderemos ajustá-la, segundo as necessidades surgidas.

Reproduzimos essas questões que precisam ser contextualizadas para a educação infantil e para os diversos âmbitos em que se apliquem, considerando que em alguns casos — os mais convencionais — será melhor do que nos outros (ver Quadro 3.3)

Como já comentamos, nem todas as questões são igualmente pertinentes para qualquer atividade educativa que se propõe nessa etapa; por exemplo: pode ser mais difícil formular perguntas concretas sobre a atividade relacionada com o descanso do que com um projeto de trabalho. De qualquer modo, é necessário pensar o que esperam os alunos, organizar os recursos materiais, o tempo e o espaço, pensar na própria atuação, dotar-se de critérios para fazer o acompanhamento e a avaliação, etc.

Mais do que utilizar essas perguntas como uma pauta rígida, parece-nos que sua aplicação a diversos âmbitos das atividades que planejam às crianças (projetos, cantinhos, centros

---

Quadro 3.3 Perguntas-chave formuladas em torno das unidades de programação

1. Que lugar a unidade ocupa no conjunto do programa?
2. Que perguntas-chave ou projetos devem ser considerados na organização da unidade?
3. Que respostas se espera dos alunos?
4. Que atividades realizaremos para consegui-lo?
5. O que pretendemos que eles aprendam com essas atividades?
6. De quais recursos necessitamos?
7. Como organizaremos a sala?
8. Como organizaremos o tempo?
9. Como realizaremos o acompanhamento, proporcionaremos a ajuda necessária e comprovaremos as aprendizagens realizadas?

(Del Carmen, 1993, p. 59.)

de interesse, etc.) permite-nos esclarecer a sua funcionalidade educativa e dotá-los de sentido dentro do projeto formativo que oferecemos às crianças. Porém, essas questões possuem uma outra função, uma vez que nos fazem refletir sobre a própria forma que tomam as propostas e auxiliam-nos a delimitá-las de uma perspectiva construtivista, ou seja, de uma perspectiva baseada na atividade construtiva da criança para a realização de aprendizagens fundamentais.

Assim, levando em conta o *lugar da proposta,* tratado no conjunto do programa, devemos considerar o ponto em que as crianças se apresentam, para refletir sobre o que já se fez e o que falta ser feito; talvez necessitemos renunciar aos ordenamentos, muitas vezes, arbitrários ou derivados de costumes e de convenções. Evitemos também as repetições desnecessárias e as defasagens mais pronunciadas.

Na organização da proposta, a partir de *perguntas-chave,* no caso de projetos, dos problemas e dos centros de interesse, ensinemos às crianças (e pode ser também a nós mesmos) que esta é a função de qualquer esforço de aprendizagem: poder responder uma pergunta que tem sentido. Entendemos que, dessa maneira, respeitamos a necessidade de adotar um enfoque globalizador no ensino (Zabala, 1993) que foge do conceito de globalização que supõe, no sentido restrito do termo, uma visão acumulativa da aprendizagem (p. ex., quando estudamos a galinha, fizemos todas as atividades em torno de galinhas: contar, cantar, pintar, modelar, repassar, perfurar, etc.) e, em troca, partir de um problema ou de uma questão problemática da realidade para conseguir dar a resposta.

O nexo comum, no enfoque globalizador, é o problema ligado à realidade, que dá entrada a diversos conteúdos e, assim, facilita o estabelecimento de relações significativas, não-arbitrárias; portanto, ao adotar esse tipo de enfoque precisamos estar conscientes de que algumas atividades necessárias não poderão ser incluídas no trabalho globalizado, às quais será necessário programar outros âmbitos de trabalho (como uma oficina, o trabalho com contos infantis, o jogo físico, etc.) que também têm todo um sentido do ponto de vista educativo.

Seguindo com essas questões, *a previsão das atividades* que realizamos não supõe um programa fechado e imóvel: ao contrário, pode ser que, quanto mais claro esteja o que queremos conseguir e as atividades idôneas para fazê-lo, teremos também mais critérios para mudar ou modificá-las em função dos fatos que acontecem em aula, das propostas das crianças, etc. Ao refletir sobre essas atividades a partir do que se planeja (que objetivos perseguem, que perguntas permitirão dar respostas) poderemos analisar a sua pertinência; também disporemos de critérios para avaliar a adequação das propostas que os materiais curriculares apresentam e, em caso de necessidade, modificá-los para torná-los mais úteis. As atividades não apresentam uma finalidade em si, mas um meio para conseguir determinados fins; portanto, são infinitamente modeláveis e sujeitas à variação.

Quando pensamos sobre essas atividades, convém ter presente a diversidade dos alunos; um princípio de ensino adaptativo é fazer propostas que permitam a eles engajarem-se a partir de diferentes pontos de partida. As tarefas propostas devem considerar as características dos alunos dessa idade para desenvolver sua atividade mental e observável. Além do mais, como aos professores, interessa-nos que as atividades desenvolvidas não sejam opacas, quer dizer, interessa que possamos "ver" o seu desenvolvimento para podermos intervir em relação aos avanços e às dificuldades experimentadas pelas crianças.

Em qualquer caso, temos que prever atividades que servem para:

- *Motivar os alunos* e ajudá-los a encontrar sentido no que estamos propondo; implica fazer uma apresentação e solicitar que cada um aborde o que sabe, as suas experiências e as suas emoções; ajudar a quem não tem interesse a encontrar uma "porta" para entrar.

- *Facilitar a exploração, o descobrimento e a compreensão* dos conteúdos novos, como também a sua aplicação.
- *Estabelecer uma síntese* do trabalho realizado, através da qual os alunos podem relacionar o problema formulado com as respostas que foram encontradas.

A programação também nos faz pensar na *organização do tempo, do espaço e dos recursos disponíveis* – ver os itens correspondentes dentro de 3.2. Dentro de alguns limites racionáveis, esses três elementos não deveriam ser a causa de uma determinada maneira de trabalhar em aula, e sim, seu efeito. Se é verdadeiro que uma distribuição rígida do tempo nunca tem sentido, quanto mais o será na educação infantil, em que os ritmos das crianças são muito variados; também certas atividades que prevemos como rápidas, algumas vezes, podem despertar interesse, bem como desinteresse, e conduzir a abandonar as tarefas para as quais está previsto um tempo maior. Dentro desses parâmetros de uma necessária distribuição do tempo que permite um funcionamento adequado ao conjunto do centro e da própria turma, a organização do tempo precisa responder a critérios de flexibilidade que permitem dedicar a cada tarefa a duração necessária para o alcance dos objetivos.

Com certeza, os *diversos* materiais que podem ser utilizados como suporte na intervenção, sobretudo a partir do segundo ciclo, constituem-se em elemento útil para o trabalho. Ao programar, refletir sobre os materiais necessários para uma determinada proposta ajuda a prever o que falta, evita que sempre utilizemos os mesmos, dá pistas sobre novas maneiras de utilizar coisas que já dispomos e orienta sobre aquisição de novos, mesmo que a aquisição não seja imediata. Nos casos em que utilizamos materiais de editores para todos os alunos, a reflexão sobre a programação da ação educativa permitirá ver as suas potencialidades e as suas limitações; poderemos, então, decidir como compensar o que não estiver bem-apresentado nas publicações, assegurando uma intervenção adaptada aos alunos. Essa adaptação somente poderá ser feita pelas professoras; nem o melhor dos melhores materiais foi pensado para as crianças que cada professora tem diante de si e, portanto, devem ser elas que os legitimam e fazem as adaptações às necessidades.

Uma outra questão relativa à programação é a *avaliação*, em sua vertente formativa e somativa. Muitas vezes, fala-se da necessidade de avaliação formativa e de sua sistematização. Em nossa opinião, de uma maneira mais intuitiva ou mais reflexiva, todos os professores fazem esse tipo de avaliação. Ainda que consideremos que as pautas possam ser úteis – e, de fato, neste livro oferecemos algumas – queremos destacar que, quanto ao desenvolvimento das unidades didáticas na programação da avaliação, a reflexão leva a estabelecer os critérios e os indicadores através dos quais poderemos observar e avaliar. De fato, é muito útil escrever, na programação, os critérios que desejamos seguir para avaliar o processo seguido pelas crianças.

Esses critérios interiorizam-se, porque não são um adendo ao que se faz, mas também fundamentam a proposta. Assim, intervenção e avaliação formativa integram-se e são inseparáveis no seu sentido mais pleno. O balanço do progresso que os alunos realizam remete-nos ao que temos observado durante a própria atividade. A avaliação final ou somativa, na educação infantil, será somente o resultado do que estamos visualizando nas situações de ensino. Nos capítulos dedicados à avaliação (Capítulo 5) e às relações com a família (Capítulo 7), retornaremos a esses aspectos e a outros relacionados (entrevistas e informes).

Programar diferentes unidades

As considerações que fizemos aqui são úteis a qualquer uma das unidades de programação a que aludimos com mais detalhes. Mesmo assim, há alguns outros aspectos relacionados mais diretamente com a natureza e as diferentes características de cada um.

Ao programar as diversas unidades, há previsões gerais que somente se concretizam na atividade diária. Na programação anual, é preciso prever quanto tempo será dedicado ao estudo de problemas, às unidades temáticas e à resolução de projetos; por exemplo, pode-se prever que se destinará quatro sessões por semanas e que se dedicarão, aproximadamente, duas ou três semanas a cada tema a ser trabalhado. Porém, somente o interesse das crianças e a relevância do tema determinarão, em última instância, sua duração.

Com respeito aos cantinhos, pode-se dizer mais ou menos o mesmo. Deve estar claro, em nível geral, que tempo será dedicado a essa atividade e, em traços amplos, qual será a proposta para determinado nível. Por exemplo: a partir de uma classificação que inclui os diversos tipos de cantinhos, ao começar o ano, para cada sala, se terá uma previsão de quais e de quanto tempo; porém, somente o confronto com a realidade permitirá concretizar a proposta.

Uma proposta de classificação dos cantinhos seria (será explicada no Capítulo 4):

- Cantinho de jogo simbólico.
- Cantinho de elaboração, invenção e observação.
- Cantinho de jogos de mesa.
- Cantinho de artes plásticas e de habilidade manual.
- Cantinho da biblioteca e da linguagem.

Na hora de programar os cantinhos, é preciso considerar o interesse que as crianças demonstram, como também a variedade e a seqüenciação da proposta que se apresenta em função dos objetivos que se deseja alcançar — muitas vezes, veiculada através dos materiais que contém e do que pode ser feito com esse material. Convém combinar cantinhos de todos os tipos — ver a proposta mais detalhadamente — com cantinhos que exigem a presença mais ativa da professora e, ainda, aqueles que facilitam um trabalho mais autônomo das crianças.

Haverá cantinhos que estarão presentes durante todo o ano; outros terão uma vida mais efêmera, porque estarão vinculados a atividades mais concretas. Alguns cantinhos, praticamente, não variam quanto ao material, às propostas e às intervenções das professoras; outros, entretanto, mesmo que se mantenham no decorrer do curso, passarão por modificações muito importantes. Por último, dentro de uma programação global – por exemplo, para o cantinho da casinha, pensado para permanecer todo o ano: ver o Anexo 3 "O cantinho da casinha: programação de uma unidade didática" – haverá especificações para um determinado período, vinculadas a aspectos que sejam trabalhados em outros âmbitos ou ao aproveitamento do cantinho para intervir em determinados conteúdos.

Existem outras unidades de programação – uma festa, uma saída, etc. – que, às vezes, estão ligadas a um projeto ou a um centro de interesse, e outras são mais autônomas. Os objetivos que se propõem, os conteúdos que se trabalharão, os critérios para avaliar e o tempo que se dedicará dependem, em boa parte, se estamos diante de uma atividade pontual, uma atividade que em si mesma origina um projeto ou uma atividade que faz parte de um projeto que o envolve ou de uma unidade temática. Além do mais, no caso de festas e de passeios, ocorrem certas decisões do centro que determinam se haverá aula ou não, ao que será difícil estabelecer generalizações.

E, para finalizar, uma proposta de programação deve conter tudo quanto se faz na escola e tudo quanto é educativo: as atividades que, eventualmente, são desenvolvidas por outros especialistas (psicomotricidade, música), as que contam com a ajuda de outros profissionais (monitores para o refeitório, por exemplo), etc. Terá de incluir, também, as previsões para os períodos e as atividades de recreio.

Esse é um trabalho progressivo: em muitos centros, o planejamento não está totalmente explícito ou escrito, mas, de forma ampla, deveria ser um objetivo a ser alcançado. Não para que se disponha de um guia rígido e móvel do que se deva fazer, mas sim para que se tenha uma orientação flexível, coerente, que contribua para dar continuidade e adaptação às propostas educativas.

Planilhas e instrumentos para o planejamento

Queríamos evitar a apresentação de nossas considerações sobre os tópicos da programação (reduzi-las a planilhas, quadros, etc.), porém não é por isso que deixamos de valorizar a presença de determinados elementos no processo do planejamento. De fato, pode ser muito útil a presença de alguma grade que esquematize os elementos essenciais e que facilite a consulta da programação. Qualquer instrumento pode ser usado, desde que se adapte às necessidades e ajude a provocar uma reflexão sobre a prática e a sua fundamentação. Todas as indicações que contenham tendências a garantir a intencionalidade, a revisão e a modificação — quando necessária — do que faremos serão melhores para a realização da tarefa.

A seguir, podemos ver diferentes modelos de grades e/ou propostas de programação. Poderão ser encontradas outras nas publicações especializadas. Afora algumas poucas diferenças, a maior parte contempla os mesmos elementos básicos.

Quadro 3.4 Proposta de programação I

Explicitação do tema problema ou da situação que se apresentará às crianças

Trata-se de contextualizar a unidade: quem apresentou a proposta? Como se relaciona com as outras atividades ou unidades feitas com o grupo? O que nos preocupa em relação ao tema que é objeto de estudo? O que queremos saber? É bom se pudermos explicar para as crianças o sentido daquilo que iniciamos, tanto se for trabalho a ser feito pela professora como os feitos por eles próprios.

Conteúdos

Trata-se de identificar quais são os conteúdos principais que se podem trabalhar nesta unidade didática. É preciso selecionar e priorizar alguns conteúdos sobre outros, porque já sabemos que, em qualquer situação, pode-se trabalhar uma grande quantidade deles.

Objetivos

É preciso identificar os aspectos que queremos que as crianças tenham aprendido depois de terem terminado a seqüência didática. Os objetivos são referentes aos conteúdos que selecionamos.

Duração

Pode ser muito variada, dependendo do tipo de situação que se apresenta. Tanto pode ser uma atividade que se apresenta no decorrer do trimestre; um momento pela manhã, por exemplo, os cantinhos; quanto uma atividade diária de meia hora, como passar uma lista; ou um trabalho de quinze dias, com horário flexível, como uma unidade de estudo, ou um tema a ser desenvolvido.

(continua)

Quadro 3.4 Continuação

Atividades de aprendizagem

Dentro de uma seqüência de aprendizagem, é preciso fazer uma relação das diferentes atividades de aprendizagem que podem ser previstas para alcançar os objetivos que foram estabelecidos. É bom não considerar as atividades de uma maneira rígida e estar atento às propostas que as crianças poderão fazer, as quais poderão ser incorporadas ao trabalho da unidade.

É importante considerar que as atividades planejadas sejam potencialmente funcionais e significativas, considerando o grupo a que se dirigem. Convém, entre outras coisas, levar em conta os seguintes critérios:

- Diversificar o tipo de atividade: de pequenos grupos, individuais, de grande grupo.
- Facilitar a interação entre a professora e as crianças e entre as próprias crianças.
- Cuidar para que a professora possa oferecer diferentes níveis de ajuda a diferentes crianças.

Estratégias/Recursos/Materiais

É preciso fazer uma previsão dos diferentes materiais que são necessários (consumíveis e reaproveitáveis), os recursos didáticos que poderão ser introduzidos (canções, contos, adivinhações, poemas, etc.) e as estratégias de intervenção que poderemos utilizar (explicar um conto com acompanhamento de imagens e canções, dar um material adequado para cada parte do jogo e guardá-lo para que se sigam as normas combinadas, etc.).

Avaliação

Convém que se programem atividades concretas para a avaliação do grau de aquisição dos objetos propostos. O instrumento mais adequado para a avaliação é a observação atenta dos progressos da criança.

Muitas vezes, as atividades individuais com papel e lápis, feitas na pré-escola, podem ser consideradas atividades de avaliação, porque permitem fazer uma análise do grau de conhecimento a respeito de um tema (desenho, relações entre objetos, escrita de um nome). Para avaliar é importante ter interesse em propor pautas de observação que permitam identificar os aspectos que são mais úteis de observar, considerando o tipo de atividade que propomos às crianças. A avaliação permitirá observar o que a criança sabe ou não sabe e também nos permitirá obter informação para poder ajudá-la a avançar no seu processo de aprendizagem (ver Capítulo 6).

Como já destacamos anteriormente, é preciso apresentar uma maneira de sistematizar a tarefa de planejamento para que seja o mais útil a cada professor, que facilite a comunicação e o entendimento da equipe docente e que permita pôr em relevo as relações entre as decisões tomadas no Projeto Curricular e a concretização dessas nas atividades cotidianas.

Em uma outra dimensão, o planejamento do que se fará com a turma, adequadamente sistematizada, é uma ferramenta de individualização do ensino, necessária em todos os casos e imprescindível quando, entre o grupo, temos uma criança com necessidades educativas especiais. Nesses casos, será necessário adequar a proposta educativa às necessidades da criança, introduzindo as modificações que forem necessárias para atingir a todos.

Quadro 3.5 Proposta de programação II

UNIDADE DIDÁTICA

Ciclo: Nível:
Tipo de unidade didática: cantinho, oficina, projeto, centro de interesse rotina, etc.
Explicitação do tema, problema ou situação.
Local de realização.
Duração.
Poderá ser de uma quinzena, no caso de um projeto; de todo um curso, no caso de uma rotina; ou de uma semana, no caso de trabalho em torno de uma festa, uma data, etc.

Objetivos gerais

Explicar os objetivos gerais pretendidos com o trabalho dessa unidade didática; responder à pergunta: "Para que o faremos?", "Quais são as grandes finalidades dessa proposta?".
Essas finalidades deverão ser compartilhadas com as crianças (na medida de suas possibilidades), para que possam dar sentido e compreender o que queremos ensinar.

Conteúdos

Neste caso, trata-se de refletir e de prever quais serão os conteúdos que desenvolveremos e trabalharemos (procedimentos, fatos ou conceitos, atividades...), os quais contrastaremos com a observação e a avaliação que faremos (Realmente aprenderam o que pretendíamos? Aprenderam outras coisas mais interessantes? Talvez, já soubesse o que propusemos? etc.)

Metodologia e estratégias de intervenção

Atividades, critérios de organização da sala, dos espaços e do tempo; tipos de interação que incentivaremos entre as crianças e conosco, materiais e recursos que utilizaremos, etc.

Avaliação

Critérios e pautas para observar: o que nos proporemos observar e avaliar dos objetivos e dos conteúdos planejados? Quais ferramentas e instrumentos utilizaremos?
Elaboração de alguma pauta ou de alguns critérios que nos permitem recolher informações e observar o processo das crianças.

Valorização

Trata-se de avaliar a prática e o desenvolvimento da unidade: como se continuará e o que se modificará. Revisar as atividades, os critérios de intervenção, de organização do espaço, os materiais, etc. Finalmente, sempre é preciso ter presente que depois de planejar e de revisar é importante valorizar o que foi feito na realidade da aula (ver dois exemplos concretos nos Anexos 2 e 3).

3.4 ALGUMAS IDÉIAS QUE É PRECISO GUARDAR

- As decisões tomadas no centro, em nível pedagógico, não devem depender do tipo de instituição em que está situado (casas das crianças/creches, escola maternal, pré-escola ou escola de 0 a 6 anos), e sim das necessidades das crianças dessa idade.
- Quando se planeja e decidem-se determinadas práticas educativas, precisa-se considerar ou prever os aspectos organizativos que serão necessários modificar ou adequar para poder realizá-las.
- É interessante e positivo conhecer outros centros diferentes e compartilhar com esses um espaço de formação e de intercâmbio para revisar e melhorar a própria prática.
- As decisões relativas ao tempo e ao espaço, com exceção dos parâmetros mínimos de organização geral do centro, devem submeter-se às intenções educativas, e não ao inverso.
- O fato de planejar e programar a ação educativa é um instrumento para fazê-la mais reflexiva e fundamentada, mais suscetível de ser analisada e melhorada.
- As unidades de programação na educação infantil são muito variadas, porque também são diversos os caminhos através dos quais se alcançam as finalidades da etapa.
- No decorrer do primeiro ciclo, de maneira mais importante que no segundo, as atividades relacionadas com o cuidado das crianças exigem unidades de programação privilegiadas.
- As diferentes unidades de programação presentes no decorrer da etapa (cantinhos, festas, centros de interesse, projetos, etc.) envolvem períodos temporais diferentes. Algumas unidades são programadas para todo o curso/ ano letivo, enquanto outras necessitam de um tempo muito bem-delimitado.
- Planejar supõe coisas diferentes para diferentes professores e equipes. Em lugar de pretender a homogeneização nos instrumentos que se utilizam, convém progredir no caráter inteligente do planejamento, como uma previsão que permite identificar as intenções educativas e os meios para alcançá-los.

NOTA

[1]Para esta seção e a seguinte, "A jornada escolar", é importante consultar o Anexo 1: A jornada escolar na creche e na pré-escola: exemplos.

SE QUISER LER MAIS...

IBÁÑEZ SANDÍN, C.: *El proyecto de educación infantil y su práctica en el aula*. Madrid: La Muralla, 1992.
PABLO, B.; TRUEBA, B.: *Espacios y recursos para tí, para mí, para todos. Diseñar ambientes en Educación Infantil*. Madrid: Escuela Española, 1994.
SAUSSOIS, N. e outros: *Los niños de 2 a 4 años en la escuela infantil*. Madrid: Narcea, 1991.
SAUSSOIS, N. e outros: *Los niños de 4 a 6 años en la escuela infantil*. Madrid: Narcea, 1992.
TAVERNIER, R.: *La escuela antes de los 6 años*. Barcelona: Martínez Roca, 1987.
TAVERNIER, R.: *La enseñanza entre los dos y los cuatro años*. Barcelona: Martínez Roca, 1991.
WILLIS, A. e outros: *Orientaciones para la educación infantil de 0 a 2 años*. Madrid: Morata/MEC, 1990.

4

A prática educativa II: critérios e âmbitos de intervenção

4.1 Introdução | 131

4.2 **Chegado o momento de atuar: onde fica o que planejamos?** | 131
Os limites e o controle | 132

4.3 **Critérios gerais de atuação educativa na escola infantil** | 133
O estímulo do autoconceito e da auto-estima | 133
O ensino como atividade compartilhada | 135
Aprendizagem significativa e globalização | 137
A atenção à diversidade | 138
A importância da atividade lúdica | 141
- Jogar, crescer e aprender | 143

4.4 **As principais situações educativas** | 144
O jogo | 145
As rotinas | 148
- As situações de alimentação | 149
- As situações de limpeza | 152
- As situações de descanso | 154
- As situações de ordem | 155
- As situações de entrada e de saída | 155
As atividades coletivas | 157
As atividades individuais | 157

As atividades em pequenos grupos: os cantinhos de jogos ou oficinas | 159
- O material | 163
- O espaço | 163
- O tempo | 163

Os temas de trabalho | 164

A adaptação: uma situação singular | 165
- Como alcançar uma boa adaptação na escola? | 166

4.5 Os materiais | 167

4.6 Algumas idéias que é preciso guardar | 169

Notas | 169

Se quiser ler mais... | 169

Neste capítulo poderão ser encontradas respostas às seguintes perguntas:

- De que maneira as crianças alcançam os objetivos propostos no currículo da escola? Quais são as situações educativas mais básicas? Como podemos organizá-las?
- Por que o jogo, nessa idade, é tão importante? É necessário que o adulto intervenha? Aos pequenos, de que lhes serve jogar com os companheiros?
- Que importância educativa têm as rotinas (as entradas e as saídas, aguardar, merendar-almoçar-lanchar, o descanso, a higiene pessoal, etc.)?
- Como podemos atender o aluno com dificuldades? É preciso fazer coisas diferentes para as crianças "diferentes"?
- Como se muda, no decorrer do curso, a prática educativa para as diferentes idades? É preciso prever espaços e momentos de adaptação?
- No decorrer da jornada escolar, quais os momentos diferentes que precisamos considerar para que as propostas sejam motivadoras e as crianças sintam-se bem?
- A partir de que idade pode-se organizar a sala em cantinhos para que as crianças possam jogar? Que deve fazer a professora, enquanto as crianças estiverem nos diferentes cantinhos? Que evolução segue o jogo das crianças de um até cinco anos?
- As crianças dessa etapa educativa necessitam fazer trabalhos individuais com papel e lápis? É prejudicial ou é bom? Por quê?
- Essas crianças necessitam ter acesso a que tipo de material? É preciso ter o material a seu alcance? Há algum material inconveniente de ser usado nas aulas com as crianças pequenas?

4.1 INTRODUÇÃO

No capítulo anterior, destacamos alguns aspectos que poderíamos identificar como os elementos previstos na ação educativa. Já sabemos que, uma vez situados na escola, todos se mesclam e torna-se difícil separar a programação da reflexão sobre aquilo que foi feito, como também da própria atuação. De toda maneira, sabemos que, graças à reflexão sobre o que se programou e sobre as dificuldades e os acertos na atuação, podemos melhorar a prática.

Neste capítulo entramos, já com mais detalhes, nesta complexa e fascinante atividade, através da qual e com a nossa ajuda as crianças progridem na sua atividade de descobrimento e domínio incipiente do mundo que as envolve. Analisaremos primeiro as relações que se estabelecem entre o que previmos e planejamos e o que se sucede na aula, depois comentaremos a necessidade de resolver a tensão entre a criação de um clima sócio-afetivo adequado e a necessidade de gestão e controle da aula. Mais adiante, apresentaremos os critérios gerais que presidem a prática educativa na escola infantil. Em continuidade, revisaremos as principais situações educativas, especificando orientações didáticas adequadas à pré-escola e à creche, acompanhado de uma explicação sobre os materiais adequados nessa etapa.

4.2 CHEGADO O MOMENTO DE ATUAR: ONDE FICA O QUE PLANEJAMOS?

Um aspecto que qualquer professora da educação infantil, provavelmente, já experimentou é a distância que muitas vezes se cria entre o que foi previsto e o que realmente aconteceu na aula. É bastante freqüente que um acontecimento que chame a atenção de todos, uma epidemia de gripe, uma proposta de uma criança ou outra alteração qualquer da rotina diária produza uma mudança no que havíamos planejado; aproveitamos, então, esta nova abordagem para trabalhar os aspectos que nos pareçam mais adequados.

Às vezes, a própria professora decide modificar parcial ou totalmente as previsões, porque é importante aproveitar o acontecimento extraordinário ou, por alguma outra razão, o que havia planejado não funciona como foi previsto e ela considera mais razoável fazer uma mudança.

Com exceção desses casos extremos, supondo que se decidiu fazer uma atividade e que realmente foi feita, também é estranho que se tenha desenvolvido exatamente como o previsto. O mais habitual é necessitar adaptar o planejamento às mil e uma eventualidades que surgem no mundo da sala de aula das crianças pequenas com menos de seis anos. De fato, é tão comum essas situações que, às vezes, não nos conscientizamos da riqueza dessa necessidade de flexibilizar e adequar os planos estabelecidos. Muitas vezes gostaríamos que se incorporasse, nas etapas posteriores, um pouco desta flexibilidade da escola infantil.

Obviamente que se pode pensar que, uma vez existindo a necessidade de adequar tantas coisas e se é tão importante incorporar e explorar as propostas das crianças, bem como adaptar-nos às suas necessidades, talvez seja melhor não prever muitas atividades porque certamente teremos que modificá-las, etc. Não se dispõe de uma estatística, mas nas aulas em que as crianças apresentam mais propostas, em que se observa mais espaço para fazerem suas próprias abordagens, em que melhor se organiza o acontecimento extraordinário, são precisamente nas quais os professores têm bem claro o que fazer, por que e como. A formulação de propostas e alternativas e a própria possibilidade de serem aceitas e trabalhadas encontra terreno adubado no marco de projetos que funcionam reciprocamente, nessa etapa de ensino, podem variar algumas propostas estabelecidas para dar lugar às dos alunos, quando for necessário, sem que isso suponha renúncia ou cair em um erro de contexto, em que se vai fazendo coisas sem saber o porquê.

Assim, ter as atividades planejadas não significa um esquema rígido com passos inalteráveis; também não quer dizer que se tenha tudo previsto, nem que seja impedida a inclusão de propostas. Ao contrário, um planejamento como descrevemos no capítulo anterior orienta e ajuda a prática, permite adaptá-la às necessidades e aos interesses que vão surgindo e dá tranqüilidade e segurança ao ensino.

Nessa perspectiva, é fundamental que, na interação cotidiana, disponha-se de situações que nos permitam abraçar o amplo leque de funções que cabe ao professor da educação infantil: converter-se em uma pessoa importante para as crianças, em alguém que pode cuidá-las e protegê-las, acolhê-las e conter suas angústias, além de estimular todas as suas capacidades. Dito em outras palavras, a professora é um referente, uma interlocutora, uma ajuda no processo do crescimento infantil; comprova isso no transcurso da sua tarefa que desenvolve na escola.

Portanto, se na programação fica estabelecido que as atividades de cuidado das crianças são um espaço privilegiado para uma interação diádica de qualidade, na prática terá que haver o tempo e a tranqüilidade necessária para que se possa estabelecer essa interação. Uma vez que se dá importância à acolhida dos alunos e das alunas na aula, terá que se dispor de certas condições ambientais e pessoais para que se sintam acolhidos. Quando se tem programado um trabalho em torno de um projeto, é preciso ser sensível às propostas das crianças, dispor dos materiais que o trabalho requer, dar a informação que lhes falta ou simplesmente deixá-las testarem suas próprias idéias. E assim em todos os casos.

Quando se estabelece o que e como se quer trabalhar, precisamos fixar as condições para que esse plano não fique engavetado, já que nem a prática nem o plano em si mesmos não beneficiam em ficar engavetados. Da mesma maneira que o planejamento ajuda a prática, esta é um bom banco de provas para o planejamento. A interação entre ambas traduz-se em uma prática mais coerente e reflexiva e em uma programação mais ajustada.

Os limites e o controle

Acabamos de dizer que dispor de um planejamento coerente proporciona segurança e tranqüilidade ao educador; mas acrescentamos que também proporciona segurança e referentes aos pequenos, os quais necessitam de pautas e parâmetros claros, dentro dos quais possam desenvolver sua atividade. Nesse sentido, muitas vezes já se disse que as rotinas da sala proporcionam segurança aos meninos e às meninas e que graças a essas rotinas podemos prever o desenvolvimento dos fatos.

Quando a interação educativa ocorre dentro de uma estrutura flexível e, por sua vez, segura, não há dúvida de que o trabalho da professora reduz-se consideravelmente. Em poucas palavras: ainda que, no começo, seja bastante custoso estabelecer certas normas de funcionamento, certas pautas para todos se organizarem, logo que isso seja assumido, a professora libera-se de uma parte considerável de seu trabalho, ao mesmo tempo que permite os pequenos ganharem uma autonomia de ação.

Isso tem uma importância própria, uma vez que a interação educativa inclui a função de *gestão e controle da aula*, absolutamente necessário para conseguir alcançar as metas que dão sentido ao trabalho do ensino. A diversidade dos alunos, o seu autocontrole incipiente, a diversidade de propostas que precisam ser adaptadas às suas características e necessidades próprias e outros fatores podem dar aos professores e às professoras a impressão de atordoamento, de uma tarefa que transborda pelas circunstâncias, ou seja, sentirem-se a ponto de perderem o controle.

Além disso, a palavra controle apresenta certas conotações. Pode soar estranho falar de um ambiente quente e afetuoso, com participação de todos; de respeito às colocações de cada um e agora... de controle. Apesar do substrato ideológico que costumamos atribuir ao termo, na verdade, para nós não existe contradição entre um ambiente com essas características e o estabelecimento de pautas claras de relação e de alguns limites que regulem a atuação.

Convém refletir que não é a professora, sozinha, que necessita que os limites e pautas funcionem; as crianças também necessitam disso, já que nada as desorganiza mais que um ambiente incerto, imprevisível, no qual não se sabe o que se pode ou não fazer; ou pior, o que se pode fazer hoje e com esta professora, e não se poderá fazer amanhã ou com outra professora. A existência de um ambiente cálido e de uma relação afetuosa, capaz de criar segurança pessoal, não se opõe à presença de normas, de metas e de exigências.

Essas pautas e normas adquirem valor educativo, quando se aprendem e se aplicam no contexto dessas características e quando são adequadas às possibilidades das crianças. Não esqueçamos que, muitas vezes, *enganamo-nos* com sua linguagem e com o seu raciocínio; podemos atribuir-lhes mais competências do que elas possuem e isto é bom, porque ajuda-lhes a promover sua autonomia, mas também podemos prejudicá-las, se isso as deixa aflitas.

No caso das normas e dos limites, é preciso vigiar a adequação entre o que os pequenos podem fazer e o que deles exigimos; ao mesmo tempo, é conveniente que, dentro do que seja possível, entendam sua função. Isso significa que não basta ditar algumas normas ou pautas: é preciso comentá-las, explicá-las e, quando possível, estimular a participação das crianças em torno das mesmas. Também é importante que os pais sejam conhecedores de tudo para que se possa pedir ajuda no seu cumprimento. Uma última e importantíssima precaução: as educadoras e todas as pessoas que trabalham na escola devem estar de acordo com as pautas e as normas que a regem; também deverão ter consenso em um uso consistente e flexível dessas. Como para qualquer grupo, as normas devem servir para regular a atividade dos participantes e tornar mais simples a convivência, já que nunca são uma finalidade em si mesmas, e sim um meio para viver e relacionar-se melhor.

Em definitivo, uma programação flexível e cuidadosa que prevê o tempo e as condições para dar resposta a tudo o que se propõe para trabalhar, deixando inserir as propostas das crianças e os acontecimentos interessantes, bem como a existência de normas e pautas claras, consensuadas e concebidas como um meio regulador da convivência, constituem o marco a partir do qual é possível gerir a aula e estabelecer as interações educativas adequadas.

4.3 CRITÉRIOS GERAIS DE ATUAÇÃO EDUCATIVA NA ESCOLA INFANTIL

Já comentamos os aspectos que são importantes contemplar na educação das crianças menores. Agora, queremos destacar concretamente quais são os aspectos que estão na base de um ensino de qualidade na escola infantil e que possibilitam um bom desenvolvimento e uma boa aprendizagem a todos os alunos.

O estímulo do autoconceito e da auto-estima

Na escola, encontramos uma grande variedade de situações nas quais os meninos e as meninas manifestam a sua alegria, a sua insegurança, os seus temores. É muito importante a maneira como as educadoras tratam essas situações para que se consiga o bem-estar necessário da criança, para que ela possa aprender e desenvolver-se com segurança. Assim mesmo, as situações educativas que a criança vive na escola e o tratamento que recebe das pessoas encarregadas de seu cuidado também serão muito importantes na formação do conceito de si mesmas.

Na escola, quando as crianças aprendem a pintar dentro de um círculo, quando aprendem a ordenar os joguinhos, quando aprendem a brincar com os carrinhos, estão também aprendendo muitas coisas sobre elas mesmas, que lhes permitem formar uma opinião sobre si.

A partir dessa opinião, e da opinião de outras pessoas significativas, elas constroem progressivamente o autoconceito, ou seja, o conceito que as pessoas têm sobre as suas próprias capacidades (confiança em si mesmas) e sobre o seu valor (auto-estima). Assim, se a criança vê que lhe custa pintar dentro do círculo, e a professora a repreende porque ultrapassa a linha, isso repercutirá tanto em sua dificuldade para pintar como na maneira de relacionar-se com sua professora; também em sua segurança, quando se apresentam situações similares a essa.

A construção de uma auto-imagem positiva requer que, na escola, as crianças tenham experiências em situações que lhes permitam ganhar confiança em suas capacidades e que sejam vistas como crianças com possibilidades. Isso dá segurança, que é um elemento básico para atrever-se a explorar novos mundos, novas situações, novas experiências. Não se trata em absoluto, como dissemos antes, de renunciar à exigência e ao controle, e sim de endereçá-lo a um contexto comunicativo, afetuoso e respeitoso; além disso, trata-se de combinar as metas com o alento para superá-las, a correção com o encorajamento, o reconhecimento dos limites com as possibilidades.

Na relação pessoal constante que se estabelece com as crianças através dos jogos, das situações de cuidados pessoais, de trabalhos manuais, etc., produzem-se situações que para elas são desafiantes, estimulantes, interessantes, ou, ao contrário, decepcionantes para as suas capacidades ou desprovidas de interesse. Nessas mesmas situações educativas em que as crianças aprendem a ver a si mesmas como pessoas com recursos, com capacidades para resolver metas planejadas, como um interlocutor interessante para seus educadores e para os demais companheiros, ou, em outro extremo, como uma pessoa incompetente, pouco hábil e com poucos recursos.

O fato é que essas coisas são aprendidas simultaneamente, quer dizer, na escola, dispõe-se de situações específicas nas quais trabalhamos a segurança e a confiança das pessoas em si mesmas (Solé, 1992). Mais adiante, essa segurança e confiança vão sendo construídas como um produto da visão que a criança tem de suas possibilidades para resolver os problemas que se apresentam, uma visão que, em grande parte, configura-se a partir do espelho que as outras pessoas e, especialmente, as "outras pessoas significativas" (professores, pai, mãe, avó, avô, amigos, amigas, etc.) devolvem-lhe, às vezes, de maneira inconsciente e não-intencional. Se considerarmos isso, poderemos contribuir eficazmente para o desenvolvimento dessa dimensão crucial da pessoa.

A partir disso, entende-se que a intervenção educativa deve basear-se na capacidade para recuperar e estimular todos os aspectos positivos das crianças pequenas; deve basear-se também na confiança em relação às possibilidades dos pequenos e precisa repelir as atribuições negativas e estáticas em relação a alguns comportamentos que os pequenos podem manifestar em determinadas situações e que se podem considerar preocupantes nesse momento. Não se trata de negar possíveis dificuldades, e sim de interpretá-las a partir das capacidades que eles possuem e, sobretudo, partindo da convicção de que uma intervenção adequada pode ser a origem de mudanças positivas na criança.

Por todas essas razões, um aspecto que não se pode deixar de lado é o relativo ao clima sócio-emocional que se cria na aula. Precisamente pela necessidade de as crianças manifestarem tanto os seus desejos como as suas inquietudes, os seus interesses, as suas alegrias e os seus temores, é necessário que encontrem um contexto que inclua tudo isso. Um contexto no qual impere o afeto e o respeito, no qual as crianças sintam-se estimadas e valorizadas, é indispensável para que possam vencer com segurança as metas que a escola inevitavelmente planeja – o propósito de conviver com outras crianças, de compartilhar com a pessoa adulta, de renunciar à satisfação imediata dos seus desejos, de sair-se bem nas suas tarefas, etc.

É importante notar que, em um contexto com tais características, as crianças não somente aprendem a "fazer" e a "saber" determinadas coisas, como também aprendem que elas podem fazê-las e que contam com a ajuda e o afeto de uma professora decidida a ajudá-las; aprendem, ao mesmo tempo, a autonomia e a capacidade de dar e de receber ajuda quando é necessário. Nesse caso, a escola vem a ser um verdadeiro contexto de desenvolvimento para as crianças, já que dispõe das condições para que elas possam superar, com grande sucesso, os desafios que irão encontrando; também porque colabora para que a imagem que as crianças constroem de si mesmas seja positiva e valorizada, fundamentando-se na segurança de suas próprias capacidades. Por último, contribui-se igualmente para que elas vivam a escola e a situação educativa como algo interessante e desejável.

O ensino como atividade compartilhada

O ensino é uma atividade conjunta, compartilhada, que assegura à criança ir conhecendo e construindo progressivamente o mundo que a envolve – com os seus objetos e pessoas, os seus sistemas de comunicação, as suas pautas e valores, etc. – além de ir conhecendo-se a si mesma.

A partir da concepção construtivista de aprendizagem escolar (ver Capítulo 1), esse conhecimento não é nem uma cópia do mundo – ou do que expliquem deste mundo – nem um descobrimento solitário, mas é uma construção que o indivíduo realiza mediante a sua atividade mental, atividade que ele desenvolve para identificar, estabelecer relações, generalizar; em definitivo, para fazer aprendizagens significativas que lhe permitam desenvolver as suas potencialidades. Além disso, nessa etapa educativa, a criança desenvolve-se, fundamentalmente, através da exploração direta e observável sobre os objetos e as pessoas.

Seguindo com essa perspectiva, é importante esclarecer que postular a atividade construtiva da escola não se opõe a postular a intervenção diversificada do professor ou da professora, como é o caso de outras oposições. De fato, algumas interpretações construtivistas radicais, inspiradas nas idéias da teoria genética, consideram a intervenção da pessoa adulta como um distúrbio para a construção da criança. Nessas interpretações, de acordo com nosso parecer, o caráter construtivo da aprendizagem foi considerado como um fenômeno eminentemente individual, fruto da interação entre a pessoa e o objeto. Essa maneira de entender o construtivismo recebeu o qualificativo de *endógeno* (Moshman, 1982; Monereo, 1995).

No referencial teórico com o qual nos identificamos, entende-se que o princípio da atividade construtiva da criança insere-se nas interações que mantém com as pessoas adultas significativas (mãe, pai, educadores e professores) e também, à medida que cresce, com os companheiros e as companheiras. No curso dessas interações e das experiências que são oferecidas, a criança vai progredindo no conhecimento do que a envolve e nos instrumentos de indagação da realidade. De fato, nessas interações encontra mais ou menos margem para sua atividade auto-estruturante, ou seja, o que lhe permite desenvolver as ações mais adequadas para alcançar um determinado objetivo. Assim, a relação bidirecional que se estabelece pelas outras interpretações, entre um sujeito que aprende e o objeto de conhecimento, converte-se em uma relação triangular, na qual intervêm outras pessoas através de sua cultura em um duplo sentido: à medida que, pela intervenção das outras pessoas, as crianças podem compartilhar parcelas cada vez mais amplas da realidade e à medida que, com os outros, as crianças aprendem as estratégias através das quais podem conhecê-la. Referimo-nos a essa explicação com o nome de *construtivismo dialético*.

Por essa razão, não podemos estabelecer uma relação do tipo "mais intervenção do educador, menos construção do aluno ou da aluna"; melhor seria dizermos algo como "uma intervenção contingente (adequada) do educador na relação com a atuação da criança, maior possibilidades para a sua construção". O problema não é intervir na atuação da criança; a questão é como intervir para favorecer o seu processo de construção.

Para resolver essa questão, é importante voltar às explicações feitas por Vygotsky (1984) e Bruner (1976) (ver Capítulo 1), em relação ao papel da pessoa adulta no processo de construção de novos significados e que dão ênfase à necessidade de atuar na *zona de desenvolvimento potencial* do aluno (ZDP).

O que nos interessa destacar em relação a esse conceito é a necessidade de diferenciar o que a criança ou as pessoas em geral são capazes de fazer sozinhas e as coisas que são capazes de fazer com a ajuda de outra pessoa mais capaz. Segundo Vygotsky, é nessa zona imaginária que precisa situar-se a ação educativa (entre o nível de desenvolvimento efetivo: o que o aluno sabe fazer por si só – o que já domina – e o nível de desenvolvimento potencial, onde situamos aquelas coisas que somente sabe fazer se for ajudado, etc., porém é necessário que sejam transformadas em aspectos que dominamos). Nessas situações se poderia dizer que o educador como que "arrasta" o aluno até as situações que lhe permitam avançar em seu desenvolvimento pessoal através da aprendizagem.

Para poder atuar na ZDP é importante:

- Considerar os conhecimentos prévios dos alunos.
- Desenvolver uma tarefa de observação do processo de aprendizagem dos alunos.
- Conhecer bem os componentes que podem dificultar a aprendizagem da matéria aos alunos.
- Dar a ajuda educativa que faz falta a cada aluno, considerando o seu nível e, portanto, a diversidade do grupo de aula.
- Em resumo, ter uma *atitude de pesquisa, de análise e de reflexão na tarefa educativa*.

Podemos exemplificar esse tipo de relação em uma situação na qual uma professora diga: "Se digo a Pere que ponha a mesa, ele fica parado e não sabe o que fazer. Se lhe digo 'ponha o prato, ponha a xícara, etc.', ele o faz muito bem e com interesse". Isso quer dizer que, naquele momento, pedir-lhe que fosse autônomo e que se organizasse para pôr a mesa era uma tarefa bastante difícil; em troca, ao proporcionar-lhe as condições, uma após a outra, era capaz de pôr a mesa e, além do mais, ter a recompensa de ser capaz de atuar com sucesso, elemento importantíssimo no processo estruturante de um conceito positivo de si mesmo e de ganhar segurança e confiança própria. As ajudas que o adulto vai dando são muito importantes para que a criança possa regular seu processo de compreensão da situação, sem perder, em nenhum momento, o sentido global da tarefa e avançar, pouco a pouco, em um processo de autonomia em relação à tarefa.

Assim, podemos destacar a importância da ajuda adequada da educadora no início dos desenhos. Quando se pede a uma menina, que tem por volta de três anos, que desenhe uma menina, pode acontecer que não desenhe nada ou que desenhe uma série de elementos do corpo sem nenhuma organização. Quando se dá indicações a essa mesma menina para fazer as partes do corpo ou para ampliar um esquema da figura humana feita por nós, será mais capaz de fazer um desenho em que as diferentes partes possam ser melhor identificadas.

Bruner fala do conceito de *andaime*, que também nos serve para entender qual é o papel do educador na interação educativa. A professora cria alguns "andaimes" (apoios que permitem o aluno avançar), os quais vai tirando à medida que já não são necessários. Por exemplo, para conseguir que um menino ou uma menina intervenha na explicação de um conto, é preciso que a professora tenha explicado muitas vezes, guiado, começando com um pedaço, fazendo gestos de acompanhamento, esperando com o olhar ou com o tom de voz que a convide a participar, etc., e, aos poucos, vai deixando de fazer todos esses estímulos às crianças.

Mesmo assim, é preciso avançar na idéia de que a intervenção educativa é uma ajuda que se proporciona à construção da criança. Uma ajuda, porque é a própria criança quem constrói, porém é uma ajuda insubstituível, uma vez que sem sua presença essa construção dificilmente encontraria um caminho adequado através do qual pudesse desenvolver-se. Mas, para que seja verdadeiramente uma ajuda, é preciso que se ajuste ao processo que a criança realiza, que lhe permita assegurar as suas aquisições e ir sempre um pouco mais adiante. Isso quer dizer que, em cada caso, as nossas intervenções podem tomar uma aparência diferente: às vezes, supõe uma continuidade (quando damos um prato de sopa àquele menino que já consegue pegar o arroz ou as batatas com a colher e o ajudamos a levar a colher até a boca); outras vezes, pode ser uma demonstração (quando mostramos como se colocam os blocos dos jogos de construção, para poder colocar uma pequena ponte sobre todos); em outras, a ajuda pode consistir em uma nova proposta, em uma diretriz, em uma correção.

Aprendizagem significativa e globalização

Um conceito que é defendido, na escola infantil, como um princípio irrenunciável é o de *globalização*. É utilizado insistentemente e de maneira bastante diferente em relação às metodologias que são utilizadas na etapa da educação infantil. Convém esclarecer o termo para o professor e para a escola, a partir dos enfoques metodológicos que consideram a globalização.

Para uma criança fazer aprendizagens globalizadas, a partir de uma perspectiva construtivista, é preciso estabelecer relações entre o que se lhe apresenta ou explica-lhe e o que ela já sabe ou tenha alguma experiência, com o que pode fazer uma aprendizagem mais ou menos significativa. Quando o menino ou a menina atribuem significado, dão sentido e relacionam as nova aprendizagens com os conhecimentos e as experiências que já têm, globalizando, relacionando e, por fim, podendo aprender e desenvolver novas capacidades.

O estabelecimento de tais relações proporciona aos professores e às professoras apresentarem novos conteúdos que, para serem aprendidos, precisam criar situações que sejam potencialmente significativas, planejando seqüências de atividades, centros de interesses, projetos, problemas, etc., que provoquem um interesse, podendo conectar-se com a realidade da criança, que faça intervir, de maneira natural, conteúdos de diferentes tipos e de diferentes áreas e que sirvam para alcançar diversas finalidades.

É preciso considerar, desde os primeiros momentos, que uma sala de aula têm meninos e meninas com experiências muito diversas, de contextos familiares muito diferentes entre eles, o que pode dificultar nossa tarefa de ajudá-los a aprender. É conveniente conhecer o contexto familiar em que vivem as crianças para poder ajustar ao máximo possível as vivências de casa com as da escola e ajudá-las a estabelecer relações.

A noção de globalização, dessa perspectiva, pode ser entendida como uma maneira de as crianças poderem perceber a realidade e uma maneira de apresentar aos alunos uma realidade a ser estudada. Acreditamos que não existem métodos globalizadores em si, mas sim situações educativas que permitem que o aluno possa estabelecer relações significativas entre o que a professora apresenta e as suas experiências prévias.

Portanto, o que é realmente importante é a professora ter uma atitude que lhe permita conectar seus interesses com os interesses dos alunos e que seja capaz de introduzir os conteúdos de maneira que sejam realmente eficazes, a fim de ajudar os meninos e as meninas a avançarem no estudo da realidade.

Muitas vezes, com a intenção de utilizar uma "metodologia global", chegou-se a querer apresentar todos os conteúdos de aprendizagem da escola em relação ao mesmo tema. Dessa maneira, quando a professora preparava um centro de interesse sobre os transportes, apresentava também uma grande quantidade de atividades para aprender conteúdos de cálculo que consistia em contar os ônibus e carros, em uma ficha de trabalho, especialmente pensada para este fim; considerava-se que, dessa maneira, a criança teria mais possibilidade de melhorar as estratégias de contagem, porque havia uma relação com o tema estudado. É possível que algumas crianças estabeleçam essa relação, porém isso que pode estar tão claramente relacionado pela professora, pode não ter nenhum sentido para a criança. Por isso, é melhor programar ou estar atento a introduzir de forma clara os conteúdos significativamente relacionados como pode ser, por exemplo, a diferenciação entre os tipos de veículos de transporte, as suas características, as suas semelhanças e diferenças, os seus usos, etc., e deixar para as outras situações a prática da série numérica: contar os meninos e as meninas que não vieram hoje à escola; contar quantas casinhas tenho que me deslocar conforme o que indica o dado; contar quantas crianças estão à mesa para distribuir-lhes os lápis, etc. É conveniente não estabelecer relações artificiais, pouco naturais, com a intenção de globalizar, porque essa forma de relações estabelece-se a partir da perspectiva do adulto e não da criança.

Igualmente, outra maneira de forçar a integração de conteúdos dentro de um tema é, por exemplo, estudar as árvores, contá-las, cantar canções sobre elas, pintá-las, recortá-las, etc.; ao contrário, o estudo de uma árvore permite trabalhar uma série de conceitos, procedimentos e atitudes relacionados de maneira clara com o tema: as partes da árvore, seus diferentes tipos, conforme a permanência de suas folhas, as árvores e as frutas, a observação de uma árvore, o procedimento de saber se é velha ou jovem, a atitude de respeito e de cuidado para com elas, etc.

Assim, a *globalização é um aspecto fundamental na escola das crianças pequenas, porém precisamos ter em mente que não precisamos globalizar tudo*, nem confundir a necessária adoção de um enfoque globalizador (Zabala, 1995) com uma perspectiva acumulativa de aprendizagem. Há muitas atividades que se desenvolvem no decorrer da jornada escolar que estimulam aprendizagens significativas e que permitem às crianças estabelecerem relações entre as coisas que vão aprendendo e conhecendo o mundo que lhes envolve.

A atenção à diversidade

Nas diferentes turmas das escolas de educação infantil é evidente a necessidade de atender à diversidade das crianças e, habitualmente, isso é mais considerado. As causas disso são:

— As grandes diferenças que existem entre as crianças de uma mesma idade, nesses níveis de escolaridade, uma vez que as mudanças são muito grandes no decorrer de um ano de vida.
— A influência do meio familiar é mais evidente nessa idade e faz com que crianças provenientes de famílias diferentes tenham capacidades e comportamentos muito diversos.
— O acesso à escolaridade, por não ser obrigatória, é heterogêneo e isso faz com que,

em um mesmo grupo, haja meninos e meninas que já estejam bem-adaptados ao ritmo escolar.
- A dificuldade de pretender que, nessa idade, todas as crianças façam uma atividade ao mesmo tempo.
- A maior aceitação da integração nas salas de aulas de crianças com necessidades educativas especiais.
- Por final, a atitude mais positiva de aceitar as diferenças entre as crianças como uma coisa natural e a partir da qual se pode trabalhar.

Esse fato tem mostrado que, tradicionalmente, nas creches e nas pré-escolas, a prática educativa está organizada a partir dos elementos básicos de uma pedagogia da diversidade: flexibilização na organização, nos objetivos, diversificação de situações de aprendizagem, de material, etc. É por isso que falar de atenção à diversidade, na etapa da educação infantil, não é tão novo como fazê-lo nas etapas de escolaridade obrigatória (dos 6 aos 16 anos). De toda maneira, e com certeza, podemos continuar avançando. A seguir, faremos esclarecimentos de alguns aspectos que precisamos considerar em relação a esse tema.

É óbvio que as pessoas são diferentes; para constatá-lo, basta fixarmo-nos nas *diferenças físicas*. Cada uma tem alguns traços físicos que a caracterizam e que, ao mesmo tempo, a diferenciam das outras pessoas: uma é mais loira e a outra tem o cabelo mais avermelhado; uma usa óculos, enquanto a outra não, uma é mais baixa que a outra, etc. Essas diferenças são muito claras e bem-aceitas na escola. Também sabemos que uns são meninos e outras são meninas. Essa diferenciação de sexo, com as suas manifestações físicas, está muito influenciada pelos componentes culturais em relação a como se espera que se comportem os meninos e as meninas. As diferenças físicas entre eles não implicam necessariamente diferenças de comportamento; essas são mais provavelmente produtos de valores culturais que lhes influenciam, muitas vezes, inconscientemente, para dar potencialidade a algumas características e a alguns comportamentos considerados do sexo feminino ou do sexo masculino. Nesse sentido, é interessante que os educadores dessa etapa da educação possam fazer uma análise de quais são os seus comportamentos em relação ao tema da diferença entre os sexos:

- Aceitamos, da mesma maneira, quando um menino ou uma menina chora?
- Incentivamos a que todos os meninos e todas as meninas tenham experiências de brinquedos com carrinhos e com bonecas?
- Aceitamos, da mesma maneira, o movimento físico de um menino e de uma menina?
- Aceitamos que agrade a um menino fazer comidas e interesse mais a uma menina jogar bola?

Podemos dizer que existem outras diferenças entre as pessoas que ocorrem na inter-relação entre a influência de herança genética e as experiências que os meninos e as meninas tenham na sua família e que se manifestam ao *nível psicológico*. Assim, há crianças que são mais curiosas, outras que são mais impacientes, lentas, obedientes, distraídas, etc. Essas diferenças mostram-se claramente, na escola, na maneira de relacionar-se com os amigos e as amigas, etc., expressam-se nas diferentes capacidades de todos os tipos, nas diferentes atitudes e interesses, nos diferentes ritmos e nas diferentes maneiras de estabelecer o contato afetivo.

Também podemos destacar que entre as pessoas há componentes do tipo *social* que as diferencia. Essas diferenças ocorrem pelo meio e pelo nível social em que vivem e na origem social da família a que pertencem. Podem expressar-se de maneiras muito diversas, através de diferenças culturais (famílias que compartilham a cultura preponderante ou famílias que não, por exemplo: as famílias de ciganos em torno da cultura "paya"), nos valores diversos

(p. ex., nas famílias de origem muçulmanas, os valores que se transmitem às meninas são muito diferentes daqueles transmitidos às meninas de cultura ocidental), na ideologia e na religião (p. ex., representados nos tipos de alimentos permitidos ou não, ligados às crenças religiosas das famílias cristãs, muçulmanas, etc.), na língua, etc. Além disso, dentro do parâmetro de uma mesma cultura, existem muitas diferenças, por exemplo: entre famílias mais ou menos favorecidas em nível sócio-econômico, segundo o nível de estudo dos progenitores, etc.

É importante estar consciente dessas diferenças entre as pessoas para organizar uma prática educativa em que isso seja considerado e, assim, tornar mais aberta a experiência dos meninos e das meninas em relação ao mundo que os envolve. Isso somente é possível se, na escola, respeitam-se as diferenças de cada uma das crianças, condição para possibilitar um bom desenvolvimento que parte da aceitação da sua identidade pessoal, desenvolvendo o conhecimento de outras maneiras de fazer, diferentes das recebidas até então. É particularmente necessário, nesse sentido, considerar que a escola tem a função compensadora das desigualdades sociais, muitas vezes, terrivelmente injustas; em lugar de atribuir à origem social de uma criança a causa de suas dificuldades, o Projeto Educativo do centro deve contemplar medidas que permitam superá-las, estimulando assim as possibilidades de cada criança.

A partir da constatação e da análise das diferenças entre as pessoas, é preciso considerar que todas as crianças têm necessidades educativas, ou seja, requerem situações educativas que lhes possibilitem avançar no desenvolvimento de suas capacidades intelectuais, de relacionamento ou afetivas. Porém, é preciso levar em conta que alguns meninos e algumas meninas apresentam necessidades educativas mais graves e permanentes. Essas *necessidades educativas especiais* podem ser devido a carências ou a transtornos da estrutura biológica de base ou por dificuldades que têm origem nas desigualdades sociais. De qualquer forma, para poder dar resposta às necessidades de uma criança em um determinado momento, é preciso saber a proveniência dessa necessidade: uma patologia concreta, as condições iniciais, as possibilidades e as capacidades dos diferentes contextos em que a criança está inserida.

Assim, de um lado, estamos falando de crianças com necessidades sensoriais (de audição ou de visão), com deficiências motoras, com deficiências mentais ou com transtornos mais ligados ao comportamento, ou à relação com as pessoas. A explicação das características e das necessidades educativas que os meninos e as meninas afetados por essa patologia podem ter ultrapassa as possibilidades deste livro. Por isso, remetemos o leitor a algumas obras indicadas no final. Assim, é preciso ter presente que, apesar de os aspectos das crianças que possuem essa patologia serem muito específicos, elas também têm as mesmas necessidades que as outras: sentirem-se queridas e acompanhadas, sentirem que as outras pessoas confiam nas suas capacidades, fazerem parte de um grupo, etc. Esses são aspectos que uma professora não poderá esquecer.

Além disso, as crianças que apresentam necessidades educativas especiais, e que estão integradas em uma creche ou em um jardim da infância, provocam em seus pais e nos professores sentimentos contraditórios, que vão do temor à esperança. Em muitos desses casos, tanto os pais quanto os professores precisam de assessoramento de pessoas que conhecem tais patologias e que podem ajudá-los a integrar-se com os cuidados de que essas crianças necessitam. Esses profissionais têm conhecimentos, ferramentas e recursos necessários para complementar a tarefa dos educadores e das educadoras nas escolas. No final deste livro, encontra-se um Guia de Recursos e Serviços para a Criança, com uma explicação dos diversos serviços de administração pública que trabalham com a população da etapa da educação infantil. Cada uma das equipes tem as funções que lhe são próprias e, na sua composição, incluem-se profissionais de diversas formações, ou seja, vinculados à educação, à assistência psicológica e ao âmbito social.

Entretanto, há crianças que, mesmo não tendo um déficit na estrutura de base, podem apresentar retardos nas capacidades básicas. Essas dificuldades, ligadas a situações relacionadas com as experiências vividas no decorrer de sua vida, como situações de enfermidades graves, de hospitalização, de maus-tratos, de insucessos nas primeiras relações, etc., podem provocar nas crianças:

- retardos na linguagem e na capacidade de simbolização;
- dificuldades de aprendizagem de relações interpessoais;
- dificuldades na aquisição da autonomia pessoal;
- etc.

Muitas vezes, essas crianças também apresentam, em alguns momentos de sua vida, necessidades educativas especiais e requerem uma atenção adicional e especializada. O trabalho conjunto com outros profissionais pode ajudar a dispor das condições para ajustar a resposta educativa às necessidades detectadas e auxiliar as crianças a evoluírem positivamente.

Com referência à atenção às necessidades educativas especiais que alguns alunos apresentam, convém falar também dos que a requerem por mostrarem capacidades superiores a maioria dos meninos ou das meninas de sua idade. Para eles será igualmente necessário prever atuações que lhes permitam participar da vida em aula.

Para finalizar, faremos uma relação dos aspectos que consideramos necessários obter na escola, com a finalidade de ajudar a avançar nas capacidades individuais que cada um tem, ou seja, em uma escola capaz de educar todas as crianças, independentemente de sua situação inicial.

- É preciso encarar a diversidade entre as pessoas como um valor a ser estimulado, que implica uma aprendizagem de vida em uma sociedade plural e democrática.
- É importante não considerar como estáticas e imóveis as dificuldades que uma criança pode apresentar em um momento específico. Tanto as experiências de estimulação precoce como a ajuda dada aos meninos e às meninas, na escola e na família, podem ser pensadas como possibilidades de troca entre as pessoas. É preciso considerar que as situações de comunicação entre as crianças e os adultos da espécie humana são elementos estimuladores das capacidades de aprendizagem das crianças.
- É preciso ter confiança nas possibilidades que o educador tem de ajudar. Se ele possibilita, nas aulas, situações de comunicação real em que compartilham significados e fazem experiências enriquecedoras para todos, estará ajudando todos os alunos e alunas a desenvolverem capacidades que talvez não teriam ocasião de desenvolver em nenhum outro contexto.
- Convém entender que a tarefa educativa deve ser feita conjuntamente com todas as pessoas que estão à volta das crianças: os pais, as mães, outros profissionais que podem ajudar a ter visões complementares e o recurso que seja importante para responder à necessidade da criança avançar.

A importância da atividade lúdica[1]

No decorrer da história da educação, diferentes psicólogos, pedagogos e professores têm acreditado na importância do jogo para o desenvolvimento global e harmônico das crianças pequenas. As justificativas para atribuir um papel preponderante aos jogos na educação infantil situam-se em diferentes níveis. De um lado, propõe-se que o jogo é necessário para que as crianças aproximem-se do mundo dos adultos e para que testem comportamentos, papéis e habilidades que reconhecem nos seus pais, nas suas mães, nos educadores e nas educadoras, o que lhes permitirá incorporá-los. Outras posturas, totalmente opostas, afirmam que a criança recorre ao jogo precisamente para escapar desse mundo pouco gratificante e estrito dos adultos. Em resumo, destaca-se a tendência da criança, através do jogo, de distanciar-se desse mundo restrito e recorrer à ilusão e à fantasia para criar momentaneamente outros mundos mais gratificantes, ou enfatiza-se a tendência de a criança querer atuar e fazer o mesmo que as pessoas adultas, baseando-se, em parte, na facilidade com que as crianças assumem os papéis dos adultos nos jogos.

As duas explicações são interessantes e parecem complementares: no jogo das crianças de dois a seis anos, há tanto uma aproximação ao mundo e ao papel das pessoas adultas como um afastamento momentâneo da realidade imediata que, por sua vez, pode parecer rotineira, se comparada com a fantasia e a ilusão que pode ser desenvolvida no jogo. Entre esses dois modos contraditórios de conceituar a atitude das crianças, existem outras interpretações que explicam e ampliam os motivos pelos quais todas as crianças jogam e sentem-se tão gratificadas com tal atividade.

Analisaremos o papel do jogo no desenvolvimento e na aprendizagem das crianças na escola infantil. Partimos da premissa comumente aceita de que a maioria das crianças joga de maneira espontânea e realiza, desde muito cedo, atividades lúdicas com as quais se entretém e das quais usufrui. Aceitamos também a idéia necessária e conveniente de que as crianças jogam e de que as pessoas mais velhas propiciam e favorecem tal atividade, tanto em casa como na escola.

De toda maneira, para poder falar de jogo, primeiro necessitaremos entrar em acordo sobre quando uma criança joga e em que nos baseamos para fazer tal afirmação. Acreditamos que se pode falar de jogo em uma grande variedade de situações e, muitas vezes, é discutível e difícil afirmar com toda a segurança. Por isso, consideramos útil apresentar alguns critérios ou alguns signos externos que nos permitam conceituar como jogo a conduta de uma criança. Assim, destacamos os seguintes: o papel do prazer, a ausência de uma finalidade externa imposta, o imediatismo, a livre iniciativa dos participantes e o fato de que se trata de uma simulação.

- O jogo é uma atividade que proporciona prazer e diversão. Joga-se pelo prazer do momento, para distrair-se e divertir-se e não por uma obrigação ou para conseguir objetivos alheios.
- O jogo não responde a uma finalidade externa, é feito sem nenhuma finalidade concreta e não está submetido a exigências ou interesses alheios. Essa ausência de exigências externas implica, também, uma certa liberdade de equivocar-se e de não cumprir as expectativas, o que estimula a iniciativa e a invenção.
- O jogo tem sempre uma característica imediatista: a criança joga aqui e agora, e não se planejam objetivos alheios ou diferentes no tempo. Interessa a ela mais a conduta em si mesma do que os resultados ou o produto da conduta. De certo modo, ela dá mais importância aos meios e à atividade em si mesma do que às finalidades que deseja conseguir. Isso não quer dizer que ela não tenha finalidade; muitas vezes, essa finalidade vai modificando ou trocando, porque se adapta aos novos meios que a criança vai descobrindo.

- O jogo deixa um amplo espaço à livre iniciativa e à liberdade dos participantes. Trata-se de uma liberdade relativa, já que, muitas vezes, são as crianças mesmas que impõem limites e regras ou determinam normas claras na atividade lúdica. Porém, geralmente, esses limites são demarcados pelas próprias crianças, que os aceitam como necessários para poder jogar: não como uma limitação, mas como uma base que o possibilita.
- O jogo caracteriza-se, muitas vezes, pela simulação, por um "fazer de conta", pela sua própria condição de semi-realidade e para possibilitar um mundo de fantasia, no qual os desejos podem ser realizados graças à simulação e à ilusão. No jogo, transformamos o mundo exterior para adaptá-lo às nossas necessidades.

Mesmo que tenhamos tentado definir o jogo para diferenciá-lo de outros tipos de atividade, seguidamente nos damos conta de que, na prática, isso é bastante difícil, pois continuamente surgem situações que poderíamos qualificar como jogo e que não respondem estritamente aos critérios mencionados. É bem verdade que a criança, e por sorte também os adultos, misturam o jogo com o trabalho, as brincadeiras com as obrigações ou realizam suas tarefas brincando e de uma maneira mais descontraída. Também podemos destacar que, para as pessoas adultas, todo o trabalho criativo possui um componente lúdico; nesse caso, as fronteiras entre o jogo e trabalho ficam mais diluídas. Esses critérios, pois, servem como uma orientação e uma referência, com todas as dúvidas e os matizes que, certamente, encontraremos na realidade.

Jogar*, crescer e aprender

O jogo proporciona benefícios indiscutíveis no desenvolvimento e no crescimento da criança. Através do jogo, ela explora o meio, as pessoas e os objetos que a rodeiam; aprende a coordenar as suas ações com as de outra pessoa; aprende a planejar e a considerar os meios necessários para alcançar um bom objetivo, aproxima-se e utiliza os objetivos com intenções diversas e com fantasia.

Segundo Vygotsky, o jogo cria uma zona de desenvolvimento próximo na criança, de maneira que, durante o período que joga, está sempre além da sua idade real. O jogo contém em si mesmo uma série de condutas que representam diversas tendências evolutivas e, por isso, é uma fonte muito importante de desenvolvimento.

Tal fato acontece porque se trata de uma atividade que possibilita espaço para ensaiar, provar, explorar, experimentar e, ao final, interagir com as pessoas e com os objetos que estão ao redor da criança e que são um motor constante para as suas próprias necessidades de conhecimento e de ação. À medida que a criança cresce e desenvolve-se, o jogo também vai mudando e evoluindo. Em um primeiro momento, preponderam os jogos sensório-motores, de caráter manipulativo e exploratório que, aos poucos, assumirá um papel estruturador, conforme se vinculam os meios e os fins (jogos de construção, de simulação e de ficção). Mais adiante, desenvolve-se no sentido de que a criança vai elaborando e assumindo regras (jogos regrados), coordenando a sua própria ação com a dos companheiros de jogo e planejando metas e objetivos concretos (jogos esportivos, de cooperação e de competição, etc.). Em geral,

---

*N. de T. "Jogar" é usado no sentido que temos, no português do Brasil, de brincar e de jogar; "jogo" é usado no sentido de brincadeira das crianças e dos demais jogos com material específico.

quando falamos de jogos, nessa idade, não estamos referindo-nos ao jogo sozinho, e sim ao "jogo com...", ao "jogo perto de..."; referimo-nos a situações de jogos com outras pessoas, com adultos ou crianças, com tudo o que isso traz de possibilidades de interação e de relação: desde as possibilidades de imitar o jogo de outra pessoa como uma proposta de organização conjunta para jogar.

Para que o jogo seja realmente um motor de desenvolvimento, pensamos que o fato de ser social, de jogar com outras pessoas, é muitíssimo importante e necessário. Tal como explica Bruner (1984), nos resultados de uma pesquisa sobre grupos de jogos, o jogo era muito mais rico quando se realizava em companhia e, sobretudo, entre meninos e meninas pequenos, mais rico e prolongado quando jogavam em duplas do que sozinhos ou grupos muito amplos. É preciso que se considere o papel da imitação na aprendizagem dos jogos: os meninos e as meninas vão incorporando novos jogos ao seu repertório habitual, porque vêem os companheiros de aula que jogam outras coisas novas e desconhecidas para eles ou porque a professora, ou qualquer outro adulto e até uma criança maior faz propostas novas de utilização de um material.

Portanto, o jogo proporciona benefícios no desenvolvimento e no crescimento das crianças pequenas. Favorece as capacidades afetivas e emocionais, já que, através do jogo simbólico, com bonecos e objetos variados — tal como explicam os psicanalistas —, as crianças revivem, reproduzem, ou imaginam cenas ou situações da vida real. Essa simulação da realidade permite ir conhecendo, aceitando ou testando novas maneiras de relacionar-se, de enfrentar os conflitos e situar-se no seu contexto social e relacional. Através do jogo, pode-se provar e ensaiar condutas e comportamentos, além de viver ou ver os efeitos que os mesmos podem causar, sem as possíveis represálias.

Obviamente, se quisermos estimular o desenvolvimento das capacidades afetivas e de relacionamento, as situações de jogo em pequenos grupos, aos pares ou com a pessoa adulta são especialmente adequadas e pertinentes. Quando se trata de desenvolver as capacidades motoras, é evidente que devemos criar situações de jogo motriz: o jogo com o próprio corpo, com as outras pessoas, etc. Assim, segundo o tipo de jogo que apresentamos às crianças, podemos ajudá-las a desenvolver desde as habilidades motoras mais sutis (como as que são necessárias para os jogos de construção e encaixe) até as habilidades que envolvam todo o corpo (como a coordenação dos movimentos, a independência das partes do corpo, etc.). Finalmente, as capacidades intelectuais e cognitivas apresentam a sua máxima estimulação nos jogos de exploração e de experimentação, de construção, o jogo com regras, o jogo simbólico, a interação verbal e manual com as outras pessoas. Em todos esses jogos, a criança depara-se com pequenas situações nas quais precisa resolver, relacionar e utilizar a linguagem como um motor autêntico do pensamento e do conhecimento (fornecer e buscar informações, contrastar pontos de vista, antecipar conseqüências das ações, planejar e coordenar ações, comprovar hipóteses, procurar soluções e alternativas, etc.). É muito sugestivo, na perspectiva de tese de Gardner (1993), tratar um objeto como se fosse um outro (jogo simbólico); é uma forma de "metarrepresentação", já que a criança conhece o objeto, mas atribui-lhe outras propriedades para obter os efeitos que deseja. Pode pensar mais além do mundo da experiência direta, sendo capaz de imaginar, ao mesmo tempo, em que põe à prova seus próprios conhecimentos.

4.4 AS PRINCIPAIS SITUAÇÕES EDUCATIVAS

Uma vez definido o que podemos considerar como critérios gerais que devem presidir a prática educativa na escola infantil, é o momento de comentar as principais situações educativas em que se podem concretizar os critérios comentados. Fizemos uma triagem das situações que, necessariamente, constituirão momentos educativos nessa etapa e tentaremos proporcionar elementos que sejam úteis como uma orientação didática na prática. (No Anexo 1, pode ser consultado um exemplo de uma jornada escolar na creche e na pré-escola.)

O jogo

Atualmente, é bem aceito que, nas creches e nas pré-escolas, os meninos e as meninas joguem e realizem atividades lúdicas diversas. Os motivos dessa aceitação, provavelmente, são diferentes e nem todos coincidem na sua justificativa e necessidade; no item anterior, já comentamos alguns benefícios dessa atividade ao desenvolvimento. As professoras e as educadoras sabem que, se quiserem ter sucesso nas suas propostas e nas suas atividades, deverão apresentá-las em forma de jogo para que as crianças se interessem e participem com mais entusiasmo. É por isso que muitas propostas didáticas dessa etapa estão baseadas no jogo, não porque se considera que ele tenha um valor em si mesmo, mas porque é um meio que permite alcançar algumas finalidades educativas determinadas. Embora possamos aceitar que, enquanto a criança pequena joga, ela aprende e desenvolve as suas capacidades, é conveniente que a escola leve isso em consideração na hora de utilizar uma ou outra metodologia; por outro lado, também pensamos que é melhor não abusar dessa utilização, para que o jogo não perca o seu ingrediente de liberdade e de criatividade (ver Figura 4.1).

Diferenciaremos três tipos de jogos que, freqüentemente, são realizados nas creches e nas pré-escolas:

- Atividades apresentadas em forma de jogo.
- O jogo pelo jogo.
- As situações planejadas de jogo.

Quando falamos de *atividades apresentadas em forma de jogo*, referimo-nos a certos jogos de linguagem (falar ligeiro, nomear os objetos que aparecem em uma imagem, pronunciar palavras que tenham um determinado

Figura 4.1 "Hoje jogamos com as bonecas.": turma dos três anos da Escola Folch i Torres.

som, etc.), de motricidade (seguir um caminho imitando a professora, realizar determinados movimentos seguindo um ritmo, etc.) ou jogos cognitivos diversos (localizar um objeto a partir de uma descrição, associar objetos e dizer a que coleção pertence a pedido da professora, etc.) que se realizam muitas vezes em sala de aula. Em geral, são atividades dirigidas pela professora, nas quais a criança segue e executa determinadas tarefas, mas que são apresentadas em forma de jogo para motivar e interessar mais aos pequenos.

Convém diferenciar esse tipo de atividade daquilo que entendemos que é um jogo. Não se trata de excluí-los do repertório educativo, já que podem resultar em jogos muito divertidos e são úteis para desenvolver determinadas capacidades. Mesmo assim, é preciso destacar que não se trata propriamente de jogos. Ao mesmo tempo que se apresentam atividades desse tipo às crianças, é preciso que se apresentem outras situações de jogo mais livre e autônomo.

No outro extremo, nas escolas de educação infantil, realiza-se uma outra maneira de atividades de jogo (*o jogo pelo jogo*) que, às vezes, tem a finalidade de ampliar um momento de espera, de distrair os meninos e as meninas, de propor algumas "atividades de aprendizagem" – entendendo que o jogo não é aprendizagem – ou simplesmente para deixar passar o tempo. Portanto, a educadora não estrutura nem prevê o que pode acontecer nessas situações e limita-se a vigiar para que as crianças não se machuquem ou para que não briguem.

A partir disso, poderíamos perguntar se é errado jogar para distrair-se, divertir-se ou se na escola devemos estar continuamente cumprindo objetivos, planejando situações e controlando, observando e avaliando comportamentos de maneira obsessiva. Nada mais alheio às nossas intenções. Também pensamos que, no decorrer da jornada escolar, há momentos em que esse tipo de jogo tem uma razão de ser e que é necessário para manter o bom andamento da dinâmica do grupo. São os momentos em que as crianças estão cansadas, momentos de espera, momentos que surgem de maneira espontânea em um dia de chuva, quando as crianças estão nervosas e têm vontade de jogar, quando a professora ausentou-se da escola por motivo de urgência e outra atende ao mesmo tempo duas turmas da mesma idade, ou quando acabam mais depressa do que o previsto a atividade preparada e ainda não é hora do almoço. O jogo no pátio, por exemplo, em geral responde a essa finalidade: jogo para relaxar, para descontrair, correr, mover-se, descansar depois de uma tarefa que exigiu muita concentração, etc.

Nesses dois tipos de jogo que apresentamos (um com muita intervenção da professora e outro em que ela somente observa), poderíamos situar o que nomeamos de *situações planejadas de jogo*, as quais respondem à intenção de utilizá-lo para o desenvolvimento e a aprendizagem dos meninos e das meninas da turma na sala de aula. Essas situações são planejadas, porque sua proposta normalmente esconde alguns objetivos, mais ou menos explicitados, porque se prevê utilizar um determinado espaço ou utilizar determinados materiais e brinquedos; ou, ainda, porque se reflete minimamente sobre os tipos de intervenção e o papel que se adotará, enquanto os meninos e as meninas jogam. As situações de jogo planejadas podem ser muito diversas, segundo as capacidades que queremos estimular e favorecer e de acordo com as idéias implícitas das educadoras sobre a maneira como as crianças aprendem e sobre o papel que elas têm na sua educação e no seu desenvolvimento de capacidades.

Um exemplo dessas situações são os *cantinhos de jogo*, quando estão minimamente planejados, refletindo-se sobre as habilidades e as capacidades que podem ser favorecidas, escolhem-se os materiais determinados e vai-se contrastando o que foi planejado com os resultados obtidos a partir da observação e do acompanhamento do jogo dos meninos e das meninas do grupo. É preciso destacar que, nesse tipo de situação, nem sempre o que prevemos coincide com o que ocorre na realidade, baseando-se nisso o interesse da atividade.

Nos cantinhos de jogo, são oferecidas diversas situações às crianças, nas quais o jogo é a atividade principal; essas situações devem possibilitar experiências diversas e, portanto, desenvolver capacidades variadas. O material que se oferece determina o estilo do jogo a ser desenvolvido nesse espaço. Habitualmente, existe um tipo de cantinho de jogo no qual se apresenta material estruturado, do tipo *didático* (quebra-cabeças, encaixes, dominó, etc.), com os quais os alunos enfrentam as tarefas que requerem habilidades motoras, espaciais e perceptivas. Um outro tipo de material também bastante encontrado em um outro cantinho do jogo é o de *construção*. Os meninos e as meninas exercitarão, além das habilidades já citadas, a representação tridimensional. Os cantinhos de *jogo simbólico* oferecem oportunidade para a criança representar, por meio da dramatização e da verbalização, situações da vida cotidiana ou situações fantasiadas. Outro tipo é o da *experimentação*, que permite fazer exploração com materiais que possibilitam atividades diversas: material que dissolve, líquidos, materiais próprios da natureza, etc. Com esse tipo de material, as crianças experimentam o efeito de suas ações e podem tirar conclusões. Finalmente, citaremos os cantinhos nos quais se fazem *jogos de regras*, que podem ser introduzidos ao final da etapa da educação infantil, como os jogos de carta, os jogos com dados, os de memória, etc., e os de *biblioteca e linguagem*.

Outras tipos de jogos que poderíamos mencionar são os chamados *jogos heurísticos* (Goldschmied, 1986), realizados com as crianças menores para estimular o jogo e explorar o valor que tem para elas mesmas. São atividades de jogo com materiais preparados cuidadosamente e com um elevado grau de liberdade e de diversão para a maioria das crianças. Ao final dessas atividades, tem-se a idéia de que a criança aprende basicamente através do contato com os objetos, da manipulação, da exploração e da descoberta. Uma vez que estamos de acordo com tal afirmação (a criança pequena tem a necessidade de ação e de manipulação dos objetos), o tipo de intervenção por parte da pessoa adulta (exclusivamente organizadora e facilitadora, proibindo ainda uma participação mais ativa) parece-nos adequado, se a finalidade pretendida for a observação externa e a avaliação. Porém, quando essas situações forem levadas ao extremo, implicam uma atitude demasiadamente passiva, em que não se aproveita o enorme potencial de desenvolvimento e de aprendizagem que a interação e o relacionamento com a pessoa adulta ou outras crianças proporcionam ao pequeno.

Por sua vez, nas situações de jogo planejadas, coexistem muitos jogo de regras e motores que são feitos no pátio ou em outros espaços grandes, nos quais a professora joga com as crianças (p. ex., caçador, cabra-cega, de contar um, dois, três e tocar na parede, tocar e parar, etc.). Aos poucos, os meninos e as meninas incorporam esses tipos de jogos e passam a jogá-los sem a presença do adulto.

Fizemos referência a tipos de jogos muito diversos que cabem na programação. Será a educadora quem deve estar consciente das possibilidades e das limitações de cada um e das diferentes capacidades que podem incentivar. As atividades apresentadas em forma de jogo ou o jogo pelo jogo são úteis e convenientes em determinados momentos e têm diferentes finalidades, mas por si só não abarcam toda a importância do jogo nessa etapa. As situações de jogo planejadas irão complementar e merecem um lugar destacado na organização da programação, já que permitem captar com mais facilidade os conhecimentos e os pensamentos das crianças, e, assim, observar suas habilidades e competências.

De acordo com o modo como se planeja e conceitualiza-se essas situações (espaço, material, tipo de intervenção, organização, etc.), poderão ajudar todas as crianças a aprenderem mais e de uma maneira mais ou menos significativa. Nessas situações, pode-se promover a interação entre a professora e as crianças, compartilhar e negociar significados, ceder-lhes autonomia no processo e intervir de uma maneira altamente contingente, adequando-se às necessidades ou às dificuldades dos diferentes meninos e meninas.

Cabe destacar, também, que é conveniente haver uma certa diferenciação quanto ao jogo: em relação ao tempo que podemos estar jogando, em relação ao material que podemos utilizar e em relação ao tipo de jogo que se planeja. Porém, há diversos aspectos que consideramos comuns em toda a etapa: a necessidade de que o material seja estimulador e diversificado, a importância da presença do adulto que proporciona a informação, que ajuda a resolver conflitos, que faz propostas e, também, o fato de que as crianças tenham oportunidade de fazer jogos diversos com diferentes companheiros de grupo. À medida que se aproxima o final da etapa, é preciso diferenciar progressivamente o jogo do trabalho; é importante e necessário não somente para as crianças, mas também para as professoras irem introduzindo o componente lúdico e criativo que o trabalho pode ter.

As rotinas

Na etapa da educação infantil, há uma série de aprendizagens que se relacionam, claramente, às necessidades vitais das crianças dessa idade. Particularmente no primeiro ciclo (desde os primeiros meses até os três anos), a criança necessita, para manter o seu bem-estar, de toda uma série de cuidados que se centram nas necessidades vitais; destacamos o descanso, a alimentação e a limpeza. Igualmente, há toda uma série de situações, durante a jornada diária, que são também muito importantes, no sentido de que ajudam a organizar pessoalmente as crianças e a estabelecer uma boa relação com os objetos e as pessoas que as rodeiam. Estamos falando das situações de entrada e de saída da escola e dos momentos de ordem e de recolhimento do material. Se fizéssemos uma análise do tempo dedicado a tais atividades, durante uma jornada, veríamos que é um tempo considerável. Sobretudo durante os três primeiros anos, utiliza-se muito tempo na troca de fraldas, no acompanhamento das crianças ao banheiro, dando-lhes as refeições ou ajudando-as para que comam sozinhas, colocando para dormir ou tentando que descansem por um determinado período. Todas essas situações foram denominadas de *rotinas*, no sentido de que são atividades que se realizam a cada dia, de maneira estável e muito pautada por parte da pessoa adulta. Queremos destacar que a palavra "rotina" tem, no seu sentido habitual, um caráter pejorativo, porque nos faz pensar em conduta mecânica. Já falamos anteriormente sobre a importância dessas atividades do ponto de vista do desenvolvimento. Tratam-se de situações de interação, importantíssimas, entre a pessoa adulta e a criança, em que a criança parte de uma dependência total, evoluindo progressivamente a uma autonomia que lhe é muito necessária.

No primeiro ciclo da educação infantil, não se pode deixar de lado a necessidade de dedicar o tempo próprio a essas atividades, porque são absolutamente presentes no decorrer do dia e são o elemento organizador de todas as outras atividades. Porém, durante o segundo ciclo, momento no qual a criança já começa a ser autônoma, corre-se o perigo de regrá-las e de outorgar-lhes um papel meramente complementar, entre outras atividades que são consideradas como importantes nessa etapa. No decorrer do segundo ciclo, continua sendo básico que a criança vá adquirindo uma autonomia na realização de suas necessidades básicas, que continue aprendendo a comer sozinha em todas as refeições, aprendendo a deixar ordenado o espaço do jogo e os seus pertences pessoais, que vá adquirindo confiança nas suas possibilidades de lavar-se sozinha, etc.

Assim, na educação infantil e, muito especialmente, no primeiro ciclo, os processos de ensino-aprendizagem encontram um eixo privilegiado nas atividades relacionadas ao cuidado dos pequenos, em volta das quais ocorrem os processos interativos educadora-criança. Essas atividades são claramente educativas, à medida que, se as interações entre a pessoa adulta e a criança forem positivas, a criança adquire uma autonomia progressiva na sua realização. Além disso, no desenvolvimento dessas atividades, a criança vai conhecendo a si mesma e também as outras pessoas e pode pôr em jogo o seu sistema de comunicação, compartilhando com as outras pessoas as suas próprias experiências. É um dos contextos no qual se pode observar que a criança e a pessoa adulta envolvem-se em situações e tarefas comuns que exigem que cada uma faça uma abordagem a partir de sua referência, estabelecendo, dessa maneira, um contexto de ação e coparticipação (Molina, 1992). Assim, pode-se considerar as rotinas como um aspecto central no processo de desenvolvimento, sobretudo, nos primeiros anos de vida.

As atividades relacionadas ao cuidado das crianças pequenas (como foi explicado no Capítulo 3) podem ser consideradas grandes unidades didáticas que se retomam diariamente. Essas unidades são orientadas por objetivos que perseguem a finalidade geral de ajudar a criança a avançar no caminho que a leve à autonomia e à configuração de uma auto-imagem positiva. Referem-se a determinados conteúdos que costumam ser procedimentais (lavar as mãos com água e sabão e secá-las, abrir a merenda, recolher as peças de jogo quando acaba de jogar), porém é necessário não esquecer que com essas atitudes as crianças aprendem o gosto pela limpeza pessoal, o interesse em manter um espaço sem papéis pelo chão, a colaborar com os outros meninos e meninas no recolhimento do que for necessário) e é preciso incentivá-las; aprendem, ainda, as noções e os conceitos nos quais se baseiam (a água molha, o nome dos diferentes alimentos que se pode levar de merenda para a escola, a identificação das peças que precisam ser guardadas juntas, porque pertencem a um mesmo jogo).

A seguir, comentaremos as situações que consideramos necessárias levar em conta no decorrer da etapa, porque podem ser aspectos fundamentais que permitem um processo de desenvolvimento e de aprendizagem.

- *As situações de alimentação:* o lanche da manhã, o almoço, a merenda.
- *As situações de limpeza:* a troca de fraldas, a educação do controle de esfíncter na hora da refeição, lavar as mãos e o rosto, escovar os dentes, soltar os gases.
- *As situações de descanso:* as dormidas durante o dia, o descanso depois do meio-dia, o vestir-se ou desvestir-se.
- *As situações de ordem dos pertences pessoais ou do grupo*: pendurar o casaco e colocar o avental, recolher os jogos, os seus trabalhos, o material comum da mesa de trabalho.
- *As situações de entrada e de saída:* o contato inicial diário da criança com a professora, a ordenação de seus pertences, o fato de tirar o casaco e de colocar o avental.

As situações de alimentação

As situações de alimentação são centrais nos momentos determinados da vida das crianças pequenas e adquirem progressivamente um papel que, mesmo sendo essencial, é cada vez mais secundário na jornada educativa. Nos primeiros meses da vida da criança, as situações de alimentação são o eixo ao redor do qual se estruturam todas as demais atividades. Nesse período, os momentos de alimentação ocorrem a cada três ou quatro horas e, portanto, são situações que marcam profundamente a jornada escolar da criança pequena na creche. Aos poucos, com o passar do tempo, a criança vai incorporando necessidades alimentares similares às do adulto: três ou quatro refeições diárias. Assim, no decorrer da etapa da educação infantil, há mudanças consideráveis no tempo dedicado a essas necessidades básicas de alimentação. De toda maneira, podemos dizer que, até o final do período da pré-escola, levando em conta as horas que as crianças estão na escola, provavelmente façam lá três das quatro refeições diárias: lanche da manhã, almoço e merenda.

Na escola das crianças menores, as situações de alimentação são momentos em que ocorrem uma relação única e exclusiva entre o bebê e a educadora. Além de satisfazer as necessidades de alimentação, elas representam uma situação de comunicação e relação privilegiada para a criança. No decorrer do primeiro ano, ocorrem mudanças espetaculares, no sentido de que a criança evoluiu da mamadeira com leite, segurada pela educadora, até conseguir comer com os talheres, usados pelos adultos, e estar sentada em uma cadeira infantil. Pouco a pouco, vai participando de uma maneira mais clara das situações e incorporando conhecimentos: desde o conhecimento de texturas e gostos (aprende a mastigar, aprender a aceitar gostos doces e salgados, etc.) até a participação ativa ao tentar pegar os utensílios próprios para as refeições. Durante o segundo e o terceiro ano de vida da criança, progressivamente, ela já é capaz de comer todo tipo de alimentos e chegar a fazê-lo sozinha, com a utilização de instrumentos adequados (o copo, a colher, etc.). Também, aos poucos, vai incorporando o caráter cultural e de relação social que as refeições têm no nosso contexto. O processo que leva à autonomia nas refeições e à materialização das potencialidades dessa atividade depende muito da maneira como os adultos que estão ao seu redor (pai, mãe e professores) organizam tais situações.

Durante a pré-escola, as suas destrezas na utilização dos instrumentos nas refeições podem ser melhoradas e podem incorporar no seu conhecimento todos os alimentos próprios do lugar de onde os vê. Assim, é um momento em que mostra preferências por determinados alimentos em detrimento de outros e começa a ser seletiva nos seus gostos. Tornam-se essenciais os objetivos e as estratégias educativas formulados pelas professoras e/ou monitoras para que essas situações incorporem um ou outro caráter educativo. O fato de que as refeições sejam feitas na própria sala de aula ou em um outro espaço, sob a responsabilidade das professoras ou das monitoras, se é um espaço de estratégias de cuidado ou de educação, e explicitem-se ou não os objetivos educativos que queremos conseguir, esses serão aspectos determinantes que vão resultar em uma ou em outra característica e, portanto, tendo um impacto ou outro nas capacidades infantis.

As refeições que as crianças fazem na escola de educação infantil (desde a mamadeira até o lanche, o almoço e a merenda, passando pelos diferentes tipos de papinhas) precisam estar organizadas e preparadas. A atuação da professora deverá estimular a autonomia e a participação dos meninos e das meninas na vida das pessoas adultas, ao mesmo tempo que satisfazem as suas próprias necessidades biológicas de alimentação.

O clima criado em volta dessas situações é importante para que elas sejam estáveis, relaxantes, tranqüilas e tornem-se contextos comunicativos de participação conjunta e de diálogo entre a professora e a criança. Há diferentes aspectos que cabe cuidar nestes momentos de alimentação:

- *O respeito pelos horários:* o respeito pelos horários de refeições é o primeiro organizador temporal das crianças pequenas; durante o primeiro ano de vida, é preciso respeitar o ritmo individual de cada criança. A partir de um ano, é importante que os horários sejam estáveis, para que a criança possa ir situando os momentos de refeições em relação a outras tarefas que são feitas na escola e a ajude a estruturar os conceitos temporais antes e depois.
- *A adequação do espaço:* é interessante que os meninos e as meninas dessa idade possam fazer as refeições em um espaço reduzido. É por esse motivo que se recomenda que seja na própria sala de aula ou em um espaço comum a todas as crianças da pré-escola e específico a ela, no caso das escolas com crianças de

3 a 12 anos. Esse espaço deve ser atrativo, limpo e sem nenhum cheiro. Assim, cria-se um ambiente agradável, sem os ruídos dos grandes refeitórios para toda a escola primária. É bom que as crianças maiores possam colaborar nas tarefas de preparar a mesa, trazer o carrinho com as merendas da cozinha, etc. É preciso fazer o possível para que os momentos das refeições sejam experiências positivas para os meninos e as meninas.

- *A apresentação da refeição:* costuma-se dar importância à maneira como se apresenta o alimento para conseguir que os meninos e as meninas tenham interesse em provar o que lhe seja novidade. Também é conveniente que as mesas do refeitório, na escola, tenham o máximo de semelhança com o que consideramos que deva ser uma mesa em casa, para que as crianças possam ver, nesses momentos, uma continuidade entre a escola e a família.
- *A participação progressiva das crianças na situação de alimentação:* à medida que elas obtêm um maior grau de autonomia, é importante que a professora deixe de organizar toda a situação de alimentação e permita a participação das crianças: começar a tomar um pouco de água sozinha, começar a comer alguns alimentos sozinha, repartir a merenda com outros meninos e meninas, colocar água nos copos, ajudar a preparar a mesa, etc.

Em nosso âmbito educativo, nas creches, é a mesma professora ou educadora quem ajuda as crianças a comerem; na pré-escola, normalmente, há monitores e monitoras expressamente contratados para essa tarefa durante os momentos do almoço. Por esse motivo, na creche, o momento da refeição é mais um entre todos da jornada diária e a responsabilidade de seu desenvolvimento fica a cargo da educadora. Na pré-escola, as professoras não organizam nem são responsáveis pelo momento do almoço; por isso, é conveniente que haja alguma referência entre o decorrer da jornada e o momento do almoço na tarefa educativa da professora. A possibilidade de estabelecer um acompanhamento e uma coordenação entre as professoras da pré-escola e os monitores do refeitório permite a continuidade da tarefa educativa iniciada na creche ou em casa. Há muitas maneiras de organizar esses momentos do refeitório para possibilitar um seguimento educativo.

Os momentos das refeições permitem, também, comprovar as diferenças entre as crianças: algumas são lentas, outras são rápidas; existem as que se agradam em provar alimentos diferentes ou outras que têm o gosto muito limitado, etc. Igualmente, é preciso considerar que, nas horas da refeição, expressam-se facilmente situações de mal-estar físico ou psíquico. Por isso, é preciso estarmos muito atentos às reações das crianças pequenas; desde cedo, elas sabem auto-regular-se em relação à alimentação. À medida que as crianças crescem, podem ter interesses por novos alimentos e, aos poucos, incorporar as normas e os hábitos que a equipe educativa do centro estabelece.

Finalmente, queremos comentar a importância de estabelecer uma relação estreita com a família, mais intensa com as das crianças menores. No começo da creche, é preciso que haja um comentário oral ou escrito sobre cada refeição. Depois, para as crianças maiores, seria conveniente uma comunicação entre a escola e a família e vice-versa, a respeito dos pequenos problemas que pode haver no transcurso do ano, em que se tente estabelecer planos de atuação em conjunto.

Os comentários que fizemos em relação aos momentos de refeições habituais na escola também podem ser úteis nas refeições não-habituais. Estamos pensando nos momentos de celebração de um aniversário em que seja servida torta trazida de casa pelas crianças ou em datas específicas, como no dia de comer castanhas e massa pão* ou em outros momentos. Se as situações de alimentação forem incorporadas ao projeto educativo da escola, será necessário atribuir-lhe todo o seu papel de ensino.

No Anexo 4 ("A situação de refeição: as decisões da equipe de professores de um centro"), pode ser encontrada uma exemplificação das decisões tomadas por uma equipe de educadores da creche em relação com os momentos de refeição: o tempo que se dedica, o espaço, o material, a intervenção das pessoas adultas, os conteúdos que se trabalham, os objetivos que se quer alcançar conseguir nas diferentes idades e os aspectos metodológicos que é preciso considerar nessas situações.

As situações de limpeza

No decorrer da etapa da educação infantil, a criança vai, progressivamente, incorporando algumas aquisições pela consecução dos cuidados que lhe são dedicados em relação à limpeza de seu corpo: a troca de fraldas, o controle do esfíncter, a higiene das partes do corpo, etc. (ver Figura 4.2).

A *troca de fraldas* pode ser uma atividade importante de relação entre a educadora e a criança. Quando se dedica um tempo conveniente e isso se faz de uma maneira relaxada e tranqüila, aproveitando-se para estabelecer uma relação pessoal através da utilização de linguagem, pode-se tornar uma atividade que contribui para a saúde e o bem-estar dos bebês. No momento da troca de fraldas, sempre ocorrem as mesmas atuações: tirar as fraldas, pegar as toalhinhas, limpar o bumbum, etc. Essas atividades costumam ter — tal como formula Bruner — formato de ação conjunta entre o bebê e a educadora. Esses são momentos organizadores da realidade infantil, os quais são muito úteis para estabelecer uma relação de confiança e de segurança entre a educadora e o bebê; permitem aprender a seqüência dos acontecimentos. Para que isso ocorra com o máximo de segurança para o bebê, é preciso que haja um local próprio, o material ao alcance e uma relação próxima entre a educadora e a criança.

À medida que os meninos e as meninas crescem, por volta de um ano de idade, essa situação de troca de fraldas assume características um pouco diferentes; por exemplo, a criança, muitas vezes, tem interesse em que isso ocorra mais depressa para poder continuar com as atividades ou os jogos que estava fazendo.

O *controle do esfíncter* é outra aprendizagem rotineira que a criança faz no decorrer dos primeiros anos de vida; também é preciso que seja incorporada como uma situação educativa na escola infantil. Para atingir o controle do esfíncter é necessário que haja uma maturação fisiológica do sistema nervoso e muscular (possibilidade de interpretar no cérebro as sensações produzidas pela acumulação de urina na bexiga ou dos excrementos no reto) e um desenvolvimento cognitivo, motor e afetivo (interesse e desejo de limpeza pessoal; compreensão do que se pergunta a ela; solicitação para ir ao banheiro ou uso de sua capacidade expressiva para dizer que está com necessidades). Considera-se que é possível controlar o esfíncter entre o segundo e o terceiro ano, porque, durante esse período, o pequeno e a pequena já alcançaram ou podem alcançar seu desenvolvimento global. Essa aprendizagem não acontece do dia para a noite; é produto de todo um tempo educativo, no qual, como em outras situações de crescimento e de desenvolvimento, a criança passa de uma dependência total do adulto a uma participação progressiva entre ambas e até sua total autonomia. Assim mesmo, não podemos esquecer que o controle diário é muito mais precoce que o noturno, porém é habitual que, por volta de três ou quatro anos, todas as crianças que puderam fazer essa aprendizagem de maneira relaxada e tranqüila sejam capazes de controlar o esfíncter de dia e à noite.

---

*N. de T. Na Espanha, é freqüente haver pratos específicos ou outros alimentos tradicionalmente consumidos em determinadas datas.

Figura 4.2 "Aprendemos a controlar as nossas necessidades.": turma dos dois anos da Casa da Criança El Sucre.

Para que essas situações ocorram em um processo de aprendizagem tranqüilo, ou melhor, em um contexto propício para o estabelecimento de uma relação difícil, influi muito o grau de tolerância ou de exigência do adulto. Como nos outros casos, é preciso que a exigência que os adultos fazem às crianças sejam adequadas às suas capacidades e que, progressivamente, vão avançando. Não é possível controlar o esfíncter no ritmo que o adulto decide, mas somente de acordo com o ritmo e as possibilidades de cada criança. Isso requer que os adultos sejam capazes de observar as necessidades de cada um no seu nível (os seus ritmos e também os seus temores) e que atuem considerando tais aspectos. É primordial lembrar os aspectos relacionados ao controle do esfíncter logo de início, conjuntamente com a mãe e o pai, para que a criança possa estabelecer relações entre as exigências que lhe são feitas em um e em outro contexto.

O processo de controle do esfíncter é longo e é preciso que os adultos aprendam a esperar e não atropelem o desenvolver das necessidades da criança (mais tranqüilidade, menos trabalho, etc.). Desde o momento em que aprendem a identificar suas necessidades até conseguirem ser completamente autônomas nessas situações, transcorre muito tempo: tirar e recolocar as calcinhas e as cuequinhas, subir e descer do vaso sanitário ou semelhante sozinhos, secar-se, limpar-se, etc. Por tudo isso, no decorrer da etapa da educação infantil, é preciso que a professora tenha presente que, possivelmente, terá alguns meninos e meninas com necessidade de ajuda para os pequenos passos até sua independência e autonomia nesses afazeres.

Também é preciso considerar que existem muitos aspectos que auxiliam a criança a ser autônoma: os tipos de vestimenta, a adequação dos vasos sanitários ao tamanho da criança, a sua limpeza e o seu aspecto atrativo, etc. É por isso que, de acordo como estiverem preparadas as salas, próprias para as idades, será mais fácil ou mais complicado trabalhar tais aspectos. Mais uma vez, manifesta-se uma estreita interação entre as capacidades da criança pequena e as facilidades e ajudas que lhe apresentamos.

Finalmente, com relação à educação do controle do esfíncter, é preciso considerar como um processo de aprendizagem longo e que, muitas vezes, pode parecer que a criança se esqueceu do que já estava fazendo habitualmente. Essas regressões são bastante comuns e é importante que os adultos atuem de maneira tolerante ante essas pequenas dificuldades no crescimento. Ao mostrar confiança em que essas dificuldades voltem a ser superadas e ao tratá-las como um problema passageiro, será favorecida a segurança da criança, permitindo-se que continue no seu processo de autonomia iniciado a algum tempo.

Em relação à higiene, existem outras situações que precisam ser trabalhadas no decorrer da etapa da educação infantil. Referimo-nos a *lavar as mãos e o rosto, escovar os dentes e assoar o nariz*. As crianças aprenderão a fazer essas ações, a identificar o momento em que são necessárias e a executá-las sozinhas e automaticamente. Para serem capazes de realizá-las de maneira autônoma, é preciso que tenham um certo desenvolvimento motor (fazer a rotação das mãos para se ensaboar, abrir e fechar a torneira), controle do próprio corpo (colocar a escova de maneira correta na boca, saber que pode respirar enquanto assoa o nariz, etc.), compreensão da situação (desejo de estar limpo, saber que os dentes podem carear, etc.), interesse para participar com a pessoa adulta e também ser autônoma.

Como já falamos, ter uma sala preparada para trabalhar com crianças dessa idade é importante, porque facilita todas essas tarefas. Isso é habitual na creche, mas é mais difícil na pré-escola, porque, muitas vezes, não se dá a devida importância ao trabalho dos hábitos.

As situações de descanso

Na escola infantil, os meninos e as meninas vivem tantas experiências de atividade como experiências de descanso; quanto menores são, têm mais necessidade de descanso para o seu bem-estar físico e psíquico.

Do ponto de vista evolutivo, sabemos que os bebês dormem aproximadamente 17 das 24 horas de um dia; e, aos poucos, vão estendendo seu tempo de vigília, graças à maturação do seu sistema nervoso central. Ao final dos três meses, os bebês adormecem umas quatro vezes ao dia e podem descansar oito horas seguidas à noite. Ao final dos seis meses, já podem ter momentos de vigília de duas e dormem umas três ou quatro vezes ao dia. Com um ano, as crianças costumam ampliar o período que dormem durante à noite (de 10 a 12 horas seguidas) e, durante o dia, estão despertas umas três ou quatro horas, dormindo uma ou duas vezes ao dia (descanso depois do lanche e depois do almoço). Com dois anos, dormem uma vez durante o dia, depois do almoço; esse costume perdura, em média, até os quatro anos.

A possibilidade de descansar durante o dia, na escola, é um aspecto que exige organização do espaço na sala. Naturalmente, como isso é mais importante para os menores, muitas vezes, o espaço está reservado a eles; mas, de toda modo, na pré-escola, também é importante o descanso, sobretudo às crianças de três anos. Se não existir espaço específico, convém ter colchonetes ou almofadões na sala de aula, para que as crianças possam fazer seu descanso depois do almoço.

Na creche, a educadora precisa conhecer o ritmo próprio de cada criança e colocá-la para dormir quando necessita. Aos poucos e à medida em que passam os meses, os horários vão sendo regulados e homogeneizados; mesmo assim, é muito importante respeitar as necessidades individuais de descanso de cada um. É necessário uma relação com os pais e as mães sobre esse tema, para que se conheçam os rituais e os instrumentos que a criança usa ao dormir, saber o quanto dorme em casa, tomar decisões conjuntas quando for o caso, etc.

Também não podemos perder de vista que as diferenças entre as crianças pequenas manifestam-se nesses momentos. Na hora de dormir, haverá crianças que dormem mais e outras menos; outras que custam mais a adormecer; as que querem mais nossa companhia do que outras; as que precisam da chupeta ou outros instrumentos. É importante conhecer as características de cada uma para poder ajudá-las e, em uma situação afetiva e relacional tranqüila, poder superar os momentos difíceis que os pequenos passam. Nesse aspecto, como nos outros, é preciso que as crianças adquiram autonomia, o que não é fácil para algumas e que poderá ser necessário ajuda para a superação: aprenderem a adormecer sozinhas, aprenderem a dormir sem chupeta, terem elementos para superar os medos. A presença da pessoa adulta, as palavras tranqüilizadoras e o desejo de crescer e tornar-se maior contribuem para progredir nessas situações.

Nos momentos de descanso ou em outros momentos (de chegada, de saída, durante determinadas atividades motrizes), é preciso que aprendam as habilidades relacionadas com o vestir-se e desvestir-se: colocar e tirar o avental, os casacos, os sapatos. Essas tarefas exigem um domínio bastante importante do esquema corporal, das habilidades motrizes finas, da orientação no espaço; também envolvem o desejo de agir sozinho e, ao mesmo tempo, o desejo de ser cuidado e protegido. Convém lembrar que, normalmente, na escola se exige mais autonomia do que em casa, já que essa autonomia é necessária para o bom funcionamento de uma turma de 15 ou 20 alunos em uma sala de aula. Para algumas crianças pode ser mais difícil do que para outras corresponder a tais exigências; por isso, que é preciso deixar tempo para a sua aquisição.

As situações de ordem

No decorrer do dia, há muitos momentos em que é preciso mudar de atividade e isso requer preparar convenientemente o espaço. A necessidade de ordem emerge, à medida que valorizamos um ambiente de aprendizagem que permita realizar atividades sem nos atrapalharmos uns aos outros. Por outro lado, um espaço organizado dará mais segurança à criança, pois saberá onde encontrar as coisas de que necessita ou deseja em um determinado momento. É por isso que a ordem é um valor e, progressivamente, as crianças deverão incorporá-la e exercitá-la, participando dos critérios de ordenação e de distribuição dos espaços na sala.

No transcurso de toda a etapa da educação infantil, é preciso ensinar a valorizar a ordem dos objetos pessoais (o avental, o casaco, a mochila, as folhas de trabalho) e dos pertences de todo o grupo (os brinquedos e joguinhos, as cadeiras, os lápis). Muitas vezes, o fato de haver decidido conjuntamente o lugar onde guardar as coisas pode ser um aspecto muito importante na aquisição desses hábitos.

Na pré-escola, esse tipo de trabalho exige um tempo de dedicação que deve estar programado como uma atividade a mais na jornada diária escolar. Quando as crianças ordenam o material de trabalho, os brinquedos, etc., estão desenvolvendo um exercício de raciocínio lógico, precisam escolher critérios para explicar por que um objeto vai junto com outro na mesma caixa, por exemplo: os carrinhos na caixa dos carrinhos, cada lápis de cera separados por cores nos potes, etc. Também aprendem a responsabilizar-se pelas coisas, a colaborar pelo bom andamento do grupo e a valorizar os ambientes funcionais e agradáveis.

São, portanto, situações plenamente educativas, se soubermos vê-las dessa perspectiva, e que justificam dedicar uma boa atenção a elas.

As situações de entrada e de saída

Os momentos de entrada e de saída da escola são situações de separação e de reencontro (Molina, 1992). É preciso compreender que, para as crianças da escola infantil, e sobretudo ao final dos quatro anos, a separação dos familiares ou das pessoas que as cuidam pode ser dolorosa, porque é gerada uma angústia sobre a sua própria segurança. Perder de vista as pessoas que estão em seus pontos de referência, no decorrer de muito tempo, cria um sentimento de medo, de mal-estar, e necessitam de ajuda para superá-lo. Os aspectos que são objetivos para os adultos como o passar do tempo, a sucessão e a previsão dos fatos e dos acontecimentos, não são assim considerados pelas crianças (e ainda mais se forem pequenas), o que as deixa mais desorientadas e inseguras.

Parece evidente, pois, que é preciso cuidado nos momentos de entrada e de saída da escola, para poder dar às crianças a segurança de que serão bem-atendidas e para terem confiança de um novo encontro. A rigidez que, às vezes, envolve tais momentos (os horários, as normas, o relacionamento) pode provocar mal-estar tanto às crianças dessa idade quanto a seus familiares.

No decorrer de toda a etapa, pode haver acomodações e variações, porém não é conveniente que haja variações muito grandes entre a creche e a pré-escola, porque tanto os pais quanto as crianças necessitam de um tempo de adaptação a uma nova maneira de funcionamento da escola.

Garantir uma *boa entrada* na escola exige atuações nos diferentes níveis e, muito provavelmente, acordos entre as equipes de professores. Esses acordos e atuações podem concretizar-se em alguns pontos:

- É preciso que as crianças estejam preparadas e que possam fazer uma idéia de onde vão (para todos é mais fácil aceitar algo quando estão preparados).
- É necessário que a professora possa fazer uma acolhida pessoal a todas as crianças, ainda que seja breve.
- É necessário que os pais possam deixar as crianças com toda a confiança (é melhor que os pais e as mães possam conhecer o espaço onde deixam seu filho, que tenham conversado com a professora, que tenham visto as outras crianças, etc.).
- É preciso que a escola busque a maneira de conciliar as necessidades dos pais e das crianças com as suas necessidades de organização (é bom que não prevaleçam somente as idéias e necessidades das professoras).

- É preciso comunicar aos pais as decisões tomadas e garantir o compromisso do cumprimento por ambas as partes.
- É preciso considerar as necessidades das crianças de diferentes idades (não é necessário que a entrada das crianças de cinco anos seja junto com as de dois).
- É necessário respeitar o ritmo de adaptação de cada pequeno, a partir de algumas normas gerais flexíveis e não-rígidas.

Depois de falarmos da entrada, *a saída* também é um momento interessante. Por um lado, porque é um momento de relação entre a professora e a criança que, inclusive, podem ter tido um "mau dia", por outro, porque a criança retornará à sua família e poderá explicar-lhe o que aconteceu na escola. Também em função das decisões tomadas por cada equipe de professores, é um momento de relacionamento mais ou menos informal entre a família e a escola, o que merece alguns cuidados. Os aspectos relacionados com a saída são:

- Encontrar maneiras de informar os pais sobre as tarefas de grupo realizadas no decorrer do dia (um quadro fora da sala com explicação do tema e/ou temas prioritários trabalhados naquela jornada).
- Encontrar estratégias para que os maiores tenham coisas para explicar à sua família. Isso pode ser obtido fazendo-se uma recapitulação com as crianças do que foi feito durante o dia ou de algum aspecto em especial.
- Encontrar estratégias para dar informações aos pais e às mães quando os próprios meninos e as meninas ainda não são capazes (caderneta diária na mochila escolar).
- Poder despedir-se pessoalmente, sabendo que haverá um reencontro com a professora.

No Anexo 5 ("As chegadas e as saídas: a sua concretização no Projeto Curricular do Centro"), apresentamos um documento elaborado por uma creche, no qual se especificam os acordos das educadoras em relação à chegada e à saídas na escola.

As atividades coletivas

As atividades que identificamos nesse item são basicamente atividades coletivas, mesmo que, em algum momento, uma criança possa ter algum tipo de protagonismo sobre os outros. São atividades dirigidas pela professora, no sentido de que ela seleciona a situação e atua ou faz as crianças atuarem. A participação das crianças em tais atividades é progressivamente maior à medida que avança o ciclo.

São atividades úteis para que as crianças sintam que fazemos parte de um grupo, o qual tem integrantes invariáveis e no qual ocorrem determinadas vivências que permitem estabelecer relações pessoais de amizade e de companheirismo. No grupo, podem aprender a começar a fazer atividades conjuntas, durante um tempo adequado às suas próprias possibilidades.

No decorrer da etapa da educação, essas atividades vão-se tornando mais habituais, cada vez adquirindo um papel mais importante durante a jornada escolar. Normalmente, são atividades baseadas na comunicação e no intercâmbio oral, na escuta, na execução de movimentos; atividades a partir da proposta da professora ou a partir do material disponível. Poucas vezes implicam um trabalho de produção individual sobre o papel.

As atividades em que estamos pensando são do tipo: rodinha para falar de coisas diversas como, por exemplo, a organização das tarefas; verificar quem veio e quem faltou; cantar uma canção; fazer audições, dramatizações, explicação de contos, exercícios de psicomotricidade; atividades cotidianas como a de marcar o tempo e o dia; jogos de linguagem, pintar em um papel grande ao solo; fazer jogos e experimentações com objetos e materiais, etc.

É importante que a professora incorpore, no transcurso do tempo, diversos tipos de atividades que permitam trabalhar diferentes conteúdos de aprendizagem e que sejam motivadoras para as crianças; convém evitar a rotinização e lembrar que, conforme a idade, pode ser difícil manter a atenção das crianças, enquanto um companheiro fala. Para que essas atividades possam interessar às crianças, é importante que a professora crie um clima em que elas estejam interessadas e desfrutem com a atividade: ler um conto, cantar uma canção, dançar. Tais situações permitem observar de maneira privilegiada os interesses das diferentes crianças e seus níveis de participação nas atividades.

Para cada idade existem atividades coletivas adequadas. É preciso programar, no decorrer dos meses e/ou do trimestre, diversas atividades desse tipo, variadas e interessantes para as crianças.

As atividades individuais

Um outro tipo de atividades que são desenvolvidas durante a jornada na etapa da educação infantil são as individuais. Referimo-nos basicamente às atividades de trabalho e com material de elaboração plástica (barro, massinha, pintura) e com papel e lápis. Elas têm a particularidade de serem individuais, mas, muitas vezes, são feita por todas as crianças na mesma hora, cada uma com a sua produção própria.

No primeiro ciclo da educação infantil, tais atividades estão pouco presentes. Nessa idade, os meninos e as meninas podem fazer atividades com diferentes tipos de papel (rasgar, fazer bolinhas, etc.) e com outros materiais plásticos (modelar massinha, pintar com pincéis, etc.) que, com a ajuda da professora, poderão ser desenvolvidas.

No segundo ciclo, elas começam a adquirir um peso maior, sobretudo as que se baseiam em trabalhos individuais feitos com lápis e papel. Às vezes, poderíamos dizer que, inclusive têm um protagonismo exagerado em algumas escolas. Isso provavelmente ocorre porque se trata de propostas sistematizadas, homogêneas, que permitem um controle considerável sobre o grupo. Assim, consideramos que essas atividades não deveriam ser centrais nessa faixa etária, porque há outras situações educativas que apresentam muito mais possibilidades. Não quer dizer que devam ser eliminadas. Acreditamos que para os meninos e as meninas maiores do segundo ciclo da educação infantil possam ter um sentido importante, porque as crianças já têm a capacidade para desenvolvê-las e essas tarefas motivam-nas; são capazes de permanecer mais tempo nos trabalhos sobre o papel ou em atividades com barros, massinhas ou cola.

A seguir, faremos um comentário com relação às atividades em que se usa papel e lápis. Diversas editoras oferecem materiais curriculares para a pré-escola que contêm livros de contos, livros com fichas, etc. Esse material pode ser organizado sob diferentes critérios: em relação aos contos, aos centros de interesse, etc. A vantagem é que são planejados por pessoas especialistas nesse nível da educação infantil a que se dirigem, mas, como todos os livros-texto, têm o inconveniente de serem pensados para uma criança-padrão; é difícil serem contemplados os interesses das crianças, tão diversos, considerando o contexto em que se situa cada uma. Além do mais, o que ocorre com esse material é que há o perigo de acabar se convertendo-se para as professoras em "aquilo que é preciso fazer", o que gera expectativas negativas sobre algumas crianças e submetem os próprios critérios aos de uma editora. Quando se faz um uso equivocado de fichas, ou seja, pouco crítico e reflexivo, isso passa a ser o eixo principal de toda a programação e exclui-se o trabalho de vários outros conteúdos necessários.

O tipo de tarefa que se propõe às crianças, através das fichas, é diverso: pintar, recortar, fazer associações, perfurar, relacionar uma coisa à outra, fazer observação de uma lâmina, desenhar, contar e escrever o numeral, etc. Para algumas professoras, pode ser útil dispor de uma seleção dessas atividades ordenadas por dificuldades; porém, é importante que se tenha critérios na sua utilização e não se deixe que esta maneira de trabalho ocupe todo o tempo de outras situações educativas que são muito úteis e importantes para os meninos e as meninas dessa idade.

A seleção do livro-texto pode ser feita levando-se em conta alguns critérios como:

- Ser acompanhado de um guia didático para a professora, no qual estejam claramente estabelecidos os conteúdos que são trabalhados, as atividades complementares que podem ser feitas, os materiais que devem ser incorporados, as adaptações que podem ser feitas aos alunos com dificuldades, etc.
- Estar organizado de uma maneira compatível com a programação elaborada para a escola (a partir de contos, de centros de interesse, etc.).
- Ser adequado aos objetivos do ciclo que foram selecionados para aquela população escolar.
- Conter materiais atrativos para as crianças.
- Apresentar os conteúdos de maneira que se possa fazer relações com as experiências das crianças.

Falamos, em grande parte, das atividades individuais que têm como um suporte básico o papel individual. É preciso falar também, nessa faixa etária dos três aos seis anos, de outras atividades que, muitas vezes, são feitas individualmente e que se organizam de uma outra maneira. Referimo-nos às atividades feitas individualmente, em um espaço determinado da sala, em um cantinho de trabalho. Muitas vezes, as professoras que organizaram a sala por cantinhos têm visto que essa forma de organização permite desenvolver trabalhos personalizados, pois propicia às crianças desenvolverem suas possibilidades de execução e de estabelecerem alguns hábitos de trabalho de concentração e de silêncio para realizá-los. Por isso, muitas vezes, falamos em cantinho de trabalho em contraposição aos cantinhos de jogos, já que estes são mais lúdicos e é preciso distingui-los dos trabalhos. Não entraremos nessa diferenciação, mas apresentaremos o que consideramos ser trabalhos individuais que podem ser organizados em cantinhos na sala de aula: trabalhos no computador, a escuta de um conto ou uma música de uma fita cassete ou um trabalho manual, entre outros.

É interessante a existência de cantinhos de trabalhos individualizados, porém não seria aconselhável que todo o trabalho individualizado fosse feito neles – não seria diferente de fazê-los à mesa e todos à mesma hora; também a organização dos cantinhos não deve ser exclusiva para atividades individuais, porque precisamente o trabalho de grupo pode ajudar muito as crianças a avançarem em todas as suas capacidades.

As atividades em pequenos grupos: os cantinhos de jogos ou oficinas

A organização e o funcionamento dos cantinhos de jogos na escola infantil pode responder a dois critérios diferentes, como já destacamos anteriormente (ver o item "A importância da atividade lúdica", dentro do item 4.3):

- Como um espaço para o qual as crianças vão quando acabam uma tarefa que se considera prioritária e à qual se dedica mais tempo.
- Como uma organização do espaço que responde a uma conceitualização de jogo como situação educativa importante nesta idade.

Quando falamos de cantinhos de jogos ou de oficinas, estamos referindo-nos à segunda opção. Jogar com outros companheiros, em momentos concretos do dia, pode ter uma grande importância no processo educativo e evolutivo das crianças. Quais são as características que nos permitem dizer que estamos utilizando a metodologia dos cantinhos da sala de aula? Vejamos alguns critérios:

- É preciso reservar um tempo destinado ao trabalho dos cantinhos dentro da jornada escolar.
- A professora deverá planejar os conteúdos que prevê que sejam aprendidos através dos cantinhos, sem estruturar muito rigidamente o material e as tarefas que devem ser feitas.
- É preciso cuidar para que todas as crianças passem por todos os cantinhos que são oferecidos.
- É uma atividade de pequenos grupos e, portanto, deve implicar cooperação, coordenação de interesses, etc.
- É preciso pensar em diversificar as tarefas nos diferentes cantinhos para que não exijam uma presença constante da professora ao mesmo tempo.
- É preciso incentivar a autonomia das crianças e atuar em conseqüência da escolha do material, através de intervenções (isso não implica abstenção da intervenção).
- A professora deve aproveitar tais situações para observar os conhecimentos que as crianças têm em relação a diferentes aspectos, através dos procedimentos desenvolvidos na resolução de problemas, do tipo de interação que mantêm com eles, etc.
- É preciso estar aberto às propostas das crianças em relação ao funcionamento, à organização e às modificações de alguns cantinhos e atuar em conseqüência disso (ver Figura 4.3).

Figura 4.3 Oficina de habilidades de motricidade fina: turma dos três anos da Escola Folchi i Torres.

A partir de agora nos referimos indistintamente aos cantinhos de jogos ou oficinas de atividades ou de aprendizagem. Entendemos que as características principais que é preciso considerar na conceitualização desse tipo de trabalho já foram apresentadas antes, e as pequenas diferenças que se pode atribuir ao que chamamos de oficinas ou cantinhos não modificam o sentido do tipo de trabalho que os alunos e os professores podem fazer nesses locais.

A maneira de organizar, montar e atuar nos cantinhos de jogos depende muita da importância e do interesse que a professora dá às atividades de exploração das crianças nessa idade. Será diferente a *atuação de uma professora* que pensa que ela ou as pessoas adultas em geral vão ensinar tudo às crianças de outra que pensa que as crianças é que precisam descobrir por elas mesmas as coisas, e de uma terceira professora que acredita que as crianças, quando chegam à escola, já têm alguns recursos para resolver os problemas e uma determinada maneira de entender o mundo, o que a escola vai ajudá-las a enriquecer. A atuação preponderante da primeira professora, certamente, poderá caracterizar-se por um interesse em preparar coisas que possam motivar as crianças, procurar mantê-las todo o tempo ocupadas, dar indicações muito claras do que fazer com o material, etc. A segunda professora deixará os cantinhos preparados para que as crianças livremente os procurem e não intervirá quase nada para não atrapalhar as descobertas e a liberdade das crianças. A terceira professora, certamente, atuará com outros critérios: irá escutar as propostas dos meninos e das meninas e procurar a maneira de encaminhá-los aos interesses manifestados; deixar situações abertas e esperar para ver o que as crianças farão com o material para reconduzi-las a situações de aprendizagens; observar as atuações das diversas crianças e ajudar aquela que ainda não tenha começado a jogar ou a que sempre faz o mesmo jogo; antecipar as possibilidades que um material apresenta e observar a utilização e o interesse que os meninos e as meninas podem ter na sua aula; aproveitar ao máximo as situações de jogo para ajudar as crianças a anteciparem as ações que querem;

verbalizar as tarefas feitas; encontrar maneiras diferentes de resolver as situações que se apresentam, etc. (ver Figura 4.4).

A atuação da professora é o que define uma maneira ou outra de entender os cantinhos de jogos ou as oficinas. É importante destacar que a organização do espaço, na metodologia dos cantinhos, é um aspecto importante, porém cremos que não é o aspecto essencial que define e caracteriza essa metodologia. Por isso, às vezes, podemos encontrar espaços organizados com cantinhos muito bonitos, mas que acolhem um trabalho diferente da maneira que descrevemos. Podemos falar que tais espaços são utilizados como uma complementação de outras tarefas, o que limita as possibilidades do que as crianças podem fazer, ou seja, uma atividade muito fechada do ponto de vista educativo e não diferente das atividades que classificamos como "individuais".

Um outro aspecto que gostaríamos de comentar é o interesse que tem a *interação entre os companheiros e as companheiras*, o que se produz nas situações dos cantinhos de jogos. Como destacamos no Capítulo 1, os meninos e as meninas aprendem através da relação que estabelecem com os objetos que os adultos ou outras crianças oferecem-lhes, pela imitação de modelos de atuação que vêem ao seu redor, de outras crianças ou adultos, e pela interação que estabelecem constantemente com as outras pessoas. O próprio contato com outros meninos e outras meninas ajuda a fazer coisas um pouco diferentes: ao discutir como fazer uma construção para que resulte em uma ponte, entrar em acordo sobre quem vende e quem compra em uma loja, explicar ao outro como se joga "o mico", etc. Já faz muito tempo que as pesquisas psicológicas destacam o impacto positivo da interação entre iguais na aprendizagem; na escola infantil e nos cantinhos de jogos, temos um contexto ideal para promover tal interação.

Naturalmente, a relação entre os alunos, no decorrer dos seis anos da etapa de educação infantil, modifica radicalmente; as condutas que destacamos antes são mais características ao final da etapa do que ao princípio. De toda a maneira, pensamos que, a partir dos dois anos, já possa ser interessante que as crianças tenham a possibilidade de estar próximas de outras, sem-

Figura 4.4 Cantinho de música: turma dos cinco anos da Escola Folchi i Torres.

pre com a vigilância e o acompanhamento de um adulto.

Durante toda a etapa educativa, podem ser apresentados diferentes tipos de cantinhos na sala de aula. O que fundamentalmente varia é o tipo de material que se apresenta e o tipo de atividades que as crianças poderão fazer nesses espaços. Uma possível *proposta de classificação para os cantinhos* é:

- *Cantinhos da biblioteca e da linguagem:* o objetivo geral desse cantinho é o de promover a familiarização significativa do aluno com a língua escrita. Para consegui-lo, podem ser organizadas as seguintes situações: dispor de um espaço para que as crianças olhem, folheiem livros com texto escrito e para que a professora leia contos; possibilitar que participem e dêem explicações aos desenhos ou à introdução de textos escritos; promover a aproximação de formas escritas usuais (etiquetas de produtos, revistas); apresentar caixas com letras para os pequenos construírem palavras, quando começam a perguntar como se escreve uma palavra, como se chama uma letra, etc. É preciso lembrar que não se pretende que, nesse cantinho, "todas as crianças consigam aprender todas as letras", mas é interessante, por exemplo, que lhes permita fazerem hipóteses sobre o título de um conto, que possam comparar com outros, os quais vêem a professora ler e como se escreve esse texto, quando querem escrever; que copiem as palavras querendo, entre outras situações, poder participar. Também pode haver situações em que algumas crianças já aprendem a ler através dessas atividades, pois chegam a entender o funcionamento do sistema de representação do nosso código escrito; passam, então, a um certo domínio da leitura e da escrita.

- *Cantinhos do jogo simbólico:* nesses cantinhos – casinha de bonecas, restaurante, lojinhas, salão de beleza, enfermaria, etc. – permite-se que as crianças criem experiências cotidianas, assumam papéis diferentes aos habituais e facilitem a representação de situações em que elas passaram por dificuldades emocionais. Além disso, eles são muito interessantes para trabalhar atitudes de colaboração e de respeito ou rechaçar atitudes e prejuízos do tipo sexista. Também permitem um uso diversificado da linguagem e exigem a distribuição de papéis, o planejamento conjunto de ações e o respeito por normas mínimas. O material como carrinhos, pequenas figuras e fantasias podem ajudar a facilitar a representação dessas cenas através de brincadeiras e de jogos.

- *Cantinhos de artes plásticas e habilidades manuais:* nesses cantinhos, possibilita-se o uso de diferentes materiais – pintura, tinta plástica, lápis de ceras, tesouras, etc. – com os quais as crianças podem criar ou reproduzir uma diversidade de produtos – colagem, trabalhos manuais, desenhos, etc. É preciso que o material seja variado e interessante e que prestemos atenção às idéias de algumas crianças para apresentá-las a outras.

- *Cantinho da elaboração, invenção e observação:* esses cantinhos permitem que as crianças, com ou sem ajuda, elaborem materiais ou produtos, tirem conclusões a partir de suas observações e inventem objetos. Assim, podemos falar do cantinho da cozinha, onde possam fazer receitas simples; do cantinho dos inventos, onde criem objetos com materiais de sucata; do cantinho da exploração, em que possam ter materiais como balança com objetos para pesar, potes diversos próximos a uma torneira, fitas métricas e objetos para medir; do cantinho da observação, como o de crescimento de plantas, de animais ou objetos trazidos pelas crianças. Tudo isso é muito interessante para considerar os aspectos de planejamento da própria ação, a constatação dos passos seguidos, além de possibilitar que a professora observe o processo seguido por diferentes alunos neste tipo de situação.

- *Cantinho dos jogos de mesa:* os materiais, como os de encaixe, de montar, quebra-cabeças, jogos de mesa e dominó, são excelentes para estimular as capacidades espaço-temporais, visuomotoras, de contagem, de análise, sempre através de interessantes jogos para meninos e meninas dessa idade.

O material

O material presente na sala dependerá da idade das crianças e dos objetivos educativos estabelecidos pela equipe de professoras da creche e da pré-escola; assim, terá relação com os cantinhos que se decidiu organizar no decorrer do curso. Terá um material mais permanente e outro que será incorporado, à medida que se façam modificações na organização. Alguns materiais precisam ser comprados em lojas especializadas (bonecas, carrinhos, utensílios de cozinha, garagens, telefones de brinquedo, chocalhos, etc.) e outros podem ser fabricados por alunos maiores da escola ou pelas professoras (quebra-cabeças, casinhas de bonecas, jogos de mesa, etc.).

É conveniente que o material esteja ao alcance do aluno, mas não é preciso que esteja sempre à sua disposição. É preciso selecionar o material que as crianças possuem em cada cantinho e, para facilitar o trabalho delas e a ordem na sala, convém que estejam ordenados e identificados por etiquetas, fotografias, símbolos. É preciso que as crianças colaborem na conservação do material para aprender a tratá-lo bem; cabe à professora substituir os objetos que estejam estragados pelo desgaste de uso habitual.

O espaço

Já comentamos que a organização fixa do espaço não deve ser o fundamental, uma vez que as modificações de estilo de comunicação entre os adultos e os alunos é que devem preponderar. De qualquer modo, a disposição espacial tem uma certa importância; os aspectos que nos parecem fundamentais em relação a esse tema são:

- Ter como objetivo oferecer um espaço cômodo e agradável às crianças.
- Aproveitar os móveis que existem habitualmente na sala (estantes, armários, mesas, etc.) para utilizá-los na delimitação de espaços que facilitem a sua identificação com o trabalho que possa ser feito e que evitem interferências de outros cantinhos.
- Procurar aproveitar ao máximo o espaço, sem limitar-se necessariamente à sala de aula; muitas escolas apresentam maneiras bastante criativas de utilizar os corredores, os acessos, etc.
- Estar atento e aberto às propostas que as próprias crianças apresentam em relação à organização do espaço e, portanto, prever um certo grau de flexibilidade que permita introduzir modificações, quando isso for conveniente e necessário.

O tempo

No decorrer de todo o ciclo, pode haver grandes variações em relação ao tempo que um aluno possa estar concentrado em determinado tipo de trabalho ou jogo. Portanto, é preciso considerar as capacidades dos alunos do grupo. No decorrer do primeiro ciclo, é conveniente que as crianças possam jogar a todo momento que quiserem ir aos cantinhos de jogos, já que a jornada escolar estrutura-se em relação aos próprios interesses e às próprias necessidades individuais. Assim, é possível que, no decorrer da jornada escolar, os meninos e as meninas tenham participado de mais de um cantinho e em diferentes momentos do dia.

No transcurso do segundo ciclo, é interessante ir situando as crianças em relação ao tempo de permanência na escola; e, por isso, os horários são flexíveis e organizadores da própria jornada. É bastante comum dedicar tempo diário fixo ao trabalho nos cantinhos, durante o qual as crianças organizam os jogos de acordo com as suas escolhas de espaço. É importante que a professora lembre, sobretudo no início do curso, sobre a organização da sala, as normas de funcionamento e que ajude as crianças a escolherem os cantinhos para jogar. As crianças podem ir incorporando alguns elementos que lhes permitam tornar-se mais conscientes das obrigações e das tarefas realizadas na escola (proposta de autocontrole dos cantinhos durante a semana, maneira de apresentar os trabalhos realizados, etc.).

Algumas vezes, as propostas de trabalho nos cantinhos podem assustar um pouco, porque as criança as vêem pouco estruturadas e, talvez, possam ficar indecisas sobre o que é para fazer ou sobre o papel da professora. Já dissemos que esse trabalho, como qualquer outro, requer uma tomada de decisões sobre as finalidades que permitem alcançar os objetivos e sobre a maneira (as propostas, os materiais, o tempo, a disposição do espaço, etc.) mais adequada para consegui-los. Além dessas decisões, uma proposta de fases ou momentos flexíveis em torno dos quais possa ser estruturada a atividade pode ajudar a organizá-la e a exceder nas potencialidades. Em nosso ponto de vista, o trabalho dos cantinhos pode ser articulado em torno dos seguintes passos:

- Antecipação – prever a que cantinho pode ir/quer ir, pensar o que pode fazer ali, recordar as normas que o regem, etc.
- Momento do jogo propriamente dito.
- Verbalização e comentários por todos do jogo nos cantinhos: o que fez, mostrar os materiais elaborados, avaliar o tempo que ficou ali, etc.

Pretender seguir essa dinâmica a cada dia e em todo momento no decorrer do curso pode ser pouco conveniente e irrealizável. Porém, é preciso entender a importância de todos esses momentos e encontrar as melhores estratégias para poder realizá-lo com uma certa periodicidade.

(No Anexo 3, pode ser consultada a programação de um cantinho de jogo, concretamente o da casinha.)

Os temas de trabalho

Nesse item, queremos comentar as situações nas quais a professora e os alunos propõem-se ao estudo aprofundado de um tema, à resolução de uma pergunta feita em relação a um âmbito que lhes interesse, à elaboração de algum material. Essas situações são unidades que se estendem no tempo e que costumam ser o eixo central das atividades na sala de aula durante algumas semanas. As atividades são propostas para todo o grupo, e todas as crianças trabalham sobre o mesmo tema.

Essa situação pode ser estruturada em torno de práticas pedagógicas que se diferenciam na sua concretização, conforme a orientação que a professora faz do trabalho aos alunos: centros de interesses, projetos de trabalho, etc. Algumas dessas são próprias à construção de material concreto, outras à organização e à preparação de um evento específico ou à pesquisa de um tema que interesse à turma. Apesar da diversidade, há elementos comuns que permitem agrupar tais propostas (Zabala, 1993).

Não queremos agora diferenciar o que seria temas de trabalho, centros de interesse ou estudo de temas, mas o que nos parece conveniente destacar são os aspectos comuns que precisam ser considerados em uma proposta concreta e que lhe atribui um caráter globalizador no sentido expresso anteriormente:

- Interesse em que o trabalho seja iniciado a partir da formulação de perguntas das crianças ou que foram apresentadas pela professora ("Que acontece se não regarmos as plantas?", "Como crescemos?", "O que podemos construir com esse material?", etc.).
- Aproveitar essas situações para ajudar os meninos e as meninas a ativarem os seus conhecimentos já construídos em relação ao tema, para poder conhecer a sua representação do mundo e as suas idéias e conceitos em relação aos diferentes temas.
- Aproveitar essas situações para ajudar os alunos a relacionarem os conteúdos de diferentes áreas e evitar que sejam feitas relações forçadas, próprio das pessoas adultas, mas que para as crianças não têm sentido (p. ex., ao estudar a maçã como uma fruta, fazer atividades de contar as maçãs em uma folha de papel).
- Evitar a simplificação e a repetição dos temas no decorrer da etapa, como também os temas abstratos e de pouco alcance aos interesses e ao mundo infantil (estudo das estações do ano em cada curso escolar).
- Tentar relacionar os temas com as preocupações próprias do momento, com o que se viu no contexto (tanto a o contexto imediato, quanto ao ambiente mais distanciado, levando em conta os meios de comunicação). É preciso que os alunos atribuam sentido ao que fazem e sintam-se envolvidos.
- Criar um clima que permita aos meninos e às meninas sentirem-se à vontade para comunicar suas vivências e idéias, compartilhar o que cada um sabe e ser capaz de construir conjuntamente novos conhecimentos.
- Evitar escolher temas que já sejam muito conhecidos, como centro de interesse para as crianças trabalharem durante várias semanas (p. ex., as cores). É mais importante escutar os interesses dos alunos e incorporar a eles os conteúdos próprios de estudo para esta idade.

O interesse dessas propostas reside nos vínculos que podem ser estabelecidos entre o trabalho feito na escola e o conhecimento da realidade; além disso, o fato de partir de uma pergunta pode ser interessante para as crianças desejarem respondê-la ou solucionar o problema.

Do estudo de um tema pode derivar, muitas vezes, tipos diversos de trabalhos: nas oficinas, próprio de visitações ao exterior da escola, na elaboração de trabalhos manuais por parte dos alunos, na elaboração de um mural comum, na confecção de um produto alimentício, etc. Todas essas atividades ajudam a dar sentido às aprendizagens feitas na aula e também permitem continuar planejando temas que possam ser fruto de estudos mais aprofundados em outros momentos.

A adaptação: uma situação singular

O mundo da criança por volta de um ano de idade é relativamente reduzido, porém, ao mesmo tempo, é bastante conhecido. Ela se sente segura quando vê à sua volta o que costuma encontrar: alguns objetos determinados e algumas pessoas determinadas.

A segurança emocional da criança – e a possibilidade de estar preparada para estabelecer relações com outras pessoas e objetos – é fundamental para o seu desenvolvimento. Não se deve estranhar que, quando uma criança é levada a um contexto não-conhecido, possa ter diferentes manifestações: chorar desesperadamente, intranqüilidade, desligamento. Por essa razão, as mudanças que queremos introduzir na vida das crianças pequenas devem estar muito bem-preparadas e convém que sejam graduais, e não bruscas.

Nem todas as crianças adaptam-se com a mesma facilidade ou dificuldade às situações novas. Isso depende de muitos fatores, entre os quais podemos destacar a idade e suas experiências de segurança em contextos anteriores.

Como alcançar uma boa adaptação na escola?

Como já dissemos, a entrada na escola precisa satisfazer às diferentes necessidades de todas as pessoas e de todas as instâncias que a compõem:

- A criança em primeiro lugar.
- A professora.
- Os pais.

Além disso, deve ser compatível com as decisões organizacionais tomadas na instituição.

É conveniente que a *criança* conheça com anterioridade, caso não seja muito pequena, o espaço e as pessoas da escola. Isso pode ser facilitado, se as as visitas prévias à direção da escola puderem ser feitas pelos pais acompanhados de seus filhos; nessa ocasião, a criança poderá passear e conhecer o espaço da escola. Assim, quando inicia o ano letivo, é conveniente que a pessoa que acompanha a criança possa ficar um pouco mais na escola e estabelecer um pequeno contato com a educadora, de maneira que a criança perceba uma relação entre ambas, o que é muito importante para ela. Um outro aspecto que pode ajudar a realizar uma boa adaptação é que o tempo de permanência inicial na escola seja progressivo e contribua para que a criança possa acostumar-se de maneira gradual ao tempo de estada nesse espaço.

A *professora* também precisa dedicar um tempo mais individualizado a cada criança no momento da chegada, para poder estabelecer uma relação mais pessoal. Trata-se de oferecer as condições que permitam um comentário com os familiares e algum momento com a criança, para dar-lhe segurança de que será muito conveniente e se sinta bem-acolhida. Finalmente, é preciso considerar que a professora deverá explicar com tranqüilidade ao pai e à mãe os avanços da criança e as possíveis distâncias que podem estabelecer-se quando ela começa a adaptar-se.

O pai e a mãe deixam o seu filho ou a sua filha, em muitos casos, pela primeira vez com pessoas desconhecidas. A separação também é difícil para eles e é preciso levar isso em conta. Portanto, o fato de que a professora vai comentando como está o processo de adaptação e que o pai e a mãe conheçam o espaço e as pessoas com quem deixarão o seu filho pode ajudar a suportar melhor as previsíveis dificuldades desses primeiros tempos de escola. Por outro lado, muitas vezes, a atividade de trabalho do pai e/ou da mãe não lhes permite fazer o processo de adaptação da maneira como a escola planejou. Nesses casos, é preciso buscar um funcionamento que seja positivo para todos e que evite culpabilidade e ansiedades adicionais.

Cada *escola* tem normas, espaço, organização que permitem um melhor ou pior acompanhamento dos pais aos seus filhos, em que possam ficar alguns momentos, etc. É necessário que tudo seja analisado com atenção a esses espaços, para poder garantir uma organização do tempo de adaptação que possa ser conveniente, tanto para pais e mães como para o centro.

Finalmente, queremos recordar algumas idéias-chave que é preciso ter presente em todo o processo de adaptação:

- Levar em consideração as diferentes necessidades das pessoas que estão envolvidas e procurar uma comunicação fluida entre os familiares e educadores, de maneira que se possa manifestar os medos, as dificuldades e os avanços. Não esqueçamos que estabelecer uma relação pessoal intensa entre pais e educadores, no período de adaptação, é neces-

sário e produtivo, já que será a base para uma relação de colaboração positiva para todos.
- Mostrar-se flexível nesses primeiros tempos. Considerar as diferenças que podem existir entre os pais e as mães, as crianças e as professoras. Não é preciso que sejam períodos de tempo muito extensos, nem que sejam iguais a todos.
- O período de adaptação é tão importante para as crianças que começam a sua escolaridade na creche como para as que começam na pré-escola.
- Os aspectos comentados são igualmente válidos, quando as crianças passam da creche à pré-escola. De toda maneira, a idade das crianças e o seu conhecimento a respeito da situação escolar, certamente, poderão tornar mais fácil a adaptação para a maioria, se as condições facilitarem (quantidade de tempo, espaço, etc.).
- Tanto a escola como a família planejam corretamente o período de adaptação, não podendo evitar que a criança manifeste os seus medos e as suas inseguranças com choros e resistências ao entrar na escola. O que é preciso evitar é que essa situação seja prolongada. É importante que os adultos influenciem as crianças no sentido de estarem bem.

4.5 OS MATERIAIS

Consideramos materiais todos aqueles recursos que possam ser utilizados na aula com uma finalidade educativa.

Na escola de educação infantil, necessita-se de diferentes tipos de materiais: de uso coletivo (jogos, triciclos, bolas, etc.) e de uso individual (os instrumentos de higiene pessoal, o copo para tomar água, etc.); o material de escritório consumível (lápis, diferentes tipos de papel, pintura, etc.) e fixo (tesouras, instrumento para pinçar, pincéis, etc.); e também material geral, de sucata (potes, tampas, restos de tecidos, etc.).

Alguns critérios que podem servir de orientação na seleção e na utilização de materiais são os seguintes:

- *Segurança para as crianças pequenas:* é preciso que os materiais que as crianças tenham ao seu alcance não provoquem acidentes evitáveis. Por isso, considerando a idade das crianças a que são dirigidos, é melhor não ter objetos que possam provocar problemas: objetos com pontas, metálicos, jogos com peças desmontáveis em turmas de bebês e caminhantes iniciais, etc.
- *Variedade:* é bom que as crianças, no decorrer do curso, tenham a possibilidade de jogar e trabalhar com material variado. Por isso, é conveniente não ter no início todo o material na sala, mas ir incorporando aos poucos. Ao mesmo tempo, é útil de vez em quando guardá-los durante um tempo, de maneira que os meninos e as meninas possam redescobri-lo e voltar a jogar de maneira similar ou diferente a como faziam antes. Convém ter na sala tanto material de casas comerciais como material doado ou elaborado pela professora.
- *Estado:* para que as crianças tenham vontade de jogar com os brinquedos e os jogos que há na sala, é preciso que sejam atrativos e que o seu estado seja aceitável: limpo, sem rachaduras, com todas as peças, etc. À medida que vai envelhecendo muito, é melhor arrumá-lo ou substituí-lo. Além do mais, se o material estiver em bom estado, as crianças também aprenderão a conservá-lo.

Um outro aspecto que é preciso considerar é a *distribuição e a organização* dentro da sala. É importante que os jogos que as crianças pegam para jogar estejam ao seu alcance e que tenham um lugar estável dentro da sala. Dessa maneira, podemos ajudá-las a aprender a conservar a ordem.

Para identificar os materiais que as crianças elaboram a partir da turma dos três anos, é preciso prever um armário com compartimentos ou gavetas em que possam colocar as suas produções. É conveniente que tudo o que seja de uma só criança esteja etiquetado com o nome a quem pertence.

Ainda que cada grupo seja diferente, proposemos alguns jogos e brinquedos que consideramos interessante ter nas escolas que atendem às crianças da etapa da educação infantil. Segundo Moll (1991), escolhemos três grupos de idade que possuem características bastante diferentes entre eles; especificaremos os objetos que pensamos que podem ajudar a potenciar umas e outras capacidades.

Naturalmente, devemos considerar que um objeto pode ser útil para desenvolver capacidades muito diferentes, de acordo com o uso que é feito e a intervenção da pessoa adulta.

Apesar disso, creditamos que poderia ser interessante fazer uma tentativa de classificação de tipo de material apropriado a cada uma das idades escolhidas, sem perder de vista que seja um objeto (jogo, brinquedo, material, etc.) não-perigoso para a criança pequena e que a interesse, certamente contribuirá para desenvolver uma ou outra capacidade.

- *Turma até um ano (creche – berçário)*
  — Favorecimento das capacidades de deslocamento: almofadões, roupas, etc.
  — Favorecimento da estimulação perceptiva: chocalhos, móbiles, livros de desenhos, etc.
  — Favorecimento das capacidades motoras: bolas, bonecos de pelúcia, etc.
  — Favorecimento das capacidades de representação, de jogo simbólico, de linguagem: fotos, bonecas, casinha de bonecas, mobília de cozinha em tamanho pequeno, etc.

- *Turma de um a dois anos (creche – maternal)*
  — Favorecimento das capacidades motoras: brinquedos de arrastar, triciclos, encaixes, brinquedos de montar, etc.
  — Favorecimento das capacidades de motricidade fina: plásticos adesivos, papéis, lápis, baldinhos e pás para brincar na areia, etc.
  — Favorecimento das capacidades de representação, de jogos simbólicos e de linguagem: fotos, livros de contos, bonecas, mobília de cozinha, etc.

- *Turmas de três a cinco anos (pré-escola – jardim de infância)*
  — Favorecimento do jogo simbólico e o desenvolvimento da linguagem: bonecas, carrinhos, mobiliário e utensílios de cozinha, garagens, fantasias, marionetes, etc.
  — Favorecimento da representação do espaço: quebra-cabeças, jogos de construção, dominó, encaixe, etc.
  — Favorecimento da motricidade fina e da capacidade de representação: papéis, lápis, tesouras, pincéis, lápis de cera, massinha de modelar, carimbos, tecidos, etc.
  — Favorecimento do acesso ao mundo escrito e o desenvolvimento da linguagem: contos com legenda, contos com imagens, fita cassete com historinhas, etc.
  — Favorecimento das capacidades criativas: material de recorte – revistas velhas, cartolinas, caixas vazias, recortes, etc.
  — Favorecimento das capacidades motoras: tobogãs, triciclos e bicicletas, patins, cordas para saltar, material para jogar na areia, bolas, etc.

- Favorecimento da sensibilidade musical e do ritmo: instrumentos de música — xilofone, campainhas, triângulos, etc., fitas cassetes com canções, etc.

4.6 ALGUMAS IDÉIAS QUE É PRECISO GUARDAR

Neste capítulo, apresentamos alguns aspectos que nos parecem fundamentais para uma prática educativa nessa idade. Poderíamos resumi-los nas seguintes conclusões:

- É importante pensar no que queremos trabalhar, mas também é preciso pensar por que faremos uma ou outra coisa. Os objetivos educativos devem ser a base de todas as decisões que tomamos na escola.
- É imprescindível que as crianças sintam-se cômodas na escola. É preciso priorizar que ela esteja bem, competente e feliz. A sua personalidade vai-se construir sobre bases sólidas, se conseguirmos que esteja interessada em estabelecer relações com a professora e com as outras crianças.
- Naturalmente, é preciso intervir na prática educativa, porém é preciso que não esqueçamos a importância da observação, de escutar o que dizem as crianças, etc. Convém considerar que os meninos e as meninas podem ensinar muito sobre sua própria maneira de entender o mundo, se escutarmos as interpretações que fazem do mundo que os envolve. A partir do conhecimento de suas idéias, podemos obter informações sobre as coisas que nós, como adultos, conhecemos.
- É necessário que, no decorrer da jornada e durante o ano letivo, diversifique-se o tipo de atividade, a partir de um referencial estável e claro de organização. As regularidades dão segurança às crianças dessa etapa.
- A individualização, no sentido de estabelecer uma relação pessoal e ajustada com cada criança, é um elemento imprescindível da prática educativa.
- Na escola infantil, é preciso contemplar diferentes âmbitos de intervenção. Cada um permitirá às diferentes crianças aprenderem todos os conteúdos próprios dessa etapa.

NOTAS

[1] As idéias expressas em relação ao jogo foram extraídas do artigo de T. Hguet e E. Bassedas, publicado na revista *Aula*, núm. 7 (1992), com o título "Jogar, crescer e aprender na etapa da educação infantil".

[2] No final do livro, pode ser consultada uma bibliografia mais ampla sobre a prática educativa na Educação Infantil.

SE QUISER LER MAIS[2]...

AA.DD.: *La innovación en l'etapa de educació infantil*. Palestras e comunicações das jornadas de junho de 1992. Bellaterra: ICE-UAB, 1993.

FEBRER, M. de; JOVER, M.: "La globalització: una actitud". *Guix*, núm. 181, p. 19-22, nov., 1992.

IBÁÑEZ SANDÍN, C.: *El proyecto de educación infantil y su práctica en el aula*. Madrid: La Muralla, 1992.

MOLINA, L.; JIMÉNEZ, N.: *La escuela infantil. Acción y participación*. Barcelona: Paidós, 1992.

MOLL, B. (dir.): *La escuela infantil de 0 a 6 años*. Madrid: Anaya, 1989.

TAVERNIER, R.: *La escuela antes de los 6 años*. Barcelona: Martínez Roca, 1987.

TAVERNIER, R.: *La enseñanza entre los 2 y los 4 años*. Barcelona: Martínez Roca, 1991.

WILLIS, A.; RICCIUTI, H.: *Orientaciones para la escuela infantil de cero a dos años*. Madrid: Morata/MEC, 1990.

ZABALA, A.: *La pràctica educativa. Com ensenyar*. Barcelona: Graó, 1995.

5

A avaliação e a observação[1]

5.1 Introdução | 172

5.2 A avaliação é objetiva? | 172

5.3 Por que avaliar? | 173

5.4 Avaliar os alunos em diferentes momentos | 174
A avaliação inicial | 175
A avaliação formativa | 176
A avaliação somativa | 177

5.5 Avaliação e atenção à diversidade | 177

5.6 Como se avalia? | 178

5.7 A comunicação da avaliação e os seus efeitos no futuro escolar do aluno | 180
Compartilhar a avaliação com as crianças | 181
Compartilhar a avaliação com a família | 182
As entrevistas com as famílias | 183

5.8 Avaliação das propostas educativas | 185

5.9 Pautas de observação: proposta de instrumentos para os diferentes níveis da escola maternal e da pré-escola | 187
Pauta de observação da escola maternal: grupo de 0-12 meses | 189
Pauta de observação da escola maternal: grupo de 1-2 anos | 195
Pauta de observação da escola maternal: grupo de 2-3 anos | 201
Pauta de observação geral – educação infantil: grupo de 3 anos | 208
Pauta de observação geral – educação infantil: grupo de 4-5 anos | 216
Pauta de observação geral – educação infantil: grupo de 5-6 anos | 228

5.10 Algumas idéias que é preciso guardar | 241

Notas | 241

Se quiser ler mais... | 242

> **A partir da leitura deste capítulo, pretendemos dar algumas respostas às seguintes perguntas:**
>
> - Qual é o papel da avaliação no processo de ensino-aprendizagem? É certo que não podemos separar o fato de ensinar do fato de observar e avaliar? Como podemos fazer tudo?
> - Como podemos organizar a aula e os companheiros para podermos observar e avaliar, enquanto fazemos todas as outras coisas?
> - Que papel tem a avaliação inicial em nossa programação? Antes de ensinar, sempre fazemos uma avaliação inicial?
> - Que aspectos são importantes observar em relação aos diferentes conteúdos? Há instrumentos ou pautas que podem facilitar essa avaliação?
> - Que influência tem a avaliação que fazemos no processo de desenvolvimento pessoal e social das crianças?
> - Que relação há entre a avaliação do processo de ensino-aprendizagem dos alunos e as informações que damos aos pais e às mães?

5.1 INTRODUÇÃO

Nessa etapa, como nas outras, não se pode planejar a avaliação, as estratégias e as situações utilizadas, sem considerar o ensino, as situações ou as atividades que vamos propor em aula. A avaliação que se faz das crianças, nessa idade, pode ter algumas conseqüências e influências decisivas no seu processo de aprendizagem e de crescimento. Neste capítulo, pretendemos apresentar uma visão global e, ao mesmo tempo, crítica dos diferentes aspectos que é preciso considerar quando uma equipe educativa planeja a maneira de fazer a avaliação no centro.

Refletiremos sobre as finalidades e as características da avaliação e a sua pretendida "objetividade". Analisaremos os diferentes tipos de avaliação e as diferentes maneiras e estratégias que podemos utilizar para realizá-la, com uma proposta concreta de instrumentos que servem para guiar a observação e a avaliação no decorrer da etapa. Valorizamos os meios e as maneiras através dos quais se pode comunicar a avaliação a diferentes destinatários – pais, mães, outros professores, crianças – sempre propondo critérios e orientações a respeito; finalmente, abordaremos algumas questões ou perguntas que a educadora, o educador ou a equipe pode propor quando se dispõe a analisar e avaliar as suas próprias propostas didáticas.

5.2 A AVALIAÇÃO É OBJETIVA?

Antes de começar a abordar o tema "avaliação", queremos dispensar um pouco de atenção sobre a pretendida objetividade da avaliação que realizamos nas aulas.

Graças a diferentes trabalhos (Coll & Miras, 1990; Feneyrou, 1990, 1991; Rosenthal & Jacobson, 1968; Solé, 1993), sabemos que o juízo e as valorizações que fazemos dos nossos alunos, freqüentemente, estão permeados por diferentes fatores que, às vezes, não têm quase nada a ver com uma observação cuidadosa e "objetiva".

Muitas vezes, essa valorização depende das expectativas que formamos sobre a criança: relaciona-se com a sua simpatia ou graça, com a sua vontade de aprender, com a sua obediência ou até com o seu físico.

Diferentes autores analisam e destacam que *as expectativas dos professores sobre os seus alunos têm uma grande influência sobre o seu rendimento na escola.*

Também sabemos que as promessas que as pessoas mais significativas fazem às crianças (neste caso, a mãe, o pai e as professoras) tendem a cumprir-se, pelo mesmo efeito que exercem no comportamento e na atitude de quem as faz. Por outro lado, outros trabalhos demonstram que o comportamento dos professores, com freqüência, é influenciado por suas próprias expectativas de êxito, deixam mais tempo para a criança responder, sorriem a ela, animam-na bastante, etc. Também interpretamos os erros de diferentes maneiras; por exemplo: quando um aluno "bom" se equivoca, pensamos que está distraído ou que não entendeu a pergunta; porém, quando outro aluno, em cujas possibilidades quase não confiamos, faz o mesmo erro, tendemos a interpretá-lo como uma confirmação de nossas suspeitas.

De fato, isso acontece não somente na escola, mas também na família e em outros contextos educativos sociais. Os terapeutas de família conhecem a grande influência das expectativas sobre a formação da própria identidade e da personalidade das pessoas. Também sabem como incidir e ajudar a mudar tais expectativas e definições que, às vezes, limitam a possibilidade de crescimento e mudanças dos indivíduos. É preciso considerar esse fator e aprender a utilizá-lo também na escola.

Nessa etapa, precisamos ter uma visão global da criança, não nos centrarmos no que não sabem fazer, considerarmos as suas potencialidades e a nossa ajuda para atualizá-las; esperar bons resultados, ter uma imagem positiva, etc., *significa favorecer o aparecimento de bons resultados*, favorecer que a criança participe mais das aulas, sinta-se capaz de enfrentar caminhos e dificuldades e, em conseqüência, possa melhorar o seu processo de aprendizagem e crescimento.

Tudo parece confirmar que, quanto mais positiva for a imagem que formamos de um aluno, mais tendência teremos a avaliá-lo positivamente e a animá-lo ou o inverso. Por isso, é preciso ter muito cuidado para não fazer juízos ou avaliações precipitadas (especialmente as negativas...), sobretudo na idade em que as crianças começam um processo de desenvolvimento tão impressionante e sobre o qual a escola tem a responsabilidade de incidir de maneira positiva, sem rotular ou fechar, aproveitando todas as possibilidades de mudança que estejam ao seu alcance.

Pode-se dizer que sempre é preciso colocarmos tais juízos como uma possível hipótese que nos ajude a guiar o processo educativo da criança e a fazê-lo avançar. Assim, esses aspectos podem ser considerados na hora de avaliar e dar uma difusão dos nossos juízos avaliativos (à mãe, ao pai, a outras professoras, à própria criança).

5.3 POR QUE AVALIAR?

Nessa etapa, a finalidade básica da avaliação é que sirva para intervir, *para tomar decisões educativas*, para observar a evolução e o progresso da criança e para planejar se é preciso intervir ou modificar determinadas situações, relações ou atividades na aula.

O mais importante não é emitir um juízo, definir uma situação, mas propor *hipóteses*, contrastá-las com outras pessoas adultas que se relacionam com a criança, comprová-las e modificá-las quando se considerar que não correspondem à evolução da criança.

Quando avaliamos, não o fazemos somente em relação à evolução da criança, mas também ao nosso programa, ao nosso projeto e à nossa intervenção educativa. Desse ponto de vista, a avaliação serve para valorizar o que acontece quando colocamos em prática o programa que planejamos previamente e para verificarmos se é preciso modificar ou não determinadas atuações. Nesse caso, a avaliação está sendo utilizada para recolher informações que ajudam a melhorar as propostas que fizemos em aula.

Os educadores e as educadoras planejam programas com a intenção de alcançar determinados objetivos. Posteriormente, esses programas são postos em prática e é necessário avaliar se foram alcançados ou não os objetivos propostos. É preciso observar se as crianças aprenderam o que se pretendeu expor no planejamento, se aprenderam outras coisas igualmente interessantes, se é preciso introduzir algumas outras atividades na aula, se a atividade programada deve ser adiada, etc.

Quando fixamos determinados objetivos educativos, devemos considerar sempre a hipótese que depois, com a avaliação, poderemos avaliar em que medida e com que diversidade foi alcançado o objetivo.

Assim, a avaliação deve servir basicamente para *intervir, modificar e melhorar* a nossa prática, a evolução e a aprendizagem dos alunos.

Com essa proposição, estabelecemos a estreita relação que existe entre as finalidades da avaliação e os seus objetivos. Se somente avaliássemos (como tradicionalmente é feito) para emitir um juízo sobre o aluno, o objeto da avaliação seria o aluno e centraríamos nossa avaliação em suas atitudes, seus comportamentos e seu rendimento. Se a finalidade da avaliação for regular e melhorar a proposta educativa que oferecemos, deveremos ampliar o nosso campo de observação e considerar o aluno não isoladamente, mas também junto a outros aspectos: as situações de ensino-aprendizagem que se desenvolvem na aula, a nossa intervenção e a nossa atitude, o tipo de conteúdos ou as situações que priorizamos, bem como as situações e as relações dentro do grupo e na escola.

A avaliação é um elemento-chave através do qual dispomos de informações que servem para tomarmos decisões. Faz menos sentido pensar em avaliação unicamente com a finalidade de emitir um juízo ou de creditar, o que pode ocorrer no perigo de rotular e de condicionar muito as possibilidades da criança. Ao contrário, devemos tentar proporcionar a todos os alunos a possibilidade de viverem experiências de sucesso, para que todas as crianças tenham vontade e confiança em aprender e crescer com o seu grupo de companheiros.

Para consegui-lo, devemos evitar fazer representações muito rígidas e estáticas dos alunos. Convém pensar sempre como as crianças mostram-se em um determinado momento e o que podemos fazer para tentar melhorar ou modificar a sua atitude e a sua atuação.

Portanto, é necessário evitar rótulos e definições dos meninos e das meninas que possam condicionar o seu futuro escolar e pessoal. É preciso deixar sempre uma porta aberta e mostrar confiança nas suas possibilidades, colocando em funcionamento pautas adequadas à atuação: "Agora não está sendo capaz de fazer isso, mas... o que podemos fazer para que consiga?" ou "Mesmo que não haja pressa, aprenderá isso mais adiante." Isso será possível, sobretudo se formos capazes de proporcionar a ajuda adequada para consegui-lo.

5.4 AVALIAR OS ALUNOS EM DIFERENTES MOMENTOS

A avaliação, como já vimos, pode ser realizada em diferentes momentos e pode ter diversas finalidades. A seguir, falaremos dos três tipos de avaliação que são considerados necessários na escola: a avaliação inicial, a avaliação formativa e a avaliação somativa.

A avaliação inicial e a avaliação somativa são realizadas em um momento concreto (no início ou no final do processo de ensino-aprendizagem, tanto se este for mais longo como se for mais curto) e têm a finalidade de abordar informações sobre o saber ou não-saber dos alunos em um determinado momento. Mais adiante, falaremos de cada uma com detalhes.

Quando nos referimos à avaliação formativa, já não se trata de fazê-la em um momento concreto e previsto, mas que se realiza de uma maneira contínua ao longo de diferentes atividades e situações que propomos na sala de aula. (ver Quadro 5.1).

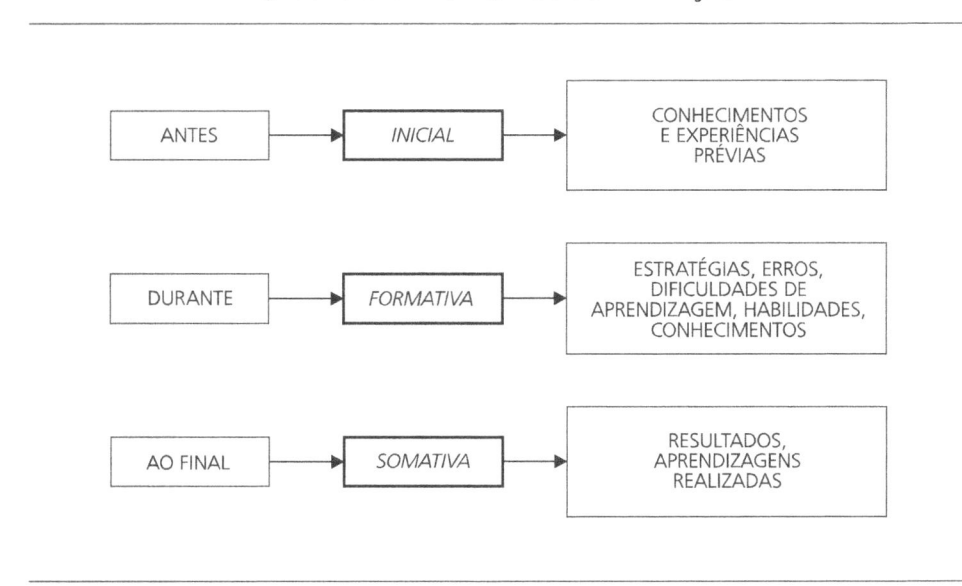

Quadro 5.1 Momentos de avaliação

ANTES	→	*INICIAL*	→	CONHECIMENTOS E EXPERIÊNCIAS PRÉVIAS
DURANTE	→	*FORMATIVA*	→	ESTRATÉGIAS, ERROS, DIFICULDADES DE APRENDIZAGEM, HABILIDADES, CONHECIMENTOS
AO FINAL	→	*SOMATIVA*	→	RESULTADOS, APRENDIZAGENS REALIZADAS

A avaliação inicial

A *avaliação inicial* informa sobre o conhecimento e as capacidades dos alunos em relação aos novos conteúdos de aprendizagem. É utilizada para ajustar ou modificar as atividades que haviam sido preparadas em função dos conhecimentos e as dificuldades que as crianças demonstram no início de uma seqüência de ensino-aprendizagem. Informa, ainda, sobre os conhecimentos prévios das crianças em relação aos conteúdos e às atividades que queremos propor a seguir.

Pode ser realizada quando se inicia uma atividade didática, quando se começa um novo curso escolar ou no início de uma determinada atividade; também em situações que ajudem a explicitar o que as crianças já sabem sobre o que se quer ensinar.

Essa primeira avaliação serve para relacionar o que se ensina na escola e o que se aprende fora dela, com a intenção de favorecer aprendizagens o mais significativas possível.

A avaliação inicial compreende, desse modo, diversas funções: utiliza-se para externar informações sobre o que os meninos e as meninas de uma mesma turma sabem ou o que não sabem; é útil para planejar, programar e apresentar melhor a atividade ou a unidade a ser trabalhada, além de proporcionar às crianças a darem sentido ao que se faz na escola e envolverem-se mais ativamente nas atividades da aula. (ver Quadro 5.2).

A partir dos seus comentários, poderemos ver o que lhes interessa, o que sabem, o que querem saber, que peixes conhecem, com o que poderemos trabalhar ou o que poderão levar à aula para observar. Poderemos sugerir que tragam livros ou peixes de casa, se há algum pai ou alguma mãe que saibam muitas coisas sobre peixes e que possam vir um dia à sala explicar às crianças, etc. Enfim, partir do que sabem, do que trazem de suas vivências e do que lhes interessa saber.

Essa atividade de introdução servirá para motivá-las e envolvê-las na atividade com a qual decidimos trabalhar. Dessa maneira, poderão participar e conhecer o planejamento que havíamos previsto e compartilharemos as intenções que temos. Explicaremos que desejamos

> **Quadro 5.2 Exemplo de introdução a uma unidade a ser trabalhada**
>
> "No decorrer dos próximos dias, quero que vocês aprendam muitas coisas sobre os peixes. Certamente que já sabem muitas coisas... Vamos ver... o que vocês já sabem?"
>
> Neste caso, teremos preparado um roteiro de perguntas mais concretas e partiremos do que as crianças disserem; por exemplo: "Que peixes vocês conhecem?", "Onde vocês viram esses peixes?", "O que eles fazem?", "Do que necessitam para viver?", "Quem de vocês têm peixes?", etc.

aprender muitas coisas sobre os peixes, que queremos aprender a observar, a fixarmo-nos em como são, aprender que existem diferentes tipos de peixes; também queremos aprender a respeitá-los e a ter cuidados com eles; verificaremos por que são necessários para a nossa alimentação, como se denominam, como são, do que necessitam, como se movem... e tudo o que as próprias crianças disserem que desejam saber.

Tudo isso tornará possível dar sentido ao que propusermos na escola: proporcionar aos alunos aprenderem de maneira significativa, relacionando o que sabem com o que vão aprender; serem mais conscientes do que sabem e do que não sabem, iniciando o processo de autoavaliação; envolverem-se ativamente e terem uma atitude ativa no processo da própria aprendizagem.

As estratégias que podemos utilizar na avaliação inicial, nessa etapa, dependem do conteúdo; não será a mesma coisa avaliar a capacidade de desenhar e os conhecimentos sobre o ambiente. Em todos os casos, devem ser planejadas situações adequadas ao tipo de conteúdo e nas quais poderemos observar, perguntar, escutar, propor, deixar falar, deixar fazer e ir detectando as suas competências e as suas dificuldades, etc.

A avaliação formativa

É a avaliação que se realiza de uma maneira progressiva e paralelamente às diferentes situações e atividades que se desenvolvem. É a que possui mais sentido e importância na questão educativa (de fato, também nas outras), pois permite modificar a intervenção a partir das informações que se obtêm nas próprias atividades da aula.

Muitos professores realizam essa avaliação de uma maneira mais ou menos intuitiva, porém, no contexto da atual reforma educativa, atribui-se a ela um papel indispensável na regulação dos processos de ensino-aprendizagem nas aulas.

A avaliação formativa insere-se no processo educativo e tem a finalidade de proporcionar informações que servem para ajustar ou mudar a atuação educativa. Trata-se, então, de adaptar o ensino às características e às necessidades que as crianças apresentam no decorrer das diferentes atividades: enquanto se ensina, enquanto jogam, enquanto trabalham... especialmente a partir da observação e da escuta.

A observação não é entendida como passiva, mas de uma maneira ativa: quando se está perguntando, ajudando-os, propondo coisas diferentes às diferentes crianças e detectando, dessa maneira, a sua capacidade de receber ajuda, de aceitá-la e de aproveitá-la.

Esse tipo de observação participativa produz-se quando se ajuda uma menina a acabar um quebra-cabeças; quando se diz a um menino que está tentando fazer uma casa para observar um companheiro que também tenta fazer uma; quando se vai verbalizando as partes do corpo a uma criança que está fazendo o desenho de uma pessoa e em muitos outros momentos, nos quais se tenta verificar o que os alunos são capazes de fazer, quando são ajudados, ou quando se faz uma atividade juntamente com eles.

Em situações como essas, não se avalia somente o que a criança sabe fazer sozinha, mas também o que sabe fazer com a ajuda ou a interação de outras pessoas. Valoriza-se, como disse Vygotsky, a "zona de desenvolvimento próximo" e o potencial de aprendizagem dos alunos quando interagem com os outros ou recebem um pouco mais de ajuda.

Essa avaliação proporciona informações sobre o que as crianças aprendem, sobre as dificuldades que apresentam, etc., a fim de poder ajudá-las de maneira diversificada e para replanejar a programação quando for necessário.

Nessa etapa da educação infantil, e especialmente quando se adota enfoques globalizantes, os três tipos de avaliação aparecem muito relacionados e com uma função claramente reguladora. De fato, a avaliação não é a finalidade que se deve alcançar; a finalidade é organizar uma prática educativa adaptada e estimuladora das possibilidades de cada criança.

A avaliação somativa

Fala-se de uma avaliação somativa quando ela se realiza *ao final de um processo de ensino-aprendizagem* com a finalidade de externar informações sobre o que as crianças aprenderam em relação aos conteúdos que foram trabalhados. Nesse caso, trata-se de atividades específicas para avaliar os resultados das aprendizagens realizadas.

É basicamente uma avaliação para emitir um juízo em relação ao aluno e aos seus progressos em um momento determinado.

Conforme propusemos, também possui, evidentemente, uma função reguladora, pois serve para replanejar o processo de ensino que foi realizado. Pode, dessa maneira, servir para modificar a unidade didática que se havia planejado, quando se avalia que não foram atingidos os objetivos previstos; ou pode alertar sobre a necessidade de retomar, em momentos posteriores, determinados conteúdos trabalhados.

A *avaliação somativa* permite realizar uma valorização dos conhecimentos adquiridos pelos alunos. Realiza-se ao final de uma atividade de ensino, seja um curso, um ciclo, uma quinzena ou uma unidade didática. Permite estabelecer o grau de alcance de alguns objetivos previamente estabelecidos sobre os quais supostamente se trabalhou no decorrer de um espaço de tempo determinado. No final dos cursos da pré-escola, as atividades com lápis e papel podem começar a ser um instrumento de avaliação somativa ao finalizar determinado tipo de unidades didáticas.

5.5 AVALIAÇÃO E ATENÇÃO À DIVERSIDADE

A avaliação é indispensável para *valorizar quando se realiza uma atenção adequada à diversidade* dos alunos que formam o grupo e se estamos proporcionando experiências pertinentes que lhes ajudem a avançar e a desenvolver-se.

Por um lado, podemos avaliar e revisar as mesmas atividades que se realizam para ver se permitem que nem todas as crianças tenham que fazer exatamente o mesmo. Ou seja, se são atividades que permitem diferentes níveis de exigências e se são adequadas às diversas competências dos meninos e das meninas.

O potencial da atividade pode ser avaliado em relação ao grau de abertura necessária para dar resposta às diferentes necessidades e possibilidades dos alunos que estão no grupo; por exemplo: não é a mesma coisa fazer uma cópia fiel de um grafismo ou de um desenho e realizar grafismos e desenhos em uma oficina, recolhendo o modelo entre diversas possibilidades ou livremente, sem qualquer modelo. Não é a mesma coisa a criança explicar vivências pessoais em situações coletivas da rodinha e fazê-lo em situações variadas, conforme as preferências e as necessidades comunicativas de cada criança.

A partir da avaliação inicial e formativa, pode-se conhecer as diferentes dificuldades e necessidades dos alunos e ir planejando situações de ensino mais diversificadas, que permitam a cada um a possibilidade de realizar as tarefas que lhe sejam solicitadas, sem que se sinta incapaz ou frustrado.

Porém, existe um outro nível que consideramos igualmente muito importante: a avaliação serve para conhecer como se concretiza, no grupo, a diversidade e quais necessidades individuais são geradas.

Não basta preparar atividades abertas, que permitam diferentes níveis de resolução, que permitam a participação de todas as crianças e que respondam a uma metodologia para a diversidade. Também é preciso conhecer o que é essa diversidade na sala de aula: as crianças concretamente são "únicas" na turma para ajustar a intervenção às suas necessidades particulares. Tal *avaliação mais individualizada* é mais fácil e possível de ser realizada nessa etapa que em outras e, de fato, está normalmente mais incorporada ao talento das professoras e dos educadores.

Para realizar essa avaliação conta-se, ainda, com a colaboração da família, que possui mais elementos para compreender a criança que tem alguma história particular e que faz parte de um sistema também determinado.

Principalmente nos casos em que existem dificuldades mais graves ou necessidades educativas especiais, essa avaliação exige uma tarefa compartilhada e coordenada entre diferentes profissionais e com um *feedback* continuado no contexto familiar. A colaboração de outros profissionais menos envolvidos na tarefa cotidiana (professor substituto, psicopedagogo, fonoaudiólogo, etc.) apresenta uma avaliação mais complexa e global sobre as necessidades do referido aluno. Nesses casos, é especialmente importante realizar uma avaliação mais sistemática, com o recolhimento de informações continuadas e individuais, para poder ajustar as expectativas e as exigências às necessidades e às possibilidades da criança em cada momento da sua evolução.

Nesse momento, as folhas de acompanhamento individual são de grande utilidade e, também, as pautas de observação sobre os conteúdos que selecionamos para trabalhar de maneira prioritária e que servirão para fazer um acompanhamento mais sistemático e continuado (ver "As pautas de observação" no final do capítulo).

Por outro lado, em relação a essas crianças, não é possível observar somente o que sabem ou o que não sabem fazer, em um determinado momento, mas sobretudo por que não sabem fazer e, especialmente, com que ajuda conseguem fazê-lo; que tipo de ajuda precisam para participar e aprender nas atividades cotidianas de aula. É necessário avaliar não somente o que sabem fazer sozinhas, mas principalmente o que podem fazer com a ajuda um pouco maior ou se lhes forem preparadas tarefas um pouco diferentes. Assim, as seguintes situações poderão dar algumas informações úteis: quando ficamos ao seu lado e animamos para que acabem uma montagem/construção; quando lhes ajudamos verbalmente a organizar um desenho que não sabem por onde começar; quando lhes sugerimos que observem um companheiro; quando não sabem o combinado verbal ou quando diminuímos a complexidade de uma determinada tarefa.

5.6 COMO SE AVALIA?

Com bastante freqüência, quando os professores e as professoras propõem-se a realizar uma avaliação eficaz de seus alunos, e tentam fazê-la de maneira coerente e eficaz, sentem uma certa ansiedade ou preocupação pela dificuldade que significa querer avaliar "todos os conteúdos" de uma maneira sistemática e objetiva. Nessa situação, propõem-se fazer minuciosas e exaustivas observações com a finalidade de controlar todos os dados e de poder realizar uma avaliação completa e objetiva.

Devemos relativizar a eficácia geral desse tipo de avaliação. É preciso recolher dados, observar, obter informações sobre o que as crianças são capazes de fazer; porém, o que realmente importa é que tais informações sejam úteis para poder tomar decisões, para poder ajudar os meninos e as meninas e para propor-lhes um ensino cada vez mais ajustado às suas necessidades. Nesse sentido, devemos recolher aquela informação que seja pertinente a um momento determinado e que permita interpretar e entender o que acontece, de modo que sirva para regular a nossa intervenção e para compreender melhor as crianças e as suas necessidades.

A educadora dessa etapa, ao invés de realizar registros muito extensos, que podem ser difíceis de interpretar, deve procurar aprender a observar, tentar manter uma atitude receptiva e aberta. Para isso, precisa recolher aquelas informações que lhe sirvam para interpretar e questionar os processos de ensino-aprendizagem que ocorrem na sala de aula e com seus alunos. Sobretudo, deverá saber o que quer dizer aprender, desenvolver-se e ensinar, sem o que é muito difícil estabelecer uma prática educativa coerente, bem como poder introduzir as modificações pertinentes.

É preciso, pois, evitar o registro de mais informações do que se pode digerir ou interpretar e esquecer a pretensão de observar tudo. O mais importante é a atitude que se tem, a capacidade de ser receptivo, de escutar, de observar, de perguntar, etc.; é melhor não se preocupar muito quando for necessário interromper a atividade que se havia preparado e passar a "fechar" com respostas às perguntas e dúvidas que as crianças queiram propor.

Trata-se de integrar essa atitude na maneira de fazê-la e coletar informação sobre o que as crianças sabem ou o que não sabem em relação àquele momento proposto, como o enfrentam, como solicitam ajuda e como respondem, etc. Essa afirmação sim é pertinente, já que serve para regular a intervenção naquele momento e está relacionada com algumas atividades e com alguns conhecimentos concretos.

Essa atitude conduz, algumas vezes, a estar ativo, planejando e propondo atividades e dando orientações; outras vezes, propondo atividades com a finalidade de observar, de escutar, de compreender o que as crianças querem comunicar.

Essa mudança de atitude não acontece de uma maneira mágica e espontânea. Como todos aprendemos, é preciso fazê-lo gradualmente, prevenindo maneiras de organizar-se em aula e com instrumentos que o facilitem. Requer também a aprendizagem, como no caso dos alunos, de alguns determinados procedimentos, de algumas técnicas e algumas habilidades que não se consegue de um dia para o outro.

Mesmo que muitos professores, nessa etapa, realizem esse tipo de avaliação contínua e formativa de uma maneira intuitiva ou mais ou menos consciente, convém incentivar tal capacidade e criar situações para desenvolvê-la. Nesse sentido, existem diversos recursos e maneiras de fazer que podem ser úteis e que podem favorecer esse processo.

Referimo-nos, por exemplo, a prever situações que possam ser observadas sem que se intervenha (quando se faz uma observação na sala sobre uma companheira, quando se planejam atividades que requerem pouca intervenção, etc.). Também podem ser utilizadas filmagens realizadas na sala, que depois podem ser comentadas e analisadas. Uma outra possibilidade é destinar alguma sessão concreta semanal para esse tipo de situação e atividades planejadas com a finalidade de aprender a observar. Nessas sessões, pode ser realizada uma aprendizagem dessa troca de atitude: não se trata de atuar, de mostrar, de intervir, mas, basicamente e sobretudo, de iniciar somente observando, escutando, fazendo perguntas, etc., para ver o que as crianças sabem em relação aos conteúdos trabalhados.

Um instrumento interessante e útil que alguns professores utilizam para aprender a observar e a refletir sobre o que acontece na aula é o diário de classe (Díez Navarro, 1995), no qual se anotam as situações, as experiências e os diversos aspectos da caminhada do grupo, das crianças individualmente e de seus processos, seja no âmbito da aprendizagem ou no âmbito relacional e de grupo.

À medida que se tornem mais capazes, é importante fazer uma observação participativa na qual se estimule a sua curiosidade para sabermos o que as crianças pensam, o que dizem ou o que fazem em relação à situação que foi proposta.

Por esse motivo, dizemos que se trata de uma observação participativa, porque tenta avaliar a capacidade de melhora e de aprendizagem do aluno, quando sejam propostos ajustes à criança, aos modelos e às pautas. Procura-se, assim, valorizar a *capacidade de aprendizagem potencial* do aluno, sempre intervindo na zona de desenvolvimento próximo e, por sua vez, observando de que maneira se pode auxiliá-lo mais: quando estamos a seu lado e o ajudamos a organizar um desenho que não sabe por onde começar, quando lhe pegamos a mão para que ponha a letra que deseja escrever ou quando o ajudamos a explicar o que lhe aconteceu no pátio.

Portanto, não devemos dizer: "Não sabe pronunciar bem, quando fala não se entende o que diz", mas ver que erros comete quando solicitamos que pronuncie uma palavra depois de outra que pronunciamos a ele; se não consegue, ver o que acontece se lhe pedimos para pronunciar sílaba por sílaba; quais os sons que lhe são custosos; verificar se pode se tratar de outra dificuldade (timidez, bloqueio, etc.), a qual se manifesta quando fala em grande grupo e menos quando joga em pequenos grupos...

No final deste capítulo, apresentamos algumas pautas por idades que podem ajudar a preparar e a realizar a observação e a avaliação das crianças.

5.7 A COMUNICAÇÃO DA AVALIAÇÃO E OS SEUS EFEITOS NO FUTURO ESCOLAR DO ALUNO

A informação obtida a partir da avaliação deve ser comunicada de maneira diferente, conforme o destinatário – nós mesmos, a escola, a família, a criança – porque em cada caso a função é peculiar.

A linguagem que utilizamos não pode ser a mesma. Para os pais e as mães deve ser clara e compreensível, o que significa simples e breve. Para o aluno deve ser adequada às suas capacidades de compreensão e destinada a favorecer a formação de uma imagem positiva, ajustada a ele próprio. Para a escola é preciso que seja clara e refira-se aos conteúdos de ensino.

Conforme já comentamos, a comunicação da avaliação para uma criança ou para seus pais não é uma questão de somente transmitir uma informação, sem influência na atitude e no futuro do escolar.

A avaliação *"não é uma simples constatação do rendimento, a capacidade ou o pensamento da criança, mas que por si mesma essa avaliação produza efeitos sobre a criança avaliada e sobre a pessoa adulta que avalia"* (Fèneyrou, 1990). Nessa etapa, a afirmação é especialmente importante, já que seus efeitos podem determinar e influir no futuro escolar e pessoal da criança avaliada. Nunca existe uma avaliação impessoal e fria, pois ela sempre tem a sua origem e o seu sentido na *interação entre o aluno e a professora* e influi no comportamento de ambos. A avaliação, além disso, não se limita ao que se transmite em um informe ou em uma entrevista. Avalia-se constantemente, para que cada dia valorizemos de uma maneira ou de outra as ações e as realizações dos meninos e das meninas da sala.

Portanto, a *avaliação que a professora faz do aluno influi e condiciona a imagem que o menino ou a menina vai formando em relação às suas capacidades e às suas possibilidades de seguir com um certo sucesso a sua escolaridade.* Por outro lado, também tem uma influência nas expectativas que a mãe, o pai e as outras pessoas significativas do seu ambiente vão criando em relação a ele ou a ela.

Nessa fase, a criança começa a conhecer a si mesma, a formar uma imagem de si que influirá e condicionará a sua personalidade. Nesse processo, as pessoas adultas significativas têm uma influência decisiva: a sua mãe, o seu pai, a sua família, a sua professora, as pessoas de quem depende e com as quais se relaciona. (ver item 4.3., "O estímulo do autoconceito e da auto-estima").

Por isso, as professoras dos grupos de primeiro ano de escolaridade podem condicionar, em parte, o futuro da criança na escola, os seus sentimentos de competência, a sua capacidade de assumir os caminhos que são planejados, as suas vontades de participar nas atividades escolares, etc. A partir das avaliações que são realizadas a cada dia e, sobretudo, a partir das valorizações e das opiniões que se faz sobre o avaliado, pode-se transmitir a ele e à sua família algumas valorizações e algumas opiniões que podem fazer com que a criança sinta-se capaz e estimulada a esforçar-se, ou incapaz e incompetente.

Assim, com a avaliação que realizamos de uma maneira constante, sem perceber, quando dizemos a uma criança: "Não é preciso que você faça isso, é muito difícil" ou "Como sempre, Carlos, todo lambuzado! Você sempre tem que se desarrumar?"; "Bem, José; mas, mesmo assim, você pode fazer melhor..." ou "Já está bem...", estamos transmitindo para a criança a imagem que temos dela e que influirá no seu autoconceito e na sua auto-estima. Influirá, evidentemente, para que se sinta com vontade de esforçar-se, de participar, com interesse ou insegurança, com medo de equivocar-se, desinteresse, etc.

Compartilhar a avaliação com as crianças

No item anterior, explicamos que a avaliação possui, mesmo que não o pretendamos, alguns determinados efeitos (positivos ou negativos) no progresso e na atitude futura da criança em relação à escola e à aprendizagem.

Nas situações educativas e de interação vivenciadas em geral na escola e na aula, constantemente, mesmo que de maneira não-consciente, fazemos comentários e valorizações sobre as diferentes crianças. Freqüentemente, não nos damos conta da influência que tais valorizações ou comentários podem exercer na criança e na sua atitude em relação à escola e em relação às próprias professoras.

Portanto, fica claro que, mesmo não querendo, constantemente estamos apresentando dados (comentários, olhares, atitudes, etc.) às crianças sobre a sua avaliação. Por esse motivo, pensamos que, além dessas informações, às vezes pouco controláveis, é preciso proporcionar valorizações de uma maneira mais consciente e intencional, com a finalidade de ajudá-las a aprender melhor e a começar a regular o seu comportamento.

Essas informações aos alunos sobre a sua avaliação têm duas finalidades básicas:

- motivá-los e animá-los;
- ajudá-los a ir conhecendo melhor as próprias possibilidades e necessidades.

Precisamos comunicar aos meninos e às meninas os resultados da avaliação que realizamos, porém, como já falamos, a maneira e os canais não podem ser iguais para todos. É preciso que tenhamos o cuidado de proporcionar informações que ajudem a criança a ter vontade de melhorar e não desmotivá-la com exigências excessivas que não seja capaz de cumprir.

Essa avaliação precisa servir para conhecer os seus progressos e as suas dificuldades, os aspectos em que pode esforçar-se e melhorar, bem como aqueles em que tem se saído bastante bem.

A valorização de sua atividade deve representar *sempre* um incentivo que estimule a criança a esforçar-se um pouco mais. É preciso que sejamos conscientes de que, para um aluno progredir, é necessário que o seu esforço seja recompensado de alguma maneira e que a sua auto-imagem e a sua auto-estima não fiquem prejudicadas. Isso não significa que lhe digamos que é o melhor da sala. Se consideramos a diversidade na sala de aula, teremos criado situações diversificadas, o que será uma ajuda adaptada à criança e às suas necessidades; assim, provavelmente, tenha, como todas as outras, participado positivamente das atividades do grupo e sentido-se útil e capaz.

A valorização que realizamos estará relacionada com a avaliação que fizemos no início (avaliação inicial) e com a que realizamos no decorrer das diferentes situações (avaliação formativa), à medida que formos observando o seu progresso e o seu esforço.

Assim, a função motivadora e estimulante da avaliação cumprirá seu papel, a qual animará a criança a continuar trabalhando e a chegar ao máximo de suas possibilidades.

Compartilhar a avaliação com a família

Nessa idade, todos temos muito claro que é preciso compartilhar a avaliação que realizamos na escola com as valorizações, as observações e os comentários do pai e da mãe em relação ao filho.

Tal como vimos, a avaliação que fazemos na escola pode ter determinados efeitos (positivos ou negativos, conforme o caso) no sentimento de segurança e confiança e, também, na auto-imagem que a criança começa a formar sobre si. Esse mesmo processo ocorre dentro da família, a qual, com os seus comentários, as suas valorizações e comparações, condiciona e influi na formação da própria identidade e segurança da criança.

Nessa fase, em que iniciam todos os sentimentos e percepções sobre si mesmo, é muito importante que as visões e valorizações da escola e da família possam ser comentadas e, em especial, relativizadas.

É preciso que as diferentes hipóteses e valorizações que as pessoas adultas formulam sejam abertas e possam ser contrastadas com as outras pessoas adultas que têm contato com a criança, especialmente a sua família. Assim, a família ajuda a matizar ou a ajustar as nossas hipóteses e valorizações, fornecendo informações sobre o que a criança é capaz de fazer e de mostrar em outros contextos educativos.

Em todo intercâmbio com a família, quando explicamos alguma coisa que o seu filho tenha feito, estamos transmitindo opiniões e valorizações que vigiamos. Nas entrevistas com as mães e os pais, por exemplo, é preciso que tenhamos presente e que aceitemos que não é indispensável aos pais e professores coincidirem exatamente na visão e na valorização que fizemos de determinada criança.

Não é preciso que as diferentes visões sobre a criança sejam consideradas como um fator de divergência ou de rompimento que precise ser superado, mas deve servir para relativizar as valorizações posteriores e para evitar a tentação de pensarmos que somos os únicos donos da verdade e da objetividade. Pensemos que, em geral, trata-se de diferentes visões causadas por diversos fatores como, por exemplo, a criança mostra-se diferente conforme o contexto em que se apresenta; a professora compara a menina com o grupo onde atua e o pai e a mãe a comparam com um irmão ou um vizinho; os pais têm tendência (e que seja duradoura...!) de ter expectativas positivas sobre os seus filhos que, às vezes, não coincidem com o rendimento escolar da criança naquele momento; na escola, a menina ou o menino fazem parte de um grupo de iguais e, em casa, apresentam-se imersos em um outro tipo de sistema.

Não se trata, portanto, de dar informações e valorizações unilaterais da criança, mas também de coletar outras visões, contrastar com a família o que observamos na escola, ver o que pensam sobre o que dizemos, por que pensam que a criança se comporta de determinada maneira na escola e como eles pensam que poderiam ajudar a criança a avançar em seu desenvolvimento.

Nessa idade, as crianças progridem no seu processo de desenvolvimento e aprendizagem graças às situações e às experiências que vivem em casa e na escola. Muitos dos conteúdos educativos dessa etapa são aprendidos de uma maneira paralela e compartilhada – naturalmente com um diferente grau de sistematização e planejamento – na família e na escola: hábitos de autonomia, linguagem, conhecimento dos elementos do ambiente, orientação no espaço e no tempo, aprendizagem das cores, dos primeiros números, da função da linguagem escrita, etc.

Devemos ter claro que a avaliação será realizada sempre a partir dessa perspectiva de hipóteses, as quais servem para regular o processo educativo, porém que é preciso ir contrastando com as que chegam de outras pessoas ou de outros contextos (família, outros professores, etc.) e com a idéia que se pode ir modificando em função do processo vital educativo de cada criança.

Teremos que contrastar aquilo que a criança faz na escola com aquilo que ela faz em casa para construirmos uma visão aberta da criança e para juntos, escola e família, aprendermos. É necessário não fazer muitas definições e valorizações fechadas; é mais pertinente propormos aspectos de futuro: "O que poderemos fazer para ajudá-la a ter vontade de aprender?", "Que coisas podemos exigir-lhe em casa para melhorar a sua autonomia?".

Devemos aprender a escutar e a não nos angustiarmos em definir ou darmos informações exaustivas sobre a criança; é mais adequado entendermos como um processo de colaboração real com os seus pais, com quem compartilhamos as dúvidas que temos, as perguntas e valorizamos tudo aquilo que podemos abordar para que possam ter um conhecimento mais completo e global do seu filho.

As entrevistas com as famílias

É importante fazer, no mínimo, uma entrevista no decorrer de cada curso escolar. Tradicionalmente se considera que, no final dos cursos, é um bom momento para essa entrevista ser feita, pois as professoras dispõe de informações exaustivas e detalhadas para dar aos pais, por meio de uma entrevista ou de um informe escrito.

Tais entrevistas têm a finalidade de informar sobre a avaliação final dos cursos (a avaliação somativa, os resultados de aprendizagem) e têm pouca incidência no processo de aprendizagem e evolução que teve lugar no decorrer de todo o curso escolar.

Assim, a avaliação formativa – que se realiza com a finalidade de revisar e de replanejar os tipos de intervenção dentro do mesmo processo educativo – tem muito mais sentido durante o curso escolar. Pensamos que, de uma maneira sistemática, é preciso planejar a entrevista realizada no início do segundo trimestre, depois de todo um trimestre de permanência na escola.

Essas entrevistas são mais interativas que as finais, já que não se propõem a somente dar informações, mas contrastar a evolução e a situação da criança, para entrar de acordo, orientar, aprender e considerar mudanças quando necessário.

Em determinadas escolas, essa entrevista é realizada já há bastante tempo; são consideradas as finalidades de revisar, de analisar com o pai e a mãe o processo de sua filha ou de seu filho, para revisar as ajudas e as respectivas intervenções. Nesse momento, pode-se realmente fazer uma avaliação compartilhada para compreender melhor o menino ou a menina de quem falamos.

A seguir, apresentamos algumas idéias que podem ser úteis no momento de preparar a entrevista do segundo trimestre com os pais e as mães.

Roteiro para a entrevista do segundo trimestre: objetivos e estratégias para conduzir uma entrevista[2]

- Objetivo número 1: Obter um bom nível de comunicação com a família. Proporcionar um *feedback* para os pais.
  – Criar um ambiente descontraído e um clima tranqüilo na entrevista: não se trata de passar muitas informações exaustivas, mas de conseguir

um bom clima de colaboração e falar dos aspectos que consideramos básicos para uma boa adaptação e uma boa evolução da criança na escola.
— Explicar como a vemos na escola em relação aos diferentes aspectos que selecionamos para comentar e em relação aos diferentes conteúdos educativos (conteúdos no sentido amplo, como está entendido nos currículos da reforma educativa).
— Comparar com a família: Como a criança está em casa?
• Objetivo número 2: Comentar o processo de adaptação da criança nos primeiros meses do curso. Ver a ligação que o menino e a menina estabelecem entre a sua casa e a escola.
— Explicar como tem passado na escola, destacando os avanços e as pequenas melhoras que fez em relação a esse processo.
— Comparar com a família: Como está indo em casa?
— Explicar se em determinados momentos, na escola, fala das suas experiências fora dela.
— Comparar com a família: Fala da escola em casa? De que coisas?
• Objetivo número 3: Aprofundar os conteúdos e determinados aspectos de desenvolvimento e de aprendizagem.
— Informar sobre a evolução da criança em relação a mesma. Explicar os aspectos em que a criança está progredindo de maneira adequada e, sobretudo, aqueles em que mostra alguma competência e habilidade especial.
— Em um segundo momento, é preciso falar dos aspectos com necessidade de maior trabalho; devemos estar de acordo para favorecer uma evolução e uma melhora mais intensa na criança. É importante ver o que os pais pensam a respeito do que planejamos, pois assim podem comparar com o que vêem em casa.
— É preciso que priorizemos poucos conteúdos em relação aos quais solicitaremos mais colaboração da família, para que não seja muito exaustivo e para não saturá-la com muitos pedidos e exigências. Trata-se de priorizarmos um ou dois aspectos (no máximo) de aprendizagem e de evolução que caberia melhorar (p. ex., hábitos de autonomia e linguagem) e que pensemos ou propusemos algumas possíveis questões que devemos considerar em casa e na escola.
— Ver as possibilidades de colaboração que o pai e a mãe apresentam, valorizar quando a sua organização e cultura familiar lhes facilita que isso aconteça. Ajustar, se possível, as nossas demandas e as nossas expectativas às suas possibilidades.
• Objetivo número 4: Chegar a acordos concretos nos casos em que seja necessário, relativos às novas medidas ou alterações que forem introduzidas para que sejam alcançados os objetivos que propusemos a uma determinada criança.
— Proporcionar aos pais a oportunidade de apresentarem idéias e sugestões concretas.
— Apresentar propostas concretas que favoreçam o processo de aprendizagem e a evolução escolar.
— Pensar nas atuações que faremos (proporcionar mais ajuda à criança, quando se apresenta com determinadas dificuldades); nas atuações que é preciso que a mãe e o pai façam (ler contos para a criança, comentá-los, falar muito com a criança, etc.); e nas atuações de relação casa-escola (necessitamos que o pai e a mãe se envolvam mais no processo edu-

cativo do seu filho propomos que cada dia, na hora de sair, venham cinco minutos antes, para podermos comentar com eles e valorizar as produções e os avanços da criança durante a semana).
— Visando ao futuro: o que é preciso fazer ou o que podemos fazer para melhorar?

Para preparar e registrar uma entrevista, podem ser utilizados diferentes modelos, por exemplo, o Quadro 5.3.

5.8 AVALIAÇÃO DAS PROPOSTAS EDUCATIVAS

Conforme já comentamos, a avaliação não somente deve ser feita em relação aos alunos, mas também em relação ao ensino que apresentamos e ao tipo de intervenção e de atividades propostas na aula.

Analisar e avaliar a intervenção educativa e as atividades não é uma tarefa fácil, pois existem muitos fatores que intervêm e que poderíamos tomar como referentes, de acordo com a perspectiva que queiramos adotar. A seguir, iremos propor algumas perguntas e alguns aspectos que devem ser considerados quando desejamos analisar e revisar a nossa prática a partir de uma perspectiva construtivista de ensino e de aprendizagem.

A pauta que propomos é muito mais exaustiva; às vezes, pode ser favorável utilizá-la em todos os momentos; em outras vezes, talvez, somente em algum momento concreto. O importante é que possamos proceder a uma análise da nossa prática, elemento indispensável para torná-la mais coerente e fundamentada.

Roteiro para analisar as atividades e as propostas didáticas

1. Clima relacional e afetivo
   — Existe uma relação de confiança? As crianças sentem-se tranqüilas e confiantes, sem medo de participar ou de equivocar-se?

Quadro 5.3 Modelo para a entrevista do segundo trimestre com a família

ALUNO OU ALUNA: ASSISTENTES:		CURSO: DATA:
TEMAS DE QUE FALAREMOS	DESENVOLVIMENTO DA ENTREVISTA	ACORDOS

— Temos confiança nas suas possibilidades? Nas de todos? Sentimo-nos bem na aula? Pensamos que elas também se sentem bem?
— As crianças sabem o que podem e o que não podem fazer? Em geral, entendem o que lhe explicamos? Respeitam?
— Organizamos a aula e a dinâmica de maneira que possam ter um certo grau de autonomia? Sentem-se envolvidas nesse funcionamento e nessa organização? Colaboram para manter a ordem e a dinâmica estabelecida?

2. Início da atividade ou das atividades
   Apresentação:
   — Junto às outras atividades e situações.
   — Favorecemos que relacionem o que lhes propusemos com os seus conhecimentos prévios? Elas têm-se mostrado interessadas e motivadas?

   Avaliação dos conhecimentos prévios:
   — Verificamos que conhecimentos prévios as crianças possuem sobre os conteúdos que estamos propondo? Isso foi difícil para elas? Participaram apresentando os seus conhecimentos e as suas experiências?

   Explicação dos objetivos da atividade:
   — Explicamos o que pretendemos que aprendam? As crianças entenderam e relacionaram com o que fizemos no decorrer das atividades?

   Combinações iniciais:
   — Organização inicial da atividade: estão claras as explicações iniciais que lhes damos? A atividade teve resultado como havíamos previsto? Encontramo-nos com problemas que não esperávamos? Quais? Conseguimos modificá-la em tempo? Explicamos claramente o que estávamos propondo? Favorecemos que fizessem perguntas naquele momento?

3. Organização e funcionamento do grupo no decorrer da atividade
   — A dinâmica de grupo tem funcionado? Estabeleceram-se relações positivas entre os alunos? Têm surgido dificuldades excessivas no funcionamento do grupo? Na relação entre os alunos? Podemos favorecer sua regulação com a nossa ajuda? Estamos conseguindo controlar? Temos a sensação de que perdemos o controle? Acreditamos que isso tem prejudicado os alunos? Tem sido uma vivência somente nossa?

4. Atitude e participação dos alunos
   — Os alunos têm-se envolvido ativamente? Têm manifestado *interesse* e participação? Estamos conseguido estimular a participação de todos os alunos? Todos os meninos e as meninas têm participado? Estamos coletando as diferentes abordagens que eles fazem? Deixamos tempo suficiente para que eles falem e participem?

5. Organização do tempo
   — A atividade tornou-se muito extensa? Tivemos pouco tempo? As atividades seguiram um ritmo adequado e, na sua realização, respeitamos a alternância de esforço, concentração e movimento? (Ver, no Capítulo 3, o roteiro para analisar a seqüência de atividades no decorrer da jornada.) Apressamos muito as crianças em certos momentos? Temos aproveitado os fatos espontâneos que surgem no decorrer da sessão ou da jornada?

6. Organização e utilização dos espaços
   — Temos utilizado o espaço adequado para a atividade realizada? Achamos que existem espaços mais adequados? A organização da sala de aula tem favorecido a participação, os deslocamentos, a autonomia, o contro-

le e o trabalho de grupo em função do tipo de atividade e das finalidades que pretendemos?
7. Tipos de intervenções da professora ou do professor e interações com os alunos
   — No decorrer da atividade, temos realizado muitas intervenções? Com que finalidade: para controlar, para dirigir, para ajudar a criança, para comparar com atividades anteriores, para avaliar o que está aprendendo, etc.?
   — Temos interagido com a criança? Que tipo de interação se estabelece: provar juntos, conversar, perguntar, jogar com ela, oferecer modelos, explicar, propor, sugerir, xingar, corrigir, etc.?
   — Estamos conseguindo avaliar e refletir em grupo sobre a atividade e o trabalho realizado? Estamos conseguindo ser receptivos ao que acontece na aula? Temos introduzido modificações a partir do que acontece na aula? Temos adaptado a ajuda às necessidades e às dificuldades das crianças? Estamos muito protagonistas? Temos favorecido o suficiente a sua iniciativa e a sua participação?
8. Atenção à diversidade
   — Estamos conseguindo atender à diversidade no decorrer das atividades? Todas as crianças estão conseguindo participar conforme suas possibilidades? Estamos ajudando as que mais precisam? Existem algumas crianças que ficam à margem e não acompanham a atividade? Como poderíamos ajudá-las?
9. Os materiais
   — Os materiais que estamos usando são adequados? Estão claros? São interessantes? Têm sido bem-selecionados em relação aos conteúdos e às atividade que planejamos? Conforme o conteúdo e os objetivos que trabalhamos, o material foi o mais atualizado e adequado?
10. Avaliação
    — As crianças conhecem os nossos critérios de avaliação, enquanto realizávamos a atividade? Havíamos explicado-lhes o que esperávamos delas?
    — Os instrumentos de avaliação de que dispomos são úteis e pertinentes?
    — Temos planejado uma avaliação inicial? Era necessário fazê-la? Temos feito uma avaliação formativa no decorrer da atividade? Foi possível observar as dificuldades de alguns alunos? Quando lhes ajudamos, saíram-se melhor?
    — Como temos comunicado a avaliação que fomos realizando? Temos feito valorizações negativas em relação a determinados alunos? Temos valorizado positivamente e temos ajudado as crianças que mais necessitam?
    — Temos conversado com o grupo sobre o andamento da atividade? Abordamos os critérios sobre o próprio processo de valorização?

5.9 PAUTAS DE OBSERVAÇÃO: PROPOSTA DE INSTRUMENTOS PARA OS DIFERENTES NÍVEIS DA ESCOLA MATERNAL E DA PRÉ-ESCOLA

A observação é o recurso principal, na educação infantil, para realizar a avaliação das crianças em diferentes momentos. Para realizá-la e para aprender a observar, é útil dispor de instrumentos e de referentes que ajudem a manter claro o que se quer observar e serve de guia para planejar e prever as situações que serão propostas.

Tais pautas estão organizadas seguindo uma distribuição em áreas dos currículos da etapa. Dentro de cada área, consideramos diferentes blocos de acordo com as idades das crianças e as características da educação escolar nas respectivas idades.

A utilização que pode ser feita na escola é e pode ser muito diferente, desde que, em princípio, seja proposto como um guia para que cada escola e cada professora realize as suas pautas concretas para observar e avaliar.

De qualquer modo, prioritariamente, estão pensadas para realizar a *avaliação formativa* que consideramos indispensável para guiar as atuações educativas e para planejar as atividades. Também podem ser utilizadas para planejar atividades de *avaliação inicial e somativa* em qualquer momento do curso escolar. Nesse caso, seria necessário adaptá-las às atividades que estamos propondo, tomando-as como um referente que é preciso comparar e relativizar em função das atividades, bem como dos conhecimentos e das habilidades prévias dos nossos alunos.

Cada educadora deverá planejar a sua utilização e decidir em quais momentos, no decorrer da atividade cotidiana, pode refletir, observar ou até anotar comportamentos, aprendizagens e atitudes de cada um dos seus alunos para poder fazer um seguimento contínuo e real das suas necessidades, possibilidades e competências.

Dentro de cada bloco existem diferentes itens com uma série de indicadores, nas quais estão definidos diferentes graus de aprendizagem que a criança pode fazer em relação a uma determinada capacidade ou a um determinado conteúdo. É preciso considerar que esses indicadores servem como orientação e que não esgotam as diferentes possibilidades de valorização das crianças. Embora os indicadores possam ser válidos para muitas crianças, pensamos que um comentário individualizado feito pela professora sempre é mais rico do que uma cruz ou um sublinhado nas pautas já impressas em um papel.

Quando as observações, por alguma razão, não forem muito positivas, devem-nos conduzir a pensar nas *necessidades educativas*, com o objetivo de tentar refletir sobre que tipo de ajuda e de intervenção educativa a criança precisa para poder avançar.

De fato, esse princípio deverá prevalecer em toda a avaliação realizada nessa etapa da educação infantil. Não se trata de fazer juízos fechados ou definitivos sobre o que uma criança é capaz de fazer em um determinado momento de sua escolarização, mas de valorizar e de observar o que pode fazer com a ajuda e a colaboração das outras pessoas crianças ou educadoras. Enfim, de que necessita para poder aprender e progredir.

Para progredir, a intervenção é necessária. É preciso, portanto, pensar que tipo de ajuda será dada, que tipo de atividades podem ajudar-lhe, quais os companheiros e as companheiras que podem guiar e estimular aquela criança, que atitude cabe tomar, que colaboração oferecer, quais as sugestões que se pode fazer à família, etc. Esse é o sentido e a finalidade principal que a avaliação deve ter nesse e em outros momentos da escolaridade.

Isso, às vezes, pode ser difícil de fazer para todas as crianças, porém é indispensável que seja feito e valorizado sistematicamente com as crianças que apresentam necessidades educativas especiais em relação a determinados conteúdos. Com base no que fazem esses alunos, é preciso realizar um seguimento contínuo e detalhado de seus progressos e das suas necessidades. Dessa maneira, pode-se intervir e propor ajustes ou recursos adicionais para que possam avançar no seu processo de aprendizagem e participar das atividades que são propostas a todo o grupo. Apesar de essa tarefa poder ser compartilhada com outros profissionais (a professora substituta, a psicóloga, as especialistas, etc.), a observação e o seguimento que a professora titular realiza é indispensável para garantir uma ação educativa adequada e eficaz.

PAUTA DE OBSERVAÇÃO DA ESCOLA MATERNAL
GRUPO DE 0-12 MESES[3]

Área I: Descoberta de si mesmo

1. Conhecimento de si mesmo e do próprio corpo

O próprio corpo. Sensações, percepções e necessidades
Destaca algumas partes do seu corpo (boca, nariz, mãos, etc.). Nomeia algumas. Agrada-lhe fazer movimentos diante do espelho. Manifesta prazer ou incômodo diante de determinadas situações. Protesta e tenta evitar as situações que não lhe agradam. Reage à dor, chorando/reclamando a atenção do adulto/não reage. Expressa e manifesta as suas necessidades pessoais (desejos, sede, cansaço, etc.) os adultos, gesticulando ou verbalmente. Consegue esperar um pouco para que sejam cumpridas suas necessidades. Põe-se freqüentemente em perigo/reconhece algumas situações de perigo e as evita. Relaxa quando o ambiente está propício/é bastante difícil de consegui-lo. Reclama a atenção dos adultos quando é necessário/o faz muito/não reclama. (É preciso observar se reage a diferentes ruídos e intensidade de som. É preciso observar se segue e discrimina objetos ou pessoas.)
....
....
....

Sentimentos e emoções
Expressa suas emoções e seus sentimentos. Aceita as demonstrações de afeto das pessoas adultas conhecidas/agrada-lhe/rejeita-as/mostra-se indiferente. Aceita os beijos. Manifesta o seu estado de ânimo de maneira não-verbal. Aceita que intervenhamos em certas emoções negativas (agressividade, oposição, etc.) para as controlar/não o entende/embrabece. Acalma-se facilmente quando a consolamos/é difícil para ela/não o aceita. Habitualmente, mostra-se tranqüila/irritada/inquieta/controlada. Manifesta medo por determinadas situações ou objetos (quais?).
....
....
....

Confiança e segurança
Experimenta e realiza as tarefas e as condutas ao seu alcance/é preciso animá-la a fazê-lo. Necessita de ajuda freqüentemente/constantemente/algumas vezes/quase nunca. Chora ao ficar sozinha/consegue ficar só por alguns momentos sem se dar conta/fica tranqüila um momento. Esforça-se para vencer as dificuldades que é capaz de vencer. Reclama a nossa ajuda mesmo que não necessite dela. Mostra-se contente quando a felicitamos. Agrada-lhe ser o centro de atenção em determinadas situações/evita-o.
....
....
....

2. Cuidado de si mesmo e do ambiente

Higiene, limpeza e troca
Participa quando limpamos seu rosto ou as suas mãos. Aceita que lhe limpemos e mostra satisfação quando o fazemos/não lhe agrada. Mostra-se inquieta quando está suja. Quando usa fraldas, sempre está molhada/começa a conter-se aos poucos. Colabora quando a vestimos e a trocamos. Quer tirar as meias e a toca/sabe fazê-lo. Reconhece alguma peça de roupa sua.
....
....
....

Alimentação
Colabora ativamente nas situações de refeições/mostra-se passiva. Agrada-lhe este momento/não lhe agrada. Come sozinha determinados alimentos/não o faz nunca. Tem apetite. Agrada-lhe provar coisas novas/aceita pouca variedade. Come os alimentos triturados/em pedaços/sólidos. Come somente o primeiro prato/dois/todos os três.* Tem vômitos com freqüência/às vezes. Manifesta as suas preferências e as suas necessidades. Usa os talheres (colher, garfo)/não os utiliza. Permanece sentada enquanto come/é difícil para ela. Respeita a comida das outras crianças quando lhe avisamos.
....
....
....

Descanso
Dorme muito/pouco/pela manhã/à tarde. Adormece sozinha/custa-lhe/é preciso segurá-la/dorme no colo. Não quer ir dormir. Chora. Dorme tranqüila/demonstra-se nervosa/acorda-se com facilidade. Desperta-se tranqüila/grita para que lhe tiremos da cama/assusta-se quando se acorda e está só. Dorme com chupeta/sem chupeta/põe o dedo na boca/outros objetos.
....
....
....

3. Jogo e movimento

Jogo motriz (no pátio ou nas atividades de movimento)
Agrada-lhe sair ao pátio/sente-se insegura. Necessita de atividade ao ar livre/não lhe agrada/prefere voltar à sala. Escolhe jogos tranqüilos (areia, bonecas, etc.)/de movimento (engatinhar, trepar, etc.)/fica observando. Agrada-lhe os jogos motrizes e esforça-se ao praticá-los. Preferentemente joga com

---

*N. de T. O almoço, na Espanha, é regularmente distribuído em três pratos, que já se recebe servidos; a comida não é exposta à mesa em travessas.

baldinhos e pazinhas, rodas, caminhões, caixas, etc. Quer subir nos elementos e nos objetos habituais (carrinhos, triciclo, escorregador, etc.)/tem medo/não lhe agrada/pede ajuda.
....
....
....

Caminhada, deslocamento, equilíbrio e postura
Vira-se de barriga para baixo e desvira-se.
- *Sentada:* Quando está sentada, inclina-se para a frente e apóia-se nas mãos. Pode ficar um momento sentada/apoiando-se ou sem apoiar/cai em seguida/cansa-se rápido/agrada-lhe estar sentada. Sabe sentar-se sozinha/senta-se e levanta-se sozinha, segurando-se na beira do berço. Quando está sentada, consegue começar a engatinhar. Quando está sentada em uma cadeirinha, levanta-se sozinha.
- *De pé:* Agrada-lhe muito estar de pé. Levanta-se, segurando-se nos móveis. Equilibra-se de pé por um momento. Levanta-se sozinha. Perde o equilíbrio facilmente/às vezes.
- *Caminhada e deslocamento:* Caminha quando lhe seguramos pelas duas mãos. Caminha sozinha. Desloca-se arrastando-se/sentada/apoiando-se. Desloca-se engatinhando em frente/engatinhando para trás. Desloca-se segurado por uma só mão/pelas duas mãos/sem apoiar-se/apoiada nos móveis. Abaixa-se para juntar um objeto do chão. Quer subir as escadas sendo segurada por nós/sobe de gatinho/sobe quando lhe seguramos e coloca os dois pés em cada degrau. Sobe nas mesas e nas cadeiras para pegar os objetos. Atira os brinquedos/arrasta os brinquedos. Empurra uma cadeira, caminhando.
- Atira a bola, quando lhe pedimos. Chuta-a. Consegue relaxar, quando lhe oferecemos as condições.
....
....
....

Habilidade manual
Explora os objetos com o dedo indicador/com a boca/chupa todos os objetos. Agrada-lhe atirá-los ao chão e ver como caem. Custa-lhe largar o objeto que tenha na mão. Segura os objetos com as duas mãos/segura um objeto em cada mão. Passa um objeto de uma mão para outra. Põe as mãos em volta da mamadeira/quer agarrar o bico da mamadeira/tira-o da boca. Segura uma colher e a leva junto à boca. Bebe no copo com ajuda. Põe os dedos nos furinhos por onde sai a água, explorando-os. Começa a procurar e a querer alcançar objetos distantes. Afasta um objeto para alcançar em outro por baixo. Procura um objeto escondido. Procura o objeto com o qual estava brincando, quando o tiram do seu alcance de visão. Abre uma caixa para examinar o que tem dentro. Põe os brinquedos dentro de uma caixa. Abre uma bala. Amassa papéis/explora-os e manipula-os/faz ruído com eles. Tira seus sapatos/tenta tirá-los. Agrada-lhe brincar com areia e água. Põe um baldinho, um copinho dentro do outro.
....
....
....

Área II: Descoberta do ambiente natural e social

1. Adaptação na escola

Entra contente na escola. Adapta-se rapidamente na escola quando a deixam/separa-se da pessoa que a acompanha sem dificuldade/custa-lhe separar-se. Às vezes chora/aceita o consolo da professora. Fica tranqüila. Fica tranqüila no dormitório/custa-lhe dormir. Custa-lhe ficar depois de um período ou alguns dias sem vir à escola. Mostra-se contente na maior parte do tempo. Agrada-lhe sair ao pátio/não muito/aceita-o.
....
....
....

Orientação no espaço e no tempo
Conhece a sua sala. Tem curiosidade em explorar outros espaços da escola/não lhe interessa/sente-se insegura com as mudanças de espaço. Mostra-se tranqüila nos espaços habituais e com as pessoas conhecidas. Localiza alguns objetos habituais na sala. Antecipa alguma situação ou atividade cotidiana a partir de determinados índices ou sinais (quando vê o carrinho, quando preparamos o almoço, etc.).
....
....
....

2. Interação e jogo com as outras pessoas

Relação com os companheiros
Procura/aceita/rejeita a relação com outras crianças/evita-as. Interessa-se pelas mais velhas. Inibe-se. Agrada-lhe impor seus desejos. Mostra interesse pelas outras crianças/observa-as/imita-as/toca-as/sorri para elas/bate nelas/morde-as. Começa a compartilhar pequenos períodos de jogos/com a intervenção de outra pessoa adulta. Agradam-lhe as atividades de grupo propostas (canções, jogos, etc.)/não se separa/entusiasma-se com elas. Mostra-se tranqüila/inquieta/com freqüência se aborrece/quase nunca. Quando lhe incomodam: chora/defende-se/procura a educadora/vai para um cantinho. Manifesta preferências por certos meninos ou meninas.
....
....
....

Relação com as educadores e com as outras pessoas adultas
Solicita a atenção da educadora freqüentemente/pouca/às vezes. É muito dependente dela e chora quando desaparece. Chora quando lhe seguram no colo. Custa-lhe compartilhar a educadora com as outras crianças/afasta-as/aceita-as. Reclama a sua atenção/nunca faz isso/aceita-a e agradece/mostra-se absorvente e exclusivista. Comunica suas necessidades e emoções. Aceita as propostas da educadora/

ignora-as/rejeita-as/depende do momento. A relação costuma ser espontânea/afetuosa/distante/dependente. Aceita a relação com as outras pessoas adultas conhecidas da escola. Distingue as pessoas conhecidas entre as desconhecidas/rejeita as desconhecidas/aceita-as.

....
....
....

3. Jogo, experimentação e exploração

Agrada-lhe manipular os objetos que tem ao seu alcance (agrupar, bater, atirar, acariciar, etc.). Faz atividades complexas de exploração e de manipulação: empilha os objetos, ajunta-os, espalha-os, oferece-os, joga-os e os recolhe, arrasta-os, põe dentro de um recipiente, bota e tira, abre e fecha, enrosca-os, etc.

Tem iniciativa. Observa as outras crianças/imita-as. Quando quer um objeto que não alcança: excita-se/olha-o/tenta pegá-lo/chora/estica o braço/indica-o à pessoa adulta/pede-o verbalmente/grita. Quando um objeto desaparece de sua visão: esquece-se/tenta encontrá-lo no lugar em que desapareceu/procura-o em outro lugar/se não o encontra, esquece-se.

Brinca com os jogos n'água/na areia/de massinha de modelar, etc. Joga um momento sozinha. Entretém-se com qualquer brinquedo/nunca se entretém sozinha. Toma os brinquedos dos companheiros. Objetos ou brinquedos que prefere: bolas, tecidos/panos, bonecas, caixas, peças pequenas, materiais polivalentes (potes, tampas, madeiras, etc.), contos infantis, areia, água, massinha. Tem curiosidade por tudo que a envolve. Mostra-se observadora e receptiva. Agrada-lhe os animais, chama-os.

....
....
....

Área III: Intercomunicação e linguagem

1. Comunicação e linguagem oral

Manifesta interesse e iniciativa em comunicar-se com as outras pessoas.

Comunica-se gestualmente. Solicita coisas chorando/indicando, apontando/gritando. Diz que não com a cabeça/diz que sim com a cabeça/também verbalmente. Bate palmas. Acena. Ri/sorri/grita/balbucia. Faz ruidinhos para escutar/para chamar a atenção. Reconhece a voz da sua educadora e das pessoas mais próximas. Responde quando ouve seu nome/não responde/às vezes. Pára ante a proibições. Diferencia intenções na fala dos adultos (aborrecida, contente, etc.). Mostra seus sapatos ou outros objetos quando o solicitamos. Solicita coisas verbalmente (água, abre, etc.). Repete sons imitando/balbucia com entonação/gesticula enquanto fala. Diz algumas palavras/muitas/*papa e mamá* etc. Imita palavras que lhe dissemos. Diz onomatopéias (*bip-bip*, etc.). Denomina os objetos que lhe indicamos. Fala sozinha com as bonecas enquanto brinca. Entende ordens simples (vem, tem, me dá, etc.)/somente quando as ordens estão acompanhadas de gestos. Fala muito baixinho/grita.

....
....
....

2. Linguagem plástica

Agrada-lhe pintar/não lhe interessa/irrita-lhe estar lambuzada. Aceita as diferentes técnicas que são utilizadas na aula/rejeita algumas. É capaz de experimentar durante pequenos momentos com os materiais propostos/tem iniciativa/não lhe interessa. Agrada-lhe marcar os papéis e fazer garranchos/não lhe interessa.

....
....
....

3. Linguagem musical e expressão corporal

Utiliza o corpo para expressar-se. Agrada-lhe imitar os movimentos que observa. Reage diante de estímulos sonoros. Demonstra interesse pelos objetos sonoros. Agrada-lhe escutar canções e músicas. Agrada-lhe dançar e participar quando dançam. Imita gestos e produz diferentes ruídos e sons musicais (com objetos, instrumentos, etc.). Acompanha o ritmo com o corpo. Pede música, indicando o aparelho.

....
....
....

PAUTA DE OBSERVAÇÃO DA ESCOLA MATERNAL
GRUPO DE 1-2 ANOS

Área I: Descoberta de si mesmo

1. Conhecimento de si mesmo e do próprio corpo

O próprio corpo. Sensações, percepções e necessidades
Destaca algumas partes do seu corpo (boca, nariz, mãos, etc.)/nomeia algumas. Reconhece a sua imagem no espelho. Manifesta prazer ou irritação diante de determinadas situações. Protesta e tenta evitar as situações que não lhe agradam. Reage à dor chorando/reclamando a atenção do adulto/não reage. Expressa e manifesta as suas necessidades pessoais (vontades, sede, cansaço, etc.) aos adultos de maneira gestual ou verbal. Pode esperar um pouco para lhe atenderem. Expõe-se freqüentemente ao perigo/reconhece algumas situações de perigo e as evita. Relaxa quando o ambiente permite/custa-lhe muito. Reclama a atenção dos adultos/o faz muito/não reclama. (É preciso observar se reage a diferentes ruídos e intensidades. É preciso observar se não há dificuldades visuais.)
....
....
....

Sentimentos e emoções
Expressa suas emoções e seus sentimentos. Aceita as demonstrações de afeto das pessoas adultas conhecidas/agrada-lhe/rejeita-as. Manifesta o seu estado de ânimo de maneira não-verbal. Aceita que intervenhamos em certas emoções negativas (agressividade, oposição, etc.) para controlá-las/não entende/aborrece-se. Acalma-se facilmente quando a consolamos/custa-lhe/não aceita. Normalmente mostra-se tranqüila/irritada/inquieta/controlada. Manifesta medo diante de determinadas situações ou objetos (quais?)
....
....
....

Confiança e segurança
Experimenta e realiza as tarefas e as condutas que estão ao seu alcance/é preciso animá-la a fazê-lo. Necessita de ajuda freqüentemente/constantemente/algumas vezes/quase nunca. Chora quando fica sozinha/pode estar um momento se nos ouve/fica tranqüila. Esforça-se para vencer as dificuldades que é capaz de superar. Reclama a nossa ajuda mesmo que não precise dela. Mostra-se contente quando a felicitamos. Agrada-lhe ser o centro das atenções em determinadas ocasiões/evita-o.
....
....
....

2. Cuidado de si mesmo e do ambiente

Higiene, limpeza e troca
Participa quando lhe limpamos as mãos e o rosto. Aceita que lhe limpemos e mostra satisfação quando o fazemos/não lhe agrada. Diferencia se fez cocô ou xixi/começa a controlar-se de dia. Quando usa fraldas, sempre está molhada/começa a controlar-se durante certos períodos. Colabora quando a vestimos e quando a trocamos. Tira sozinha alguma peça de roupa. Reconhece alguma peça de roupa sua.

....
....
....

Alimentação
Colabora ativamente nas situações de refeições/mostra-se passiva. Agrada-lhe este momento/não lhe agrada. Come só determinados alimentos/necessita de ajuda. Tem apetite. Agrada-lhe provar coisas novas/aceita pouca variedade. Come os alimentos triturados/sólidos. Come somente o primeiro prato/ dois/todos os três/ Manifesta as suas preferências e as suas necessidades. Usa os talheres (colher, garfo/ não os utiliza. Permanece sentada enquanto come/é difícil para ela. Respeita a comida das outras crianças quando lhe avisamos.

....
....
....

Descanso
Dorme muito/pouco/de manhã/ao meio-dia/à tarde. Adormece sozinha/custa-lhe/é preciso segurá-la/dorme no colo. Chora. Desperta-se tranqüila/brava/contente/chorando. Dorme com chupeta/sem chupeta /põe o dedo na boca/outros objetos.

....
....
....

3. Jogo e movimento

Jogo motriz (no pátio ou nas atividades de movimento)
Agrada-lhe sair ao pátio/sente-se insegura. Necessita de atividade ao ar livre/não lhe agrada/ prefere voltar à sala. Escolhe jogos tranqüilos (areia, bonecas, etc.)/de movimento (correr, saltar, trepar, perseguir-se, etc.)/rodeia-se. Agrada-lhe os jogos motrizes e esforça-se nessa modalidade. Preferentemente joga com baldinho e pazinha, rodas, caminhões, caixas, etc. Sobe e desce dos elementos e objetos habituais (carrinho, triciclo, escorregador, etc.)/causa-lhe medo/não lhe agrada.

....
....
....

Caminhada, deslocamento, equilíbrio e postura
Caminha com objetos nas mãos. Salta sobre as plantas dos pés/é difícil para ela. Equilibra-se sobre um pé só por um pequeno momento. Abaixa-se para juntar um objeto no chão/precisa apoiar-se. Coloca-se em pé sozinha/necessita de apoio. Caminha com segurança/caminha vários passos de lado/para trás. Começa a correr/corre sem cair. Sobe escadas segurando-se e coloca os dois pés em cada degrau/com ajuda/sobe de gatinho. Desce os degraus apoiando os dois pés em cada degrau com suporte/sem suporte. Sobe na mesa e nas cadeiras para conseguir os objetos. Empurra uma cadeira caminhando. Levanta e senta em uma cadeira pequena. Joga a bola, quando pedimos/na direção desejada/chuta-a. Perde o equilíbrio com freqüência/às vezes. Consegue relaxar, quando lhe fornecemos as condições.
....
....
....

Habilidade manual
Explora os objetos com os dedos/com a boca. Agrada-lhe os jogos de construção/montar e de manipulação com peças pequenas. Folheia um livro. Faz uma torre de dois cubos/de mais/ainda não. Procura um objeto desaparecido. Destapa caixas e volta a tapá-las. Coloca objetos dentro de uma caixa. Abre as gavetas. Agrada-lhe remexer e tirar coisas dos armários e das gavetas/não a atrai. Enche baldinhos de areia e os esvazia. Amassa papéis/rasga-os/faz ruído. Tira seus sapatos/não tenta. Utiliza o garfo/usa sem ficar lambuzada/também usa a colher. Segura o copo com as mãos/bebe sozinha. Faz gargarejos depois de uma demonstração espontânea.
....
....
....

Área II: Descoberta do ambiente natural e social

1. Adaptação na escola

Entra contente na escola. Separa-se da pessoa que a acompanha sem dificuldade/custa-lhe separar-se. Às vezes chora/aceita o consolo da professora. Fica tranqüila. Custa-lhe ficar depois de um período sem ir à escola. Mostra-se contente na maior parte do tempo.
....
....
....

Orientação no espaço e no tempo
Conhece os espaços habituais da escola e as pessoas adultas próximas. Tem curiosidade para explorar os espaços da escola/não lhe interessa/sente-se insegura com as trocas de espaço. Identifica

diferentes cantinhos da sala e alguns objetos habituais/localiza-os e os nomeia. Orienta-se nos espaços habituais da escola (sala, pátio, corredores, cozinha, etc.). Antecipa situações e atividades cotidianas a partir de determinados indícios ou sinais (quando trazem o carrinho, quando preparamos o almoço, etc.).
....
....
....

Hábitos sociais e de convivência
Está aprendendo a compartilhar os objetos, os espaços e a atenção da professora. Colabora com a professora ao recolher os brinquedos. Participa das atividades coletivas/por um momento/não lhe interessam. Sabe onde são guardados os objetos e os materiais da sala. Solicita ajuda e a aceita quando necessita/constantemente/mesmo que não necessite. Pode esperar um pouco, quando lhe dissemos/não consegue esperar.
....
....
....

2. Interação e jogo com as outras pessoas

Relação com os companheiros
Procura/aceita/rejeita a relação com as outras crianças. Inibe-se. Agrada-lhe impor seus desejos. Mostra interesse pelas outras crianças/observa-as/imita-as/toca-as/sorri para elas/bate nelas. Começa a compartilhar pequenos momentos de jogo/com a intervenção do adulto/sem. Integra-se em um momento em atividades de grupo propostas/custa-lhe. Mostra-se tranqüila/nervosa/aborrece-se com freqüência/quase nunca. Quando a incomodam: chora/defende-se/procura o adulto/afasta-se. Tende a estabelecer relações dominantes/dependente/independente. Manifesta preferências por certos companheiros ou companheiras.
....
....
....

Relação com as educadoras e com as outras pessoas adultas
Relaciona-se bastante com a sua educadora por iniciativa própria/da educadora. Relaciona-se para pedir ajuda/chora, se a educadora desaparece/com freqüência/nem se dá conta. Mostra sentimentos de ciúmes quando a educadora pega outros meninos e meninas/nunca reclama a atenção/mostra-se absorvente e exclusivista. Comunica suas necessidades e emoções. Aceita as propostas da educadora/ignora-as/rejeita-as/depende do momento. A relação costuma ser espontânea/afetuosa/distante/dependente. Aceita a relação com as outras pessoas adultas conhecidas da escola/rejeita-as.
....
....
....

3. Jogo. Experimentação e exploração do ambiente

Agrada-lhe manipular os objetos que tem ao seu redor (agrupar, bater, atirar, acariciar, etc.) com ou sem uma finalidade concreta. Faz atividades de exploração e de manipulação complexas: empilha os objetos, agrupa-os, espalha-os, dá a outros, oferece e recolhe, arrasta-os, coloca-os dentro de algum recipiente, coloca-os e tira em seguida, abre, fecha, enrosca, etc. Quando quer um objeto que não alcança: excita-se/observa-o/tenta pegá-lo/estica os braços/indica-o à pessoa adulta/solicita verbalmente/grita.

Tem iniciativa. Observa as outras crianças/imita-as. Brinca com jogos de água/de areia/de massinha de modelar, etc. É capaz de concentrar-se um momento nos jogos sozinha. Entretém-se com qualquer brinquedo/nunca se entretém sozinha. Inicia um jogo simbólico com objetos/ainda não. Objetos ou brinquedos que prefere: materiais de construção, jogos didáticos, bonecas, carrinhos, materiais polivalentes (potes, tampas, madeiras, etc.), contos infantis. Tem curiosidade por tudo que está a sua volta. Mostra observadora e receptiva. Reconhece e nomeia algum animal.

....
....
....

Área III: Intercomunicação e linguagem

1. Comunicação e linguagem oral

Manifesta interesse e iniciativa para comunicar-se com as outras pessoas. Comunica-se gestualmente. Diz não/diz sim. Aplaude. Acena. Reconhece a voz de sua educadora e a das pessoas mais próximas. Indica com o dedo. Responde quando chamam o seu nome/ainda *não*. Diferencia intenções na fala dos adultos (aborrecido, contente, etc.). Mostra os sapatos ou outros objetos, quando o solicitamos. Solicita coisas verbalmente (*água, abre*, etc.). Repete sons imitando/balbucia com entonação/gesticula enquanto o faz. Diz algumas palavras/somente *papa* e *mamá*/muitas. Imita palavras que dissemos. Diz onomatopéias (*bip-bip*, etc.). Nomeia os objetos que lhe mostramos. Conversa sozinha com as bonecas, quando brinca. Combina duas palavras. Faz frases com dois elementos/com mais. Entende ordens simples/sobretudo quando se faz gesticulações. Quando fala, esforça-se com o gesto. Fala muito baixinho/grita.

....
....
....

2. Linguagem plástica

Agrada-lhe pintar/não lhe interessa/aborrece-se quando se lambuza. Aceita as diferentes técnicas que são utilizadas na sala/rejeita algumas. É capaz de experimentar usar, durante pequenos momentos, os materiais propostos/tem iniciativa/não lhe interessa. Agrada-lhe marcar e fazer garranchos com papéis/ não lhe interessa.

....
....
....

3. Linguagem musical e expressão corporal

Reproduz gestos, macaquices/gracinhas e movimentos com todo o corpo ou com partes do corpo. Imita animais, personagens, sensações (frio, calor, cansaço, etc.) e estados de ânimo (aborrecido, triste, contente, etc.).

Agrada-lhe escutar canções e músicas. Agrada-lhe dançar e participar quando dançam. Agrada-lhe cantar/não mostra quase interesse. Faz os movimentos/coreografia das canções trabalhadas/participa quando cantamos. Imita diferentes ruídos e sons musicais (com objetos, instrumentos, etc.). Segue o ritmo com o corpo. Segue o ritmo que escuta. Segue ritmos com todo o seu corpo ou com parte do seu corpo/agrada-lhe muito. Consegue ir rápido ou aos poucos seguir o combinado. Solicita música, indicando o aparelho. O seu ritmo pessoal é lento/rápido/normal.

....
....
....

PAUTA DE OBSERVAÇÃO DA ESCOLA MATERNAL
GRUPO DE 2-3 ANOS

Área I: Descoberta de si mesmo

1. Conhecimento de si mesmo e do próprio corpo

O próprio corpo. Sensações, percepções e necessidades
Conhece algumas partes do seu corpo/nomeia-as. Manifesta o seu aborrecimento e o seu prazer diante de determinadas situações. Procura evitar as situações que não lhe agradam. Expressa as necessidades pessoais (fome, sede, cansaço, etc.) aos adultas de maneira gestual e verbal. Consegue esperar um pouco que lhe satisfaçam as suas necessidades. Reconhece algumas situações de perigo habituais/evita-as/não se dá conta. Relaxa quando o ambiente permite/custa-lhe muito. Reclama a atenção dos adultos, quando necessita deles/o faz muito/não reclama. (É preciso observar a sua percepção e precisão visual e auditiva para poder descartar possíveis dificuldades.)
....
....
....

Sentimentos e emoções
Expressa suas emoções e seus sentimentos. Reconhece as demonstrações de afeto das pessoas adultas ou das crianças conhecidas/agrada-lhe. Geralmente manifesta o seu estado de ânimo de maneira verbal/expressa-o verbalmente. Começa a controlar as suas emoções negativas (agressividades, oposição, etc.) quando o solicitamos/custa-lhe. Acalma-se facilmente quando intervimos nas discussões, medos, etc./custa-lhe. Normalmente se mostra tranqüila/irritada/inquieta/controlada. Manifesta medo de determinadas situações e objetos (quais?).
....
....
....

Aceitação e confiança em si mesmo
Mostra confiança nas tarefas habituais. Esforça-se por vencer as dificuldades que é capaz de vencer. Quer fazer as coisas sozinha/não lhe interessa. Insiste em conseguir o que quer. Mostra-se impaciente/às vezes é caprichosa e exigente. Mostra satisfação por suas ações ou produções. Necessita de ajuda freqüentemente/constantemente/algumas vezes/quase nunca. Solicita ajuda mesmo que não necessite/agrada-lhe. Agrada-lhe cumprir pedidos e ter responsabilidades. Mostra-se contente quando a felicitamos/tanto faz. Agrada-lhe ser o centro das atenções em determinadas ocasiões/evita-o.
....
....
....

2. Cuidado de si mesmo e do ambiente

Higiene, limpeza e aspecto pessoal
Colabora quando limpamos suas mãos/limpa as mãos e a boca, se o pedimos. Não lhe agrada estar lambuzada/aborrece-se muito. Às vezes, dá-se conta de que está ranhenta/nunca se dá conta. Colabora ao assoar o nariz. Vai sozinha ao banheiro/solicita ajuda/seguidamente se molha/não controla as suas necessidades fisiológicas. Tira o casaco sozinha/coloca o uniforme com ajuda/sem. Consegue tirar os sapatos/começa a calçá-los.
....
....
....

Alimentação
Come sozinha/necessita de ajuda. Tem apetite para comer. Agrada-lhe provar alimentos novos/aceita pouca variedade. Lambuza-se pouco/muito/nada. Utiliza o garfo e a colher. Permanece sentada enquanto come/custa-lhe. Em geral, respeita a sua comida e/ou a dos demais. Agrada-lhe colaborar durante as refeições (arrumar a mesa, distribuir os talheres, os babeiros, etc.).
....
....
....

Descanso
Dorme muito/pouco/à tarde. Adormece sozinha/custa-lhe/é preciso segurá-la/dorme no colo. Chora. Acorda-se tranqüila/brava/contente/chorando. Dorme com chupeta/sem chupeta/põe o dedo à boca/outros objetos.
....
....
....

Ordem e realização de tarefas
Recolhe os brinquedos, quando a educadora pede/evita-o. Sabe colocar as coisas nos seus devidos lugares/faz quando lhe indicamos. Muda constantemente de atividade/é capaz de concentrar-se um momento na mesma atividade. Faz o que lhe solicitamos/distrai-se/faz com vontade. Encontra os seus objetos pessoais (avental, mochila, etc.) e coloca-os em seu lugar.
....
....
....

3. Jogo e movimento

Jogo motriz (no pátio ou nas atividades de movimento)
Agrada-lhe muito sair ao pátio. Necessita de atividade ao ar livre/não lhe agrada/prefere voltar à sala. Escolhe jogos tranqüilos (areia, bonecas, etc.)/de movimento (correr, saltar, trepar, perseguir/pegar, etc.)/rodeia-se. Normalmente joga sozinha/com outras crianças. Preferentemente joga com baldinhos e pazinhas de areia, rodas, bicicletas, caminhões, caixas, etc. Participa de jogos dirigidos. Cansa-se em seguida. Esforça-se um pouco/nada. Sobe na mesa e nas cadeiras para conseguir os objetos.
....
....
....

Caminhada, deslocamento, equilíbrio e postura.
Desloca-se com objetos nas mãos. Caminha nas pontas dos pés. Salta com os dois pés. Salta do primeiro degrau/isso lhe causa medo/salta dois degraus. Salta inclusive com os dois pés. Salta quase meio metro em frente. Equilibra-se sobre um pé só por um momento. Corre sem cair/cai às vezes. Caminha e corre com segurança. Pode parar a um sinal dado. Salta com um pé só. Caminha de costas alguns metros. Permanece sentada algum tempo. Atira objetos no ar sem perder o equilíbrio/perde o equilíbrio, quando lança os objetos. Chuta a bola. Gira-se com ajuda/não lhe agrada. Perde o equilíbrio seguidamente/às vezes. Desce as escadas colocando os dois pés em cada degrau com suporte/ sem. Põe os pés alternativamente nos degraus. Imita e realiza diferentes posturas corporais (senta-se, levanta, deita, etc.). Consegue relaxar, quando lhe oferecemos as condições. Agrada-lhe os jogos motrizes e esforça-se neles.
....
....
....

Habilidade manual
Agrada-lhe os jogos de construção e de manipulação de peças pequenas. Folheia as páginas de um livro uma a uma. Consegue rasgar um papel em pedacinhos/amassa-os. Faz colares com bolinhas ou massa. Organiza os quebra-cabeças de peças grandes e simples resolução e encaixes. Faz pilhas com peças pequenas. Lança a bola a um determinado lugar. Consegue desatar laços simples. Tampa e destampa caixas e potes fáceis de abrir. Abre as torneiras habituais. Utiliza a colher e o garfo/sem lambuzar-se. Segura o copo com as mãos. Preenche uma superfície com pintura, massinha, lápis de cera, etc.
....
....
....

Área II: Descoberta do ambiente natural e social

1. Adaptação na escola

Entra contente na escola. Despede-se da pessoa que a acompanha sem dificuldade/custa-lhe separar-se. Às vezes chora/aceita o consolo da professora. Custa-lhe ficar depois de um período sem vir à escola. Mostra-se contente na maior parte do tempo. Agrada-lhe explicar o que fez na escola a quem vem buscá-la

....
....
....

Orientação no espaço e no tempo
Conhece os diferentes espaços da escola e as pessoas que estão lá mais permanentemente. Tem curiosidade/não lhe interessa/sente-se insegura nas mudanças de espaço. Sabe deslocar-se sozinha pelos lugares habituais. Identifica os diferentes cantinhos da sala e os objetos correspondentes. Sabe localizar os diferentes materiais e direções na sala. Orienta-se nos espaços habituais da escola (sala, pátio, cozinha, corredor, etc.). Antecipa situações e atividades cotidianas a partir de determinados indícios ou sinais (depois de recolher os brinquedos saímos ao pátio, etc.). Diferencia dia/noite.

....
....
....

Hábitos sociais e de convivência
Conhece as normas básicas da escola. Geralmente faz o que lhe é proposto/faz quando o pedimos individualmente/não as cumpre. Está aprendendo a compartilhar os objetos, os espaços e a atenção da professora. Conhece e adapta-se bem à organização do horário/desorienta-se. Colabora com a professora para ordenar os brinquedos. Cumpre pequenas responsabilidades ou pedidos que lhe sejam atribuídos. Sabe fazer pequenos pedidos. Participa das atividades do grupo. Sabe onde estão os materiais da sala/respeita-os. Solicita ajuda e aceita quando é necessário/constantemente/mesmo que não necessite. Começa a esperar a sua vez/custa-lhe muito.

....
....
....

2. Interação e jogo com as outras pessoas

Relação com os companheiros
Normalmente se relaciona com poucas crianças/com todas/somente com uma/ está sozinha. Procura/aceita/rejeita a relação. Quando lhe incomodam: chora/defende-se/procura o adulto/afasta-se. Inibe-se. Gosta de chamar a atenção. Começa a compartilhar jogos e brinquedos com a intervenção do

adulto/sem. Integra-se às atividades coletivas. Mostra-se tranqüila/nervosa. Discute/aborrece-se seguidamente/quase nunca. Tende a estabelecer relações dominantes/dependentes/variadas. Conhece todos os companheiros e os seus nomes.
....
....
....

Relação com as educadoras e com as outras pessoas adultas
Relaciona-se bastante/pouco/muito com a sua educadora. Relaciona-se para pedir ajuda/não a solicita mesmo que necessite. Comunica-lhes suas necessidades e emoções. Mostra-se absorvente/não reclama a atenção. Aceita bem as propostas da professora/ignora-as/rejeita-as. A relação costuma ser espontânea/afetuosa/distante/dependente. Aceita a relação com outras pessoas adultas da escola e no conhecimento das funções (cozinheira, responsável pela limpeza, etc.).
....
....
....

3. Jogo. Experimentação e exploração do ambiente

Tem curiosidade por tudo o que a envolve. Mostra-se observadora e faz perguntas sobre os seus objetos, situações, pessoas e fenômenos. Agrada-lhe manipular os objetos que estão ao seu alcance (agrupar, bater, atirar, acariciar, etc.) com ou sem uma finalidade concreta. Antecipa efeitos da sua ação sobre os objetos. Tem iniciativa. Sente prazer nos jogos com água/areia/de modelar, etc. É capaz de concentrar-se um momento nos jogos que faz sozinha (quebra-cabeça, construção/de montar, mosaicos, encaixes, etc.). Brinca espontaneamente nos cantinhos de jogos simbólicos (cozinha, casa, loja, cabeleireira, etc.). Joga sozinha/com companheiros e companheiras. Cantinhos que prefere. Muda muito de jogos/vai retornando/entusiasma-se com qualquer brinquedo/nunca se entretém sozinha. Objetos ou brinquedos que prefere: materiais de construção/de montar, jogos didáticos, bonecas, carrinhos, materiais polivalentes (potes, tampas, caixas, madeiras, etc.), contos infantis. Toma os brinquedos de seus companheiros e de suas companheiras. Agrada-lhe participar das festas/fica atordoada/evita. Agrada-lhe explicar as experiências pessoais. Conhece os objetos habituais do seu ambiente e a sua função. Nomeia e reconhece alguns animais e plantas. Observa e conhece alguns fenômenos atmosféricos.
....
....
....

Área III: Intercomunicação e linguagem

1. Linguagem oral

Comunicação
Comunica-se verbalmente. Tende a comunicar-se com gestos. Explica coisas à professora ou a outras pessoas adultas, às crianças da sala/custa-lhe/é preciso perguntar-lhe. É capaz de responder perguntas. É capaz de solicitar ajuda verbalmente quando necessita/nunca o faz. Utiliza a linguagem habitual das diferentes situações (jogos, trabalhos, rotinas, etc.). É capaz de prever acontecimentos cotidianos: recolher os brinquedos, levantar-se, etc.
....
....
....

Compreensão e expressão oral
Geralmente entende o que é dito em aula/é preciso especificar-lhe individualmente/necessita apoiar-se no contexto (gestos, movimentos, etc.). Entende ordens simples. Escuta os contos ou as pequenas explicações que a professora faz/somente por um breve momento. Sabe associar situações atuais com experiências anteriores. Conversa para expressar suas necessidades, emoções ou vivências. Fala pouco. Quando fala, reforça com gestos. Faz cantarolas de bebê. Fala muito baixinho/grita. Expressa-se de maneira compreensível. Fala enquanto brinca.
  Nomeia os objetos habituais quando lhes indicamos ou quando mostramos uma imagem. Utiliza diminutivos. Possui um vocabulário amplo/reduzido/rico. Denomina o que vê ou o que faz. Utiliza o pronome pessoal: eu, tu, ele. Utiliza nomes, adjetivos e verbos. Utiliza estruturas afirmativas, negativas, interrogativas, imperativas. Sabe imitar ruídos dos animais e diferentes onomatopéias. Começa a memorizar canções e a reproduzir partes. Explica alguma seqüência de um conto e recorda alguns personagens. Tem interesse por expressar-se melhor. Não gosta que lhe corrijam/aceita-o bem.
....
....
....

2. Linguagem plástica

Agrada-lhe as atividades plásticas/não lhe interessam. Mostra curiosidade e interesse por aquilo que as envolve. Aceita as diferentes técnicas utilizadas na aula/rejeita algumas. É capaz de experimentar, durante breves momentos, os materiais propostos/tem iniciativa/ nunca sabe o que é preciso fazer/é preciso ajudá-la. É capaz de apropriar-se dos efeitos de suas ações sobre os materiais. Agrada-lhe desenhar/agrada-lhe que a ajudemos a fazê-lo/agrada-lhe desenhar.
....
....
....

3. Linguagem musical e expressão corporal

Reproduz gestos, imitações e movimentos com todo o corpo ou com partes do corpo. Imita animais, personagens, sensações (frio, calor, cansaço, etc.) e estados de ânimo (aborrecida, triste, contente, etc.).

Agrada-lhe escutar canções e música. Agrada-lhe dançar e participar das danças. Agrada-lhe cantar/não mostra qualquer interesse. Diferencia: som/silêncio e forte/fraco. Sabe localizar o lugar de onde provém o ruído/som. Canta as canções trabalhadas/recorda fragmentos/imita os gestos/recorda-os/ não demonstra qualquer interesse. Imita e produz diferentes ruídos e sons musicais (com objetos, instrumentos, etc.). Solicita que coloquemos música às vezes/freqüentemente. Acompanha o ritmo que escuta. Acompanha ritmos com todo o seu corpo ou com partes do seu corpo. Agrada-lhe muito. Consegue acompanhar rápido ou pouco a pouco, conforme solicitamos. O seu ritmo pessoal é lento/ rápido/normal.

....
....
....

4. Linguagem matemática

Interessa-lhe observar as coisas e descobrir as qualidades/não se fixa. Sabe citar algumas características dos objetos ou elementos (cor, medida, temperatura, sonoridade, etc.). Pergunta seguidamente sobre os objetos e os elementos do ambiente/raramente. Agrupa objetos por semelhanças. Os critérios que utiliza para fazê-lo (forma, medida, cor, uso, etc.). Classifica objetos segundo alguma qualidade proposta. Compara elementos ou objetos a partir de semelhanças ou diferenças. Sabe diferenciar: grande/pequeno, muito/pouco, todos/um/poucos/muitos, longo/curto, a partir da manipulação e da observação. Compreende os conceitos: dentro/fora, acima/abaixo, ao lado/em frente/ atrás em relação com o próprio corpo, às vezes/algumas vezes/com ajuda.

....
....
....

PAUTA DE OBSERVAÇÃO GERAL
EDUCAÇÃO INFANTIL – GRUPO DE 3 ANOS[4]

Área I: Identidade e autonomia pessoal

1. Conhecimento de si mesmo e do próprio corpo

O próprio corpo. Sensações e percepções
Indica as partes principais do corpo/nomeia-as. Consegue descrever características e circunstâncias pessoais ("Eu me chamo Laia", "Tenho 3 anos", "Sou uma menina", etc.). Imita diferentes posturas corporais (sentada, de pé, deitada, etc.) e movimentos ou expressões faciais (brava, bufando, etc.). Manifesta impaciência ou prazer diante de determinadas situações. Procura evitar as situações que não lhe agradam. Expressa necessidades pessoais e tenta satisfazê-las (fome, sono, etc.)/não consegue esperar/espera o momento adequado. Reconhece as situações de perigo habituais e tenta evitá-las. Relaxa, quando o ambiente favorece/custa-lhe muito. Reage à dor e reclama a atenção dos adultos. (É preciso observar a percepção visual e auditiva para descartar possíveis problemas.)
....
....
....

Sentimentos e emoções
Capta emoções e sentimentos nas outras pessoas/não o percebe. Reconhece e aceita demonstrações de afeto das pessoas adultas ou de crianças conhecidas/rejeita-as. Geralmente manifesta o seu estado de ânimo de maneira não-verbal/expressa-o verbalmente. Acalma-se facilmente quando se intervém nas brigas, discussões, choros, etc./custa-lhe. Aborrece-se sem motivo/muito freqüentemente/quase nunca/somente quando tem motivos. Normalmente se mostra tranqüila/irritada/inquieta/controlada.
....
....
....

Aceitação e confiança em si mesmo
Mostra confiança em suas possibilidades nas tarefas habituais. Esforça-se para vencer as dificuldades que tem ao seu alcance. Mostra satisfação por suas ações ou produções (em que aspectos?). Necessita de ajuda freqüentemente/constantemente/algumas vezes/quase nunca. Solicita ajuda mesmo que não seja necessário. Agrada-lhe prestar ajuda e ter responsabilidades. Mostra-se satisfeita quando a felicitamos/indiferente. Agrada-lhe ser o centro das atenções/evita-o.
....
....
....

2. Cuidado de si mesmo e do ambiente

Higiene, limpeza e aspectos pessoais
Sabe lavar as mãos. Solicita que lhe ajudem a assoar o nariz/faz isso sozinha. Vai sozinha ao banheiro/solicita ajuda/freqüentemente não consegue controlar-se. Tira o casaco sozinha/coloca o avental com ajuda/sem ajuda. Tira os sapatos e já está conseguindo colocá-los. Quando se suja ou se lambuza nem se dá conta/irrita-se/cuida para manter-se limpa/suja-se, lambuza-se muito. Limpa-se, quando lhe pedimos/o faz sem pedirmos. Sabe utilizar o sabonete e enxugar-se com a toalhinha.
....
....
....

Ordem e realização das tarefas
Tem cuidado com os materiais da sala e os pessoais. Recolhe os brinquedos/evita-o. Em geral, é ordenada/desordenada. Guarda e ordena os seus objetos pessoais (avental, mochila, etc.) no seu devido lugar/também os materiais da escola. Conclui os trabalhos ou as atividades que começa/muda constantemente de atividade. É capaz de concentrar-se um momento na mesma atividade/não se concentra em tudo. Faz o que lhe solicitamos/distrai-se/faz com gosto.
....
....
....

Alimentação
Come sozinha/necessita de ajuda. Tem apetite. Agrada-lhe provar coisas novas/aceita pouca variedade. Lambuza-se pouco/muito/nada. Utiliza a colher e o garfo. Agrada-lhe colaborar durante as refeições (arrumar a mesa, distribuir os talheres, os babeiros, etc.).
....
....
....

3. Jogo e movimento

Jogo motriz (no pátio ou nas atividades de movimento)
Agrada-lhe muito sair ao pátio. Necessita de atividade ao ar livre. Prefere voltar à sala. Necessita da constante proximidade da professora. Agrada-lhe os jogos tranqüilos (areia, bonecas, etc.)/de movimento (correr, saltar, trepar, perseguir/pegar, etc.)/perambular. Normalmente joga sozinha/com outras crianças. Freqüentemente inicia as atividades. Prefere brincar com baldinho e pazinha, rodas, bicicletas, caminhões, caixas, etc. Participa do jogo dirigido. Respeita as normas do jogo. Sempre quer ser a primeira/é indiferente. Cansa-se em seguida. Esforça-se.
....
....
....

Caminhada, deslocamento, equilíbrio e postura
Caminha e corre com segurança. Mantém o equilíbrio com objetos nas mãos. Caminha na ponta dos pés e do calcanhar. Salta num pé só. Salta dois degraus/tem medo. Salta com os pés juntos. Quando corre, consegue parar ou girar de vez sem cair. Consegue parar, quando é dado um sinal. Consegue sentar-se por alguns momentos. Consegue estar alguns segundos parada num pé só. Lança objetos sem perder o equilíbrio. Sabe pedalar. Perde o equilíbrio freqüentemente/às vezes. Desce as escadas alternando os pés/necessita segurar-se/apóia os dois pés em cada degrau. Pode relaxar, quando há condições ambientais. Tenta dar impulsos no balanço. Agrada-lhe os jogos motrizes e esforça-se.
....
....
....

Expressão corporal e ritmo (observe também o item linguagem musical)
Reproduz gestos, imitações e movimentos com todo o corpo ou com algumas partes. Imita animais, personagens, sensações (frio, calor, cansaço, etc.) e estados de ânimo (aborrecida, triste, contente, etc.). Acompanha o ritmo que escuta. Segue o ritmo com todo o corpo ou com algumas partes. Pode ir depressa ou aos poucos, seguindo as combinações. O seu ritmo é lento/rápido/normal.
....
....
....

Habilidade manual
Agrada-lhe os jogos de construção e de manipulação com peças pequenas. Folheia as páginas de um livro sem amassá-las ou rebentá-las. Manipula com cuidado os objetos delicados/custa-lhe. Consegue abotoar botões grandes. Consegue rasgar papéis em pedacinhos. Põe cola em uma superfície delimitada. Faz colares com bolinhas ou massinha. Monta quebra-cabeças e encaixes. Pinta respeitando os limites. Constrói casinhas, pontes, torres com peças de montar.
....
....
....

Área II: Descobrimento do meio físico e social

1. Adaptação na escola

Atitudes em relação à escola
Chega contente à escola. Despede-se da pessoa que a acompanha sem dificuldades. Não mostra interesse em estar na escola. Convence-se facilmente de ficar. Chora um pouco no começo. É preciso

consolá-la. Aceita ser consolada pelos adultos. Necessita trazer algum objeto de casa (carrinho, boneca, etc.). É difícil ficar na escola depois de um período sem aulas.

Geralmente está contente. Agrada-lhe explicar o que fez na escola a quem buscá-la. Sente-se segura nas outras dependências da escola. Aceita a presença de outras crianças na sala e dos outros adultos da escola.

....
....
....

Hábitos sociais e de convivência

Conhece as normas da escola. Geralmente segue as combinações feitas/segue-as quando lhe pedimos individualmente/não quer segui-las. Está aprendendo a compartilhar os objetos, os espaços e a atenção da professora. Conhece e adapta-se bem à organização da jornada/freqüentemente se desorienta. Colabora com o grupo, quando lhe ordenamos ou quando é preciso recolher os brinquedos e os materiais dos jogos. Cumpre pequenas responsabilidades que lhe atribuímos. Participa das atividades do grupo. Coopera quando lhe solicitamos ajuda. Sabe onde estão os materiais da sala. Respeita-os. Solicita ajuda quando necessita/constantemente/mesmo que não necessite/aceita a ajuda. Começa a esperar a sua vez/é impaciente.

....
....
....

2. Interação e relação com as outras pessoas

Relação com os companheiros

Normalmente se relaciona com poucas crianças/com todas/somente com uma/está sozinha. Procura/aceita/rejeita a relação. Inibe-se. Mostra-se tranqüila/inquieta. Briga, discute/aborrece-se com freqüência/quase nunca. Tende a estabelecer relações dominantes/dependentes/variadas. Quer chamar a atenção sobre si. Interessa-se pelas outras crianças. Estima mais companheiros tranqüilos/agitados. Estabelece afinidades segundo o tipo de jogo.

....
....
....

Relação com a professora e com as outras pessoas adultas

Procura a relação com freqüência/pouco/muito. Relaciona-se com as outras pessoas para pedir-lhes ajuda/não solicita mesmo que a necessite. Quer comunicar intenções e desejos. Aceita bem as propostas da professora/ignora-as/rejeita-as. A relação é espontânea/afetuosa/distante/dependente. Constantemente procura chamar a sua atenção.

....
....
....

3. Conhecimentos e exploração do ambiente imediato

Tem curiosidade por tudo que a envolve. Mostra-se observadora e faz perguntas sobre os objetos, as situações, as pessoas e os fenômenos. Observa e reconhece diferenças de medida, cor, forma e uso. Agrada-lhe participar das festas populares/extravasa-se/evita-o/excita-se muito. Agrada-lhe falar das experiências vividas no seu ambiente familiar. Conhece os objetos habituais do seu ambiente e a sua função. Nomeia e reconhece diversos animais e plantas. Conhece algumas paisagens naturais (bosque, praia, etc.) e fenômenos atmosféricos. Conhece as casas comerciais mais habituais (padaria, farmácia, etc.) e alguns ofícios. Conhece diferentes meios de transporte e comunicação.

....
....
....

Orientação no espaço e no tempo
Conhece os espaços habituais da escola. Sabe deslocar-se sozinha nos lugares habituais. Conhece os cantinhos da sala de aula (cozinha, biblioteca, etc.) e a sua função. Sabe localizar diferentes materiais e objetos da sala. Entende as noções: dentro/fora, sobre/debaixo, em cima/embaixo, ao lado, próximo/longe. Começa a utilizar essas noções. Orienta-se em relação as rotinas habituais (lanche da manhã, recreio, almoço, descanso, etc.). Antecipa-as. Diferencia: dia/noite, antes/depois, dias de feriado, finais de semana/dias de escola.

....
....
....

4. Jogos e experimentação

Agrada-lhe explorar e manipular os objetos (agrupar, bater, atirar, acariciar, etc.) com ou sem uma finalidade concreta. Antecipa efeitos da sua ação sobre os objetos. Constrói objetos e artefatos com diferentes materiais (um barco, uma caverna, etc.). Diverte-se com os jogos na água e/ou na areia. Consegue concentrar-se um momento jogando sozinha (quebra-cabeça, construção/de montar, mosaico, encaixes, etc.). Joga espontaneamente um jogo simbólico (cozinha, casinha, loja, cabeleireira, etc.). Joga sozinha/com seus companheiros. Muda muito de jogo/passeia muito sem concentrar-se/entretém-se com qualquer jogo. Objetos e jogos que prefere: materiais de construção/de montagem, jogos didáticos, bonecas, carrinhos, materiais polivalentes (tampas, caixas, madeiras, potes, etc.). Cantinhos de jogos que prefere.

....
....
....

Área III: Intercomunicação e linguagem

1. Linguagem oral

Comunicação
Comunica-se verbalmente. Tende a comunicar-se gestualmente. Explica coisas à professora e/ou às outras pessoas adultas, aos meninos e às meninas da sala de aula/pouco/quando lhe fazem perguntas. Mostra interesse pelas explicações da professora/alguns momentos/custa-lhe. Solicita ajuda verbalmente, quando necessita/nunca solicita. Utiliza a linguagem em diferentes situações (jogos, trabalho, rotinas, etc.) espontaneamente.
....
....
....

Compreensão
Geralmente compreende o que se diz na aula/é preciso explicar-lhe individualmente. Compreende as ordens e as combinações habituais/o faz graças ao conhecimento do contexto e aos gestos da educadora (recolher, acercar-se, etc.). Entende combinações/regras simples. Entende ordens complexas. Escuta contos ou pequenas explicações/está sempre atenta. Sabe associar situações atuais com experiências anteriores.
....
....
....

Expressão
Utiliza termos como *eu/tu, meu/teu, aqui/ali, este*. Utiliza nomes, adjetivos, verbos. Utiliza variações morfológicas de gênero e nome. Utiliza estruturas afirmativas, negativas, interrogativas, imperativas e interjeições. Utiliza sinais extralingüísticos (gesto, entonação, expressão) para reforçar o significado de suas mensagens. Constrói pequenos discursos bem-estruturados. Possui um vocabulário amplo/reduzido/rico.
Tem uma linguagem fluida. As suas produções orais não apresentam dificuldade de compreensão. Sabe participar de um diálogo com um adulto. Sabe imitar ruídos de animais e onomatopéias. Nomeia as coisas apropriadamente/utiliza diminutivos/faz generalizações. Fala pouco. Quando fala, gesticula muito. Faz cantarolas de nenê. Fala baixo/grita. Tem dificuldade para pronunciar alguns sons (quais?). Quando a linguagem da escola não coincide com a sua, vai adquirindo o vocabulário básico trabalhado em aula.
....
....
....

2. Aproximação à linguagem escrita

Faz de conta que lê, quando observa um texto. Faz grafismo imitando a escritura. Agrada-lhe olhar os livros e os contos da sala/ainda não lhe interessa. Agrada-lhe ouvir os contos lidos por um adulto. Solicita que seja lido. Relaciona o texto escrito com os desenhos e as imagens que acompanham (produto, propagandas, cartazes, etc.). Faz hipóteses sobre o que pode estar escrito a partir do desenho, da fotografia, do título, etc. Reconhece o seu nome/alguma letra.

....
....
....

3. Linguagem plástica

Agrada-lhe as atividades plásticas/não lhe interessam. Mostra curiosidade e interesse pelo que a envolve. Aceita os diferentes materiais utilizados na sala/há coisas que não lhe agradam. É capaz de experimentar, durante um momento, os materiais propostos/tem iniciativa/necessita de ajuda e orientação. Mostra-se contente com as suas produções. Manipula bem os instrumentos que utiliza. Tem cuidado com os materiais, imitando a professora. Dá-se conta dos efeitos de suas ações sobre os materiais/comunica-o. Reconhece as cores (quais?). Quando desenha: faz garatujas/enche a folha sem expressar intencionalidade/faz desenho figurativo. Aceita as sugestões/procura esforçar-se.

....
....
....

4. Linguagem musical

Agrada-lhe ouvir canções e músicas. Agrada-lhe dançar e participar das danças. Agrada-lhe cantar/ não demonstra qualquer interesse. Diferencia: som/silêncio, forte/fraco, rápido/lento. Localiza de onde vem o som. Canta as canções trabalhadas/recorda fragmentos. Segue ritmos com todo o corpo/é difícil para ela. Imita e produz diferentes ruídos e sons musicais (com objetos, instrumentos, etc.).

....
....
....

5. Linguagem matemática

Agrupa objetos semelhantes: que critérios utiliza? (forma, medida, cor, uso, etc.). Consegue fazer comparações a partir de semelhanças e/ou diferenças. Sabe descrever algum atributo de determinado objeto/é preciso ajudá-la. Sabe diferenciar: muito/pouco, muitos/um/nenhum, mais/menos. Consegue contar os objetos até.../agrada-lhe contar. Sabe diferenciar: grande/pequeno, comprido/curto. Reconhece: redondo, quadrado.

....
....
....

PAUTA DE OBSERVAÇÃO GERAL
EDUCAÇÃO INFANTIL – GRUPO DE 4-5 ANOS[5]

Área I: Identidade e autonomia pessoal

1. O corpo e a própria imagem

O próprio corpo. Sensações e percepções

Destaca corretamente as principais partes de seu corpo/confunde algumas. Nomeia as partes do seu próprio corpo e as do corpo de outras pessoas. Consegue ver as diferenças e semelhanças entre as pessoas (aspecto físico, sexo, etc.)/necessita que a ajudemos e que a guiemos para conseguir fazê-lo. Discrimina diferentes posições corporais e é capaz de reproduzi-las (acocorado, sentado, de pé, deitado, etc.). Identifica diferentes sensações táteis. Identifica diferentes sensações olfativas. Identifica diferentes sensações gustativas. Identifica alguns sons habituais e a sua intensidade.

Conhece as cores e os seus nomes. Manifesta o seu sentimento de prazer ou de incômodo diante de determinadas situações desagradáveis e procura evitá-las/somente quando lhe perguntamos. É capaz de identificar necessidades a partir do seu próprio corpo e tenta satisfazê-las (fome, sono, etc.) adequadamente/não consegue esperar. É capaz de relaxar e descansar quando há um ambiente propício/custa-lhe muito. Pode assoprar quando quer/às vezes é difícil para ela. Percebe a sua própria expiração e inspiração.

....
....
....

Sentimentos e emoções

Expressa e identifica os sentimentos e as emoções nas outras pessoas às vezes/em seguida/quase nunca. Reconhece e aceita demonstração de afeto das pessoas adultas e das crianças conhecidas. Expressa e manifesta o seu estado de ânimo/é difícil de adivinhá-lo. Consegue expressar verbalmente as suas emoções, os seus sentimentos ou seu estado de ânimo/expressa-os de maneira verbal. Chora às vezes/quase nunca/com freqüência. Aborrece-se sem motivo/com freqüência/quase nunca/somente quando tem motivo. Acalma-se facilmente quando intervimos nas brigas, nos choros, nos nervosismos, etc.

....
....
....

Aceitação e confiança em si mesmo

Tem confiança em suas possibilidades nas tarefas habituais. Mostra desejos de superação constantemente/às vezes/em determinadas tarefas habituais. Mostra satisfação por suas ações e/ou produções (em quais?). Necessita de combinações e ajudas individualizadas freqüentemente/

constantemente/algumas vezes/quase nunca. Solicita ajuda sem necessitá-la algumas vezes/ freqüentemente. Imita os companheiros e as companheiras muito/algumas vezes/por costume. Ajuda os outros meninos e meninas às vezes/freqüentemente/nunca. Agrada-lhe aceitar pedidos e ter responsabilidades/evita-o/não o faz.

....
....
....

2. Jogo e movimento

Caminhada, deslocamento, equilíbrio e postura
Mantém o equilíbrio, quando transporta algum objeto com as mãos/deixa cair. Caminha nas pontas dos pés/sem dificuldade/perde o equilíbrio. Pára num pé só durante alguns segundos. Salta num pé só com agilidade/com dificuldade/cai. Gosta mais dos jogos de exercícios, motrizes, como os de percorrer e saltar. Mantém o equilíbrio com os olhos fechados. Necessita mover-se continuamente. Caminha sobre uma linha ou um traço sem cair/com rapidez/com insegurança.
Realiza movimentos descoordenados, quando corre. Mantém uma postura correta, quando está sentada na cadeira/um momento/alguns segundo/durante toda a atividade. Segura a bola com as duas mãos/ próxima/de longe/com insegurança/deixa-a cair. Lança objetos corretamente em um espaço próximo. Senta-se com os pés cruzados. Sabe pedalar o triciclo. Perde o equilíbrio com facilidade/às vezes/quase sempre. Salta com força com os dois pés/com insegurança/agilmente. É capaz de relaxar com facilidade/necessita de condições especiais/custa-lhe muito. Dá impulso a si mesma no balanço/tenta-o. Esforça-se e prova a sua habilidade motriz. Tem confiança em suas possibilidades de ação e movimento. Cai ou as faz mal freqüentemente/nunca/às vezes. É capaz de coordenar a sua ação com a dos companheiros e companheiras quando o jogo requer/consegue com a ajuda dos adultos.

....
....
....

Habilidade manual
Sabe pinçar corretamente/com pouca precisão. Começa a utilizar tesouras. Entretém-se com jogos de montar e de manipulação de peças. Transporta um copo de água sem virá-lo. Agarra objetos pequenos com os dedos e coloca-os em pequenos orifícios. Abotoa os botões do casaco ou do uniforme sozinha/com ajuda/agora começa. Rasga com os dedos pequenos pedaços de papel. Põe cola sobre uma linha ou dentro de uma superfície/com precisão. Enfileira grãos em uma linha com habilidade/muito lentamente/caem de seus dedos. Utiliza corretamente o garfo e a colher. Interessa-lhe o funcionamento de pequenos aparelhos da sala de aula. Às vezes, utiliza-os/solicita ajuda à professora ou a outras crianças. Consegue reconstruir um quebra-cabeça simples desmontado na sua frente. Agrada-lhe jogar com quebra-cabeças simples. Constrói uma ponte com blocos de madeira.

....
....
....

Ritmo
Faz variações bruscas na caminhada, quando é dado um sinal (correr/parar, seguir/marcha à ré). Acompanha ritmos com todo o corpo ou com alguma parte do corpo/custa-lhe. Diferencia depressa/devagar, rápido/lento. O seu ritmo pessoal é lento/rápido/adequado.
....
....
....

Orientação no espaço
Segue os itinerários mais rápidos para mover-se na sala/é desorientada/distrai-se. Orienta-se e localiza-se somente nos espaços conhecidos da escola/perde-se/precisa de ajuda. Sabe onde pode localizar os objetos habituais da sala. Situa os objetos e localiza-os nas dimensões em frente/atrás. Situa os objetos e localiza-os nas dimensões dentro/fora. Situa os objetos e localiza-os nas dimensões ao alto/embaixo. Situa os objetos e localiza-os nas dimensões próximo/longe.
....
....
....

3. A atividade e a vida cotidiana

Adaptação à vida da escola
Conhece e respeita as normas básicas da escola/conhece-as, porém não as respeita. Distingue os diferentes momentos e situações dentro da escola e adapta-se a eles (jogo, tarefa de grupo, tarefas individuais)/necessita de indicações constantemente. Aceita esperar a sua vez/custa-lhe/não consegue. Expressa e verbaliza as suas necessidades ou pedidos/às vezes/nunca/quando a ajudamos/espontaneamente.
Participa das atividades coletivas/em seguida se separa/ativamente/contrariada. Entende as combinações e segue-as/quando lhe repetimos pessoalmente/ajudando-a. Colabora nas tarefas de grupo/mostra-se passiva/irritada. Procura inteirar-se das propostas da professora/opõe freqüentemente/distrai-se/ não se envolve. Conhece as diferentes dependências da escola. Orienta-se e percorre sozinha os lugares habituais da escola. Utiliza, às vezes, expressões e costumes de relação e de convivência (cumprimento, agradecimento, ajuda, etc.)/freqüentemente/quase nunca. No trabalho, mostra-se organizada/perfeccionista/descuidada/constante. Esforça-se nas atividades escolares (em quais?). Normalmente/quase nunca/conclui os trabalhos que inicia.
....
....
....

Relação com os companheiros
Relaciona-se com todos/com poucos companheiros. Somente joga sozinha. Com os companheiros mostra-se submissa/dominante/independente. Constantemente tenta chamar a atenção dos companheiros. Os companheiros e as companheiras a convidam para jogar freqüentemente/quase nunca/às vezes. Tende a aborrecer-se quando joga/muito/normalmente/pouco. Tem muita/pouca iniciativa no

jogo e no trabalho com os companheiros. Compartilha materiais ou objetos seus com os companheiros/raramente/às vezes. É capaz de escutar uma outra criança. Ajuda os companheiros com dificuldades geralmente/nunca/às vezes..

....
....
....

Relação com os professores e as pessoas adultas
Mostra-se dependente/submissa/autônoma. Constantemente procura chamar a sua atenção. Mostra-se espontânea/tímida/provocadora/distante. Necessita de ajuda e orientação com muita/normal/pouca freqüência. É capaz de solicitar ajuda, quando necessita. Aceita os seus próprios erros e procura melhorar a sua situação/aborrece-se.

....
....
....

4. O cuidado de si mesmo e do ambiente

Higiene, limpeza e aspecto pessoal
Lava freqüentemente as mãos/quando há necessidade de fazê-lo/quase nunca. Lava-se corretamente sozinha/com ajuda. Assoa o nariz, quando está resfriada. Vai sozinha ao banheiro/solicita ajuda/não consegue controlar suas necessidades fisiológicas. Veste e tira o avental e o casaco sozinha/com ajuda. Abotoa os botões da roupa/necessita de ajuda. Calça e descalça os sapatos sozinha/com ajuda. Mostra desgosto ou mal-estar quando descobre que está lambuzada ou mal-arrumada. Colabora para melhorar seu aspecto.

....
....
....

Alimentação
Come sozinha, sem lambuzar-se. Utiliza a colher e o garfo/às vezes/corretamente/de forma errada. Come sozinha/necessita que lhe dêem a comida. Come com vontade/depende do cardápio. Aceita variedade/custa-lhe. Colabora durante as refeições (preparar ou tirar a mesa, distribuir as toalhinhas, etc.)

....
....
....

Saúde e doença
Conhece algumas normas básicas de saúde (não é saudável comer muitas balas; depois de comer convém descansar, etc.). Solicita ajuda e expressa seu mal-estar, quando está doente. Aceita os cuidados e

os medicamentos em caso de doença. Preocupa-se com a saúde das outras pessoas às vezes/nunca/bastante.
....
....
....

Cuidado do ambiente
É organizada com as suas coisas (avental, carteira, material, etc.). Em geral, tem cuidado com o material da escola. Colabora ativamente/a contragosto/quase nunca na arrumação da sala. Freqüentemente/quase nunca/cuida mal do material da sala.
....
....
....

Área II: Meio físico e social

1. Os primeiros grupos sociais

A família e seu ambiente
Sabe os nomes de todas as pessoas próximas de sua família (pais, irmãos, avós, etc.) e o grau de parentesco ("Ele é meu irmão", etc.). Conhece o seu lugar dentro da família/está confuso. Conhece as pessoas habituais do seu meio social/recorda os nomes. Conhece alguns personagens que lhe interessam (de desenhos animados, etc.). Sabe explicar e nomear as dependências da sua casa e a sua utilização. Conhece e orienta-se nas rotinas cotidianas (casa e escola). Explica quando tem oportunidade/freqüentemente/raramente as experiências vividas em seu ambiente familiar. Mostra afeto/indiferença pelos seus familiares próximos. Custa-lhe separar-se dos seus pais quase sempre/às vezes. Traz materiais e objetos de casa para compartilhar na escola freqüentemente/nunca/quando o solicitamos.
....
....
....

A escola
Diferencia as normas da escola das familiares e adapta o seu comportamento em função dessas normas. Percorre autonomamente os lugares habituais da escola/com guia e ajuda. Conhece as dependências habituais da escola e as suas funções. Aceita e cumpre as responsabilidades que lhe foram indicadas/quando lhe recordamos/não se esquece/nega-se. Conhece as normas da escola. Respeita-as quase sempre. Conhece as pessoas da escola com as quais se relaciona/tem interesse por isso. Conhece as crianças do seu grupo e os seus nomes. Mostra afeto por algumas/por ninguém/por todas. Prefere companheiros tranqüilos/agitados/impulsivos. Participa e colabora em uma atividade quando esta o

requer/mesmo que não o requeira/é preciso insistir/nega-se. Defende seus direitos diante do grupo às vezes/nunca/constantemente.
....
....
....

Primeiras vivências do tempo
Conhece a sucessão de atividades da escola e as antecipa/seguidamente se desorienta. Diferencia dia/noite, hoje/amanhã, agora/depois. Necessita de tempo para adaptar-se às novas exigências ou situações.
....
....
....

2. A vida em sociedade

A comunidade e o seu ambiente
Começa a identificar paisagens diferentes (mar, montanha, cidade, etc.). Conhece alguns elementos que existem habitualmente em determinados espaços. Agrada-lhe passear e fazer excursões. Conhece qual é o meio em que vive e alguns elementos que o integram. Sabe diferenciar e descrever conseqüências de fenômenos atmosféricos habituais (chuva/barro, poças d'água, etc.). Agrada-lhe as atividades ao ar livre. Relaciona materiais com determinadas paisagens (areia/praia/mar; bosque/árvores, etc.).
....
....
....

A comunidade, os serviços e os meios de comunicação
Tem curiosidade pelo que a envolve e freqüentemente faz perguntas/somente quando a induzimos a fazê-lo. Diferencia estabelecimentos comerciais pela sua função (padaria, farmácia, etc.). Conhece e diferencia ofícios distintos. Sabe a função deles dentro da sociedade (médicos, bombeiros, polícia, etc.). Conhece os principais meios de transporte (trem, avião, carro, barco, etc.). Conhece os diversos meios de comunicação (televisão, rádio, imprensa, etc.). Mostra interesse pelo que acontece ao seu redor (acontecimentos do seu meio) constantemente/às vezes/raramente. Participa e reconhece algumas festas populares (Natal, Dia de Reis, etc.). Conhece festas, costumes, objetos relacionados com algumas dessas festas. Agrada-lhe participar ativamente nas manifestações culturais ou festivas (teatro, festas, jogos, bailes, etc.)/evita-o/retrai-se/excita-o muito. Diferencia dias letivos/dias não-letivos. Sabe que o sábado e o domingo são dias em que não há aula.
....
....
....

3. Os objetos

Objetos diversos: função, utilidade e características
Consegue classificar os objetos por suas características ou sua utilização na vida cotidiana. Sabe descrever características físicas dos objetos (medida, cor, forma)/com muita ajuda. Conhece os objetos habituais do seu meio e a sua função. Sabe onde são guardados e colabora na sua ordenação. Utiliza os instrumentos escolares habituais (tesouras, pastas, estojo, pincel, etc.)/necessita de ajuda. Utiliza o garfo e a colher corretamente. Sabe ligar o televisor, o rádio, colocar fita cassete/tenta fazê-lo. Abre e fecha as portas e as gavetas sem ajuda/necessita de ajuda. Utiliza adequadamente os objetos relacionados à limpeza corporal (pente, toalha, sabonete, escova, etc.)/começa a fazê-lo. Respeita os objetos da sala e tem cuidado ao usá-los. Colabora sempre/às vezes/quando o exigimos a mantê-los em ordem. Compartilha os objetos com os companheiros. Respeita a sua vez de utilização de alguns objetos ("Depois eu", etc.). Prevê efeitos das ações sobre os objetos. Tipo de objetos que lhe interessam: naturais (pedras, folhas, pinhas, etc.), aparelhos elétricos e de som, ferramentas de cozinha, aparelhos para puxar e deslocar-se, material escolar, livros e contos, etc. Tipos de brinquedos que mais lhe agradam: caminhões, carrinhos, bicicleta, jogos de montar, quebra-cabeça, bonecas, feirinha, etc.
....
....
....

Exploração e experimentação
Identifica sensações e emoções que experimenta em relação a determinados objetos ou materiais ("É suave, cheiroso", "Me agrada muito", "Me dá náuseas", etc.). Agrada-lhe explorar e fazer experiências com os objetos e materiais (juntar, virar, esquentar, molhar, etc.) e observar as conseqüências. Faz isso espontaneamente/quando o indicamos/não lhe interessa. É capaz de prever o que pode acontecer ao fazer determinadas ações com os objetos ("Se misturar água e terra, terei barro", etc.). Faz construções e invenções pessoais com objetos diversos/solicita ajuda.
....
....
....

4. Animais e plantas

Conhece o nome e algumas características dos animais que existem em seu ambiente ou que foram trabalhados. Reconhece e diferencia animais de terra, água ou ar. Tem interesse por ver e conhecer os animais (fotografias ao natural, zoológico, etc.). Está aprendendo algumas atenções que isso requer. Colabora no cuidado dos animais e das plantas da escola. Conhece a utilidade de alguns animais (vaca; leite; galinha: ovos, etc.) e plantas para a nossa alimentação. Mostra respeito e sentimento de proteção por determinados animais. É capaz de ver semelhanças entre os animais (têm penas, etc.). Faz comentários e tira conclusões de suas observações/é preciso ir fazendo-lhe perguntas e guiá-la.
....
....
....

Área III: Comunicação e representação

1. Linguagem oral

Linguagem oral e necessidades de comunicação
Manifesta sentimentos de simpatia, compreensão, gratidão nas situações habituais/exterioriza-as pouco. Preocupa-se pelo estado de ânimo das outras pessoas e faz perguntas ("Está aborrecida?", "O que aconteceu?", etc.). Mantém-se uma criança comunicativa normal/muito/pouco. Fala freqüentemente com as crianças e as professoras de outras turmas. Quando fala, gesticula muito.
....
....
....

Compreensão da linguagem oral
Compreende as explicações que são dadas em aula. Faz mais perguntas freqüentemente/ raramente/às vezes. Em geral/nunca/somente se nos dirigimos a ela/está atenta e escuta o que se explica (contos, explicações, combinações). É capaz de reexplicar parte de um conto (diversos fatos na mesma ordem/somente explica detalhes acessórios/o fato principal/o nome dos protagonistas, etc.) que acabamos de narrar. Cumpre duas/três ordens como esta: "Pegue o lápis e o coloque sobre a mesa". Freqüentemente pergunta "O quê?" (É preciso não descartar uma possível diminuição de audição.)
....
....
....

Expressão oral
Participa das conversas com todo o grupo espontaneamente/quase nunca/quando a forçamos. Freqüentemente/quase nunca/quando lhe ajudamos/recorda fatos ou situações vividas em aula e participa na sua narração. Fala somente no jogo, simulando situações de interação verbal.
Pergunta o significado das palavras. Facilmente incorpora e recorda as palavras novas. Tem um vocabulário rico/restrito/normal. Utiliza uma linguagem muito infantil. Combina duas ou mais frases simples e constrói algumas subordinadas. Utiliza advérbios, adjetivos e preposições e estrutura corretamente a frase. Produz frases afirmativas, negativas, imperativas e interrogativas, adequadamente e com entonação. Faz corretamente as concordâncias regulares (artigos, pronomes, verbos, adjetivos, etc.). Tem uma linguagem fluida/vacila/gagueja.
Memoriza canções e poemas curtos. Inventa e explica histórias, misturando a fantasia com a realidade. Fala freqüentemente com as outras crianças enquanto joga e trabalha. Utiliza com freqüência/ às vezes/raramente/nunca expressões convencionais de cortesia (*Oi, Tchau, Bom dia, Boa noite, Obrigado, Por favor*).
....
....
....

Pronúncia
Entende-se facilmente o que diz. Há alguns sons que lhe oferecem um pouco de dificuldade (r, l, s, c, t, b, lh?, etc.). Em algumas palavras compridas, "come" parte ou troca algum pedaço. Esforça-se e tem interesse por pronunciar corretamente.
....
....
....

2. Aproximação à linguagem escrita

Conhecimento e significado da língua escrita
Diferencia escrita e desenhos. Freqüentemente/algumas vezes/quase nunca pergunta o que está escrito (cartazes, revistas, listas de aula, produtos, cartas, etc.). Interpreta o texto escrito, relacionando-o com o que o acompanha (produto, fotografia, situação, etc.). Sabe que os signos escritos comunicam e expressam informações.
....
....
....

Atitude e interesse para com a leitura
Compreende narrações lidas pela professora. Mantém a atenção quando lemos algum texto escrito (conto, carta, notícia do jornal, etc.). Freqüentemente/quase nunca/às vezes solicita que leiamos contos a ela. Freqüentemente/quase nunca/às vezes pega os contos ou os livros para olhar. Tem cuidado com os contos e sempre/às vezes/quando solicitamos recoloca-os em seu devido lugar. Procura demonstrar que lê, imitando as crianças ou as pessoas adultas. Faz comentários e hipóteses sobre o que vê nos contos. Faz hipóteses sobre onde existe alguma coisa escrita ("Aqui está escrito leite").
....
....
....

A escrita e o ato de escrever
Reproduz a direcionalidade (da esquerda para a direita) da escrita. Reconhece o seu nome escrito. Sabe reproduzir o seu nome sem modelo/com modelo. Reconhece e escreve algumas letras (quais?). Lê e/ou escreve algumas palavras. Freqüentemente/às vezes/nunca faz "signos escritos" junto aos desenhos (tanto legíveis como ilegíveis).
....
....
....

3. Expressão plástica

Atitude e interesse pela expressão plástica
Agrada-lhe as atividades de plástica/aceita-as. Técnicas que prefere (pintura de dedos, modelagem, desenho, construções, etc.). Às vezes/freqüentemente tem imaginação e iniciativa nas suas produções. Freqüentemente/às vezes/nunca necessita de orientação e guia para trabalhar. Quase sempre/algumas vezes imita os seus companheiros. Faz valorizações sobre o que está bem ou mal desenhado. Geralmente se mostra satisfeita/insatisfeita com as suas produções. Requer indicações da professora. É um pouco/muito repetitiva em suas produções. Procura que as suas representações sejam fiéis à realidade. Tem interesse pelo que as outras crianças fazem. Valoriza as produções das outras crianças/estraga-as/nem dá atenção. Continuamente/às vezes/nunca faz perguntas sobre o que a envolve.
....
....
....

Desenho e pintura
Desenha uma pessoa de maneira esquemática/com detalhes/não-reconhecível. Desenha uma casa de maneira esquemática/com detalhes/não-reconhecível. Não sabe desenhar sozinha, porém o faz quando a acompanhamos verbalmente. Faz desenhos muito estereotipados. Utiliza poucas/todas as cores. Ocupa todo o espaço gráfico/somente uma pequena parte. Copia um círculo, um quadrado e um triângulo sem modelo/com modelo. Consegue reproduzir desenhos de traçado fácil/com muita ajuda. Sabe pintar, preenchendo um espaço sem sair das bordas/saindo um pouco/sem deixar espaço branco/com rabiscos. Freqüentemente/sempre/quase nunca desenha sabendo o que quer fazer. Segue com o lápis um labirinto simples, sem sair do caminho/sai/perde-se.
....
....
....

4. Expressão musical

Mostra-se muito/pouco/regular/participativo quando são feitas atividades musicais. Agrada-lhe imitar sons de animais. Reconhece-os e diferencia-os. Sabe imitar e reconhecer ruídos e sons familiares. Às vezes, entretém-se explorando as possibilidades sonoras dos objetos cotidianos/faz isso escandalosamente/com delicadeza. Agrada-lhe escutar fragmentos musicais. Capta ritmos e sabe reproduzi-los, quando são simples/também os mais elaborados. Agrada-lhe produzir sons utilizando instrumentos musicais. Agrada-lhe cantar. Canta respeitando bastante/muito/pouco a entonação. Recorda-se das canções e dos fragmentos de músicas trabalhadas. Diferencia os contrastes fortes/suaves, compridos/curtos, agudos/graves.
....
....
....

Baile e dança
Segue o ritmo de uma música com o corpo. Acompanha bastante bem/custa-lhe muito. Participa e aproveita com satisfação um baile e uma dança coletiva. Mostra graça e bastante/normal/nenhuma coordenação quando dança.

....
....
....

5. Expressão corporal

Tem bastante/pouca tendência para expressar os seus sentimentos e as suas emoções através de gestos e de expressões faciais. Gesticula muito quando fala. Às vezes/Freqüentemente/quase nunca interpreta e observa para captar os sentimentos ou as emoções das outras crianças e das pessoas conhecidas (dor, tristeza, surpresa, alegria, enjôo, etc.). Sabe expressar tais emoções com gestos e expressões/faz com facilidade/necessita praticar diante de um espelho. Sabe imitar movimentos e deslocamentos pelo espaço sem dificuldades/com dificuldade/desorienta-se. Nas representações ou encenações de situações ou de histórias, participa ativamente/com reservas/evita-o. Sente-se inibida perante essas atividades de grupo. Em pequenos grupos e estimulando-a, participa melhor. Participa ativamente das atividades de descobrimento e experimentação através do próprio corpo/inibe-se. Agrada-lhe imitar personagens ou animais. Interpreta as noções de direcionalidade com o próprio corpo (em frente, para trás, à direita, à esquerda, acima, abaixo, dentro, fora). Reproduz movimentos a partir de combinações verbais (aos poucos, saltando, agachados, etc.).

....
....
....

6. Relações, medidas e representação do espaço

Relações e medidas
Tem interesse em explorar, comparar e relacionar objetos e as suas qualidades/faz sem mostrar um interesse especial. Às vezes/freqüentemente/quase nunca/faz precisões sobre o que dizem outras pessoas a respeito de uma descrição, uma comparação ou do estabelecimento de relações entre os objetos. Consegue descrever as propriedades e as características dos objetos ou coleções na base de: cor, forma, tamanho, textura, longitude, etc. Agrupa os objetos por sua forma, cor, tamanho/às vezes se esquece do critérios enquanto o faz. Enumera diferenças e semelhanças entre dois objetos: pela cor, pela forma, pelo material ou pelo tamanho, utilizando as expressões "igual/diferente". A partir de um conjunto dado, agrupa os elementos em dois subconjuntos/esquece-se do critério/mistura os elementos. Faz seriações curtas com diversos materiais com dois, três, quatro elementos/necessita de ajuda para não se esquecer do critério da seriação. Compara qualitativamente algumas dimensões: grande/pequeno, alto/baixo, tudo/nada, comprido/curta, muito/pouco/diversos/nenhum.

....
....
....

Formas, orientação e representação no espaço
Reconhece algumas figuras geométricas: círculo, triângulo, quadrado. Coloca os objetos e os localiza, utilizando as noções dentro/fora, próximo/longe, embaixo/em cima, diante/atrás.
....
....
....

Nomes e quantidades
Compara quantidades entre conjuntos: "Há menos", "Há mais", "Há igual". Interessam-lhe os nomes e a sua utilização na vida cotidiana/não mostra curiosidade especial. Consegue contar até 5/8/3 seguido, sem erro/esquece-se de uma cifra. Conhece e utiliza bem a idéia concreta do três: "Tenho três lápis". Conta, indicando 3/4/5 objetos.
....
....
....

PAUTA DE OBSERVAÇÃO GERAL
EDUCAÇÃO INFANTIL – GRUPO DE 5-6 ANOS[6]

Área I: Identidade e autonomia pessoal

1. O corpo e a própria imagem

O próprio corpo. Sensações e percepções
Assinala corretamente as partes e os detalhes do corpo (calcanhares, sobrancelhas, cílios, etc.). Denomina corretamente as partes visíveis e as articulações principais de seu corpo (joelho, pulso, cotovelo, etc.). Sabe relacionar segmentos corporais com as atividades nas quais participa (pernas/caminhar; mãos/segurar, etc.). Capta e descreve diferenças e semelhanças entre as pessoas (características de diversas maneiras). Respeita e aceita as diferenças entre as pessoas (atitude diante dos companheiros de integração, etc.). Aceita e reconhece algumas características pessoais (físicas, de sexo, caráter). Reproduz e denomina as diferentes posições corporais (acocorado, sentado, de pé, deitado, etc.). Desenha a figura humana com riqueza de detalhes. Identifica diferentes sensações táteis, olfativas, gustativas e as descreve. Diferencia e identifica tipos de som e sua intensidade. Conhece todas as cores e as suas diferentes intensidades. É capaz de manifestar verbalmente o seu sentimento de prazer ou de moléstia diante de determinadas situações. Procura evitar as situações que lhe resultem pouco agradáveis (quais?). É capaz de relaxar e descansar quando há um ambiente propício/custa-lhe muito/mostra-se tensa/inquieta. Quando deseja, consegue relaxar alguma parte do corpo (braço, perna, mão, etc.). Consegue controlar e observar a expiração e a inspiração pela boca. Observa a respiração nasal e a controla.

....
....
....

Sentimentos e emoções
Expressa e identifica em si mesma e nas outras pessoas emoções ou estados de ânimo (pressa, nervosismo, impaciência, etc.). Freqüentemente/quase nunca/às vezes/regula e controla as emoções e os impulsos negativos (agressividade, medo, etc.). Reconhece e aceita demonstrações de afeto de pessoas adultas e crianças/esquiva-se/depende da pessoa. Expressa e manifesta o seu estado de ânimo facilmente/é difícil adivinhá-lo. Consegue expressar verbalmente as suas emoções, os seus sentimentos ou o seu estado de ânimo/expressa basicamente com gestos e expressões. Chora com freqüência/quase nunca/às vezes. Em geral não se aborrece sem motivo/aborrece-se muito sem motivo aparente. Controla-se e acalma-se facilmente/dificilmente/quando intervimos (em brigas, choros, nervosismo, etc.).

....
....
....

Aceitação e confiança em si mesmo
Tem confiança em suas possibilidades nas tarefas habituais. Mostra constantemente/às vezes/em determinadas tarefas/desejos de superação. Mostra satisfação por suas ações e/ou produções (quais?). Necessita de combinações e ajudas individualizadas freqüentemente/constantemente/algumas vezes/ quase nunca. Algumas vezes/freqüentemente solicita ajuda sem ser preciso. Imita os companheiros e as companheiras muito/algumas vezes/sistematicamente. Ajuda as outras crianças às vezes/ freqüentemente/nunca.
....
....
....

2. Jogo e movimento

Caminhada, deslocamento e coordenação global
Reconhece diversas formas de manter o equilíbrio (com objetos, sobre pedaços de madeira, seguindo um traçado no chão, etc.). Salta cinco ou seis passos num pé só com agilidade/com dificuldade/ cai em seguida. Salta com os pés com força/com insegurança/agilmente. Agrada-lhe os jogos e exercícios motores como corridas e saltos. Brinca alternando os pés. Salta a corda e o elástico/começa a fazê-lo. Necessita mover-se continuamente. Caminha sobre uma linha ou lista com rapidez/com insegurança/ lentamente. Corre com rapidez e agilidade/mostra-se trôpega/descompassa-se. Agrada-lhe competir com as outras crianças/evita-o/não lhe interessa. Realiza deslocamentos em distintas posturas (saltitando, de lado, de joelhos e para trás, etc.). Pica a bola por um tempo sem perdê-la/perde-a em seguida. Lança objetos no espaço com precisão/somente muito próximo. Segura a bola com as duas mãos/cai de suas mãos/não consegue segurar. Começa a andar de bicicleta/já sabe/gosta mais do triciclo. Dá impulso com seu próprio corpo no balanço/tenta fazê-lo. Faz cambalhota sozinha/somente com ajuda. Esforça-se e prova a sua habilidade motora/quase nunca/constantemente. Tem confiança em suas habilidades de ação e de movimento. É capaz de coordenar a sua ação com a dos companheiros e das companheiras, quando o jogo requer/somente se os adultos a guiarem.
....
....
....

Equilíbrio e postura
Mantém equilíbrio estático corporal (sobre um pé, na ponta dos pés, etc.) durante alguns segundos/em seguida cai. Perde o equilíbrio e cai com facilidade/às vezes/quase nunca. Mantém uma postura correta, quando está sentada na cadeira/pouco tempo/alguns segundos/durante todo o tempo da atividade. Ataca a bola com as duas mãos/somente próximo/de longe/com firmeza/deixa cair. É capaz de relaxar com facilidade/necessita de condições especiais/custa-lhe muito. Reproduz movimentos a partir de combinações verbais (aos poucos, saltando, de lado, etc.).
....
....
....

Habilidade manual
Amarra os cordões dos sapatos. Sabe fazer e desfazer nós e laços/somente desfazer. Enche um copo de água sem transbordá-lo/não tem força para segurar/deixa cair. Fecha os botões do casaco ou do avental sozinha/com ajuda/agora começa. Utiliza corretamente o garfo e a colher. Usa a faca para untar e espalhar. Utiliza tesouras para recortar/recorta com precisão/custa-lhe muito. Enrola e desenrola objetos com papel/fica mal-embrulhado, amassado. Agrada-lhe os jogos de montagem e de manipulação de peças. Agarra corretamente o lápis e os instrumentos de aula. Consegue prender pequenos objetos num cordão. Coloca pedacinhos de papel, colados numa linha ou numa superfície. Coloca bolinhas numa linha com precisão/muito lentamente/deixa-as cair. Conhece perfeitamente o funcionamento dos pequenos aparelhos da sala/pede ajuda à professora/faz isso muito mal. Monta *puzles*, quebra-cabeças com peças médias/não lhe interessa/necessita de um guia. Faz construções com materiais diversos.

....
....
....

Ritmo
Consegue fazer variações bruscas caminhando quando é dado um sinal (correr/parar; avançar/retroceder). Segue ritmos com uma parte do corpo (pés, mãos, etc.)/às vezes se perde. Diferencia depressa/aos poucos; rápido/lento; contínuo/descontínuo. Dança seguindo o ritmo da música/atrasa-se/descompassa-se. Dança e segue ritmos, adaptando-se ao seu par ou ao grupo/perde-se. Reproduz ritmos com diversos instrumentos. Pode representar graficamente determinados ritmos. O seu ritmo pessoal em relação ao grupo é médio/rápido/lento.

....
....
....

Orientação no espaço
Orienta-se e localiza os lugares significativos da escola (refeitório, banheiros, entrada, pátio, secretaria, etc.)/perde-se/pede ajuda. Orienta-se bem nos espaços exteriores e pouco conhecidos (excursões, saídas, etc.). Busca e coloca corretamente os objetos habituais da sala/faz isso com ajuda/nunca sabe onde vão. Situa os objetos e localiza-os nas dimensões na frente-atrás, dentro-fora, em cima-abaixo, próximo-longe. Começa a utilizar e a entender o conceito no meio, entre. Começa a distinguir a direita da esquerda em relação ao seu corpo (mão direita/mão esquerda).

....
....
....

3. A atividade e a vida cotidiana

Adaptação à vida escolar
Conhece e geralmente respeita as normas da escola/com freqüência não o faz/esquece-as/opõe-se sistematicamente. Distingue os diferentes momentos e as diferentes situações dentro da escola e adapta-se a elas (jogo, tarefas de grupo, tarefas individuais)/necessita constantemente de indicações. Aceita

esperar a sua vez/custa-lhe/não consegue. Comunica as suas necessidades ou solicitações/às vezes/nunca/se lhe ajudam/espontaneamente. Participa das atividades coletivas/em seguida se afasta/ativamente/com desgosto. Sente-se à vontade e está adaptada ao ritmo da escola/parece triste/espera a saída com impaciência. Entende as combinações e segue-as/se lhe repetem pessoalmente/se lhe ajudam. Colabora nas tarefas de grupo/mostra-se passiva. Tem uma atitude positiva perante as propostas da professora/opõe-se com freqüência/distrai-se/não se dá conta. Conhece as diferentes dependências e pessoas da escola. Orienta-se e realiza somente os caminhos habituais dentro da escola/necessita de ajuda. Utiliza, às vezes, expressões e costumes de boa relação e convivência (cumprimentos, agradecimentos, ajudas, etc.) freqüentemente/quase nunca. Tem uma atitude positiva para utilizar tais expressões. Mostra-se ordenada no trabalho/perfeccionista. Demonstra-se constantemente. Esforça-se nas atividades escolares (quais?). Normalmente/quase nunca/sempre conclui as tarefas que inicia.

....
....
....

Relação com os companheiros
Relaciona-se com os companheiros todos/com poucos/somente com um. Brinca, joga quase sempre sozinha. Com os companheiros mostra-se dominadora/submissa/dependente/independente. Mostra-se violenta quando a provocam/mesmo quando não a provocam. Mostra-se inibida e distante com as outras crianças/quando não as conhece. Em geral, busca a relação com as outras crianças/aceita-a/rejeita-a. Constantemente grita e reclama a atenção dos companheiros. Convida os companheiros para brincar, jogar às vezes/quase sempre/quase nunca. Tende a embrabecer no jogo muito/normal/pouco. Tem iniciativa no jogo e no trabalho com os companheiros/muita/pouca/normal. Respeita as regras do jogo com os companheiros. Compartilha materiais ou objetos com os seus companheiros/raramente/às vezes. É capaz de escutar um companheiro. Em geral/nunca/às vezes ajuda os companheiros com dificuldades. Às vezes/nunca aceita críticas das outras pessoas. Pede perdão quando ofende ou comete um erro com outra criança/o faz espontaneamente/nega-se. Prefere companheiros tranqüilos/impulsivos/dominadores.

....
....
....

Relação com as pessoas adultas
Tem uma relação freqüente e espontânea. Demonstra dependência/submissão/autonomia/independência. Constantemente reclama a sua atenção/às vezes/quando necessita de ajuda. Mostra-se espontânea/tímida/provocadora/distante. Necessita e busca apoio e orientação com muita/normal/pouca freqüência. É capaz de pedir ajuda quando necessita. Aceita os seus erros e procura ter a sua atuação/aborrece-se consigo mesmo/não o reconhece.

....
....
....

4. O cuidado consigo mesmo

Higiene, limpeza e aspecto pessoal
Lava as mãos quando estão sujas/quase nunca/quase sempre. Assoa o nariz quando está resfriada. Escova os dentes depois de comer. Vai sozinha ao banheiro/pede ajuda/não se controla/agüenta-se até o último momento. Veste-se e despe-se sozinha/com ajuda/não sabe/nega-se a fazê-lo. Fecha e abre todo o tipo de botões e ataduras/custa-lhe. Amarra e desamarra os sapatos sozinha/com ajuda. Mostra-se desgostosa ou de mau humor quando descobrem que fez errado ou malfeito. Lava-se quando se sente suja/somente quando é avisada/nega-se. Penteia-se sozinha/pede/ com ajuda. Tem interesse em manter um aspecto limpo e polido nos momentos "especiais" (festas, visitas, etc.).

....
....
....

Alimentação
Come sozinha sem lambuzar-se/com ajuda/lambuza-se um pouco. Utiliza a colher, o garfo e a faca sempre/às vezes. Necessita que a animem e a ajudem para comer/o faz sozinha/come com avidez/nega-se a comer. Come com vontade/de acordo com a comida. Aceita a variedade de comidas/custa-lhe. Tem interesse em provar alimentos novos/em geral os rejeita. Mostra interesse em descobrir os ingredientes dos alimentos e conhecer a sua procedência. Colabora na preparação e ao final da refeição (preparar ou tirar a mesa, repartir os talheres, pôr água, etc.)/necessita que lhe guiem.

....
....
....

Saúde e doença
Conhece algumas normas básicas de saúde (não é saudável comer muita bala, depois de comer convém descansar, etc.). Solicita ajuda e sabe explicar as suas dores quando não está bem/demonstra-o, mas não diz. Colabora nos cuidados (descansa, toma medicamentos, faz a dieta) quando está doente. Mostra uma atitude de cuidado e de respeito quanto a outras pessoas doentes.

....
....
....

Cuidado do ambiente
É ordenada com as suas coisas (avental, classe, material, etc.). Em geral tem cuidado com o material da escola. Colabora para arrumar a sala ativamente/a contragosto/quase nunca. Às vezes/freqüentemente/quase nunca/estraga materiais da sala. Procura manter limpos os espaços que utiliza/faz se lhe pedem. Aborrece-se quando os companheiros sujam e desordenam as coisas e os espaços/não se

intromete. Quase sempre/algumas vezes/nunca avisa a professora sobre atitudes erradas ou desordens na sala. Fixa-se na limpeza e na estética dos espaços exteriores (saída, excursão, pátio, etc.).
....
....
....

Área II: Meio físico e social

1. Os primeiros grupos sociais

A família
Compreende e sabe explicar as relações entre a família (irmãos, primos, avós, pais, etc.)/ os mais básicos. Conhece o seu lugar dentro da família. Conhece as pessoas de seu meio social e os seus nomes. Recorda pessoas que há tempo não vê. Sabe explicar as dependências de sua casa, a sua utilização e algumas relações entre elas (distância, direção, uso, etc.). Orienta-se e antecipa as rotinas cotidianas (casa escola). Explica, quando tem oportunidade/quase sempre/raramente, experiências vividas na família. Na escola, demonstra afeto/indiferença pelos seus próprios familiares. Custa-lhe separar-se dos seus pais quase sempre/com freqüência/às vezes. Compartilha com os colegas e as colegas os jogos que traz de casa/freqüentemente/nunca/quando lhe pedem.
....
....
....

A escola
Diferencia as normas da escola das familiares e torna-as adequadas ao seu comportamento, umas em função das outras. Percorre os lugares habituais da escola automaticamente/com guia e ajuda. Conhece as dependências habituais da escola, as suas funções e as pessoas que as ocupam. Aceita e cumpre com as responsabilidades que lhe são atribuídas/quando lhe recordam/esquece-as/nega-se. Conhece as normas da escola; respeita-as quase sempre/às vezes/quase nunca. Conhece as pessoas da escola com as quais se relaciona e a sua ocupação (recepção/protocolo, direção, professores, etc.). Mostra afeto por algumas crianças/nenhuma/todas. Participa e colabora numa atividade quando esta o requer/ mesmo que não solicitem/é preciso insistir com ela/nega-se. Defende os seus direitos diante do grupo às vezes/nunca/constantemente. Em geral, aceita e respeita os companheiros, as companheiras e as pessoas adultas da escola.
(Ver também o item 1.3., concretamente "Adaptação à vida da escola".)
....
....
....

Primeiras vivências do tempo
Conhece a sucessão de atividades na escola e as antecipa/freqüentemente se desorienta. Diferencia dia-noite, hoje-amanhã-ontem, manhã-tarde. Associa alguns dias da semana com determinados fatos. Necessita de tempo para adaptar-se a novas exigências ou situações.

....
....
....

2. A vida em sociedade

A comunidade e o seu meio
Conhece diferentes tipos de paisagem natural (planta, bosque, campo, etc.). Relaciona diferentes paisagens com animais, plantas ou ocupações das pessoas. Tem interesse e sabe algumas coisas sobre paisagens distantes (a selva, o deserto, o pólo norte, etc.). Relaciona materiais com determinadas paisagens (areia/praia/mar, bosque/árvores, etc.). Tem interesse por conhecer o meio em que vive e os elementos que o integram. Conhece o nome e a função dos objetos e mobiliário urbano (caixa de correio, sinaleira/semáforo, lixeira, etc.). Sabe diferenciar e descrever conseqüências de fenômenos atmosféricos habituais (chuva/barro/botas de chuva, etc., "levaremos as sombrinhas"). Agrada-lhe as atividades ao ar livre. Agrada-lhe muito/pouco/regular passear e sair de excursão. Nas saídas e nas excursões, mostra-se prudente e evita situações de perigo/apresenta-se temerosa/muito prudente. Tem curiosidade pelo que está à sua volta e freqüentemente faz pergunta/somente quando lhe pedimos. Mostra-se sensível com respeito à conservação e à manutenção da limpeza dos ambientes contaminados e não contaminados/ nem se dá por conta/quando lhe chamamos a atenção.

....
....
....

A comunidade, os serviços e os meios de comunicação
Diferencia estabelecimentos comerciais por sua função (padaria, farmácia, etc.) e por seus produtos. Conhece diferentes ofícios e sabe a respectiva função dentro da sociedade (veterinário, sapateiro, agricultores, etc.)/tem um conhecimento vago. Relaciona os meios de transporte com as necessidades das pessoas (caminhão para transportar móveis, táxi para o deslocamento pela cidade, avião para andar a distância, etc.). Relaciona os diversos meios de comunicação (televisão, rádio, imprensa, etc.) com a sua função e utilidade. Pergunta e apresenta informação sobre coisas que passam à sua volta (acontecimentos de seu ambiente) constantemente/às vezes/raramente. Conhece personagens através dos meios de comunicação ou das explicações de outras pessoas (o prefeito de sua cidade, cantores, atores, etc.). Participa das festas populares (Natal, Festa de Reis*, etc.) celebradas no seu ambiente e as reconhece. Conhece fatos, costumes, objetos relacionados com essas festas. Agrada-lhe participar ativamente nas manifestações culturais ou festividades (teatro, festas, jogos, bailes, etc.)/evita-o/retrai-se/ excita-se muito.

....
....
....

*N. de T. A *Festa de Reis*, muitíssimo festejada na Espanha, corresponde ao dia em que as crianças recebem seus brinquedos e/ou outros presentes; corresponde à troca de presentes na Festa de Natal brasileira.

3. Os objetos

Objetos diversos: função, utilidade e características
Conhece os objetos habituais do seu meio e a sua função. Sabe onde são guardados e colabora para ordená-los. Descreve características físicas dos objetos (medida, cor, forma). Conhece objetos diversos e relaciona-os com trabalhos e ocupações das pessoas. Utiliza instrumentos escolares habituais (tesouras, pastas, estojo, pincel, etc.)/necessita de ajuda. Começa a usar a faca. Maneja o rádio, a televisão, o vídeo-cassete/tenta. Utiliza adequadamente os objetos relacionados com a limpeza corporal (pente, toalha, sabonete, escova, etc.). Geralmente cuida dos objetos da sala e respeita-os como alheios. Tenta arrumá-los, quando começam a estragar-se. Colabora na ordenação dos objetos e para deixá-los no seu devido lugar sempre/às vezes/quando lhe pedimos. Compartilha os objetos com os companheiros. Habitualmente/às vezes/se o sugerirmos deixa os seus objetos e os seus joguinhos para os amigos e amigas. Respeita o seu respectivo período de utilização de alguns objetos ("Depois eu..."). Tipos de objetos que lhe interessam: naturais (pedras, folhas, pinhas*, etc.), aparelhos eletrônicos e de som, instrumentos de cozinha, objetos para transporte e deslocamento, escolares, livros e materiais de contos, etc. Tipo de brinquedos que mais lhe agradam: bonecas, carrinhos e caminhões, bicicletas, joguinhos de montar, quebra-cabeças, feirinhas, etc.

....
....
....

Exploração e experimentação
Tem curiosidade e interesse por conhecer a origem de determinados objetos ou materiais. Expressa e identifica sensações e emoções que experimenta em relação determinados objetos ou materiais ("É suave", "Gosto muito", "Tenho nojo", etc.). Verbaliza e descreve as suas observações e percepções de maneira bastante ajustada/não encontra palavras. Explora e manipula os objetos com determinadas finalidades/não expressa nenhuma finalidade. Agrada-lhe explorar e experimentar os objetos e materiais (pegar, botar na boca, esquentar, molhar, etc.) e observar as conseqüências. Faz isso espontaneamente/quando o indicamos/não lhe interessa. Antecipa quais ações faz para produzir certos resultados ("Se quero leite quente, é preciso pôr no fogo"). Agrada-lhe fazer construções e inventos pessoais com objetos diversos/interessa-lhe pouco/não sabe fazer.

....
....
....

4. Animais e plantas

Classifica animais e plantas segundo o meio onde vivem. Descreve características físicas (partes, forma, etc.) e funcionais (alimentação, deslocamento, etc.) dos animais e das plantas trabalhadas. Classifica animais segundo características físicas ("Tem pele/couro", "Tem penas", etc.). Relaciona

---

*N. de T. *Pinus* é uma vegetação muitíssimo comum e, em todo lugar, encontramos suas pequenas pinhas.

determinados animais com o seu habitat habitual (selva, granja, bosque, etc.). Valoriza a importância e a utilidade dos animais e das plantas para a pessoa. Conhece a utilidade de determinadas plantas e árvores para o homem e reconhece algumas. Com freqüência/somente quando sugerimos olha livros e fotografias e pergunta alguma coisa sobre os animais. Com freqüência /às vezes/nunca traz objetos, livros, fotografias sobre animais e plantas que estão sendo trabalhados. Colabora no cuidado dos animais e das plantas na escola. Mostra respeito e sentimento de proteção a determinados animais. Faz comentários e tira conclusões das suas observações/é preciso que seja muito guiada para fazê-lo.

....
....
....

Área III: Comunicação e representação

1. Linguagem oral

Linguagem oral e necessidade de comunicação
Manifesta sentimentos de simpatia, compreensão, gratidão nas situações habituais/exterioriza-as pouco. Preocupa-se com o estado de ânimo das outras pessoas e faz perguntas ("Está bravo?", "O que aconteceu?", etc.). É muito/pouco/normal comunicativa. Comunica-se facilmente/com dificuldade/com as pessoas adultas/com as crianças/com todos. Fala com freqüência/muito pouco com os seus companheiros de mesa. Quando fala, gesticula muito/pouco/somente quando está excitada.

....
....
....

Compreensão da linguagem oral
Compreende as explicações e as instruções que são dadas na sala/necessita que lhe sejam repetidas individualmente. Faz mais perguntas com freqüência/raramente/às vezes. Em geral/nunca/somente quando nos dirigimos a ela e está atenta e escuta o que explicamos (contos, explicações, combinações). É capaz de tornar a explicar parte de um conto conhecido (as passagens principais na mesma ordem/somente detalhes acessórios/o fato principal/os nomes dos protagonistas). Compreende ordens que implicam duas ou três ações consecutivas ("Reparte as folhas e depois dá a pasta à Sara"). Participa na resolução de adivinhações/ativamente/inibe-se/fica difícil para ela. Com freqüência pergunta "quê?" (é preciso não descartar problemas de audição).

....
....
....

Expressão oral
Participa espontaneamente/quase nunca/se a forçamos nas conversas com todo o grupo. Com freqüência/quase nunca/se a ajudamos recordar os fatos ou as situações vividas na aula e participa na sua narração. Fala com as crianças nos jogos, simulando e representando papéis e situações. Com freqüência/quase nunca pergunta o significado das palavras. Facilmente incorpora e recorda as palavras novas. Tem um vocabulário rico/restrito/normal/pobre. Utiliza uma linguagem muito infantil. Combina frases simples e na construção de subordinadas.

Utiliza advérbios, adjetivos e preposições. Expressa-se com frases corretas e acabadas. Produz frases afirmativas, negativas, imperativas e interrogativas adequadamente e com entonação. Produz frases optativas ou condicionais. Faz corretamente as concordâncias regulares (artigos, pronomes, verbos, adjetivos, etc.). Tem uma linguagem fluida/vacila/tranca/gagueja. Memoriza facilmente/somente partes/canções, poemas curtos e adivinhações. Utiliza com freqüência/às vezes/raramente expressões convencionais de cortesia (*Olá, Tchau, Bom dia, Boa noite, Obrigado, Por favor*). Sabe dizer o seu nome e o seu endereço. Inventa e explica piadas ou adivinhações freqüentemente/raramente/às vezes.
．．．
．．．
．．．

Pronúncia
Entende-se facilmente o que diz. Existem alguns sons que pronuncia com dificuldade (*r, l, s, c, t, b, lh, tr, pl,* etc.). Nas palavras compridas, salta parte ou troca as sílabas. Esforça-se e procura pronunciar corretamente. Quando fala, tranca com freqüência/às vezes/nunca.
．．．
．．．
．．．

2. Aproximação à linguagem escrita

Conhecimento e significado da língua escrita
Freqüentemente/algumas vezes/quase nunca pergunta o que está escrito (cartazes, revistas, listas na sala, produtos, cartas, etc.). Interpreta o texto escrito relacionando-o ao que o acompanha (produto, fotografia, situação, etc.). Sabe que os sinais escritos comunicam e expressam informações.
．．．
．．．
．．．

A leitura e a interpretação de um texto escrito
Compreende narrações lidas pelo professor. Presta atenção quando lemos algum texto escrito a ela (conto, carta, notícia do jornal, etc.). Freqüentemente/quase nunca/às vezes pede que leiamos contos para ela. Freqüentemente/quase nunca/às vezes pega livros de contos ou outros livros para olhar ou

interpretar. Tem cuidado com os livros de contos e volta a deixá-los no lugar/sempre/às vezes/quando dizemos a ela. Representa ler, imitando as crianças ou pessoas grandes. Faz comentários e hipóteses sobre o que vê nos contos.

Faz hipóteses sobre o que acontecerá depois, quando lemos um conto para ela. Faz hipóteses sobre o que foi escrito ("Aqui se põe o leite."). Reconhece palavras escritas/muitas/algumas (quais?). Reconhece os nomes escritos dos seus companheiros e companheiras/reconhece as iniciais. Reconhece e lê as vogais. Reconhece algumas consoantes/todas (quais?). É capaz de inventar e interpretar o que acontece num texto, deduzindo a sua finalidade e o contexto (p. ex., carta para comunicar às mães e aos pais que as crianças irão fazer uma excursão, etc.).

....
....
....

A escrita e o ato de escrever
Reproduz a direcionalidade (esquerda e direita) da escrita. Sabe reproduzir o seu nome sem modelo/com modelo. Escreve todas/algumas (quais?) letras correspondentes às vogais associando-as ao som. Escreve e lê algumas/muitas (quais?) palavras conhecidas. Com freqüência/às vezes/nunca coloca "signos escritos" junto aos seus desenhos (tanto inteligíveis ou não). Com freqüência/às vezes pergunta como se escreve palavras ou letras. Agrada-lhe escrever ou mostrar que escreve. Copia palavras ou frases para mostrar ou comunicar-se.

....
....
....

3. Expressão plástica

Atitude e interesse pela expressão plástica
Agrada-lhe as atividades plásticas (é preciso diferenciar se é necessário). Técnicas que prefere (modelagem, desenho livre, desenho de observação, pintura, construções, etc.). Às vezes/em geral tem imaginação e iniciativa nas suas produções. Freqüentemente/às vezes/nunca necessita de orientação e ajuda para trabalhar. Quase sempre/algumas vezes necessita imitar seus companheiros. Diferencia o que está bem do que está mal produzido. Geralmente se mostra satisfeita/insatisfeita com suas produções. Esforça-se e pede ajuda para melhorar as suas produções. Faz questão que seja indicação do professor. É um pouco/muito repetitiva nas suas produções. Demonstra interesse pelo que as outras crianças fazem. Valoriza as produções das outras crianças/aborrece-se/nem liga. Faz comparações estéticas ("Isso é mais bonito do que aquilo"). Faz perguntas continuamente/às vezes/nunca sobre o que o envolve.

....
....
....

Desenho e pintura
Pinta e desenha para brincar/somente faz por obrigação. Faz desenhos muito variados/estereotipados/ricos. Pinta respeitando as cores reais/gosta mais de inventar a cor/agrada-lhe fazer testagens. Ocupa todo o espaço gráfico/somente uma parte pequena. Reproduz formas sem modelo/necessita observar o modelo/prefere ter um modelo. Tem interesse por fazer os desenhos, as letras e os nomes. Desenha uma pessoa com os detalhes da cabeça aos pés. Pode reproduzir desenhos globalmente, refletindo detalhes/somente alguns detalhes/não lembra de organizá-los. As suas produções estão organizadas/são caóticas/muito ordenadas. As suas produções são vivas/foscas/berrantes/apagadas. Pinta e colore sem sair das bordas/saindo um pouco dos limites/sem deixar espaços vazios/com rabiscos. Com freqüência/sempre/quase nunca desenha sabendo o que vai fazer.
....
....
....

4. Expressão musical

Mostra-se muito/pouco/regular participativa quando são feitas atividades musicais. Agrada-lhe imitar sons e ritmos diversos. Reconhece e diferencia variedades de ruídos e sons. Às vezes, diverte-se explorando as possibilidades sonoras dos objetos/faz isso escandalosamente/com graça. Agrada-lhe escutar fragmentos musicais. Capta os ritmos e sabe reproduzi-los/somente em parte/a sua reprodução não pode ser reconhecida. Agrada-lhe muito produzir sons e inventar ritmos, utilizando instrumentos musicais/não a atrai especialmente/somente em companhia de outras pessoas. Canta e dança seguindo a entonação e o ritmo/perde-se/aborrece-se. Canta respeitando bastante/muito/pouco a entonação. Recorda-se das canções e dos fragmentos das músicas trabalhadas.
....
....
....

Baile e dança
Dança, seguindo o ritmo musical com o corpo. Segue-o bastante bem/custa-lhe bastante. Participa de baile e de dança em grupos/gosta mais de dançar solzinha/não permite que lhe toquem para dançar. Mostra graça e bastante/nenhuma coordenação quando dança.
....
....
....

5. Expressão corporal

Tem bastante/pouca tendência para expressar os seus sentimentos e as suas emoções através de gestos e de movimentos. Gesticula muito quando fala. Às vezes/muito freqüente/quase nunca interpreta e capta os sentimentos das outras crianças e pessoas adultas conhecidas (medo, tristeza, surpresa, raiva, alegria, etc.). Sabe externar emoções com gestos e expressões/faz isso com facilidades/necessita imitar outras pessoas para conseguir fazê-lo. Sabe imitar movimentos e deslocamentos pelo espaço sem dificuldade/desorienta-se.

Nas representações ou encenações de situações ou histórias, participa ativamente/com reservas/evita-o. Sente-se coibida e inibe-se diante de atividades em grandes grupos/apresenta-se muito à vontade/participa mais em pequenos grupos. Participa ativamente e desempenha-se bem em atividade de adivinhações e experimentação através de gestos e movimentos do corpo. Agrada-lhe imitar personagens, animais ou situações. Agrada-lhe fantasiar-se/muito/não lhe interessa. Imita gestos, atitudes e palavras das pessoas adultas nas situações habituais ou de jogo simbólico. Interpreta as noções de direcionalidade com o próprio corpo: adiante, atrás, à direita, à esquerda, acima, abaixo, dentro, fora, ao centro.

....
....
....

6. Relações, medidas e representação do espaço

Relações e medidas
Tem interesse por explorar, comparar e relacionar os objetos e as suas qualidades/não o demonstra. Às vezes/com freqüência/quase nunca/usa com exatidão o que dizem as outras pessoas (descrição, comparação ou estabelecimento de relações entre os objetos). Descreve propriedades e características dos objetos ou coleções com base em diversos critérios/se for orientada. Pode reunir diversos objetos de maneiras diferentes, trocando um critério do agrupamento. Pode ordenar um conjunto de objetos, utilizando diversos critérios sucessivamente (forma, cor, medida, etc.). Consegue construir até cinco ou seis elementos/equivoca-se e esquece o critério que deve utilizar. Enumera diferenças e semelhanças entre os objetos: pela cor, pela forma, pelo material e pela medida. Utiliza corretamente os conceitos grande/pequeno/médio; alto/baixo, tudo/nada/algum, metade/dobro, comprido/curto, grosso/fino, muitos/poucos/diversos/nenhum. Pode comparar medida de três objetos/perde-se/somente o faz de dois em dois. A partir de um conjunto dado, agrupa os elementos em dois ou três subconjuntos/esquece-se do critério/mistura elementos.

....
....
....

Formas, orientação e representação no espaço
Reconhece algumas figuras geométricas: círculo, triângulo, quadrado, retângulo. Coloca os objetos e localiza-os, utilizando as noções de dentro/fora, próximo/longe, abaixo/acima, diante/atrás, encostado, no meio, direita/esquerda. Utiliza as noções espaciais básicas para explicar a direção de algum objeto ou de alguma pessoa/desorienta-se/consegue fazer uma relação consigo mesma.

....
....
....

> *Cálculo*
> Interessa-lhe os nomes e a sua utilização na vida cotidiana/não demonstra nenhuma curiosidade especial. Resolve problemas que envolvem a aplicação de operações simples (acrescentar, subtrair, dividir, juntar). Compara quantidades entre conjuntos: "menos", "mais", "igual". Pode contar os números até 8/10/20/30 seguido, sem errar/salta números. Conta, aponta objetos até 5/10/20 corretamente/ salta alguma cifra/conta desordenadamente. Sabe escrever e ler as cifras até 5/10/20. Sabe somar, contando os elementos com os dedos até 5/10/20. Sabe jogar os jogos de mesa simples ("ganso", cartas, etc.).
> ....
> ....
> ....

5.10 ALGUMAS IDÉIAS QUE É PRECISO GUARDAR

- Assim como em outras etapas educativas, a avaliação não tem o seu objetivo exclusivo no rendimento das crianças; na educação infantil, as propostas didáticas, as intervenções dos professores e tudo o que constitui a prática educativa é igualmente suscetível de avaliação.
- A avaliação apresenta-se a serviço de um ensino capaz de dar resposta às necessidades de diversos alunos que constituem um grupo. A função básica da avaliação, nessa etapa, é a de prover informação que permite ir regulando o ensino, ajustá-lo e adequá-lo aos diferentes usuários a quem se dirige.
- Avaliar, no sentido regulador da prática supõe, sobretudo, uma atitude que conduz a observar os alunos em diferentes situações e em circunstâncias diversas. As pautas, os diários e alguns outros instrumentos que cada professor pode adotar ou criar ajudam a sistematizar essa atitude, porém não a substituem.
- Através de juízos de valores que fazemos sobre as crianças, influi-se na maneira como as outras pessoas percebem-na e na maneira como nós mesmos as vemos. Além de ter cuidado em emiti-los, convém considerar as idades em que se movem os juízos taxativos sobre um aluno, sobre sua maneira de comportar-se e de aprender, bem como sobre suas possibilidades, devem ser evitados; a favor de hipóteses mais flexíveis sobre a potencialidade das mudanças nos primeiros anos de vida e a responsabilidade das pessoas adultas que as rodeiam, no sentido que podem adotar tais mudanças.
- Igualmente devemos ter cuidado na avaliação que fazemos — em relação às situações, aos instrumentos, etc. — também tendo cuidado com os meios e as formas através das quais se difunde a informação proveniente da avaliação aos diferentes destinatários que a podem receber. Convém pensar que uso farão e como podemos ajudar a utilizá-la em benefício da criança.

NOTAS

[1] Este capítulo aborda e amplia algumas idéias expressas no artigo: HUGUET, T. "Evaluación, diversidad y cambio en la Educación Infantil". *Aula*, núm. 28-29, 1994.

[2] Esse roteiro foi elaborado no seminário "O ciclo de 3-6 anos dentro da etapa da educação infantil", realizado em Esplugues de Llobregat, durante o curso 1993-1994, coordenado por Tersa Huguet e no qual participaram Maria Bagó, Antonieta Carbonell, M. Lluïsa Cuadra, Isabel Domina, Nicolás Domínguez, Anna M. Messeguer, M. Carmen Rodríguez e Rosa Vílchez.

[3] Esta pauta de observação, as de 1-2 anos e as de 2-3 foram elaboradas por Teresa Huguet, seguindo a mesma organização e os mesmos critérios que as pautas da pré-escola.

[4] Esta pauta de observação está publicada em: HUGUET, T.; PLANAS, M.; VILLELLA, M.: "Pautas de observación en la educación infantil. Pauta de 3 años". *Aula Material*, núm. 14, 1993. Suplem. *Aula*, núm. 16 e 17.

[5] Esta pauta de observação está publicada em: HUGUET, T. "Pautas de observación en la educación infantil. Pautas de 4 años". *Aula Material*, núm. 10. Suplemento *Aula*, núm. 11.

[6] Esta pauta de observação está publicada em: HUGUET, T. "Pautas de observación en la educación infantil. Pautas de 5 años. "*Aula Material*, núm. 17, 1993 Suplemento *Aula*, núm. 21.

SE QUISER LER MAIS...

DEPARTAMENT D'ENSENYAMENT. GENERALITAT DE CATALUNYA: *L'avaluació a l'Educació Primària. Orientacions per al desplegament del currículum. Educación Infantil i Primària*. Barcelona, fevereiro de 1994.

FÈNEYROU, R.: "Avaluació i diferenciació". *Butlletí del Col·legi Oficial de Doctors i Llicenciats de Catalunya*, núm. 73, 1990.

FÈNEYROU, R. "Incidències psicològiques de l'avaluació". *Butlletí del Col·legi Oficial de Doctors i Llicenciats de Catalunya*, núm. 74, 1991.

IRWIN, M.; BUSHNELL, M.: *La observación del niño*. Madrid. Narcea, 1984.

MIRAS, M.; SOLÉ, I.: "La evaluación del aprendizaje y la evaluación en el proceso de enseñanza y aprendizaje", em *Desarrollo Psicológico y Educación, II. Psicología de la Educación*. Madrid. Alianza, 1990.

ZABALA, A.: "La evaluación esa gran desconocida". *Aula Comunidad*, núm. 1, 1993. Suplemento *Aula* 13.

6

Trabalho de equipe e Projeto Curricular de Centro

6.1 Introdução | 245

6.1 **Trabalho de equipe** | 245
Trabalho de equipe: para quê? | 245
- Em que momentos podemos trabalhar em equipe na escola infantil e o que podemos fazer? | 246

Trabalho de equipe e relações pessoais | 247
Trabalho de equipe e clima institucional do centro | 249
As reuniões de equipe: algumas estratégias | 251
A colaboração de assessores externos | 253

6.3 **O Projeto Curricular de Centro** | 254
Para que se faz? | 254
Como se começa o Projeto Curricular de Centro? Por onde? | 256
Estratégias de elaboração | 258
- Procedimento dedutivo | 258
- Explicitação do projeto atual | 258
- Seqüenciação parcial | 258
- Elaboração de unidades didáticas seqüenciadas | 259
- Análise dos materiais curriculares utilizados | 259

Como revisar e avaliar o Projeto Curricular de Centro? | 259

6.4 **Os componentes do Projeto Curricular de Centro** | 260
O que pretendemos? | 261
- Objetivos e finalidades | 261
- Capacidades e conteúdos | 264

Quando pretendemos? | 266
- O que significa fazer uma seqüenciação nessa etapa? | 266
- O que se deve seqüenciar? | 267
- Quais os critérios que devemos considerar para fazer a seqüenciação? | 267
- Seqüenciação de conteúdos e unidades de programação | 270

Como o fazemos? A metodologia de trabalho na escola e na sala de aula | 272
- Como se entende a educação e a aprendizagem no centro? Princípios de intervenção educativa | 272
- Tipos de atividades priorizadas no centro | 274
- Metodologias mais utilizadas | 275
- Tipos de intervenção da educadora e tipos de interação com as crianças | 276
- Critérios em relação à interação entre as crianças e tipos de agrupamentos | 276
- Critérios em relação à organização do tempo e da jornada, da semana ou do ano letivo | 276
- Critérios em relação à utilização e à organização dos espaços | 277

Como revisar e avaliar a nossa prática? Como propor a avaliação no centro? | 278

6.5. Algumas idéias que é preciso guardar | 279

Se quiser ler mais... | 280

Neste capítulo poderão ser encontradas algumas respostas às seguintes perguntas:

- De que maneira podemos criar uma organização para trabalhar em equipe?
- Que fatores incidem no funcionamento das escolas?
- Que aspectos devemos observar para podermos fazer um trabalho de equipe interessante e eficaz?
- Como podemos nos organizar e quais os aspectos que devemos considerar para que as reuniões de equipe sirvam para melhorar a prática e avançar como uma equipe?
- Para que queremos fazer o Projeto Curricular do Centro? De que servirá? Que processo podemos seguir na sua elaboração?
- Como se deve começar a fazer o Projeto Curricular do Centro? Por onde?
- Que elementos pode ou deverá de ter um Projeto Curricular do Centro? É preciso ser igual em todos os centros?
- Como podemos coordenar nossa equipe para fazer um projeto de centro em uma escola com alunos de 3 a 12 anos?
- Como podemos refletir e tomar decisões referentes aos objetivos que pretendemos, sobre as capacidades que queremos desenvolver e sobre os conteúdos que priorizamos?
- Como podemos discutir e tomar decisões em relação à metodologia que utilizamos na sala de aula? O que deveremos discutir? Que questões deveremos revisar e decidir?
- Como se faz a seqüenciação em uma creche? Como podemos fazê-la na pré-escola? Deveremos trabalhar juntamente com a escola de ensino fundamental ou fazer projetos separados? Existe algum exemplo de alguma escola que já tenha feito isso?
- Podemos fazer o Projeto Curricular para dois anos? Podemos elaborá-lo rapidamente?

6.1 INTRODUÇÃO

As questões que apresentamos neste capítulo não têm uma resposta nem uma aplicação fácil e rápida. O trabalho em equipe é uma prioridade que deve ser observada e estimulada cada dia, quando um centro quer sentir-se minimamente satisfeito com a sua tarefa educativa. Esta etapa educativa pode ser, em termos gerais, a que mais tem cuidado e incentivado esse trabalho, o que reverteu na riqueza da experiência e da inovação obtidas.

No decorrer deste capítulo, pretendemos abordar algumas idéias e alguns critérios para poder colaborar com esse saber fazer coletivo. Primeiramente, analisaremos as características e as questões que nos parecem mais importantes considerar quando uma equipe propõe-se a realizar um bom trabalho conjunto; a seguir, apresentaremos alguns aspectos-chave; finalmente, analisaremos os diferentes componentes que um Projeto Curricular de Centro nesta etapa deve ter, abordando algumas estratégias e alguns aspectos concretos.

6.2 TRABALHO DE EQUIPE

Trabalho de equipe: para quê?

Devemos fazer um trabalho de equipe? Para quê? É preciso um trabalho de equipe em uma escola de educação infantil? Evidentemente, essa pergunta tem uma resposta clara e compartilhada pela maioria dos profissionais dessa etapa. Os educadores e as educadoras têm claro que é preciso fazer um trabalho de equipe para poder oferecer um projeto educativo coerente e que possibilite o desenvolvimento e a aprendizagem em uma certa direção e com uma certa continuidade. O que, às vezes, não está claro é como se deve fazer, de que maneira e em que momentos. Todas essas questões serão tratadas ao longo deste capítulo.

Quando se trabalha em instituições educativas, é indispensável realizar um trabalho em equipe com todos os profissionais responsáveis pela tarefa educativa. A educação não pode ser uma tarefa isolada entre os diferentes professores. Todos que trabalham na escola ou colaboram na realização de uma tarefa educativa e em busca de uma melhoria de qualidade devem atuar da maneira mais coerente e coordenada possível, se não quiserem que as suas atuações sejam parciais, incoerentes ou até contraditórias.

É necessário, pois, uma coerência nas diversas intervenções educativas realizadas no mesmo momento, como também uma continuidade no tempo para garantir a construção progressiva a partir do que se tem feito anteriormente. Isso nos leva a considerar a importância de partir de um projeto global da escola e de todos que trabalham para que demarquem e estimulem as suas atuações e as suas intervenções.

Portanto, o trabalho de equipe, deverá *garantir a oferta educativa do centro, a sua qualidade e a coerência interna* de suas propostas educativas. Por outro lado, o trabalho em equipe deve *ter a função de estimular e incentivar a iniciativa e contribuição de todos os professores e as professoras* para que possam enriquecer e aprender em conjunto.

Assim como sabemos que as crianças aprendem e avançam graças à interação com as outras crianças e com os adultos, também pensamos que os adultos, *os diferentes profissionais, aprendem graças à interação com os seus companheiros e companheiras e com os outros adultos* que lhes apresentam algum conhecimento e pontos de vista que os ajudem a avançar. Dessa maneira, no trabalho conjunto de discussão e de revisão do que fazemos na escola, construímos um *espaço de autoformação e de aprendizagem,* o qual deveremos aprender a rentabilizar e a cuidar.

Em que momentos podemos trabalhar em equipe na escola infantil e o que podemos fazer?

No trabalho de equipe, assim como na intervenção educativa, existem três fases que podemos propor. Comentaremos alguns aspectos dessas três fases:

- O planejamento conjunto.
- As atividades compartilhadas e a atuação.
- A análise e a revisão da prática.

O planejamento conjunto. Referimo-nos às atividades dirigidas para preparar e planejar conjuntamente as atividades; as tarefas mais habituais ou globais devem ser aquelas que coligam o projeto da escola, dando-lhe consenso.

Trata-se de um documento muito rico para um trabalho em conjunto. Quando se fala sobre o que será feito, deve-se considerar os diferentes pontos de vista para chegar a acordos e tomar decisões. Cada um apresenta os seus conhecimentos e a sua experiência naquelas atividades que ficaram comprovadas que as crianças participaram com gosto e aprenderam; aquilo que é interessante, mas que é preciso modificar; aquilo que alguém leu ou que outros companheiros e professores contaram, etc. Enfim, trata-se de um momento de planejamento que se torna muito mais rico e atrativo se puder ser feito conjuntamente e em interação.

A atividade pode ser o planejamento de uma festa de escola na qual participem todos os grupos. Pode ser a preparação de uma unidade de programação (p. ex., jogo/brinquedo no cantinho da loja), o que se vai concretizando depois nas diferentes idades. Pode ser no momento de elaboração do Projeto Curricular do Centro, quando se está decidindo e discutindo os objetivos gerais da escola e decide-se o que se pretende que as crianças aprendam.

As atividades compartilhadas: a atuação. É o momento da realização e de colocar em cena as atividades que são feitas conjuntamente com as outras turmas da etapa e que foram planejadas de uma maneira mais ou menos explícita e sistemática. Pode ser um passeio de toda a creche, uma festa com a participação dos pais, as colônias de lazer com as crianças da pré-escola, o período de chegada de manhã — quando os pais e as mães apresentam-se na escola e acompanham as crianças às suas respectivas salas de aula. — o período de jogo/brinquedo no pátio — quando todos os grupos compartilham o mesmo espaço. Enfim, são todos os momentos e as diversas atividades que não se realizam dentro da sala de aula e em separado, mas que são desenvolvidas juntamente com os outros grupos de crianças e com as outras educadoras do centro.

Evidentemente, é nesses momentos que se torna mais evidente e necessário o planejamento conjunto de que falávamos antes, se quisermos que não haja dificuldades, disfunções ou conflitos pelas maneiras, normas ou determinações muito diferentes ou até contraditórias. São muitos momentos que podem ser vividos com alegria e tranqüilidade por parte de todos (crianças, professores, mães e pais) e que contribuem para que se crie um sentimento de pertinência a um grupo entre os educadores e as crianças e para desfrutar de uma convivência estimulante.

À medida que a escola possa criar um sentimento de grupo com algumas finalidades comuns, acordadas e decididas entre os seus membros, esses momentos e essas atividades são vividos com a ilusão necessária para poder entusiasmar os pequenos e todos poderem desfrutá-los coletivamente. É importante que se cuide das crianças na escola, de maneira que passem bem e que aprendam, mas também é necessário cuidar em equipe: cuidar-se como uma equipe para sentir-se melhor e mais à vontade na tarefa que se realiza conjuntamente.

A análise e a revisão da prática. Referimo-nos ao trabalho de equipe, após a realização de determinadas atividades: é o momento de avaliar, de revisar o que foi feito e de fazer propostas de alteração e mudanças ou de melhoras oportunas. Toda a atuação deve ter um pequeno espaço de valorização e de reflexão, no qual sejam apresentadas sugestões ou idéias novas para avançar e melhorar.

No momento de elaborar o Projeto Curricular do Centro ou de planejar, também se deve contrastar e revisar o que está sendo feito. Quando se coloca em comum a metodologia usada na escola, quando são valorizadas e analisadas experiências que foram ou que serão feitas, quando se analisa os conteúdos trabalhados no centro para decidir quais são os mais interessantes e prioritários, quando se coloca em comum os métodos e os instrumentos que se utilizam para avaliar... em todos esses momentos se está fazendo também uma análise compartilhada da prática que serve para revisar e melhorar o que se realiza no centro.

Essa análise, porém, é especialmente rica se puder ser realizada imediatamente após ter sido feita a atividade; também quando, eventualmente, foram previstos e utilizados instrumentos de coleta de informações e de observação (anotações, registros, vídeos, pautas, produções, etc.), os quais facilitam que tais colocações em comum e que a revisão do que ocorreu na aula possam ser mais objetivas e compartilhadas por todos.

No capítulo sobre avaliação, apresentamos um instrumento de valoração e de análise das atividades ("Guia para realizar as atividades e as propostas didáticas") que pode ser útil para começar a realizar essa revisão das atividades que mais lhes interesse analisar em nível de equipe; também no Capítulo 3 ("Organização e planejamento") coletamos algumas perguntas que Del Carmen propôs (1993, p. 59) para revisar e melhorar as propostas didáticas.

De qualquer forma, é importante não esquecer que realizar esse tipo de trabalho não é nada fácil e requer algumas condições prévias que devem ser valorizadas e obtidas da equipe. Expor o que se faz e aceitar que os companheiros possam questionar ou criticar somente pode ser feito em um ambiente de aceitação e de construção conjunta. É necessário um certo nível de autocrítica e a capacidade de destacar os aspectos positivos, como também de poder identificar os aspectos que devam ser melhorados. Também é preciso que haja um bom ambiente de trabalho e um grande respeito por todas as colocações dos diferentes participantes. Se não existirem essas condições mínimas, esse trabalho não será fácil; deverá ser estimulado previamente, estabelecendo algumas bases possíveis de relacionamento.

Na hora de incentivar esse trabalho, é importante o papel de uma pessoa que seja a moderadora ou a coordenadora; ela deverá possibilitar a participação de todos e de maneira que sejam destacados os aspectos positivos; também é preciso que colabore ativamente na criação de um ambiente crítico, construtivo, curioso e respeitoso.

Trabalho de equipe e relações pessoais

No Capítulo 3, falamos dos aspectos organizacionais e dos diferentes profissionais que existem na maioria das escolas de educação infantil. A seguir, analisaremos alguns fatores relacionais e atitudinais que exercem uma grande incidência no trabalho de equipe.

A influência das relações, dos afetos e das emoções no trabalho de equipe é indiscutível e é preciso que aprendamos a considerá-las e a valorizá-las.

Para realizar um trabalho de equipe eficaz e construtivo, é preciso desfrutar de um clima relacional e afetivo positivo, que favoreça e faça emergir as atitudes positivas ante as mais negativas. É difícil, para não dizer impossível, construir e decidir conjuntamente, quando não houver certas atitudes no centro que o facilitem. Assim como se deve educar e estimular determinadas atitudes com as crianças, também em relação a nós educadores deve ser proposta a aquisição de algumas atitudes básicas e fundamentais.

"A equipe depende de você". Esta frase explica de uma maneira muito clara a responsabilidade que *todas as pessoas têm* no funcionamento da própria equipe. Desse ponto de vista, portanto, não é válido se queixar da equipe em que se trabalha. Não é válido dizer: "É que, na minha equipe, não podemos trabalhar", "Existe um ambiente desagradável", "Não há maneira de entrarmos em acordo", "Não fizemos reuniões porque não servem para nada", etc.

Mesmo que seja certo que, às vezes, há dinâmicas bastante complexas que dificultam o trabalho de equipe, precisamos tentar pensar no que podemos fazer para modificá-las; ter claro que também somos parte da equipe e assumirmos parte da responsabilidade quanto ao seu modo de ser ou proceder e seu funcionamento. Somente assim adotaremos uma postura construtiva e poderemos colaborar e melhorar a sua dinâmica e o seu funcionamento. Para isso, no momento em que as coisas não estão bem na equipe, acreditamos ser verdadeiro que ela dependa de nós; a nossa atitude não pode ser somente de queixa e de lamentação, mas também de se colocar a trabalhar, para que as coisas funcionem um pouco melhor ("As pequenas mudanças são poderosas").

Construir, destacar os aspectos positivos, modificar o que está em disfunção..., enfim, significa destacar e estimular mais os fatores de construção conjunta do que os elementos destrutivos ou negativos que existem no seio de toda a equipe. Assim, é necessário poder resolver os conflitos que surgem, poder reparar o que estamos fazendo mal, poder pedir desculpas se o nosso comportamento estiver sendo pouco profissional ou pouco curioso, poder apresentar aspectos positivos que sirvam para fazer avançar e para valorizar a equipe em que estamos.

Enfim, significa *cuidar da equipe e do trabalho conjunto*. Cuidar-se e cuidar os companheiros e as companheiras para sentir-se bem e à vontade na tarefa de cada dia, considerando que não é necessário ser amigo de todos para poder trabalhar em equipe; porém, sem esquecer que é preciso o respeito, a aceitação e a criação de um ambiente positivo e eficaz no trabalho, o qual possibilita a abordagem conjunta das tarefas. Precisamos aprender a separar as relações pessoais de amizade e afeto das relações profissionais no momento de trabalhar. Isso não é fácil de conseguir e, quando não conseguimos, freqüentemente podemos cair em diferentes engodos.

Os desacordos são esperáveis no trabalho compartilhado, portanto, é preciso *valorizar a discrepância e as diferentes visões* como um enriquecimento do trabalho no centro, sem que as mesmas perturbem excessivamente a tomada de decisões consensuais, necessária para o funcionamento. Nesse sentido, podemos destacar que é importante aceitar e cumprir as decisões que sejam tomadas majoritariamente, mesmo que não estejamos totalmente de acordo; aprender a ceder um pouco e a escutar os outros membros do grupo, etc. Todas essas são habilidades e destrezas que precisamos aprender (conteúdos procedimentais e atitudinais também para nós, educadores!) a colocar em ação e a utilizar, se quisermos avançar.

De qualquer forma, isso não é tudo. Existem fatos, relações e emoções que, em determinado momento, podem boicotar ou bloquear a equipe por melhor preparada que esteja ou por mais experiente que seja. Em toda a equipe, existem situações em que se produzem *conflitos ou dificuldades* que, se não considerarmos e se não enfrentarmos adequadamente, podem criar conflitos maiores ou levar a vias sem saída.

Nesses momentos, deve-se aceitar a evidência do conflito e é preciso aprender a explicá-lo, comentá-lo e resolvê-lo para poder-se continuar funcionando como um grupo. Em todos os grupos e sistemas humanos há conflitos e é preciso aceitar a necessidade de sua existência. Se, em um grupo, nunca há conflitos, não existem visões diferentes e não há interesses contrapostos; certamente o que ocorre é que há muito o que fazer para aceitar os problemas como parte da própria vida e como uma possibilidade para avançar ou reestruturar posições.

Segundo o informe da OCDE (1991), o fato de a equipe e a escola serem capazes de aceitar que têm problemas e dispõem de estratégias para resolvê-los é um fator decisivo na melhoria da qualidade do fato educativo e do trabalho em equipe. No momento de *explicitação e de tentativa de resolução dos conflitos* é necessário evitar o engano em que freqüentemente se cai ao buscar a culpa e os culpados; em troca, é preciso começarmos a dispender esforços para tentar resolver o conflito que se gerou e avançar em uma proposta de reorganização.

Ao mesmo tempo em que favorecemos e estimulamos determinadas atitudes, também é preciso desenvolver determinados procedimentos (habilidades, destrezas, técnicas) que as tornem mais fáceis e eficazes. Nesse sentido, podemos afirmar que o fato de *dispor de uma metodologia de trabalho clara e funcional* facilita que as reuniões de equipe sejam mais fluidas e organizadas. Alguns fatores indispensáveis para obter-se uma boa dinâmica na equipe são os seguintes:

- Que o papel do coordenador ou moderador seja claro e esteja consensual.
- Que o processo das reuniões tenha sido combinado.
- Que existam canais que permitam participar na elaboração da pauta (ordem do dia) das reuniões.
- Que sejam acolhidos e explicitados os acordos.
- Que se respeitem os compromissos assumidos nas reuniões.

Se esses e outros mecanismos de trabalho de equipe forem assumidos e fizerem parte do funcionamento do centro, será mais fácil ir estruturando um trabalho de equipe funcional e construtivo.

Trabalho de equipe e clima institucional do centro

Além das atitudes pessoais que citamos antes, nos centros vai-se criando um ambiente próprio e determinado e um clima institucional em que intervêm algumas outras pessoas (alunos, pais, etc.) e outros elementos que configuram o ambiente escolar (contexto sócio-econômico, bairro, administração, associações, etc.).

Esse clima institucional é difícil de planejar e de controlar; freqüentemente podemos constatá-lo sem chegar a poder incidir sobre ele ou modificá-lo. Os fatores que chegam a determinar são difíceis de esclarecer e são devido a uma complexa rede de relações, circunstâncias e atitudes pessoais que, de acordo com o momento, coincidem e provocam determinados e duradouros efeitos na instituição.

Nos últimos anos, foram feitos diversos estudos e pesquisas que tentam esclarecer os motivos ou as causas do ambiente e do clima profissional do centro para poder analisá-los e poder incidir de alguma maneira sobre eles. Em alguns destes fatores, como veremos mais adiante, a administração tem uma importante responsabilidade, mas também existem outros nos quais a responsabilidade é mais educativa.

Dentre esses estudos, destacaremos o informe internacional do OCDE, no qual se descrevem as diversas características que são constatadas — em um grau mais ou menos elevado — nas escolas que têm um clima positivo e que realizam uma prática educativa coerente e eficaz (OCDE, 1991, p. 166-169).

As características que se destacam e que coincidem com os outros estudos são as seguintes:

- *Ter um compromisso coletivo com algumas normas e algumas finalidades claras e definidas para todos.*
  Significa que os diferentes membros da escola aceitam e assumem as normas e as finalidades e que é preciso que essas

normas e finalidades estejam claramente definidas e explicadas.
- *Planejar em colaboração. Co-participação na tomada de decisões e nos trabalhos colegiados num sinal de experimentação e avaliação.*
Responsabilidade compartilhada na definição das normas e das finalidades e na manutenção do interesse de bem-estar e aprendizagem de todos os alunos. Isso exige uma boa relação entre os profissionais, uma participação na tomada de decisões e uma gestão colegiada.
Para cumprir tais condições, é necessário dispor de uma certa autonomia e de uma certa liberdade para realizar o seu projeto, para escolher as metodologias adequadas e para dispor de recursos para conseguir os melhores resultados possíveis.
- *Direção positiva na iniciativa e na manutenção da melhoria.*
Necessidade de que se estabeleçam responsabilidades claras — uma pessoa ou uma equipe — que proporcionem uma direção ágil e eficaz, que facilitem a organização e o funcionamento da escola e que acompanhem e controlem a aplicação de projetos, planos ou inovações que forem acordadas de maneira colegiada.
- *Dispor de uma certa estabilidade de pessoal.*
É necessário conseguir uma certa estabilidade dos profissionais para obter um clima de segurança, ordem e continuidade. A estabilidade do pessoal deve ser equiparada à necessidade de ter professores que possam adaptar-se ao clima particular de cada escola.
- *Dispor de uma estratégia na continuidade do desenvolvimento do pessoal, relacionada com as necessidades pedagógicas e de organização de cada escola.*

É conveniente que todos os profissionais tenham regularmente a oportunidade de formar-se, tanto ao nível interno da escola como através de programas externos de formação.
- *Elaboração de um currículo planejado e coordenado de maneira cuidadosa para assegurar um espaço suficiente para cada escolar adquirir o conhecimento e as destrezas essenciais.*
Se isso não for garantido, torna-se difícil que a escola alcance as suas finalidades e que se sinta satisfeita individual ou coletivamente com a sua tarefa educativa.
- *Desfrutar de um elevado nível de envolvimento e apoio das mães e dos pais.*
A escola que tem as mães e os pais ao seu lado e que sabe solicitar e aceitar a sua colaboração, tanto ao nível institucional como ao nível mais individual, dispõe de um suporte ativo que proporciona ajudas materiais e humanas de grande valor para os profissionais do centro.
- *Pesquisa e reconhecimento dos valores próprios do centro, além dos individuais.*
Se as professoras e os educadores compartilham os valores e a identidade da escola, cria-se um sentimento de comunidade, no qual cada um participa dos propósitos coletivos e identifica-se como um grupo do qual faz parte.
- *Máxima utilização do tempo de aprendizagem.*
Também se tem comprovado que é um importante fator de qualidade o fato de utilizar-se e de aproveitar ao máximo o tempo de que se dispõe.
- *Aproveitar um suporte ativo e substancial de autoridade educativa responsável.*

A escola deve ter confiança no suporte de sua autoridade educativa, não somente em termos de administração econômica, mas também na direção e nas orientações necessárias. Essa confiança somente é possível se esse suporte realmente existe e se é aproveitado.

Em outros trabalhos (Del Carmen, 1990; MacLaughlin, 1988) destacam-se fatores semelhantes aos que já comentamos anteriormente, mas que é interessante voltar a recordar:

- *Capacidade para explicar e resolver os problemas que surgem.*
  Em todo grupo humano há conflitos. O mais conveniente não é que não existam, porém, quando aparecem, devem ser reconhecidos, e dever ser possível conversar e tentar solucioná-los. Um sistema sadio caracteriza-se não porque não tenha dificuldades, mas pela capacidade em reconhecê-las em tempo e pela sua capacidade de tentar resolvê-las e superá-las.
- *Promover e aceitar as iniciativas dos diferentes membros.*
  Estimular uma organização com encargos diferentes e claros, na qual se facilite a responsabilidade de todos, mesmo que esteja dividida em questões e tarefas diferentes. Incentivar para que todos se expressem e participem em um ambiente de aceitação e de potencialização das diferentes individualidades. Saber valorizar e destacar os aspectos positivos de cada um, todos aproveitando-os para que haja um funcionamento mais eficaz, valorizando a iniciativa e a criatividade.

Como se pode incentivar tais características? Como se pode estimular e criar um ambiente e um clima positivo que favoreçam um bom trabalho de equipe? Evidentemente, há uma série de condições básicas prioritárias, como as condições de trabalho, de infra-estrutura, para dispor de recursos básicos e adequados, ter apoio e confiança por parte da autoridade responsável e desfrutar de uma gestão eficaz e funcional. À margem dessas questões básicas, a resposta também não é fácil, mas as pessoas com responsabilidade na escola (coordenadora, diretora, chefe de estudos, equipe diretiva, etc.) têm um papel importante sempre que contam com uma boa aceitação e com o respeito por parte do restante da equipe. Como dissemos antes, isso não exclui, porém, que todos tenham a sua grande parte de responsabilidade ("A equipe depende de você!"), que tudo seja desenvolvido a partir de sua atitude e de sua atuação.

Para poder fazer uma análise da própria equipe e do centro, pode ser útil consultar um documento elaborado por Darder e Professores (P. Darder e J. Professores, 1994).

As reuniões de equipe: algumas estratégias

As reuniões nas escolas realizam-se muito freqüentemente na metade ou no final da jornada escolar. Nessa etapa, em que as atividades da educadora são constantes, freqüentemente é difícil concentrar-se nos temas de planejamento ou de reflexão e, muitas vezes, a professora está mesmo pensando em um problema que surgiu no momento ou em como organizar a tarde depois de uma manhã conflituosa. Por isso, às vezes, é difícil fazer reuniões ágeis e funcionais por causa de fatores circunstanciais e imediatos.

Para que as reuniões funcionem, é preciso que consideremos e pensemos que não é suficiente realizá-las (mesmo que isso seja indispensável...). É preciso prever e dispor de um funcionamento ágil, já estabelecido, que não favoreça as divagações e as discussões pouco construtivas.

O papel da pessoa moderadora ou coordenadora é muito importante para consegui-lo, uma vez que é responsável por conduzir a reunião, por estimular que todos participem e por favorecer um clima positivo e funcional. A seguir, destacaremos alguns pontos para agilizar e melhorar as reuniões de trabalho:

- *Alguém (*coordenadora, diretora, moderador, etc.*) deve ser o principal responsável por conduzir a reunião.*
- *A pauta (ordem do dia)* precisa ser explicitada antes da reunião ou no início desta. Todos devem ter a possibilidade de apresentar pontos que considerem necessários discutir, conforme os canais estabelecidos. No início da reunião, explicam-se todos os pontos que serão tratados e os quais serão modificados, se a equipe considerar necessário. É preciso tentar respeitar essa ordem e tratar os temas que foram previstos.
  Na hora de explicitar e de estabelecer a pauta (ordem do dia), deve ficar claro para todos as *finalidades da reunião* ou o que será tratado em relação a cada tema: é uma questão somente de informação? Será necessário tomar decisões rápidas? Trata-se de resolver determinado conflito que surgiu em uma turma? Temos que referir um tema determinado para fazer um documento? Trata-se somente de apresentar o tema para fazer propostas e ir pensando no assunto?
- Deve estar *previsto e ser consensual o tempo* que durará a reunião, para que todos estejam sabendo e o respeitem. Deve-se respeitar o horário, tanto de início como de término..
- A reunião deve ser feita em um *local adequado e neutro* (melhor em uma sala de reuniões; não na sala de uma determinada professora, nem onde haja barulho e interrupção de outras pessoas); todos devem dispor e *trazer os materiais e os instrumentos necessários* (dossiês, atas de reuniões anteriores, documentos a serem discutidos, etc.).
- A pessoa responsável por conduzir a reunião deve distribuir o *material necessário* sobre o que se desenvolverá a reunião ou que será utilizado. Deve procurar dividir fisicamente os referentes e os materiais utilizados ou a serem discutidos (fotocópias para cada profissional, livros ao alcance, atas anteriores, etc.). Isso permite construir paralelamente um material comum de consulta que pode estar na própria sala de reuniões ao alcance de todos, o que facilita compartilhar os referentes e as idéias que baseiam e orientam a nossa prática.
- A pessoa responsável deve procurar que todos participem nas discussões e proporcionar um *clima de aceitação e respeito* pela diversidade de opiniões ou tendências. Não é conveniente que poucas pessoas monopolizem a reunião, por mais acertados que pareçam os seus pontos de vista. Deve-se construir a partir de onde estamos e das preocupações, dos conhecimentos e das experiências de todas as professoras. Isso é obtido aceitando-se e valorizando-se *todas as abordagens* e convidando as pessoas ("E você, o que pensa?", etc.) que não o fazem de maneira espontânea, por discrição ou outros motivos, a participarem. Todos devem participar e sentir que as suas contribuições são consideradas.
- Todos, e especialmente quem faz o papel de moderadora, devem comprometer-se a criar uma discussão de equipe, *evitando os diálogos paralelos e as divagações excessivas.*
- No final da reunião, ou nos momentos em que se encerre determinados temas, deve-se *explicitar e repetir claramente os acordos* aos quais se chegou e comprovar que todos os aceitam como uma decisão de equipe. É muito útil fazer uma ata de reunião e explicitar os objetivos da reunião, as pessoas que estão presentes e os acordos e as decisões tomadas.
- Convém fazer um *acompanhamento dos acordos* assumidos anteriormente e

zelar pelo seu cumprimento. Caso não sejam cumpridos, é preciso analisar os motivos e esclarecer as responsabilidades.
- Como já dissemos anteriormente, também é indispensável *ir coletando por escrito* todo o trabalho de equipe, os acordos e as decisões tomadas. Isso será de grande utilidade, quando se começar a fazer o projeto curricular, quando se quiser repassar ou avançar nos aspectos da prática, quando se quiser compartilhar com os companheiros o que se está fazendo ou quando pretendermos dar informação a um novo integrante em relação a determinadas questões da escola. As discussões são muito importantes e graças a elas avançamos e construímos conjuntamente, porém se não tivermos um referente escrito, às vezes, tudo fica em palavras e não se completa a função de orientar ou de guiar a nossa prática. Quantas vezes, alguns dias depois de uma reunião em que foi difícil chegar a acordos, comprovamos que aquilo que nos parecia tão claro não está para todos e que cada um o havia interpretado e entendido de maneira diferente! A palavra escrita, a linguagem escrita, ajuda-nos a explicitar, a recordar, a poder revisar se for necessário e a concretizar mais o que estamos discutindo ou decidindo. Em definitivo, ajuda-nos a fazer a escola e a construir conjuntamente a sua identidade.

A colaboração de assessores externos

Às vezes, a equipe educativa conta também com um assessor ou com uma assessora que, de uma maneira mais ou menos freqüente, colabora com ela. É o caso dos assessores psicopedagógicos (das Equipes de Assessoramento e de Orientação Psicopedagógica do Departamento de Ensino) ou dos assessores de determinadas áreas ou conteúdos de aprendizagem (assessores do Serviço de Ensino de Catalão, assessores de língua, de matemática, de artes... ligados aos planos de formação de zona, etc.). Nesses casos, a equipe profissional externa, especializada em determinadas questões, traz a sua experiência e os seus conhecimentos, colaborando com a equipe educativa. De acordo com o tipo de assessoramento e o âmbito em que se realiza, deveremos chegar a acordos e tomar decisões conjuntas em relação a quais os conteúdos e as questões que compartilhamos e como estruturamos o trabalho conjunto.

Pensamos que a colaboração de assessores externos pode ser de grande ajuda para estruturar o trabalho da equipe educativa e que apresenta determinados conhecimentos que podem complementar os conhecimentos e a experiência que os educadores têm.

Especialmente no caso em que o trabalho de equipe do centro, mesmo que não esteja consolidado ou seja difícil fazê-lo, pode ser de grande ajuda a colaboração de um assessor que estabeleça um limite de discussão e um trabalho mais estruturado e neutro. De qualquer forma, são as equipes educativas mais consolidadas e eficazes as que sabem tirar maior partido do papel do assessor ou da assessora, uma vez que sabem melhor o que querem, podem explicitar mais claramente as suas necessidades e têm mais capacidade de aceitar os diferentes pontos de vista que poderão fazê-los avançar.

A assessora deve sempre respeitar o talento e a maneira de fazer da escola e deve procurar conhecer bem a equipe, partir do trabalho que a escola tem realizado e colaborar para estimular as suas possibilidades. A partir da negociação conjunta entre assessores e professores, chega-se a acordos e compromissos que devem ter a finalidade de criar um clima positivo de trabalho, tanto ao nível de relação como ao nível de conteúdo.

A assessora que colabora com uma equipe educativa também tem a responsabilidade de tentar favorecer e incentivar os fatores citados, os quais favorecem um clima positivo na equipe educativa (ver item "Trabalho de equipe e clima institucional do centro"). Em definitivo, deve ser um elemento a mais, compromissado com o propósito de estabelecer as bases de um trabalho de equipe consensual e gratificante, elemento indispensável para uma prática de qualidade.

6.3 O PROJETO CURRICULAR DE CENTRO

Quando falamos de projeto de centro, estamos referindo-nos sobretudo ao Projeto Curricular de Centro, como um projeto no qual se concretizam as intenções da escola e do plano de ação consensual ao nível de centro, sobre o que, quando e como se quer ensinar e pretende-se avaliar, o que equivale à concretização do Projeto Educativo de Centro.

Na bibliografia deste capítulo, apresentamos diferentes materiais, nos quais se fala do Projeto Curricular de Centro, dos seus componentes e das estratégias úteis para a elaboração do trabalho de equipe. No texto que segue, pretendemos sobretudo mostrar o seu sentido e abordar algumas estratégias para avançar.

Para que se faz?

É muito importante que cada centro e cada equipe educativa possa explicitar os motivos que têm quando se dispõe a começar o seu Projeto Curricular de Centro. Se isso não é feito, pode acontecer que cada educador tenha intenções, expectativas e motivações diferentes sobre o que realiza e o que vai envolver no trabalho de equipe.

- Elaboramos o PCC, porque servirá para estarmos de acordo em relação ao que fazemos e ao que queremos fazer (*perspectivas de chegar a acordos/instrumentos para a tomada de decisões*).
- Elaboramos os PCCs, porque eles servem para refletirmos e analisarmos o que fazemos (*perspectiva de reflexão e análise da prática*).
- Elaboramos o PCC, porque nos mandam: querem somente que se entregue um documento (*perspectiva burocrática*).
- Elaboramos o PCC, porque assim melhoramos o nosso trabalho da sala de aula, poderemos aprender com os companheiros e as companheiras e servirá para modificar ou melhorar a nossa prática (*perspectiva de melhoria e troca/instrumento para a autoformação*).
- Elaboramos para deixá-lo por escrito; para que os novos professores conheçam o projeto da escola e possam realizar uma ação educativa coerente com o centro (*perspectiva de coerência pedagógica/instrumento para a memória coletiva*).

Esses são alguns dos motivos que levam um centro a planejar, quando se dispõe a fazer o seu projeto curricular. Os motivos podem ser diferentes, e os mesmos professores de uma escola podem ter intenções diferentes na hora de organizar-se. Se isso não for falado, explicitado e não se procurar entrar em consenso, ocorrem muitas desavenças e conflitos na hora de trabalhar. Quem o entende como um documento que é preciso entregar, não compreende que envolve muitas reuniões de discussão e momentos de colocar em comum o que se faz na sala de aula. Pensa que isso é uma perda de tempo e que seria mais rápido se uma pequena comissão se encarregasse de fazê-lo. Os que pensam que lhes servirá para aprender com os companheiros e as companheiras e para compartilhar experiências educativas, sentem-se insatisfeitos quando a escola propõe os encontros somente como uma distribuição de conteúdos por ciclo, sem discutir ou questionar o que fazer a cada dia nas aulas.

De fato, em muitas escolas, quando se começa o Projeto Curricular de Centro, parece que se trata de uma tarefa nova, complicada e que não se sabe como se vai abordá-la. Certamente, em parte, isso é porque não se sabe explicar bem o que significa fazer um PCC. Pode ser que tenha sido planejado ou esteja sendo vivenciado como um documento excessivamente formalizador e burocrático; mais como um material escrito para mostrar (para a administração, para a família, etc.) do que como um instrumento (que seja) útil para o trabalho em equipe e no centro.

Segundo Del Carmen (1994), a equipe educativa e a equipe diretiva do centro devem construir o significado e o sentido que dão ao PCC, partindo dos seus conhecimentos e das suas experiências anteriores. De acordo com isso, a necessidade de elaborar o projeto não pode ser imposta por decreto, mas é criada a partir de processos de esclarecimento e de negociações internas que excluem aproximações formalistas, sem relação com a prática, realizadas somente a partir de solicitações externas.

Também do nosso ponto de vista, o que realmente é mais útil e interessante é entender o PCC como um "projeto" de escola, como um trabalho que une a equipe e ajuda a dar-lhe identidade, e não como uma exigência externa. Sem menosprezar a importância do resultado material, a sua validade tem mais a ver com o processo de elaboração e de reflexão, com o trabalho de discussão e de autoformação do centro do que com o produto final.

Portanto, a equipe que se dispõe a trabalhar, precisa planejar quais são as suas expectativas, para que pensa que o PCC lhe servirá... Essa discussão talvez não possa ser feita em um dia; irá alargando-se durante as primeiras reuniões de trabalho, mas servirá para esclarecer as idéias, escolher o caminho que fará e decidir a energia e o tempo que será preciso dedicar.

É preciso ter claro que fazer o PCC, mesmo que possa ser uma tarefa rica e engrandecedora, não é fácil e, sobretudo no início, traz dificuldades, dúvidas e vacilações. O fato de explicitar as intenções e os meios que queremos destinar é um passo indispensável na hora de iniciar esse trabalho e reverterá em uma dinâmica de trabalho mais dificultosa para a equipe.

Segundo Del Carmen e Zabala (Antúnez *et al.*, 1991, p. 54-56), o PCC é uma ferramenta fundamental para o centro, dentro de um sistema educativo aberto como o atual.

Assim, conforme os autores, o projeto curricular é uma ferramenta fundamental:

Para a tomada de decisões. Para chegar a acordos ao nível pedagógico em relação aos diferentes aspectos curriculares da prática no centro:

O que pretendemos na escola? Como queremos que as crianças sejam quando saiam da nossa escola? O que devem ser capazes de fazer sozinhas? E com ajuda? Como organizamos e ordenamos as atividades e o nível de exigência e competência que solicitamos às crianças para intervir de maneira graduada e coerente? Como intervimos até então? Quais as atividades que consideramos as mais adequadas? Como faremos a observação e a avaliação?

Quando a equipe está elaborando o PCC, deve tentar discutir em relação a tais aspectos e chegar a acordos em relação ao que as professoras ou educadores compartilham e comprometem-se a realizar.

Para a melhoria da qualidade de ensino. O fato de falar de todas essas questões, de partir da análise e da revisão do que já foi feito, provoca um questionamento da equipe sobre determinadas intervenções ou maneira de fazer e poderá, ao final, melhorá-las.

O Projeto Curricular de Centro é uma ferramenta para analisar a prática. Nas reuniões de equipe, valorizam-se os conteúdos que são trabalhados, discutem-se, apresentam-se novas informações ou teorias sobre a aprendizagem e o ensino, replanejam-se determinados aspectos da prática. Tudo isso ajuda a revisar e a melhorar a qualidade da prática educativa.

Para a formação permanente. Neste trabalho, mesmo que seja a partir da interação entre os diferentes professores, da leitura de documentos, de referenciais psicopedagógicos ou da colaboração de assessores ou formadores, a equipe educativa deve dispor de uma ferramenta fundamental para a sua formação: de um espaço de trabalho entre companheiros e companheiras que apresente ótimas condições para formar-se uma estreita relação com o que se faz na sala de aula e na escola.

Nesse caso, não se trata de um cursinho que dê assistência individual aos professores de maneira mais ou menos participativa, mas que realmente seja feito um trabalho cooperativo e em equipe, a partir do qual se aprenda e se avance, todos chegando a acordos e aprofundamentos nos aspectos que sejam considerados relevantes.

Para uma ferramenta documental. Mesmo que os autores destaquem o caráter dinâmico do PCC, valorizando o processo de elaboração em detrimento da explicitação formal das conclusões adotadas, para evitar que se possa considerar o PCC como um documento formal ou burocrático, isso não significa que não se dê importância a essa versão documental, quando ela esteja realmente vinculada à prática de cada dia.

"O PCC não deve ser outro papel sem utilidade, com valor unicamente administrativo, mas a proposta educativa e consciente da equipe de profissionais de um centro" (p. 56). O fato de deixá-lo por escrito permite sempre poder voltar e revisar; "converter-se, no decorrer dos anos, no registro da história educativa do centro, qualquer que seja a justificativa da sua linha de trabalho e que pode conservar-se, por vezes, além das pessoas concretas" (p. 56).

Como se começa o Projeto Curricular de Centro? Por onde?

É necessário iniciar o projeto fechando temas que motivem e envolvam todos os profissionais de ensino, de maneira que depois se possa ver um proveito por ter elaborado esse instrumento — o Projeto Curricular de Centro — que é útil para melhorar a prática.

A partir da implantação da reforma educativa, as equipes educativas dispõe de muita autonomia curricular e devem começar a elaborar o seu próprio projeto. Se antes somente se solicitava que aplicassem projetos de outros (da Administração Municipal, das editoras, etc.), agora se solicita que seja feito um projeto curricular próprio e coerente.

Como já o dissemos, isso não é fácil, muito menos quando não se está habituado e não se tenha feito anteriormente. Por esse motivo, especialmente quando se começa, surgem muitas dúvidas e muitas inseguranças; é especialmente complicado apresentar de maneira rápida uma dinâmica de trabalho que seja produtiva e eficaz.

Por esses motivos, na hora de começar é importante escolher um caminho que considere a *experiência inicial*. Antes de começar, é importante revisar e colocar em comum tudo o que já está feito, o que já é projeto curricular, mesmo que, ao ter sido elaborado, não tenha recebido tal denominação. Referimo-nos ao que já está sendo trabalhado ou escrito sobre a própria prática e que se pode coletar e usar sem partir do zero. Certamente que, em cada centro, existem decisões tomadas em relação à metodologia, aos conteúdos que são considerados prioritários, a como se faz o processo de adaptação dos novos alunos, a como se organiza o processo de iniciação da língua escrita, a como se planeja o trabalho de desenvolvimento das capacidades motoras, às canções, ao conhecimento do ambiente, etc.

No caso em que fazer o PCC pareça ser uma tarefa difícil ou árdua, aconselhamos começar pelos *aspectos que mais foram trabalhados no centro*, como, por exemplo: se freqüentemente foram feitas reuniões para estabelecer acordo em como trabalhar a linguagem oral, pode-se iniciar o projeto na reflexão e no consenso sobre tais conteúdos, para progressivamente ir trabalhando os outros aspectos menos tratados ou aprofundados. Essa dinâmica tem a vantagem de oferecer maior segurança para a equipe e de facilitar o início do trabalho (no Anexo 4, pode ser visto um exemplo de uma creche que iniciou o PCC analisando o trabalho e a intervenção no momento da refeição).

Uma outra maneira de proceder que facilita o envolvimento de todos é a de analisar primeiro quais são as necessidades mais urgentes e maiores que se tem como um coletivo. Quando se começa o projeto tentando dar resposta a essas necessidades, vai-se observar mais facilmente a utilidade e o benefício desse trabalho. Para facilitar essa análise, o centro pode interrogar-se sobre determinadas questões, como as que constam no Quadro 6.1.

Esses são somente alguns exemplo dos problemas que podemos enfrentar. Para chegar a identificar tais problemas, pode-se utilizar diversas estratégias:

- Para dar certo que cada um possa planejar livremente o que é que mais lhe angustia e preocupa ao nível educativo.
- Pode-se tentar fazer um repasse dos problemas ou dos conflitos que se apresentaram ultimamente na escola, seja por parte dos professores de um ciclo, de outros ciclos ou por parte dos pais e das mães; analisar quais são as temáticas que atualmente se apresentam como fontes de conflitos.

Quadro 6.1 Análise das principais necessidades do Centro Educativo

- *Temos pouco espaço e isso complica compartilhá-lo de maneira que todos possam aproveitá-lo sem que se produza algum conflito.*
  Podemos começar o projeto analisando e colocando em comum a organização e a utilização dos espaços da escola e chegando a critérios comuns e a acordos em relação ao seu uso.
- *De repente, começaram a vir muitas crianças de diferentes culturas e ficou difícil responder a essa diversidade, considerando os objetivos a que nos havíamos proposto.*
  Poderíamos começar por analisar e chegar a acordos em relação à maneira como consideramos, aceitamos e atendemos essa diversidade cultural na escola.
- *Não chegamos a um acordo na maneira como trabalhar a língua escrita, temos diferentes visões e não conseguimos fazer um projeto comum.*
  Iniciaremos o projeto tratando o tema da língua escrita, chegando a decidir e estabelecer os objetivos que queremos alcançar, os conteúdos que trabalharemos em cada ciclo, a metodologia e o tipo de atividades que realizaremos.
- *Se existem pais que protestam e que apresentam inconvenientes na nossa maneira de receber as crianças na chegada e de despedirmo-nos na saída;, às vezes, há dificuldades e alguma educadora crê que deveríamos fazê-lo de maneira diferente.*
  Começaremos tratando essas questões, colocando em comum os objetivos que pretendemos nesse momento da jornada, os conteúdos que julgamos que devemos favorecer e incentivar, a maneira como o faremos e como nos organizaremos para consegui-lo.
- *Temos muitas trocas de educadores e isso prejudica a realização uma tarefa coerente e com continuidade; as professoras novas levam tempo para entender a maneira de agir no centro e quase não têm documentos escritos para que possam ser informadas com uma certa agilidade.*
  É preciso começar a escrever o nosso projeto de escola; colocar em palavras escritas tudo o que compartilhamos em relação à linha pedagógica do centro e começar por aquelas questões que nos pareçam ser indispensáveis que as novas professoras tenham claro e possam compartilhar.

Se acreditamos que não existem conflitos ou que não agrada qualquer idéia de pensar sobre isso, pode-se iniciar o trabalho de reflexão apresentando idéias ou propostas de trabalho que cada um pensa que pode ser útil para a equipe do centro.

Pode-se começar fazendo uma colocação em comum, em que os diferentes membros da equipe apresentem experiências de trabalho de equipe que anteriormente consideraram úteis, mesmo realizadas em outras escolas, em seminários ou em outros espaços de trabalho ou de formação.

Quando há bastante ânimo e vontade de trabalhar, pode-se propor a elaboração do Projeto Curricular de Centro como um espaço de discussão, aprendizagem e diversão; como um espaço para a inovação e as mudanças. Podemos começar pela proposta que nos pareça mais engajadora e inovadora, a qual nos faça sentir que estamos aprendendo, que avançamos e que estamos indo bem.

Estratégias de elaboração

Anteriormente, comentamos algumas das maneiras possíveis de iniciar o Projeto Curricular de Centro. Em relação às estratégias de elaboração, há diferentes publicações que tratam dessas questões e que dão respostas de uma maneira detalhada e clara.

Coletamos e apresentamos a seguir, cinco propostas de Del Carmen e Zabala (1991, p. 74-78). Mais adiante, veremos exemplos que têm relação com essas estratégias de elaboração.

Procedimento dedutivo

Trata-se de elaborar o PCC a partir dos aspectos mais abstratos (objetivos gerais), avançando, gradualmente, na elaboração mais concreta (seqüenciação de conteúdos e objetivos, metodologia, recursos e avaliação).

Explicitação do projeto atual

Trata-se de explicitar os critérios que orientam a prática, na atual situação do centro, em relação aos diferentes elementos do PCC (critérios de avaliação, seqüenciação de conteúdos, orientações metodológicas, etc.).

Parte da idéia de que toda a equipe de professores aplica um projeto curricular nas aulas e no centro; às vezes, a equipe parte da aplicação de materiais curriculares elaborados por uma equipe externa (editores, livros) e, outras vezes, parte da experiência e da evolução compartilhada da equipe docente.

Seqüenciação parcial

Neste caso, a equipe seleciona um conjunto de conteúdos que lhe interessa trabalhar naquele momento (p. ex., a linguagem oral, os hábitos de higiene e de alimentação, o conhecimento do próprio corpo, etc.) e a seqüência por ciclo ou por nível. Também, paralelamente, colocam-se em comum e decidem-se as estratégias de intervenção e a metodologia que é preciso utilizar para trabalhá-los.

Essa estratégia é bastante adequada para os centros que atendem crianças de 3 a 12 anos, os quais propõem à seqüenciação e que querem fazê-la de maneira coletiva e paralela. Tem a vantagem, se bem planejada, de poder criar um ambiente de discussão e de reflexão rico e positivo que esteja freqüentemente mais além do que as reuniões estritas para trabalhar o PCC e converta-se em um caminho excelente de autoformação e questionamento da prática.

Paralelamente à tarefa de seqüenciação de conteúdos, pode-se planejar a discussão em relação aos critérios e às estratégias metodológicas mais apropriadas para trabalhá-los de maneira que se revise também quando e como é preciso ensinar.

Elaboração de unidades didáticas seqüenciadas

Neste caso, o trabalho de equipe centra-se na análise e na colocação em comum de uma unidade de programação que explicita seus diferentes componentes (Para que o fazemos? Que objetivos pretendemos conseguir? O que trabalhamos? Como o fizemos? Como o organizamos? Como o avaliamos?) e que se concretiza conforme as capacidades e os conhecimentos das crianças (p. ex., o momento da refeição, a rodinha, o cantinho da casinha, a festa das castanhas, etc.).

Tal estratégia é bastante útil nessa etapa, uma vez que permite pôr em comum os objetivos e a metodologia contemporânea, diferenciar o nível de exigência progressiva e os critérios de seqüenciação para cada unidade. É mais adequado para um trabalho dentro da etapa da educação infantil e muito, especialmente, nos centros que atendem de 0 a 3 anos; nos centros de 3 a 12 anos há certas dificuldades, quando se quer fazer extensivo ao ensino fundamental, pois que certas unidades de programação são difíceis de dar continuidade (no Anexo 4, pode ser consultado um exemplo concreto).

Análise dos materiais curriculares utilizados

O livro que citamos, também aborda essa possível maneira de proceder adequada principalmente por parte daqueles centros que trabalham baseados em determinados materiais curriculares. Nesse caso, podem explicar o seu PCC a partir da análise desse material e das suas propostas. Nessa etapa, pensamos que não seria aconselhável usá-los, já que uma equipe educativa dificilmente pode basear-se no seu trabalho somente a partir de materiais curriculares: esses devem ser usados como um complemento ou, em todos os casos, nos últimos cursos da etapa e em relação a conteúdos muito específicos.

Como revisar e avaliar o Projeto Curricular do Centro?

Já dissemos que o Projeto Curricular do Centro é um instrumento para revisar, analisar, modificar e firmar acordos na equipe em relação à prática educativa. Como um instrumento deve ser útil à equipe e, ao ser elaborado, ter em vista tal consideração.

Se pensarmos que a mudança e a melhoria são elementos indispensáveis e fundamentais em uma tarefa tão complexa como é o ensino (de fato, em qualquer âmbito da vida...), não podemos planejar de que maneira pode ficar concluído, nunca ficamos satisfeitos com sua concretização e com as decisões que ali se explicitam. Talvez algumas pessoas se perguntem neste momento: "Por que tanto trabalho? Um projeto que não acaba nunca?, Para que serve fazê-lo se pensamos que teremos que modificá-lo?". Cremos que o que se faz em equipe, por pouco que seja ou por melhor que nos pareça, já está feito. E somente se pode melhorar ou modificar algo que antes tenha existido e que se tentou explicitar.

O Projeto Curricular é um instrumento que precisamos revisar, modificar e transformar à medida que mudam as circunstâncias, melhora a nossa formação ou dispomos de mais tempo para fazê-lo. Essa mudança, evidentemente, não poderá ser total; deve ser construída e modificada, partindo do que já está feito e aproveitando tudo o que se construiu entre todos.

A melhor maneira de fazer tal revisão é que o PCC siga vivo e útil no trabalho cotidiano da escola. Que seja elaborado e sirva realmente para planejar a prática do que fazemos: quando chegam os professores novos, quando planejamos o ano letivo, quando nas reuniões de ciclo tomamos decisões em relação as festas ou a avaliação; quando realizamos a programação do cantinho de artes ou do momento da refeição. Somente assim poderemos revisar e avaliar progressivamente o nosso projeto e fazer alterações e variações ao que antes tenha sido decidido.

Serafí Antúnez propõe pautas para avaliar o projeto curricular que podem ser úteis (Antúnez, 1993, p. 102-107).

Se o PCC é um documento que guardamos nos arquivos e somente nos serve para cumprir uma exigência da administração, o fato de realizar essa revisão será difícil ou não terá quase sentido, a não ser que se queira aproveitar para elaborar realmente um instrumento e uma ferramenta de trabalho úteis para a equipe.

6.4 OS COMPONENTES DO PROJETO CURRICULAR DE CENTRO

A reforma atual baseia-se na adoção de um currículo aberto, que se adapte e contextualize-se a cada realidade concreta e a cada equipe educativa. Isso significa que cada centro tem autonomia e liberdade (dentro dos limites que permitem os currículos básicos fixados pela administração) para decidir e realizar o seu PCC.

Os componentes que esse projeto deve ter fazem referência aos quatro componentes básicos do currículo: o que ensinar; quando ensinar; como ensinar; o que, quando e como avaliar.

Mesmo que esses critérios sejam úteis na etapa da educação infantil, na hora de concretizá-los, pensamos que há opções úteis que não são facilmente extrapoláveis para outras etapas.

Parece-nos interessante a idéia de propor ao centro que, quando se dispõe a iniciar o seu PCC, faça um índice geral sobre os itens ou os componentes que queira que constem. Dessa maneira, à medida que são trabalhados determinados aspectos ou tomadas decisões em certos âmbitos que, a princípio, não se considerava como um PCC, pode-se coletá-los e incluí-los dentro dos itens correspondentes do projeto.

Freqüentemente, em determinadas escolas nas quais se trabalha certos temas, são feitos acordos ou elaborados documentos que não se colocam no PCC. Referimo-nos, por exemplo, à elaboração de um modelo de informe aos pais e às mães; à preparação da festa de carnaval; à organização de determinados espaços da escola em função dos objetivos educativos; à colocação em comum em relação com os critérios para fazer as entrevista com os familiares... todos esses temas devem fazer parte do projeto da escola e ter lugar no seu PCC. Paralelamente, às vezes, a equipe tem uma certa angústia porque pensa que não avança o suficiente na elaboração do seu projeto curricular, ao qual destina reuniões e que não acaba de relacionar com as outras tarefas comentadas anteriormente. Certamente, isso é assim porque talvez não esteja suficientemente claro o significado e a utilidade real que deve ter o PCC.

O fato de ter um índice geral pode facilitar o recolhimento dos diferentes aspectos que se trabalham ou que foram trabalhados anteriormente no centro, considerando-os também parte do próprio projeto curricular.

A seguir, abordaremos e comentaremos alguns exemplos possíveis de índices de PCC nessa etapa (ver os Quadros 6.2 e 6.3).

- *Modelo A*: este modelo foi preparado para as escolas que recebem crianças de 3 a 6 anos que estão junto a outras de 6 a 12 anos e que realizam conjuntamente o seu PCC. Permite uma organização similar do projeto e o fato de poder compartilhar e utilizar o mesmo tipo de índice do Projeto facilita um trabalho coordenado e coerente.
- *Modelo B*: este modelo foi pensado para as escolas com crianças de toda a etapa (0 a 6 anos) e para casa de crianças/creches (0 a 3 anos). Nas escolas com crianças de 3 a 12 anos, esse tipo de índice apresenta o problema de que dificilmente se pode acompanhar na etapa de ensino fundamental, uma vez que é mais difícil identificar os diferentes âmbitos da atividade para toda a etapa, como acontece na educação infantil. Nesses casos, a escola deve propor o que prioriza: se vai realizar um trabalho de centro para-

lelo nas duas etapas ou se vai seguir critérios diferentes na organização do projeto segundo a etapa.

Independentemente do tipo de centro, será necessário que, no decorrer da elaboração do PCC, proponha-se uma série de questões que se referem às funções que a escola desempenha. Assim, será necessário explicitar os quatro elementos básicos do currículo:

- O que ensinar.
- Quando ensinar.
- Como ensinar.
- O que, quando e como avaliar.

O que pretendemos?

Objetivos e finalidades

Nas escolas, e especialmente nas escolas de educação infantil, deve-se fazer muitas coisas. Dedica-se muito tempo a preparar o que será feito, as atividades propostas aos alunos, os materiais ou os recursos a serem utilizados; dedica-se muito tempo (quase todo!) a intervir, a resolver conflitos, a organizar, a propor e a fazer atividades com as crianças. Às vezes, sobra pouco tempo para refletir sobre o que se pretende, sobre as finalidades educativas que se pro-

Quadro 6.2 Índice do projeto curricular do centro: Modelo A

1. **Apresentação do Projeto**

2. **Objetivos gerais ao acabar a etapa**
   Adequação e contextualização dos objetivos gerais do ciclo ou da etapa no centro: quais os grandes objetivos que propomos às crianças que acabarão o ciclo ou a etapa na nossa escola.

3. **Princípios e critérios metodológicos gerais da escola**
   3.1 Metodologias mais utilizadas na escola.
   - Critérios metodológicos.
   - Critérios para selecionar atividades.
   - Atividades mais significativas.
   3.2 Critérios para organizar os diferentes espaços da escola.
   3.3 Critérios na organização do tempo (a jornada escolar, o horário semanal, etc.).
   3.4 Critérios em relação com a atenção à diversidade da escola.

4. **A observação e a avaliação**
   4.1 Critérios para fazer a observação das crianças (maneiras de fazer, instrumentos, estratégias, etc.).
   4.2 Critérios para avaliar o processo de ensino-aprendizagem e a metodologia.
   4.3 Critérios para comunicar a avaliação aos alunos, aos pais e às mães (entrevistas, informes, etc.).

5. **Área I: Descoberta de si mesmo**
   5.1 Objetivos gerais da área (ao acabar a etapa).
   5.2 Conteúdos prioritários desta área.
   5.3 Critérios de avaliação.

6. **Área II: Descoberta do meio natural e social**
   6.1 Objetivos gerais da área (ao acabar a etapa).
   6.2 Conteúdos prioritários desta área.
   6.3 Critérios de avaliação.

7. **Área III: Intercomunicação e linguagem**
   7.1 Objetivos gerais da área (ao acabar a etapa).
   7.2 Conteúdos prioritários desta área.
   7.3 Critérios de avaliação.

Quadro 6.3 Índice do projeto curricular do centro: Modelo B

1. **Objetivos gerais ao acabar o ciclo**

2. **Conteúdos prioritários**

3. **Critérios metodológicos gerais**
   Metodologias mais utilizadas na escola. Critérios metodológicos. Critérios para selecionar atividades. Atividades mais significativas. Organização do espaço, do tempo, dos materiais. Atenção e resposta à diversidade.

4. **As diferentes situações e os âmbitos da atividade (unidades de programação mais significativas e habituais)**
   4.1 O momento da refeição (objetivos/conteúdos prioritários/metodologia, maneiras de fazer/pautas de observação).
   4.2 A chegada e a saída na escola (idem).
   4.3 O processo de adaptação (idem).
   4.4 A rodinha (idem).
   4.5 O momento de descanso (idem).
   4.6 O momento de jogos/os cantinhos (idem).
   4.7 Etc.

5. **A relação e a colaboração com as famílias**
   Critérios de trabalho, colaboração, reuniões, entrevistas, informes, etc.

6. **A observação e o seguimento das crianças**
   Instrumentos de observação que utilizamos, pautas, etc.

---

cura alcançar. Freqüentemente é mais fácil às professoras pensarem e apresentarem atividades interessantes, envolvendo um tema, do que refletir sobre as finalidades e os objetivos que devem estar por trás dessas atividades.

Por que pensamos que é importante discutir, revisar e decidir quais são essas finalidades? É nesse momento, quando estamos falando e discutindo sobre o tipo de crianças que queremos formar, quando, definitivamente, estamos decidindo como queremos que seja o futuro cidadão ou cidadã que queremos formar na nossa escola. Não estamos discutindo, pois, uma questão puramente educativa e pedagógica, mas também de uma importante transcendência social.

Queremos formar pessoas autônomas? Queremos formar pessoas disciplinadas? Em que queremos que sejam autônomas? Nos seus hábitos básicos, por exemplo? Pessoas que saibam pendurar bem o casaco e colocar o avental, abotoando-o? Pessoas que saibam pensar e decidir pequenas coisas por elas mesmas? Pessoas que tenham iniciativa e criatividade? Pessoas que sejam muito disciplinadas e ordenadas?...

Como vemos, decidir objetivos e finalidades não é nada fácil; fazê-lo em equipe, menos ainda, já que é preciso entrar em acordo em muitas coisas e com muito mais freqüência do que nos parece. Temos idéias, ideologias ou preconceitos diferentes, que não chegamos nunca a explicitar e a colocar na mesa. Porém, mesmo assim, a reflexão sobre as finalidades sociais de ensino (Zabala, 1994) não podem ser dispensadas, porque contribuem para configurar as metas e os meios que colocaremos à disposição da criança que queremos ajudar a crescer.

Às vezes, essa reflexão parece teórica e distanciada da prática; até é possível acreditar que não é necessária e defende-se a partir exclusivamente das atividades e das ações. Consideramos que é necessário refletir e discutir sobre esses objetivos, uma vez que são eles os mesmos que servem para revisar constantemente a sua relação e a sua vinculação com as propostas que fazemos; é preciso que os replanejemos ou os modifiquemos sempre que se decida que já estejam defasados. Acreditamos nisso porque entendemos que é preciso explicitar o que está implícito (O que é mais importante nesta idade? A que damos mais importância em todos esses aspectos?, etc.).

O que pretendemos, por exemplo, em relação à iniciação e à aproximação à leitura que se faz nessa etapa? Pretendemos despertar a curiosidade e o interesse para a leitura? Pretendemos que os alunos vejam e que comprovem a sua utilidade para a comunicação entre as pessoas? Pretendemos que a vivenciem como algo lúdico e divertido ou pensamos que não poderão atribuir-lhe esse caráter até que sejam maiores e dominem as estratégias de decodificação? Pretendemos que conheçam as vogais? Pretendemos que conheçam e que experimentem todas as letras ou aquilo que lhes desperte mais a curiosidade?

De acordo com as finalidades que queremos alcançar no centro, teremos que buscar e escolher atividades e metodologias que realmente sirvam para alcançá-las. Isso parece muito simples, mas na realidade não é nada fácil e, às vezes, se analisarmos tal relação mais a fundo, veremos que uma ou outra atividade não é tão pertinente aos objetivos como pensávamos ou que em relação a determinados objetivos que consideramos muito importantes, na realidade, não propusemos nenhuma atividade ou estratégia concreta.

Nessa etapa e mais especialmente no primeiro ciclo, é difícil também planejar as intenções, porque freqüentemente se confunde com as características do calendário de maturação. Poderíamos dizer que, às vezes, há uma certa confusão entre as conquistas do calendário de maturação e os objetivos que pretendemos na escola. É um objetivo que a criança que ficava tranqüila na escola, até os 6 ou 8 meses, comece a chorar quando a sua mãe vai embora? Ou se trata de uma evolução que é preciso observar e atentar para detectar possíveis dificuldades? Talvez, na realidade, o objetivo a que nos propomos é que a criança expresse as suas emoções e as suas necessidades e que, aos poucos, aceite ser consolada pela educadora quando tem vontade de chorar.

O calendário de maturação condiciona e aconselha determinados objetivos, porém há traços e condutas que se apresentam em determinados momentos da evolução, os quais não são objetivos educativos, mas que constituem referentes ou signos que é preciso observar para detectar ou prevenir possíveis dificuldades ou retardos. Por exemplo, em uma certa idade, a criança morde e explora com a boca tudo o que encontra: é preciso valorizar essa atitude? Deve-se provocar que isso aconteça? ou *vai-se ensinando a ela que existem coisas que é melhor que não se chupe, porque estão sujas ou porque podem lhe fazer mal; ensinaremos também que não deve morder as outras meninas e os meninos, porque isso lhes faz mal e não lhes agrada.* Um outro exemplo: em uma certa idade, as meninas e os meninos atiram as coisas ao chão, para ver o que acontece ou para sentir o ruído que faz: é preciso que o estimulemos essa atitude? É preciso que os deixemos fazer com qualquer objeto? Ou *deixaremos que experimentem e explicamos que não se atira comida no chão ou que não se pode jogar determinados objetos que valem mais porque quebram com facilidade.* Qual será o nosso objetivo educativo em relação a tais situações?

Essa discussão deve ser proposta à equipe educativa. Certamente, as professoras demonstrarão interesse e terão algumas visões diferentes, sendo necessário discutí-las para chegar a acordos e para fazer um projeto de intervenção coerente e eficaz. De fato, por trás dessa discussão, estão os componentes ideológicos que é preciso esclarecer e consensuar. Queremos que as crianças se sintam livres e experimentem tudo o que estiver ao seu alcance? Teremos que pôr limites às suas necessidades de experimentação? Necessitam disso? Pensamos que lhes preparamos para viver em sociedade? Ou pensamos que esta sociedade não nos agrada e queremos criar uma diferente na escola? Devem desfrutar, agora que podem, de uma liberdade sem limites? Devem aprender a respeitar as normas e as pautas de comportamento estabelecidas? Quais?

Consideremos que a missão da escola seja a de acompanhar, guiar, ajudar a criança a desenvolver suas capacidades ao máximo, tanto em relação aos objetivos e às finalidades gerais do sistema educativo quanto em relação aos objetivos concretos que o centro propõe e decidiu colocar no seu projeto, referindo o meio social e cultural em que se apresenta imerso. Portanto, devemos planejar no projeto de centro os objetivos que queremos alcançar, seja em nível geral (objetivos gerais da etapa ou do ciclo), referente às áreas, seja referentes às atividades ou às unidades didáticas.

No Capítulo 2, apresentamos uma descrição dos diferentes tipos de objetivos e de algumas orientações para explicá-los. Em relação aos *objetivos gerais a* que nos propomos no centro, ao concluir a etapa ou ciclo, pode ser útil tentar responder às seguintes perguntas:

O que a criança deverá ser capaz de fazer ao concluir a etapa ou o ciclo? Em algumas escolas, está sendo útil refletir em torno dos objetivos, pensando na criança e, depois, redigi-los na terceira pessoa do singular (ele/ela), em vez de escrevê-los no infinitivo como é mais freqüente. Não é somente uma questão formal, mas que ajuda a pensar na criança, em concreto, que conclui o ciclo ou a etapa e em tudo o que se tenta que seja capaz de fazer, de pensar ou de mostrar naquele momento. Nessa discussão, a equipe imagina e pensa nos muitos meninos e meninas que concluem o ciclo ou a etapa e isso ajuda a concretizar e planejar objetivos reais e possíveis que procuramos alcançar como equipe educativa. Por exemplo:

- Que mostre autonomia em...
- Que se sinta seguro e confiante ao...
- Que aceite e comece a respeitar as normas de convivência e relação com...
- Que expresse as próprias emoções e necessidades...
- Que participe nos diferentes grupos...
- Que compreenda...

É indispensável ter claro os diferentes objetivos propostos a um ciclo, em uma área ou em um determinado curso, para poder decidir e selecionar as atividades e as unidades de programação que realizaremos, assim como para poder realizar a observação e a avaliação dos progressos e da evolução das crianças.

A partir da explicitação dos objetivos é preciso planejar quais as situações que serão propostas para se alcançarem os objetivos.

Capacidades e conteúdos

Como explicamos no Capítulo 2, no momento de pensar sobre os conteúdos e as capacidades que pretendemos que a criança desenvolva, devemos considerar os *cinco tipos de capacidades* que se estabelecem nos currículos atuais (capacidades afetivas e de equilíbrio pessoal, capacidades motoras, capacidades cognitivas e lingüísticas, capacidades de relação interpessoal, capacidades de atuação e de inserção social) que lhe assegurem uma formação global e completa.

Nos diferentes momentos da prática na aula e na escola, talvez seja útil essas capacidades como um referente para analisar a prática ou para planejar as atividades. Quando estamos realizando uma seqüenciação ou uma seleção de conteúdos, é freqüente que nos percamos nas listas ou nos objetivos referenciais, às vezes, esquecemo-nos dos critérios que nos parecem importantíssimos considerá-los e que implica o desenvolvimento dos *cinco tipos de capacidades;* não somente os mais tradicionais (cognitivos, motores, etc.) ou aqueles pelos quais sentimos uma atração especial.

Nos currículos apresentados pela administração, tais capacidades ficam refletidas nos objetivos gerais da etapa, em que se propõe as capacidades que se deve alcançar ao finalizar a etapa.

Quadro 6.4 Grandes tipos de capacidades humanas

- CAPACIDADES AFETIVAS E DE EQUILÍBRIO PESSOAL
- CAPACIDADES COGNITIVAS E LINGÜÍSTICAS
- CAPACIDADES MOTORAS
- CAPACIDADES DE RELAÇÃO INTERPESSOAL
- CAPACIDADES DE ATUAÇÃO E INSERÇÃO SOCIAL

Em relação aos *diferentes conteúdos* que consideramos na escola para desenvolver essas capacidades, nos currículos oficiais temos também uma proposta que os orienta e os guia. Ao lado dessa proposta, temos a nossa experiência, o projeto de escola (explicitado ou não), os nossos conhecimentos e os outros materiais e propostas curriculares que também podem ser úteis (ver diferentes propostas curriculares na bibliografia). Em nosso trabalho de assessoramento e de colaboração com as diversas escolas, temos comprovado que, na hora de elaborar o projeto de centro, de explicar as programações ou de planejar uma seqüenciação dos conteúdos, os conteúdos em grandes blocos foram de muita utilidade, de maneira que pudéssemos ter uma visão global e coerente de todos os conteúdos que devem estar presente nessa etapa.

No Capítulo 2, fizemos uma proposta de organização em blocos, determinada para expor o currículo da etapa. O fato de organizar os conteúdos em torno de núcleos, tal como dissemos naquele espaço, apresenta algumas vantagens:

- Permite tornar mais significativos (concretizar mais) os conteúdos que aparecem no currículo.
- Permite explicitar as relações entre os três tipos de conteúdos; de fato, em núcleos delimitados, necessitaríamos trabalhá-los a partir da tríplice perspectiva.
- Permite delimitar grandes finalidades em relação à área. Isso é interessante, porque pode concretizar o que se persegue a nível mais geral e, ao mesmo tempo, fundamental.
- Permite abordar e realizar a seqüenciação, tendo em vista os grandes núcleos organizacionais, e, ao mesmo tempo, a sua inter-relação com os outros conteúdos da mesma área ou de outras áreas.
- Oferece idéias em relação às orientações didáticas, especialmente para os critérios de organização dos conteúdos. Adotar uma visão muito parcializada no tratamento dos conteúdos dificulta a adoção de enfoques globais. Como já vimos, adotar enfoques globais não é uma decisão metodológica à margem de outros elementos do PCC. Alguns conteúdos não podem ser trabalhados isoladamente, sobretudo quando temos uma visão mais organizada.

No Anexo 6 ("Proposta de blocos de conteúdos para as três áreas"), apresentamos uma proposta de blocos de conteúdos que utilizamos com diversas escolas e que servem de referente em muitos momentos do trabalho de equipe ou em nível pessoal. Apresentamos, também, as três áreas e os principais blocos de conteúdos selecionados para cada uma. Não é um quadro detalhado, mas orientador e global e, portanto, pode ser que falhe em alguns conteúdos. Evidentemente, o fato de agrupar em blocos não significa que precisamos trabalhar de maneira separada ou parcializada. Como já dissemos, devemos tentar trabalhar esses diferentes conteúdos, permitindo que as crianças vivenciem e os aprendam de uma maneira globalizada, estabelecendo tantas relações entre esses quanto seja possível. Com essa organização, simplesmente queremos destacar a importância de termos claro o que queremos ensinar às crianças e em relação aos diferentes conteúdos que precisamos trabalhar na escola.

É preciso considerar que se trata de organizações que são funcionais em um determinado momento e que devem ser adequadas à experiência e às maneiras de trabalhar de cada equipe educativa. Ao lado dessas, pode haver outras melhores; não se trata de fazer um quadro-modelo, mas de tentar ter uma visão organizada e clara dos conteúdos que queremos trabalhar, evitando visões parcializadas em forma de listas nas quais podemo-nos perder e que não nos ajudam a estabelecer prioridades para os diferentes momentos educativos. Também nos diversos currículos oficiais (MEC, País Basco, etc.) existem outras propostas interessantes de organização dos conteúdos que podem servir de referente ou de contraste.

Quando pretendemos?

O que significa fazer uma seqüenciação nessa etapa?

Como conseqüência de um modelo de currículo aberto que deve ser concretizado nos diferentes níveis de decisão (administração, centro, sala de aula), propõe-se que os centros realizem uma seqüenciação dos conteúdos propostos nos currículos no decorrer dos diferentes ciclos de cada etapa educativa. No caso da etapa de educação infantil, essa seqüenciação deve ser um pouco diferente das etapas posteriores, pois freqüentemente se converte em uma *seqüenciação intraciclos.*

A maioria dos centros de educação infantil do nosso país é de atendimento a crianças de 0 a 3 anos (creches, casas de crianças, etc.) ou de 3 a 6 anos (pré-escolas), juntamente com a escola de ensino fundamental. Isso implica que, nesses centros, na realidade em que a equipe educativa dessa etapa planeja, não existe uma seqüenciação dos conteúdos em diferentes ciclos, mas uma priorização e um aprofundamento nos conteúdos do ciclo ou uma seqüenciação dentro do mesmo ciclo. Nesses casos, trata-se de elaborar e de discutir, em equipe, o terceiro nível de concretização e de tomar decisões em relação ao fato de como planejar os conteúdos e as diretrizes no decorrer do ciclo. Devemos considerar que estamos falando de ciclo de três anos e não de dois, como acontece em outras etapas educativas; também não se pode esquecer que, nesta idade, as crianças desenvolvem um processo evolutivo impressionante, o que obriga a equipe educativa a realizar esse trabalho de decisão e de reflexão sobre a maneira como graduar os conteúdos e os objetivos que devem ser trabalhados e valorizados.

Quando nos referimos a um centro com crianças de 3 a 12 anos, essa seqüenciação deve ser coerente com a que se planeja na etapa de educação infantil e, especialmente, no seu primeiro ciclo. Nesses casos, pensamos que não tem quase sentido planejar um tipo de seqüenciação ou de trabalho muito diferente nas duas etapas; é preciso encontrar maneiras de poder fazer um trabalho paralelo ao nível de centro, uma vez que isso estimula o trabalho e a discussão interciclos e interetapas, bem como favorece o envolvimento de todos os professores do centro.

Nesses centros, pode-se fazer uma seqüenciação interciclos a partir da seleção de uma área ou de alguns blocos de conteúdos em toda a escola; pode-se, também, aprofundar, em cada ciclo, alguma coisa em relação aos conteúdos (priorização de alguns, aprofundamento de outros, etc.), aos objetivos que se pretende alcançar no ciclo ou aos critérios metodológicos e às atividades mais pertinentes.

O que se deve seqüenciar?

Referimo-nos, a seguir, à seqüenciação dentro do ciclo. Se considerarmos que a maioria dos conteúdos vertebrais nesta etapa é do tipo procedimental ou atitudinal, constata-se que, na realidade não se trata de trabalhar e de valorizar conteúdos diferentes, mas de ir alterando e graduando os objetivos que pretendemos no decorrer do ciclo.

Em geral, os conteúdos do ciclo (hábitos de autonomia pessoal, controle global do corpo, expressão de emoções e necessidades, exploração do espaço, compreensão de mensagens orais, etc.) são, na sua maioria, comuns aos três cursos do ciclo (e muitos em toda a etapa); variam o tipo e o grau de aprendizagem que a criança poderá fazer em torno daquele conteúdo. O que deveremos seqüenciar são os objetivos, os quais gradualmente propusemos em relação aos conteúdos que trabalhamos e às experiências que pretendemos que se realizem.

No Anexo 7, podemos ver a seqüenciação da área de descoberta do meio natural e social que a Creche Marrecs de Sant Just Desvern realizou, a qual exemplifica o que dissemos.

Essa seqüenciação, na realidade, converte-se na programação dos objetivos de nível e já é um terceiro nível de concretização que orienta e guia a seleção e a proposta de atividades para o grupo. Essa programação de objetivos serve de referente para a observação e a avaliação de cada criança, bem como para a comunicação e a informação às famílias em relação aos diferentes blocos de conteúdos e aos diferentes objetivos.

Como vimos nesse exemplo, freqüentemente os procedimentos e os conteúdos que se trabalham são os mesmos, porém, progressivamente, as crianças realizam-nos mais autonomamente e com maior habilidade e perfeição. O que varia é o grau de ajuda e de intervenção por parte das pessoas adultas, que irá modificando-se qualitativamente a fim de exigir mais autonomia e maior domínio das crianças.

No caso dos conteúdos fatuais e conceituais, especialmente, no segundo ciclo da etapa, vimos que os conteúdos começam a diferenciar-se; podemos então priorizá-los ou selecioná-los de diferentes maneiras, conforme o projeto da escola e a idade das crianças.

Quais os critérios que devemos considerar para fazer a seqüenciação?

Nos diferentes materiais e documentos dentre os que citamos, encontramos orientações e idéias sobre como podemos realizar uma seqüenciação das aprendizagens no decorrer dos diferentes cursos ou ciclos de escolaridade. Nesses materiais, faz-se referência a critérios gerais que podem ser aplicados a qualquer etapa e que também servem de referente na etapa da educação infantil. Entre outros, faz-se referência aos:

Critérios psicopedagógicos. Os critérios psicopedagógicos destacam a necessidade de considerar:

- As aprendizagens e as vivências prévias dos meninos e das meninas em relação aos conteúdos de que se trata. Essa informação contém, em parte, a programação da escola (sabemos os conteúdos que foram trabalhados anteriormente) e também é preciso contemplá-los com a observação e a avaliação dos conhecimentos e os graus de aprendizagem da criança graças à interação com o seu meio familiar e social próximo. Será muito importante aqui o intercâmbio e a comunicação com as famílias. Assim, poderíamos perguntar: em relação a esse conteúdo, o que é que a criança já sabe e tem aprendido até o momento? (p. ex.,

em relação com o conteúdo conceitual "tempo", o aluno já consegue diferenciar antes/depois, dia/noite ou manhã/tarde/noite, etc.).
- Também deveremos passar dos *conteúdos mais simples* (que constam de menos passos) *aos mais complexos* (de "colaboração ativa no momento da refeição" à "utilização dos instrumentos habituais no momento de alimentar-se"); dos *mais globais aos mais detalhados* (de "reconhecimento de si mesmo e de seu corpo no espelho" ao "conhecimento das diferentes partes do seu corpo").
- Passar dos *conteúdos mais básicos e necessários àqueles que não são tanto*, seja porque respondem a necessidades muito imediatas de satisfazer ou porque são mais importantes que outros na solução de situações ou de tarefas; por exemplo: como um conteúdo necessário no processo de adaptação ao centro docente, quando as crianças começam a vir à escola, é necessário primeiro conhecerem e orientarem-se pelos espaços que utilizarão mais (a sala de aula, os lugares habituais, o pátio, etc.). Esse também é um trabalho de hábitos, e de conhecimento e aceitação de normas que se realiza no primeiro trimestre na sala de aula do grupo de três anos nos centros com crianças de 3 a 12 anos.
- Considerar *as relações entre os conteúdos* de diferentes tipos dentro da área e de diferentes tipos entre as diferentes áreas.

É um importante refletir, trabalhar e decidir os critérios que temos em relação à seqüenciação. Esse trabalho é interessante, porque serve para entrar em acordo, para esclarecer as intenções que objetivamos e para consensuar o grau de exigência no decorrer da etapa. No transcurso de tais discussões, chega-se a acordos em relação às atividades planejadas, como se planeja e com os materiais e os recursos que serão utilizados.

A seqüenciação deve servir como referente e orientação às educadoras e para informar às famílias ou às novas professoras do centro; porém, não deve ser tomada como uma seqüenciação rígida, em que não seja considerado que o processo educativo é de todo um ciclo e que sempre será necessário graduar as intenções e as exigências conforme as crianças que estão na sala de aula.

Nessa etapa, as crianças provêm de diferentes famílias, têm pouca experiência de escola e mostram uma grande diversidade de competências, de experiências, de conhecimentos prévios. A seqüenciação de objetivos e de conteúdos servirá como referente para realizar a programação de atividades, para preparar as pautas de observação e avaliação, porém, dentro da sala de aula, há uma *grande diversidade que se deve respeitar e atender* com flexibilidade e sem classificações prematuras. Portanto, a seqüenciação servirá como referente e depois poderá modificar-se e relativizar-se em função do grupo, da diversidade da aula e das priorizações decididas em cada curso.

Critérios evolutivos. Os critérios evolutivos têm uma grande importância nessa etapa. A partir de como as crianças estão em relação aos conteúdos do ponto de vista evolutivo, deveremos planejar quais os conteúdos que são necessários trabalhar para que as crianças avancem em direção aos objetivos gerais da etapa.

Nesta idade, em que se realiza uma evolução natural tão impressionante, o calendário de maturação é um referente indispensável que orienta e guia o planejamento das intenções e dos objetivos educativos.

Um objetivo básico nessa etapa é o de acompanhar e estimular o desenvolvimento das diferentes capacidades, favorecendo assim que os meninos e as meninas possam demonstrar e desenvolver todas as suas possibilidades. Por esse motivo, é preciso estar atento para que todos o possam fazer, oferecendo a ajuda necessária a cada criança em função das suas possibilidades.

No item 6.4 deste capítulo, trata-se das relações entre os objetivos e o calendário de maturação. Também gostaríamos de destacar que, mesmo que seja preciso considerar esse calendário, às vezes, ele pode variar, segundo as experiências das crianças; é preciso também relativizar o peso de determinados critérios ou pautas, supostamente evolutivas, que se pareceram pouco reais com o passar do tempo (p. ex., "não se deve ensinar a ler e a escrever antes dos seis anos" ou "os meninos e as meninas, aos três ou quatro anos, não sabem fazer jogos cooperativos e fazem somente jogo em paralelo"), por causa de diversos motivos.

Inclusive em nível de motricidade, por exemplo, que é uma das capacidades nas quais o calendário de maturação tem um peso mais evidente, temos visto que crianças muito pequenas aprendem muito cedo a subir e a descer escadas ou a subir e a descer pelo escorregador sozinhas, porque a infra-estrutura de sua escola facilita-lhes ou obriga-as a desenvolverem tais habilidades. Essas crianças mostram uma competência em relação a esses aspectos muito antes que a maioria das crianças que não tenham tido nenhuma experiência desse tipo tão continuada.

No momento de graduar os conteúdos e as exigências, devemos considerar todos os referentes que tenham (os aspectos evolutivos, a experiência profissional, o projeto de centro, a programação, etc.), porém não podemos descuidar nunca um elemento fundamental e indispensável que, se bem utilizado, não nos há de trair: trata-se da *observação e da avaliação*. Observar o que acontece, o que as crianças fazem na realidade quando se propõe uma determinada atividade; verificar se isso lhes apresenta dificuldades e de que tipo são; avaliar se, apesar das dificuldades, elas têm interesse e constância para testá-lo; verificar se talvez não se tenha suposto uma aprendizagem nova, porque já tinham alcançado os conteúdos que lhes havíamos proposto, talvez por causa de experiências extra-escolares anteriores, etc. Por esse motivo, em caso de dúvidas, em caso de discussão sobre se é ou não o momento adequado para propor determinados conteúdos ou atividades, é conveniente criar situações de observação, preparar atividades para observar e avaliar as suas competências ou dificuldades e para, em conseqüência, decidir.

Este é, segundo Eleonor Duckworth, o dilema de aplicar Piaget (Duckworth, 1988, p. 62-63): "ou ensinamos muito adiantado e não podem aprender, ou bastante tarde e já conhecem o que queremos ensinar". Às vezes, nessa etapa, por causa da interpretação que se faz de certas teorias, tem-se bastante medo de propor determinadas atividades ou determinados conteúdos para os quais se pensava que as crianças não estavam preparadas, sem considerar que se o fizermos, respeitando e observando o comportamento das crianças, as mesmas nos mostram as suas competências e as suas limitações.

A aprendizagem não é uma questão de *tudo ou nada* e não se deve ter medo, na escola, de apresentar informações, conhecimentos ou experiências que as crianças talvez não entendam (com certeza...) assim como nós esperamos ou entendemos. O importante, em tais situações, é que tenhamos uma atitude de observação, de questionamento, de curiosidade; que não esperemos que todas façam o mesmo, nem que cheguem a realizações idênticas. Deveremos observar o que fazem realmente, o que nos perguntam, como se comportam, etc. e, a partir desta observação, detectar os seus conhecimentos e as suas habilidades para poder propor novas atividades.

Não se deve ter medo no sentido de que, se respeitarmos as diferenças individuais e observarmos o que fazem, poderemos ver o quanto podemos exigir de cada criança ou o que lhe podemos propor para que avance no seu processo. Propor atividades abertas com materiais e recursos diferentes e observar o que fazem, dizem, comentam, imitam, testam... e certamente teremos mais surpresas sobre o que não havíamos pensado.

Para concluir gostaríamos de relativizar o absurdo, a partir dessa perspectiva, de certas idéias bastante estanques e um pouco rígidas (ver Quadro 6.5).

Em relação a essas afirmações, temos uma perspectiva duvidosa e, portanto, questionadora. Deveremos ter claro que, na escola, podemos e devemos decidir em que momento introduzir determinados conteúdos ou atividades, porém que isso sempre seja questionado, atendendo às evoluções e às diferentes necessidades do grupo de crianças. Além disso, aceitar o que se entende por ensinar a ler, ensinar a escrever, ensinar a contar, ensinar a ser autônomos, nem sempre é o mesmo para todos, já que depende sobretudo da maneira como se faz e propõe-se.

Critérios derivados da análise do contexto. Na escola, deve-se favorecer experiências que complementem e enriqueçam o que as crianças possam ter fora da escola; pode-se conseguir isso ao fazer uma análise concreta da situação do contexto familiar e social das crianças em relação aos conteúdos dessa área, para proceder à sua priorização e ordenação.

Por exemplo, em um determinado contexto, deverá ser priorizado todo o trabalho de incentivo a alguns hábitos de higiene e de limpeza, trabalho esse que possa repercutir também no âmbito familiar. Em outro contexto, no qual as famílias praticamente não utilizam a língua escrita, deve-se estimular atividades nas quais as crianças possam descobrir e ver a utilidade e a funcionalidade desse sistema de comunicação e expressão, evitando enfoques pouco significativos que não motivem a curiosidade e o interesse. Um outro conteúdo que fica bastante mediatizado pelo contexto é o da língua de aprendizagem* (materna).

Seqüenciação de conteúdos e unidades de programação

A maneira como concretizamos, no centro, a seqüenciação pode ser diferente. Apresentamos um exemplo sobre o que é feito a partir dos conteúdos dos diferentes áreas (ver Anexo 7). Uma outra maneira muito interessante de trabalhar nessa etapa é a partir das grandes unidades de programação que trabalhamos na escola, no Anexo 4 ("A situação de refeição: as decisões da equipe de professores de um centro") em que se pode ver um exemplo concreto. Nesse caso, trata-se de seqüenciar os objetivos em relação às atividades ou às unidades de programação trabalhadas nos diferentes níveis do ciclo, por exemplo: o momento do almoço, a chegada e a saída na escola, o cantinho da experimentação, as colônias, a festa das castanhas, a rodinha, os momentos de jogos no pátio, etc., e gradual-

---

Quadro 6.5 Algumas afirmações questionáveis em relação a certos conteúdos e aprendizagens

- Não se deve ensinar a ler e a escrever antes dos seis anos.
- Nessa etapa somente se deve trabalhar o meio imediato e próximo.
- As mães e os pais não devem ensinar a ler nem a escrever, já que isso interfere no que as crianças aprendem na escola (aprender nunca interfere, em todos os casos as crianças aprendem que existem maneiras diferentes de ensinar e talvez, durante um determinado período, terão diferentes visões da língua escrita).
- A letra cursiva deve ser introduzida em determinado momento, nem antes nem depois.
- Nessa idade, deve-se contar, operar e manipular somente até 10.

---

*N. de T. Esta observação deve-se a que, na Catalunha, existem dois idiomas vigentes: o catalão e o espanhol.

mente concretizar os objetivos para as diferentes idades.

A seqüenciação das unidades de programação no decorrer do curso. Referimo-nos, nesse caso, à seqüenciação da programação no decorrer do curso escolar. Existem determinados critérios que, freqüentemente, são considerados e que nos parecem, em geral, suficientemente adequados para o ensino nesta idade. A seguir, faremos referência a alguns desses critérios que podem servir de orientação e que são muito característicos da etapa.

- *Critérios a respeito da relação da criança com a escola.*
  É preciso considerar o início da relação da criança com a escola, o processo de adaptação e a necessidade de fazer atividades que facilitem este processo gradual (ver o item 4.4). Nesses momentos, é preciso que planejemos como se fará este processo e propor atividades para que a criança possa conhecer e familiarizar-se com a nova escola, os novos companheiros e companheiras, com as pessoas que trabalham, com a nova professora, etc. Também no final do ano letivo, será necessário propor-se determinadas questões para trabalhar, como: a mudança de sala, a mudança da professora, os novos companheiros e companheiras ou o reencontro com os do ano passado, etc.
- *Critérios em relação às atividades sociais significativas, às festas e celebrações tradicionais.*
  Há determinadas festas e fatos sociais que devem ser considerados na hora de fazer a nossa programação e que, nesta idade, ajudam a organizar as atividades (A festa das castanhas, o Natal, o carnaval, etc.).
- *Critérios em relação às mudanças climatológicas que influem nos nossos costumes e no nosso estilo de vida.*
  As mudanças climatológicas interferem no nosso estilo de vida, nas nossas atividades e na nossa maneira de vestir. Sem interpretar isso como as tradicionais unidades didáticas sobre as estações que, às vezes, são trabalhadas de uma maneira pouco significativa e pouco interessante, há determinados conteúdos que, por causa de tais mudanças, podem ser vivenciados e desenvolvidos de uma maneira muito diversa e significativa. Entre as diferentes maneiras, destacamos: observação das mudanças na natureza, nas nossas sensações (frio e calor), estabelecimento de relações entre o clima e as atividade que fazemos (excursões, praia, neve, esqui, tipos de vestimenta, etc.), estabelecimento de comparações entre situações ou fenômenos, constatação de mudanças e de regularidades no clima e nos outros costumes.
- *Critérios em relação aos acontecimentos sociais, políticos ou do contexto mais próximo.*
  Nesses casos, trata-se de considerar os fatos sociais, familiares ou políticos do contexto em que vivemos. Às vezes, serão fatos não-previstos, informações que produzem alterações na sociedade determinado momento (um acidente que vimos transmitido pela televisão, as conseqüências de certos fenômenos atmosféricos em determinado lugar, a chegada ou o nascimento de novos animais em um zoológico ou em uma granja, etc.); outras vezes, poderemos prever e antecipar (a chegada do circo no bairro, o nascimento do irmão de um aluno, a construção de um edifício ao lado da escola, o plantio de árvores na praça do bairro/pequeno município, etc.). Todas essas questões são fatos que as crianças vivem no seu ambiente familiar ou através dos meios de comunicação e que têm um grande potencial para que favore-

çam o estabelecimento de relações mais significativas entre os conhecimentos e as experiências que a criança tem na família, no ambiente e na escola.

Como o fazemos? A metodologia de trabalho na escola e na sala de aula

Das três fases ou momentos que compõem a prática – o planejamento, a atuação e a revisão – no projeto do centro pode incidir, especialmente, na primeira e na última, uma vez que são as que podem ser feitas em equipes, analisando, comparando e revisando a atuação na escola.

No momento de elaborar o projeto do centro, como falamos antes, temos que considerar o que fazemos, o que queremos fazer, o que queremos modificar e o que decidimos conjuntamente fazer. Portanto, existem elementos muito importantes de planejamento, porém também de revisão crítica e de alteração. Parece uma lástima não aproveitar esse momento de análise e de revisão da prática e não introduzir o elemento de *alteração ou melhoria* da nossa prática.

Seria muito interessante coletar e refletir em equipe sobre os critérios de que se dispõe a nível de centro para fazer a análise e a revisão da prática. Assim, no projeto curricular, propusemos que se coletem e constem elementos ou instrumentos que sirvam para analisar e revisar a prática que fazemos em aula. Pode ser através de pautas, de questionários, de perguntas ou instrumentos diversos, mediante os quais possamos analisar a prática de maneira individual ou em grupo.

Esses instrumentos, evidentemente, devem ser coerentes com os critérios metodológicos que temos e com o projeto global. No Capítulo 5 (item 5.8) pode ser encontrada uma pauta para avaliar as propostas educativas; em qualquer caso, será necessário revisá-la, modificá-la ou ampliá-la em função das prioridades e das maneiras de fazer de cada centro.

Deixando de lado o aspecto de revisão e de análise que consideramos básico e muito interessante, abordaremos os diferentes aspectos que o projeto curricular poderia conter em relação ao ensino na escola.

Trata-se de explicitar os acordos, a nível de equipe, em relação com diferentes pontos. Sugerimos alguns que consideramos úteis ou convenientes:

- Como se entende a educação e a aprendizagem no centro? Princípios de intervenção educativa.
- Tipos de atividades que são priorizadas no centro.
- Metodologias mais utilizadas.
- Tipos de intervenção da educadora e tipos de interação com as crianças.
- Critérios em relação com a interação entre as crianças; tipos de agrupamentos.
- Critérios em relação com a organização do tempo e da jornada, da semana ou do curso escolar.
- Critérios em relação à utilização e à organização dos espaços.

Como se entende a educação e a aprendizagem no centro? Princípios de intervenção educativa

No item 1.2 ("Como se desenvolvem e aprendem as crianças da etapa de educação infantil?") explicamos as idéias básicas da concepção construtivista de ensino e de aprendizagem (Coll, 1987; Coll, 1990). Algumas dessas idéias parecem-nos fundamentais na hora de tratar e decidir essas questões. No Capítulo 4 ("A prática educativa II"), aprofundamos algumas dessas idéias, relacionando-as à prática e às diferentes situações educativas que podemos considerar nessa etapa.

Recordamos, a seguir, alguns critérios básicos e que foram aprofundados em diversos capítulos deste livro:

- Em todo momento, devemos considerar os *aspectos afetivos e relacionais* que possibilitarão às crianças sentirem-se bem na escola e terem vontade de aprender e de participar nas atividades que se realizam. É indispensável que as crianças sintam confiança nas suas possibilidades e nas pessoas adultas de quem dependem. Estimular, através de todas as tarefas e relações, a formação de um autoconceito positivo e de auto-estima.
- A importância fundamental que tem os *indivíduos mais capazes (pais, mães, professores, companheiros e companheiras maiores, etc.) no processo de desenvolvimento e aprendizagem das crianças*. Isso se concretiza na relação de andaimes (ver Capítulo 1) e na aprendizagem compartilhada que tende à autonomia da criança.
- A necessidade de conhecer o nível de desenvolvimento das crianças, os *seus conhecimentos e as suas experiências prévias* em relação às situações e aos conteúdos proporcionados na escola.
- A importância de incidir no *nível de desenvolvimento potencial das crianças*, tal como denomina Vygotsky. Isso significa incidir e criar situações de aprendizagem que a criança talvez não possa resolver, porém que pode resolver com a ajuda da professora ou com a colaboração das outras crianças mais competentes (ver Capítulo 1) e que lhe permitem aprofundar as suas capacidades.
- Criar situações nas quais as crianças *tenham que interagir, colaborar e cooperar com os companheiros e as companheiras* para aprenderem a relacionar-se, aprenderem a respeitar e para incidir na zona de desenvolvimento potencial (ver Capítulo 4).
- Criar situações nas quais a criança possa atuar e *experimentar com os objetos e os diversos materiais* (ver Capítulo 1).
- Criar situações em que o papel da *imitação* e o jogo simbólico (ver Capítulo 1) tenham todo o seu alcance como ferramentas de desenvolvimento cognitivo e pessoal.
- Procurar equilibrar os aspectos de novidade com o componente indispensável, nesta idade, de *reiteração e de rotina* (ver Capítulo 1).
- Trabalhar a partir de *enfoques globalizadores* e, sobretudo, incentivar as crianças a realizarem *aprendizagens globalizadas*, de maneira que possam estabelecer relações significativas e funcionais entre as coisas que aprendem (ver Capítulo 4).
- *Aceitar e atender à diversidade.* Aceitar e dar atenção às diferentes necessidades, ritmos e maneiras de fazer das crianças na aula (ver Capítulo 4).

Também é importante destacar que, apesar de não haver uma única metodologia, nem se poder ser rígido nesse sentido, existem determinados objetivos ou conteúdos dos novos currículos que, por eles mesmos, já impõem uma metodologia própria (ver Antúnez *et al.*, 1991, p. 69 a 72). O fato de que determinados procedimentos ou atitudes (como, por exemplo, a exploração, a experimentação, a autonomia nos hábitos de higiene, a colaboração com os companheiros, a participação ou o respeito) que talvez antes fossem opções metodológicas, sejam agora considerados conteúdos que devam ser ensinados e priorizados, determina que não mais sejam opções discutíveis, mas verdadeiros conteúdos de ensino que, sem dúvida, deverão ser trabalhados. Como diz Del Carmen e Zabala na publicação já comentada: "Isso quer dizer que muitas das atividades que devam ser realizadas e que até agora eram consideradas opções metodológicas (a observação direta, a experimentação, o trabalho em grupo, a realização de projetos, etc.) converteram-se em conteúdos de aprendizagem, substituem a velha questão de se é preciso ou não fazê-lo pela questão de como podemos fazê-lo bem. Portanto, muitas das decisões que até agora podíamos considerar como metodológicas não o são, mas estão determinadas pelos mesmos objetivos gerais da etapa e da área" (p. 70).

Um critério metodológico muito importante nessa etapa é o de assegurar a *comunicação e a colaboração educativa entre os pais e professores*. No Capítulo 7, fizemos referência às comunicações e à colaboração com as famílias; porém, aqui queremos voltar a destacar a perspectiva de como é preciso ensinar e da necessidade de encontrar maneiras e canais fluidos de comunicação e de colaboração educativa. Nesse ponto, portanto, do projeto curricular, podemos considerar alguns aspectos e tomar decisões ou coletá-las (no caso que já tenham sido tomadas...) na relação com a colaboração e o envolvimento das famílias na nossa programação.

Recordamos, a seguir, algumas dessas questões:

- A presença das mães e dos pais na escola: chegadas e saídas, colaboração nas festas e celebrações, orientações para o processo de adaptação, etc.
- A colaboração que solicitamos ou que oferecemos quando estamos trabalhando determinados aspectos, como os hábitos de alimentação, o controle do esfíncter, os hábitos de descanso, etc., que envolvem muito diretamente a família e a escola.
- A convivência em determinados momentos ou com determinadas crianças de trazer objetos ou brinquedos de casa para a escola e *vice-versa*, os critérios da escola como uma equipe e as pautas ou os canais para fazê-lo.
- As celebrações de aniversário, as orientações e os critérios nesse sentido, bem como o envolvimento e a participação das famílias.
- A informação que damos às famílias sobre a nossa programação e sobre as atividades e os conteúdos que trabalhamos na escola, para que as crianças vejam uma continuidade e possam estabelecer relações mais significativas entre o que aprendem na escola e o que aprendem em casa (caderneta de comunicação diária [agenda], folhas penduradas na porta da sala de aula onde se explica o que se fez naquele dia, trabalhos que as crianças levem para casa, presença dos pais e das mães na sala de aula para ver as produções das crianças, etc.).
- A informação que os pais e as mães podem trazer para comunicar qualquer assunto que se acredite conveniente sobre o seu filho ou a sua filha (se passou a noite mal, se foi ao circo, se tomou um medicamento, se virão buscá-lo mais cedo, etc.).

Esses e outros aspectos devem ser considerados, quando se quiser chegar a acordos no PCC sobre a relação e a colaboração que se pretende alcançar com as famílias.

Tipo de atividades priorizadas no centro

Trata-se de reunir e de colocar em comum as atividades consideradas mais significativas ou às quais se dedica uma parte importante da jornada escolar. São unidades de programação de diferentes tipos, realizadas nos diferentes níveis de maneira mais ou menos sistemática, em relação às quais se quer aprofundar e chegar a acordos comuns.

Nas escolas de educação infantil, existem muitas dessas atividades que podem ser planejadas ou revisadas conjuntamente e que permitem ir concretizando o currículo oferecido às crianças.

No Capítulo 4, explicamos quais são as principais situações educativas nessa etapa. Trata-se de analisar quais são essas atividades na escola e a maneira como se propõem. Pode-se fazer referência, por exemplo, às denominadas *rotinas* (as chegadas e as saídas, o momento da refeição, a troca de fraldas e o período de dormir); a rodinha; os diferentes cantinhos; as festas tradicionais; determinados projetos aos quais se dá uma importância especial (a eleição do nome da sala, os espaços da escola, os meus companheiros e as minhas companheiras, as famílias, etc.); o processo de adaptação e de outras situações que se considerem especialmente significativas.

Como já explicamos no item sobre a seqüenciação, a partir do trabalho e da discussão sobre tais atividades também podemos realizar a seqüenciação dos conteúdos e dos objetivos que irão concretizando-se e contextualizando em cada idade ou nível. No Anexo 4, pode-se encontrar um exemplo concreto dessas atividades dentro do PCC.

Metodologias mais utilizadas

As concepções que nos guiam e que estamos expondo (ver especialmente o Capítulo 1) sobre os processos de desenvolvimento e aprendizagem não implicam, assim como disse Coll (1986), uma determinada metodologia. Pensamos que não se pode ser rígido nessas questões e que, a princípio, não existam boas ou más metodologias por si só; mas que dependem da maneira como a aplicamos e a capacidade de observar e avaliar seus efeitos e sua utilização, segundo o que nos mostram as crianças e os efeitos que conseguimos em aula.

Portanto, não existe metodologia boa ou ineficiente, boas ou más maneiras de aplicá-la. É preciso escolher a metodologia de acordo com os objetivos e as finalidades que se propõem e desenvolver estratégias de observação para avaliar depois o que realmente acontece em aula e os comportamentos e as atitudes dos meninos e das meninas.

As metodologias e, sobretudo, a maneira de usá-las estão muito relacionadas com os objetivos e as finalidades gerais que pretendemos alcançar. Por exemplo, se pretendemos que as crianças sejam curiosas, participem, sejam ativas e desenvolvam sua iniciativa e autonomia, deveremos propor atividades abertas, aceitar as mudanças, as propostas e as perguntas ou as que as crianças propõem-nos; deixar que elas participem no plano das atividades e sermos flexíveis e receptivos às suas propostas ou dificuldades.

Se pretendemos que as crianças sejam disciplinadas, aprendam a escutar e a seguir instruções, sendo executoras fiéis do que lhe solicitamos, então apresentamos propostas mais fechadas; nessas não será necessário a iniciativa, nem a autonomia, mas é preciso que estejam muito atentas, compreendam bem as orientações dadas pela pessoa adulta e que sigam fielmente as suas instruções.

No primeiro caso, pode parecer mais adequado uma organização da sala mais descentralizada (cantinhos ou oficinas), com priorização de atividades abertas que estimulem a iniciativa, a atividade e a autonomia das crianças. No segundo caso, talvez seja necessário optar-se por metodologias mais centralizadas e diretivas que estimulem a intenção e a execução fiel de instruções.

Certamente, os dois objetivos e as metodologias não são de todo excludentes, porém, é preciso complementá-las, considerando o objetivo que temos na etapa, para priorizar os enfoques metodológicos que favoreçam a curiosidade, a participação e a iniciativa.

Como dissemos, conforme a concepção construtivista de ensino e aprendizagem, não existe um único método para conseguir que as crianças aprendam de maneira significativa; porém, também não se está afirmando que tudo é válido: "Isso, de todas as maneiras, não quer dizer que seja válido qualquer tipo de intervenção. A partir dessa perspectiva se excluem os enfoques metodológicos baseados em homogeneização; os que tornam impossível a intervenção ativa do aluno e a observação desta intervenção por parte do professor no decorrer das seqüências didáticas; os que utilizam recursos materiais uniformes, seja qual for o conteúdo que se trate ou o nível de conhecimentos prévios dos alunos (...) Resumindo, a explicação construtivista não admite as propostas nas quais as características dos alunos devem ser subordinadas às características do ensino e defende todo o contrário" (Solé, 1991).

Portanto, em relação a essas questões, é preciso que a equipe defina quais são as metodologias que considera importantes e que caracterizam a sua maneira de fazer e de intervir. Referimo-nos à opção em que a escola pode fazer, definido-se por determinadas metodologias e maneiras de trabalhar; por exemplo: quando se orienta por um metodologia de trabalho através de projetos ou de cantinhos, deverá definir claramente e colocar-se de acordo na maneira de realizar esse trabalho, em como se entende, nas características de sua organização e no seu funcionamento; também no tipo de intervenção e relação que se estabelece, bem como nos critérios ou pautas de avaliação que se utilizam.

Também podemos abordar os critérios metodológicos em relação às áreas ou a determinados conteúdos, como a aprendizagem da língua escrita, o descobrimento e o conhecimento do ambiente ou as habilidades e as destrezas motoras.

Tipos de intervenção da educadora e tipos de interação com as crianças

Os referentes teóricos que adotamos em relação a tais questões e que destacamos são fundamentais na intervenção e na interação dos adultos ou dos companheiros mais competentes no processo de aprendizagem e desenvolvimento das crianças. No item 1.2 ("Como se desenvolvem e aprendem as crianças da etapa de educação infantil"), pode-se encontrar sintetizadas algumas dessas idéias das quais partimos e que podem ser úteis na hora de replanejar e discutir em torno de tais questões.

Com relação a esses temas, deveremos discutir, revisar e chegar a acordos sobre o tipo de relação e de interação que estabelecemos com as crianças. Muitas são as questões que, neste item, podem ser discutidas e refletidas. Entre outras, veja o disposto no Quadro 6.6.

Critérios em relação à interação entre as crianças e tipos de agrupamentos

Levando em conta os referentes citados anteriormente, consideramos que a interação entre as crianças, entre os companheiros nos momentos de aprendizagem e de jogo é decisiva e possui algumas conseqüências vitais na sua aprendizagem e evolução.

Não é este o lugar para voltar a explicar estes princípios, porém podemos sugerir algumas questões em relação com as quais se poderá tomar decisões e chegar a acordos (ver Quadro 6.7).

Critérios em relação à organização do tempo e da jornada, da semana ou do ano letivo

Em diferentes partes deste livro, apresentamos critérios em relação a organização do tempo. No Capítulo 3 ("O tempo – A jornada escolar") explicitamos alguns critérios que é preciso considerar em relação à organização do tempo e da jornada na escola, nessa etapa. As questões que ali apresentamos podem ser de utilidade na hora de refletir sobre esses aspectos. Na página 109, pode-se encontrar algumas questões que servem para analisar a organização do que se dispõe e pode servir para revisá-las e explicitá-las ou tomar decisões.

Dentro deste item, pode-se discutir se existe ou se é preciso existir uma proposta com horário marcado na jornada e/ou na semana, considerando a presença de diferentes atividades e a indispensável flexibilidade em relação a estes aspectos na etapa em questão.

Quadro 6.6 Tipo de intervenção da educadora e tipos de interação com as crianças

- É preciso estabelecer uma relação individualizada com cada uma das crianças? Como o faremos? Quais são os momentos mais adequados para fazê-lo?
- Quais os momentos que consideramos os mais adequados para ter uma relação mais próxima e individualizada e para ajudar aquelas crianças que mais necessitam?
- Devemos manter uma certa distância ao mesmo tempo que organizamos as situações e cuidamos das suas necessidades? Podemos jogar/brincar com elas, como se fôssemos mais um integrante? Fazemos isso? Em que momentos.
- Pensamos que é importante a interação com as crianças nos pequenos grupos para poder falar e escutar de maneira mais próxima e descontraída? Como nos organizamos para fazê-lo?
- É conveniente explicar às crianças assuntos pessoais nossos, dos nossos filhos ou da nossa família? É melhor não o fazer? Pensamos que serve para estabelecer uma relação mais próxima?
- Em relação a que atividades ou conteúdos pensamos que é necessário estabelecer uma interação próxima com os meninos e as meninas?
- Devemos compartilhar aspectos do planejamento e decisão das atividades que fazemos com as crianças? Quais as decisões que podemos tomar? Quais as tarefas de gestão e funcionamento de aula em que podem colaborar?

Critérios em relação à utilização e à organização dos espaços

Também no Capítulo 3, fizemos uma reflexão sobre a organização do espaço na escola e alguns critérios que são necessários considerar; apresentamos uma pequena referência aos diferentes espaços e às características que apresentam.

Na hora de utilizar e tomar decisões sobre esses temas, podemos sugerir, como o fizemos em algumas escolas, que sejam analisados os diferentes espaços do centro (salas de aula, vestiário, sala de motricidade, pátio, cozinha, corredor, dormitório, etc.), considerando as questões constantes no Quadro 6.8 em relação a cada espaço ou sala.

Quadro 6.7 Critérios em relação à interação entre as crianças

- É conveniente que as crianças falem enquanto jogam ou trabalham? Em todas as atividades? Em quais consideramos mais conveniente e em quais procuramos que haja um trabalho mais individual?
- É preciso que as crianças façam atividades juntas, em duplas ou em pequenos grupos? Quais os momentos ou atividades que destinamos a isso ou que pensamos serem as mais adequadas?
- Nos momentos de interação e de relação entre as crianças, qual o papel da professora? Como deve intervir? Para controlar? Para ajudar? Para interagir com os pequenos grupos?
- É positivo que as crianças olhem e imitem-se entre si? Estimulamos essa atitude? Em quais momentos a consideramos mais conveniente? Devemos intervir se uma criança faz isso sistematicamente? Como?
- Como organizamos o espaço e as mesas para favorecer a interação? Que tipo de interação nos parece mais interessante estimular, segundo o cantinho onde estejam jogando (experimentação, casinha, grafismos, construções/montagens, circuito de carros, contos, etc.)?

Quadro 6.8 Critérios em relação à utilização e à organização dos espaços

1. **Finalidades básicas de utilização do espaço**
   Quais as finalidades e os conteúdos educativos que consideramos nesse espaço (podemos fazer referência aos objetivos gerais da escola em concluir o ciclo ou a etapa ou nas diferentes capacidades).
2. **Tipos de atividades realizadas**
   Atividades que normalmente são realizadas.
3. **Tipos de intervenções das educadoras: responsabilidades**
   Intervenções das educadoras ou das pessoas adultas; por exemplo: de controle, de vigilância, de interação, de proposta, para incentivar as relações entre as crianças, etc.
   Esclarecer as responsabilidades especialmente nos espaços comuns ou compartilhados.
4. **Organização e distribuição do espaço.: cantinhos, materiais e mobiliário**
   Organização do espaço. Cantinhos ou pequenos espaços que existem ou que pensamos fazer.
   Mobiliário e material.
   Critérios e responsabilidades no uso, a conservação e o cuidado com o material.
5. **Normas de utilização e de distribuição do tempo**
   Estabelecer, se for preciso, a previsão ou o planejamento em relação ao uso de determinados espaços comuns ou polivalentes. Horários em que se pode utilizá-los. Momentos nos quais não se considera adequado.

Em uma escola na qual colaboramos, trabalhamos essas questões em um momento que interessava especialmente para a equipe esclarecer e colocar em comum a utilização do espaço. Dessa maneira, a equipe foi analisando o uso e as características dos diferentes espaços e foi entrando em consenso o sentido e no seu funcionamento. No Anexo 8, pode-se ver a síntese das questões discutidas e a explicitação dos critérios que foram elaborados.

Como revisar e avaliar a nossa prática? Como propor a avaliação no centro?

Em relação ao PCC, por último, queremos apresentar elementos e critérios da equipe em relação à avaliação e como a realizamos no centro.

No Capítulo 5 ("A avaliação e a observação") debatemos a questão e destacamos a finalidade preventiva e orientadora que deverá ter a avaliação nessa etapa.

Nessa perspectiva, a avaliação é entendida como um instrumento de que dispomos para melhorar o ensino, a partir da observação dos processos e da aprendizagem dos alunos e com a análise e a revisão das propostas didáticas que fizemos.

Portanto, revisamos e avaliamos tanto o processo que o aluno faz como as nossas propostas educativas. No Capítulo 5, propusemos um instrumento para favorecer e guiar a revisão das propostas e das atividades que proporcionamos. No PCC, também será necessário explicitar os critérios ou algumas perguntas que servem às educadoras e aos educadores para revisar e analisar a própria prática, considerando os critérios educativos do centro em que estivermos.

Ao mesmo tempo, é necessário colocar-se de acordo e explicitar os critérios, os instrumentos e os tipos de avaliação que se realiza para avaliar os progressos e a aprendizagem das crianças. Para guiar essa reflexão, apresentamos a seguir, diferentes perguntas em torno das quais a equipe educativa pode começar a sua discussão e a sua reflexão. No capítulo sobre a avaliação e

Quadro 6.9 Questões a serem debatidas pela equipe educativa

- Que função tem a avaliação no nosso centro? Como a entendemos? Quais as diferentes finalidades que tem a avaliação que realizamos?
- Quais são os referentes que utilizamos para avaliar as crianças e os seus progressos?
- Como fizemos a avaliação? Em quais momentos a realizamos? Quais os instrumentos que temos ou elaboramos para realizar avaliação que pretendemos fazer?
- Como consideramos a atenção à diversidade no processo de avaliação das crianças?
- Como fazemos as crianças participarem do processo de avaliação? Como favorecemos e estimulamos para que possam começar a regular a sua atuação e para avaliarem-se elas próprias? Como comunicamos a avaliação que nós, professores e professoras, fazemos?
- Como os pais também podem participar desse processo de valorização compartilhada, constrastando o que vêem em casa com o que observam na escola? Como informamos aos pais dos progressos de seus filhos e de suas filhas? Quais as entrevistas e/ou informes que realizamos? Com que periodicidade?
- Que critérios temos para promover às crianças de ciclo?

observação, propomos algumas respostas a tais questões que podem acompanhar e orientar essa reflexão.

A partir dessas perguntas ou questões e de outras que podem ser formuladas, a equipe educativa deverá discutir e consensuar todos esses aspectos para garantir um processo de avaliação coerente e que possibilite uma revisão e uma melhoria da ação educativa na escola.

6.5 ALGUMAS IDÉIAS QUE É PRECISO GUARDAR

- O trabalho de equipe não é uma questão de opção; é o requerimento de um ensino coerente, baseado em princípios compartilhados que possam evitar as lacunas e as repetições desnecessárias. É um requisito para um ensino de qualidade.
- Trabalhar conjuntamente requer algumas condições institucionais, apoio externo e algumas atitudes e estratégias de cada um dos membros de uma equipe que favoreçam a tarefa compartilhada. A clareza na distribuição das competências e das responsabilidades, o respeito mútuo, a capacidade de ouvir entre si, a capacidade de identificar e de destacar aquilo que é positivo, a capacidade de enfrentar e de resolver os problemas, e a tendência ao consenso são aspectos que incidem, notavelmente, no grau em que é possível trabalhar em equipe.
- A elaboração de um Projeto de Centro é uma ferramenta importante para progredir em uma proposta educativa de qualidade, pois requer um trabalho de equipe em torno de questões fundamentais, como: o que ensinamos e para quê? quando e como fazemos? como avaliamos se os nossos esforços têm tido êxito?
- Não existe uma única maneira de proceder para elaborar o Projeto Curricular do Centro. Cada equipe, segundo a sua história e as questões que propõe, fará um ou outro caminho: mais pautado ou dirigido; mais aberto, mais compartimentado, mais autônomo ou com ajudas diversas. O importante não é como se faz, mas a compreensão compartilhada de que fazê-lo constitui um progresso em direção a uma prática mais refletida, comparada e consensual.

- Elaborar um projeto de centro é um processo contínuo. Não deve ser feito para deixá-lo na gaveta, mas para colocá-lo em prática e, através de atuações continuadas, modificá-lo e enriquecê-lo constantemente.

SE QUISER LER MAIS...

ARNAIZ, V.: "El equipo docente frente al proyecto curricular de centro". *Aula*, núm. 11, 1993.

CARMEN, L. DEL: "El proyecto curricular de centro. Instrumento para la reflexión y fundamentación de la práctica". *Aula*, núm. 1, 1992.

CARMEN, L. DEL: "El proyecto curricular de centro", em MAURI, T.; SOLÉ, I; CARMEN L. DEL e ZABALA, A., *El currículum en el centro educativo*. Barcelona: ICE/Horsori, 1990.

DARNÉS, A. e MARTÍN, L.: "¿Por dónde empezamos nuestro PCC?". *Aula*, núm. 9, p. 54-57, 1992.

DEPARTAMENT DE ENSENYAMENT: *Exemples de programació a la Llar d'Infants i al Parvulari*. Barcelona: Generalitat de Catalunya, 1989.

HUGUET, T.; PLANAS, M.; VILELLA, M.: "Treball; formació dins l' equip". *In-fàn-cia,* núm. 61, p. 5-8, 1991.

MEC: *Proyectos curriculares. Educación infantil*. Madrid: Secretaría General Técnica. Centro de publicações, 1994.

Monográfico de *Cuadernos de Pedagogía*, núm. 223, março de 1994.

ZABALA, A.: "Elaboración de los PCC. ¿Empezar por lo que se hace o a partir de las grandes decisiones?" *Aula*, núm. 3, 1992.

7

Família e escola

7.1 Introdução | 282

7.2 Família e escola: dois contextos diferentes, um objetivo comum | 282

7.3 Compartilhar a ação educativa | 285
Conhecer a criança | 285
Estabelecer critérios educativos comuns | 286
Oferecer modelos de intervenção e de relação com as crianças | 288
Ajudar a conhecer a função educativa da escola | 289

7.4 A comunicação com as famílias | 291
As entrevistas de ingresso | 291
As entrevistas solicitadas | 293
- As entrevistas solicitadas pelos pais | 294

7.5 A participação dos pais e das mães no centro educativo | 295

7.6 Algumas idéias que é preciso guardar | 296

Nota | 297

Se quiser ler mais... | 297

> **A leitura deste capítulo deverá proporcionar respostas a algumas das seguintes questões:**
> - Quais as funções da professora de educação infantil em relação às famílias?
> - Como se concretiza a idéia geral de compartilhar com as famílias a educação das crianças?
> - Que relação é conveniente estabelecer com as mães e os pais das crianças da turma?
> - Como deverá ser preparada uma entrevista?

7.1 INTRODUÇÃO

No decorrer deste capítulo, retomaremos e ampliaremos algumas questões que apareceram em capítulos anteriores e que são referentes à função da professora em relação às famílias. Começaremos com algumas considerações de ordem psicológica, psicopedagógica e sociológica que, ao nosso ver, outorgam uma importância específica à relação família/escola no desenvolvimento das crianças. Vamos abordar, mais adiante, os diferentes âmbitos para os quais essa relação mostra-se benéfica, sempre destacando os matizes que aparecem em função dos diferentes contextos e conforme a idade das crianças. Em terceiro lugar, falaremos dos diversos tipos de relações que estabelecemos: de um lado, a comunicação com famílias concretas, diferenciando o mais cotidiano e informal do mais planejado; de outro, a participação das famílias na escola, tanto no âmbito mais vinculado à gestão como ao de cunho pedagógico. De acordo com esses aspectos, comentaremos alguns problemas freqüentes e tentaremos oferecer algumas estratégias gerais que possam evitá-los ou minimizá-los.

7.2 FAMÍLIA E ESCOLA: DOIS CONTEXTOS DIFERENTES, UM OBJETIVO COMUM[1]

Na etapa de educação infantil, é tão comum que as famílias e as professoras tenham uma comunicação freqüente que acabam esquecendo os motivos mais profundos que a tornam imprescindível. Da *perspectiva psicológica*, o fato de considerar o desenvolvimento das crianças um processo mediado social e culturalmente — mas que não passa de um processo dirigido por dentro e, em boa parte, impermeável na influência externa — obriga-nos a considerar a importância dos contextos — principalmente da escola e da família — nos quais esse crescimento pessoal é uma realidade.

Assim, entendemos que, nesses contextos, as crianças assumem alguns papéis, estabelecem algumas interações e participam em padrões de condutas cada vez mais complexos, de maneira que incorporam, aos poucos, os elementos próprios de sua cultura, à medida que encontram pessoas que lhes guiam, deixando-as participarem e acompanhando-as em direção à autonomia; dessa forma, o desenvolvimento pessoal será um fato inseparável da socialização.

Assim, a perspectiva ecológica (Bronfenbrenner, 1987) destaca que, ainda que seja importante a qualidade dos contextos primários ou microssistemas, também o será a relação entre os diversos *microssistemas* em que as crianças participam (o autor refere-se com o nome de *mesossistema*) de fato, os contextos são diferentes, mas a criança é a mesma. Assume papéis específicos, interações peculiares e aprende, em cada lugar, aspectos da cultura e maneiras de apropriar-se do que "importa", o que funciona em um contexto, e tenta utilizá-lo no outro.

Como não poderia ser de outra maneira, a interpretação que vai fazendo do mundo, das suas regularidades, das normas que o regem e do papel que desempenha reflete naquilo que se encontra em ambos os contextos. O que se apresenta tem elementos específicos de cada meio e de outros que são comuns, especialmente nessa etapa. Assim, pode ser que, somente na escola, a criança tem oportunidade de discutir com um companheiro sobre a posse de um objeto, porém, tanto em casa como na escola, terá a oportunidade de fazer uma refeição; somente em casa vê televisão, mas tanto em casa como na escola é preciso recolher os brinquedos cada vez que acaba um jogo. Como é previsível, e como já dissemos muitas vezes no decorrer deste livro, a entrada na escola supõe uma ampliação importantíssima do meio da criança; graças a tal ampliação, pode aceder a novas relações, a novas emoções e a novos conhecimentos. Porém, também é evidente que, embora haja essa ampliação, conforme os âmbitos, ocorrerão diferenças pouco significativas entre o que acontece em casa e o que acontece na escola; novos âmbitos farão surgir pequenas divergências e algumas discrepâncias serão abertas.

Quando se faz referência à necessidade de que exista uma relação construtiva e estável entre a escola e a família, relevamos a convivência, primeiro, do conhecimento mútuo e, segundo, da possibilidade de compartilhar critérios educativos capazes de eliminar essas discrepâncias que podem ser prejudiciais à criança. Precisa ficar claro que a escola e família são contextos diferentes e que, nesses contextos, as crianças encontrarão coisas, pessoas e relações diversas; nisso consiste em parte a sua riqueza e potencialidade. Também é preciso considerar que as divergências sobre as quais falamos nem sempre são da mesma ordem. Há muitas variáveis que incidem para que a perspectiva educadora de uma família e de uma escola encontrem-se mais ou menos próximas: depende do grau em que os progenitores puderam procurar e selecionar o lugar que lhes pareça mais adequado às suas idéias e expectativas; depende também do grau em que as escolas se abram e mostrem-se como são. Sobretudo, convém não perder de vista que as divergências e as discrepâncias, em si mesmas, não constituam um conflito; o conflito é encontrado, mais adiante, na maneira como cada um dos contextos posiciona-se diante de uma perspectiva que não é idêntica à sua e que pode – ou não pode – aproximar-se, posicionar-se a favor. Voltaremos a discutir esse tema, mais adiante.

Em qualquer caso, a partir da perspectiva psicológica de favorecer o crescimento harmônico da criança, convém que os educadores dirijam seus esforços tanto às características das experiências educativas que estão a seu alcance no contexto da escola, como às relações que estabelecem com o seu contexto primário, que é a família. Todos os dois compartilham muitas funções educativas que buscam a socialização em determinados valores, a promoção das capacidades cognitivas, motoras, de equilíbrio pessoal, de relação interpessoal e de inserção social, e compartilham, também, o cuidado e o bem-estar físico e psíquico, não perdendo de vista que ambos têm a responsabilidade de apoiar o que é feito no outro contexto e favorecer o desenvolvimento da criança.

Situando-nos agora em uma perspectiva um pouco diferente, um pouco mais *sociológica*, convém que assimilemos as mudanças tão importantes que, em poucas décadas, tanto a estrutura familiar como a escola sofreram. Com relação à primeira, a concentração da população nas áreas urbanas e o auge dos valores que primam pela independência e pelo individualismo sobre outros, como a solidariedade e os sentimentos de pertencer a um grupo, tornaram a família cada vez menor e, ao mesmo tempo, mais solitária. Não faz muito tempo – e isso ocorre em determinadas zonas – a família extensa (avós, irmãos, primos, etc.) funcionava como um suporte dos seus próprios pais na questão do complexo trânsito que a paternidade comporta. As responsabilidades, de alguma maneira, encontravam-se um pouco mais divididas; e, de outra, as crianças tinham modelos diversos e amplas relações que lhes permitiam vinculações e aprendizagens muito variadas.

A isso adicionamos que o próprio conceito de família "nuclear" padrão (pai, mãe e filhos) começa a ser questionado por diferentes áreas. Existem alguns argumentos de que, em uma época na qual proliferaram as famílias monoparentais, as famílias unidas e reconstituídas, convém que os nossos modelos ajustem-se às novas realidades, se não quisermos correr o risco de atuar com preconceitos. Schaffer (1994) alerta para o fato de que os profissionais (professores, assistentes sociais, psicólogos) não estão imunizados contra esses preconceitos, como mostra o exemplo que, diante de vídeos de crianças de diferentes idades e de situações familiares diversas, tendem a considerar mais problemáticas e inadaptáveis aquelas que julgam proceder de famílias não-padronizadas (Fry & Addington, 1984, citado por Schaffer, 1994). Ao mesmo tempo, os próprios trabalhos de Schaffer e dos pioneiros de Bronfenbrenner (1987) coincidem ao destacar a importância das relações interpessoais que se estabelecem na família sobre a sua estrutura, como o fato de que as relações ficam condicionadas pelo apoio e pela ajuda que os seus membros recebem por parte de familiares significativos (p. ex., do cônjuge que vive no lar em caso de divórcio; de avós ou outros familiares que podem colaborar) e por parte de instituições e serviços sociais.

De qualquer forma, essas novas estruturas familiares sofrem de estresse, porque um progenitor sozinho assume as responsabilidades e as tarefas que, em outras situações, podem ser divididas ou compartilhadas; essa também é uma consequência das dificuldades econômicas enfrentadas em muitos casos e, sobretudo, em função dos estereótipos sociais construídos em torno de famílias diferentes que continuam vigentes, apesar dos resultados das pesquisas que os questionam e que entorpecem a possibilidade de seu desenvolvimento.

Ao mesmo tempo, as exigências sociais sobre o que é uma pessoa educada têm aumentado notavelmente em poucos anos. Paralelamente, incrementaram-se as expectativas sobre a potencialidade educativa da família e das escolas, as quais, além disso, encontram-se com sérios competidores na sua tarefa. O impacto das linguagens, mensagens e valores que são transmitidos às crianças através dos meios de comunicação — especialmente pela televisão — e dos jogos de vídeos não pode ser avaliado de maneira sistemática e precisa; porém, tudo leva a crer que é notável e, às vezes, contraditório com o que queremos transmitir a partir das instâncias educativas "profissionais".

Pelo que, em geral, a escola e, em particular, a etapa de educação infantil fazem, as mudanças não estão menos espetaculares. Ninguém põe em dúvida, hoje, que educar não se reduz a instruir. A opção para uma formação integral que leve em conta todas as capacidades da pessoa é uma opção razoável, mas, ao mesmo tempo, complexa e difícil. No caso de crianças pequenas, a ascensão do caráter educativo que se dispensa na escola não quer dizer abandonar as atividades que tendem ao bem-estar físico; tem sido necessário, e ainda o é, reconsiderar de todos os ângulos o que se faz na escola, visando a favorecer o desenvolvimento das crianças, utilizando todas as atividades para estimulá-las. Um caminho muito importante, e que temos vivenciado nos últimos anos, está na chegada dos meninos e das meninas de três anos aos centros da extinta EGB*. Fazer uma escola adequada para essas crianças supõe, às vezes, muitas dores de cabeça e sempre muito esforço que, em geral, já estão recompensados pelas mudanças que, no âmbito institucional, foi possível gerar. Enfim, educar a partir da escola também apresenta hoje algumas dificuldades específicas, diferentes do que podia existir há alguns anos.

Todas esses condicionantes de ordem mais social produzem sentimentos de desconcertos, de perplexidade e, muitas vezes, de solidão nos agentes educadores; a complexidade da tarefa pode facilmente atrapalhá-los e, diante disso, a

---

*N. de T. EGB sigla antiga, hoje LOGSE, correspondente à etapa do ensino fundamental.

tentação de delegar parcial ou totalmente a própria responsabilidade a outros contextos pode ser muito forte. Pode ser que assim se entendam as queixas dos professores que consideram que os pais "pedem tudo para a escola: que as crianças aprendam, que sejam educadas, que as ensinemos a comer..."; e as que os pais, às vezes, consideram que a escola não se empenha o suficiente na educação de seus filhos.

Essa tarefa é tão complexa que há trabalho para todos. O que convém é não complicá-la, e sim torná-la mais simples e gratificante. Em uma perspectiva de colaboração mútua, que passa pela confiança e pelo conhecimento, é possível fazer o que seja necessário: assegurar que os dois contextos de desenvolvimento mais importantes nos primeiros anos de vida de uma pessoa possam compartilhar critérios educativos que facilitem o crescimento harmônico das crianças.

7.3 COMPARTILHAR A AÇÃO EDUCATIVA

Por tudo o que acabamos de dizer, consideramos que o contato entre a família e o educador é uma questão primordial, que convém cuidar e fazer funcionar. De fato, na educação infantil, o contato entre os pais, as mães e os professores costumam ser mais freqüentes do que em outras etapas e, por isso, podem estar mais relacionados com os comentários da jornada ou com determinados acontecimentos que não ocorrem normalmente.

Os contatos informais são importantes por diversas razões: permitem um conhecimento progressivo dos agentes educadores da criança; ajudam os pais e as mães a tranqüilizarem-se e a verem com segurança a estada do seu filho ou de sua filha na escola; a própria criança pode ver que as pessoas adultas significativas para ela têm coisas a dizer-lhe, etc.

Do nosso ponto de vista, as relações entre a família e o professor devem concretizar o objetivo geral de compartilhar a ação educativa em alguns âmbitos mais específicos:

- Conhecer a criança.
- Estabelecer critérios educativos comuns.
- Oferecer modelos de intervenção e relação com as crianças.
- Ajudar a conhecer a função educativa da escola.

Essa questão não é exaustiva. Cada assembléia de professores concretiza, no seu PEC, os objetivos que se planeja em relação com a família (ver Capítulo 6). É preciso considerar os âmbitos apresentados no sentido genérico que o centro interpretará, ampliará e especificará em função de seu Projeto Educativo do Centro.

Conhecer a criança

Quando a criança ingressa na escola, por pequena que seja – e quanto maior, ainda mais – já viveu, em sua família, um conjunto de experiências transcendentes a si. Os professores e as professoras necessitam saber como é essa criança, quais os seus ritmos, que pautas de relação está estabelecendo e com que pessoas, o que lhe agrada e o que não lhe agrada, etc. Freqüentemente, essas informações são obtidas mediante uma entrevista inicial que serve também para marcar os primeiros contatos entre a escola e a família.

Ao mesmo tempo, a informação de uma entrevista, principalmente quando é a inicial – condicionada pelo desconhecimento mútuo, pela necessidade de fazer com que todos tenham uma boa expressão – é limitada. Conhecer a criança envolve alguns outros contatos nos quais possam aprofundar-se algumas impressões iniciais, rechaçar outras e criar-se novas. Um aspecto fundamental que é preciso ir descobrindo constitui nas mudanças que os pais observam no seu filho ou sua filha e que podem ser atribuídas ao fato de ir à escola. É óbvio que esse conhecimento será facilitado, à medida que se abdique de visões deterministas que levam a "rotular" ou classificar uma criança ou a sua família; ao contrário, aumentará na mesma proporção em que se sintam receptivos ao que dizem ou fazem e possam aceitar-se.

Por outro lado, em relação aos professores, aos pais e às mães, eles aprendem a conhecer novas dimensões de seu filho; não há dúvidas de que a escola representa uma ampliação importantíssima do meio com o qual a criança interage: adultos diferentes, outros companheiros, espaços físicos e objetos distintos, novas pautas de relação, etc. A informação sobre como está atuando na escola, com os outros adultos e com os companheiros pode ensiná-los a ver a criança de uma maneira diferente – pode ser que aquele menino que em casa é um "anjinho", na escola seja mais inquieto; talvez a pequena tirana de casa, na escola seja mais solidária – e pode ser que essa representação permita-lhes esperar coisas diferentes, em um sentido menos determinista do que pode habitualmente ser.

Nessa etapa, conhecer a menina ou o menino significa querer defini-los ou "rotulá-los". A criança está começando a ser ela mesma, a diferenciar-se das outras e a construir sua própria identidade; para consegui-lo, é indispensável que os adultos que a educam e com ela convivem não façam representações estáticas sobre sua pessoa, já que sempre acabam transmitindo isso à criança e condicionando-a. Ao contrário, é preciso ter muito cuidado, na escola e em casa, para não cair em definições, nem em classificações; convém substituir o verbo ser ("Carlos é...") por um mais flexível, como *mostrar-se* ou *estar* ("Carlos se mostra...", "Carlos está..."). Dessa forma, deixaremos a porta aberta às mudanças e à aceitação da criança ser de maneira diferente ou nova.

Trata-se de um conhecimento progressivo e mútuo que tem a virtude fornecer indicadores para os pais, às mães e aos professores não apenas conhecerem melhor a criança que vive em todos os contextos, como também para irem fazendo uma representação cada vez mais ajustada dos interlocutores. Não há dúvidas de que tudo isso pode contribuir para ter uma visão mais ajustada de si mesmo, para entender melhor o que passa em cada contexto e, por fim, viver com mais tranqüilidade tudo o que faz referência à educação da criança. O contato entre os pais, as mães e os professores deve servir para que possam ver-se como colaboradores que compartilham determinados interesses e tarefas. É muito importante evitar qualquer manifestação ou comportamento que contribui para fazer representações mútuas não-desejáveis (rivais, especialistas/não-especialistas, etc.) que criem dependências excessivas de uns em relação aos outros ou que estabeleçam limites muito rígidos em relação à ação educativa que, em ambos os contextos, dirigem-se à mesma criança.

Estabelecer critérios educativos comuns

Uma conseqüência interessante do conhecimento compartilhado progressivo que os pais, as mães e os professores constroem sobre a criança é a possibilidade de estabelecer critérios educativos comuns. Cada contexto é diferente e, portanto, são diferentes as pautas de relação que se estabelecem, os papéis que existem, as atividades nas quais se manifestam e as condutas que são esperadas. Porém, com freqüência, apresenta-se a necessidade de estabelecer determinados acordos que favoreçam a transição da criança de um contexto a outro, a coerência do que se pede a ela ou do que se proíbe, o que favorece, em uma só palavra, o seu desenvolvimento.

Muitas vezes, a mãe, o pai e a professora atuam de maneira diferente diante de uma mesma manifestação da criança; com freqüência, quando isso acontece, sentimo-nos tentados a mostrar nossa bondade sobre a atuação da outra pessoa. Agora, por que agimos de maneira diferente? Provavelmente por muitas razões, mas uma razão que nem sempre é bastante valorizada é porque interpretamos, de maneira diferente, aquela manifestação ou aquele comportamento. Uma condição prévia para combinar estratégias de intervenção em relação à criança consiste, precisamente, em entrar em acordo na interpretação que fazemos da conduta que nos preocupa. É possível que nos sintamos angustiados diante de uma criança que se mostre retraída e é possível, também, que sua mãe saiba que ela se comporta assim até adquirir confiança nas outras pessoas (ou seja, para confiar em alguém, essa criança precisa de mais tempo do que o considerado razoável). Atuar — ou não fazer nada — diante desse fato e de outros semelhantes exige, antes de tudo, estar de acordo quanto à sua significação.

Acrescentamos que as condições do contexto em casa e na escola são diferentes, o que contribui para que a atuação dos adultos, diante das manifestações das crianças, possa ser influenciada pelo contexto institucional: mais ou menos crianças, espaço amplo ou reduzido, número de adultos, etc. É possível que em casa, por exemplo, a mãe ou um avô possam estar sempre observando a criança, insistindo para que recolha os brinquedos, enquanto na escola esse comportamento regularmente é feito de uma maneira diferente e possivelmente menos individualizada. É lógico que a criança, a princípio, responde de modo diferente: que na sua casa seja ordenada e que na escola resista em deixar as coisas arrumadas.

Por outro lado, quando nos propomos a estabelecer determinadas estratégias ou pautas de atuação acordadas com a família, não devemos esquecer nunca de que se trata: trata-se de uma família que possui as suas pautas de relação, a sua dinâmica e o seu equilíbrio. Tendo em vista o respeito e a valorização da família — e somente a partir do respeito e da valorização da escola pela família — poderemos desempenhar a difícil tarefa de tomar decisões sobre a educação das crianças. Convém lembrar que não existe família-padrão e que cada uma é diferente, tem a sua história e a sua forma peculiar de regular-se. Deve-se evitar dar lições ou desprezar as estratégias que os pais adotaram e considerar que a visão da escola é necessariamente mais adequada que a da família; a partir dessas premissas pode-se estabelecer uma relação construtiva.

Em um clima de respeito e valorização mútuos, presididos pela segurança da discreção e pela confidencialidade, será possível combinar estratégias, coisas concretas e alcançáveis que consideramos necessárias para adequar ao desenvolvimento da criança. Como não se trata de impor nada, mas de negociar e de chegar a acordos, deveremos explicar-nos e escutar, deveremos saber pedir e saber ceder e deveremos envolver-nos também (adotando as mesmas estratégias tratadas, mantendo contatos freqüentes com a família para conversar-se, observar a criança, etc.) no processo que contribuímos para pôr em funcionamento.

No estabelecimento de critérios educativos comuns, um caso específico é o das *famílias de crianças com necessidades educativas especiais*, provocadas por condições pessoais ou tipo social. Naturalmente, não podemos generalizar, pois cada caso é diferente; porém, convém ter presente que essas famílias estão aprendendo a aceitar que o seu filho ou a sua filha são diferentes e que tal aprendizagem é bastante difícil, podendo provocar uma ampla gama de sentimentos: culpabilidade, agonia, incompetência, exigência desmedida aos educadores e às educadoras, proteção excessiva do filho e da filha, negociação do problema, etc. Às vezes, os pais e as mães têm expectativas pouco positivas a respeito da criança e a respeito de sua própria atuação como agentes educadores; isso se torna mais evidente à medida que as necessidades da criança são mais graves e permanentes. Outras vezes, ao contrário, tendem a não ver as dificuldades e a atuar de uma maneira pouco adequada para ajudá-la, porque, afinal, negam o problema.

Por sua vez, os professores podem sentir-se também atrapalhados diante de um menino ou de uma menina diferente, da atuação que é menos previsível que a dos demais e sobre o qual sentem exercer menos influência. Freqüentemente experimentamos sentimento de rechaço/rejeição, em um extremo, ou de envolvimento excessivo, em outro; seguidamente, o que predomina é o sentimento de incompetência, de não saber o que fazer. Não há dúvidas de que tais sentimentos influem tanto na interação com a criança como na relação com a sua família, que pode ser menos fluida do que o desejável. Talvez esses sentimentos não possam ser evitados, mas podem ser atenuados, se for possível conversarmos, revermos a orientação para administrar a situação, trabalharmos de maneira conjunta com especialistas cuja perspectiva incide na resposta educativa em relação à criança.

Nesses casos, a intervenção de outros profissionais — psicopedagogos, terapeutas, fonoaudiólogos, psicólogos, etc. — é um fato necessário que contribui para dar segurança tanto aos pais como aos educadores. A colaboração de todos os envolvidos é imprescindível; os pais e, sobretudo, as crianças pequenas beneficiam-se do trabalho e do acompanhamento conjunto que professores e outros profissionais estabelecem em relação à criança. Cada um, a seu modo, precisa conhecer e compartilhar as mensagens e os critérios trabalhados com os pais e as mães, para não correr o risco de confrontar-se e de contribuir para sua própria insegurança no momento de agir.

Oferecer modelos de intervenção e de relação com as crianças

Como dizem os japoneses — ou repetimos centenas de vezes que eles dizem —, uma imagem vale mais que mil palavras. Muitos pais e mães ficam atônitos, quando vêem o seu pequeno selvagem recolher cuidadosamente os brinquedos na escola, lavar as mãos antes de almoçar ou dormir placidamente ao meio-dia: "Como é possível? Em casa não tem jeito!". E, às vezes, embora não digam isso, com certeza pensam.

As relações que se estabelecem na sala são diferentes das que ocorrem na família; isso faz com que as crianças aprendam novas maneiras de ser, de fazer e de relacionar-se. Quando a escola se abre para a presença dos pais, deixa que eles vejam como as crianças relacionam-se com as outras pessoas adultas e, provavelmente, será de uma maneira diferente de como o faz em casa. Se quisermos, os pais e as mães podem aprender a partir desses modelos, podem modificar algumas coisas que fazem e, assim, combinar estratégias de atuação por uma via indireta, a qual, quando funciona, é tremendamente eficaz.

No momento da entrada (a mãe angustiada não pode separar-se de sua filha e consegue assim que esta chore; a professora pega a pequena no colo, conversa com ela, faz-lhe um carinho, mostra-lhe um brinquedo e a convida a despedir-se da mãe); as festas coletivas (nas quais cada criança recebe uma responsabilidade com autonomia e segurança); as saídas, as reuniões e aqueles canais — com condições — que a equipe de professores prevê para estabelecer as relações com as famílias, podem ser momentos privilegiados para oferecer novos modelos de relação com as crianças.

Em nosso país, há muitos centros que adotam a participação das famílias na sala de aula (como o que se faz no Sanjuan e outros, 1994 – citados por Vila, 1995), ainda que, muitas vezes, a experiência seja desconhecida ou pouco difundida. Também começam a existir algumas experiências ("Lugar de jogo", "Espaço familiar"; o programa "Já temos um filho") nos quais os pais, as mães, as crianças e os profissionais dividem momentos de jogos e de cuidados e nas quais os pais vêem seus filhos em relação a outras crianças e com uma pessoa especializada; no momento, podem compartilhar a sua visão com as de outras famílias. A valorização dessas experiências é muito positiva (Jubete & Estela, 1993; Jubete, Majem & Estela, 1995), o que releva a sua contribuição para os pais e as mães adotarem os novos recursos para relacionarem-se com os seus filhos. Trata-se de atuações muito similares ao que Cataldo (1987) denomina "Programas de participação (nas aulas ou em outras associações)", em uma classificação de programas de formação de pais e mães. A autora considera que a participação nas tarefas da sala de aula, em grupos de jogos ou de encontro, oferece uma referência aos pais para observarem, interagirem e ensinarem também aos seus filhos e filhas e aos seus companheiros, especialmente através de jogos.

Algumas dessas experiências têm um paralelismo com as propostas que atualmente são apresentadas nas ludotecas e, em um outro âmbito, nas bibliotecas que organizam atividades dirigidas ao público infantil. Através da escola, pode-se dar a conhecer esse mundo para as famílias, promover visitas dos pais, das mães e das crianças e aproveitar tais recursos para o lazer, o que poderá ser um outro ponto de contato entre o mundo da família, o mundo da escola e os elementos de cidadania, facilitando a abertura do meio às crianças e à conexão entre os contextos dos quais participam. (No final do livro pode ser consultado o "Guia de recursos e serviços para a criança", muito útil para as crianças dessa idade e aos seus professores e às famílias.)

Uma fórmula já conhecida e usada em outros lugares, para trabalhar com as mães e pais as novas maneiras de intervir educativamente com as crianças, são os "Programas de formação de pais", ou seja, atuações realizadas – em cada caso – nas escolas, com a intenção de incidir em determinado âmbito ou em função da família e com o propósito explícito de oportunizá-la. Muitas escolas, há bastante tempo, organizam palestras dirigidas aos pais e às mães sobre temas concretos (assim, é típico por volta do Natal falar dos jogos e brinquedos ou, em algum momento, tratar de outras questões que sejam consideradas de interesse: a reforma educativa, os hábitos de limpeza, a ordem, etc.); em outros casos, essas atuações assumem um caráter mais sistemático, mais organizado, que nos permite pensar em um verdadeiro programa de formação.

Nesse sentido, podemos considerar que as atuações planejadas e apresentadas freqüentemente entre os próprios professores e psicopedagogos que dão assessoramento possuem o caráter de ajudar as famílias a enriquecerem a sua intervenção com as crianças, em uma atuação que adota também dimensões compensadoras de determinadas dificuldades e preventivas à aparição de problemas posteriores. Quando esses programas são trabalhados de maneira conjunta, constituem, mais que um benefício para as crianças e suas famílias, um âmbito de colaboração e de responsabilidade compartilhada formativa e geralmente gratificante, tanto para os professores como para os outros profissionais.

Infelizmente, as experiências que existem nesse campo, bastante interessantes e contextualizadas, não dispõem ainda de canais de difusão adequados e não podem ser utilizadas como um referente em outros meios. De qualquer modo, trata-se de um amplo âmbito de trabalho conjunto entre pais/mães/professores/psicopedagogos que, bem encaminhado, é benéfico para todos conjuntamente e para as crianças a quem são dirigidos os esforços. Pensamos que, se em outros países, essa é uma experiência estendida e que alcança âmbitos educativos muito diversos (informativos; sobre aspectos de cuidados aos meninos e às meninas; de formação de atitudes educativas; de prevenção de problemas – Cataldo, 1991; sobre programas de trabalho para que os pais e às mães incentivem a leitura em casa – Fredericks & Taylor, 1991; etc.) o trabalho de formação de pais e mães na escola, como uma tarefa coletiva, aos poucos, irá ocupar seu lugar em nosso contexto social.

Ajudar a conhecer a função educativa da escola

As relações entre a família e o centro educativo devem proporcionar que os pais e as mães possam compreender, aceitar e valorizar a tarefa educativa da escola. Todas as professoras da educação infantil sabem que a idéia que existe entre os pais em geral, em um determinado nível social, é que aquilo que é feito na escola pode ser muito diferente do que corre na realidade.

Algumas investigações realizadas no nosso país (Palacios & Oliva, 1991; Oliva & Palacios, 1993) mostram que as idéias das mães e das professoras sobre a educação infantil, como também os princípios educativos em torno dos quais se considera necessário estruturar a intervenção, apresentam algumas discrepâncias, por exemplo: segundo essas pesquisas, as mães consideram que, na etapa infantil, são muito importantes os princípios educativos do tipo diretivo, enquanto os educadores mostram-se mais partidários à flexibilidade; as mães também se mostram partidárias de iniciar o ensino da leitura e da escrita nessa etapa, em contraste com a opinião sustentada por muitos professores. Essas crenças radicalizam-se no caso de pais com um nível de estudo inferior e de educadores e educadoras profissionais mais jovens.

Não abordaremos aprofundadamente tais resultados, expostos aqui de uma maneira muito global. Eles também são úteis para ilustrar que, com freqüência, a coincidência entre os dois contextos de desenvolvimento mais importante para a criança é superficial ou centrada no indivíduo concreto. Alguns mal-entendidos e algumas incompreensões podem ser gerados por esse desconhecimento, por falsas crenças ou por valores opostos em relação à função da escola. Romper estereótipos, ajudar a ter uma visão mais ajustada do que faremos na escola e para que, ajudará aos pais e às mães valorizarem e passará a ser um referencial para algumas relações construtivas e proveitosas para todos.

Na etapa da educação infantil, convém propor que as famílias conheçam e valorizem o que se faz na escola, já que se apresenta muito difundida a idéia de que as crianças pequenas vão brincar e que não é preciso saber muito para que joguem, brinquem, para trocá-las ou para dar-lhes de comer, é preciso ter paciência, boa disposição e gostar de crianças, etc. Sem negar que essas qualidades são extremamente necessárias, educar, nesta idade, como nas outras, requer um conhecimento profissional que permita analisar e compreender a situação de cada criança e tomar as decisões mais convenientes ao caso presente. Por isso, as iniciativas tendentes a que os pais possam entrar na escola e que conheçam o seu funcionamento devem ser valorizadas e incentivadas.

A reflexão sobre o que fazer e para que fazer – imprescindível para que a equipe de professores progrida na prática de uma maneira mais fundamentada e explícita – também precisa ser conhecida. Nesse sentido, convém preparar, com muito cuidado, as reuniões coletivas com as famílias, as quais não deverão ser muito formais ou frias; deve-se ter um roteiro, explicar a proposta da escola para essa faixa etária e o porquê, quais as atividades previstas para consegui-lo, como serão organizados os contatos e a participação dos pais e das mães. Consideramos importante traçar as semelhanças e também as diferenças entre uma escola infantil e uma escola de ensino fundamental, o que contribui para que os pais e as mães ajustem seus critérios pessoais para valorizar o que a criança faz na escola — pode ser que algumas famílias somente considerem que o seu filho ou a sua filha "trabalham" quando levam papéis com os registros para casa; pode ser que algumas não saibam que recolher os brinquedos seja um objetivo educativo igual a aprender a escrever o próprio nome ou observar e registrar o crescimento de um pezinho de feijão.

As entrevistas individuais, às quais já nos referimos, também são um bom meio para garantir que os pais e àa mães compreendam o que se faz na escola e para que passem a confiar nela. Às vezes, as entrevistas assemelham-se mais a um interrogatório do que a uma situação de conhecimento mútuo; há situações nas quais aquilo que a professora diz ou faz — assim como o que não diz e não faz — proporciona as informações que os interlocutores utilizam para representar o próprio docente, a escola e o que faz o seu filho ou filha.

Convém considerar, também, que existem muitas maneiras de "mostrar" a escola aos pais com um intercâmbio diário, oral ou escrito: através de um folheto informativo ou de uma agenda que vai e vem da escola para a família; mediante a exposição pública – em um painel ao alcance de todos – das atividades gerais e extraordinárias que serão feitas em determinado período – uma semana, uma quinzena, um mês; através de um informativo escrito, que acompanha os "álbuns", os quais as crianças levam para casa e que ajudam os pais a terem uma idéia de tudo o que é feito o álbum em si apresenta somente uma pequena parte da atividade, etc.

É um trabalho progressivo, que deve ajudar o próprio centro a construir a sua identidade, as equipes a unirem-se e os pais e as mães a modificarem a representação que têm da escola, muitas vezes distorcida por sua própria e distanciada experiência ou por estereótipos sociais que têm pouco a ver com a realidade, mas que, infelizmente, são bastante difundidos até mesmo pelos próprios profissionais da educação. Também é preciso observar que o objetivo geral de compartilhar a ação educativa seja cumprido, somando-se esforços e não distanciando-os do desenvolvimento infantil.

7.4 A COMUNICAÇÃO COM AS FAMÍLIAS

No decorrer do capítulo, fizemos referência aos diferentes âmbitos de comunicação com as famílias: as reuniões mais gerais, as atuações com finalidade formativa, os contatos cotidianos, as entrevistas, etc. Todos esses aspectos constituem situações de comunicação completamente engajadas a encaminhar-se no curso e na atuação diária. Neste item, abordaremos de uma maneira bem específica as entrevistas individuais.

Em relação a essas entrevistas, os grandes traços característicos podem ser distinguidos entre:

- A entrevista de ingresso da criança na escola.
- As entrevistas solicitadas pelos pais ou pelos próprios professores para tratar de algum aspecto relevante ou simplesmente para manter um intercâmbio de pontos de vista.
- As entrevistas vinculadas à comunicação da avaliação das crianças. Essas entrevistas estão comentadas de maneira específica no Capítulo 5, nos itens "Compartilhar a avaliação com a família" e "Roteiro para a entrevista do segundo trimestre". As considerações feitas naquele capítulo são necessárias para uma visão global da função dos encontros mais específicos com as mães e os pais. No entanto, para evitar repetições, trataremos todo o referente às entrevistas de ingresso e de intercâmbios ou solicitadas e remeteremos aos itens comentados para complementar a visão. (Ver também Quadro 7.1.)

As entrevistas de ingresso

Referem-se às entrevistas que, em geral, são realizadas quando se matriculam as crianças na escola. Como essa é uma prática habitual, é freqüente que cada centro disponha de um modelo mais ou menos consensual, do qual se utiliza para recolher os dados considerados básicos como uma primeira informação sobre as crianças e as suas famílias. Essas informações variam de centro de educação infantil para um centro de educação fundamental ou uma escola maternal; com freqüência, varia também o caráter e a própria gestão da entrevista.

Nesse sentido, esse primeiro contato acaba tendo um caráter essencialmente formal, e há muitos fatores que contribuem para isso. Para começar, está mediatizado por um trâmite burocrático, como é o de formalizar uma matrícula. Além disso, o contato pode estar a cargo do coordenador, da coordenadora ou de algum membro da equipe diretiva do centro. Às vezes, não se trata somente de uma entrevista no sentido estrito, mas de uma atividade de empregar um questionário elaborado sobre os dados de filiação (nome, endereço, nome de irmãos, trabalho dos pais e alguns dados muito gerais sobre a criança: as doenças que teve, idioma habitual de comunicação em casa, com quem convive mais, etc.). Nesses casos, pode ser comum que, especialmente na creche, quando já esteja decidido quem será a professora da criança, convoque-se o pai e a mãe para realizarem uma primeira entrevista com ela.

Vale a pena levar em conta que tanto o contato mais formal que descrevemos como a primeira entrevista têm uma função fundamental: estabelecer as bases para iniciar e manter uma colaboração progressiva com as famílias, o que irá requerer o conhecimento também progressivo da escola. Portanto, é indispensável que desde os primeiros contatos, os pais se sintam acolhidos e acompanhados; também, que possam, por vezes, formular as suas perguntas e apresentar as suas dúvidas.

Isso requer uma atitude afável e respeitosa da pessoa entrevistadora, o que permite quebrar o gelo, evitando a sensação de "interrogatório" às famílias e gerando, progressivamente, um intercâmbio, principalmente nos casos em que a reunião é de caráter basicamente formal.

Caso o centro considere conveniente ir além desse contato mais formal e planeje a realização de uma entrevista — a cargo da professora ou da coordenadora —, as precauções a que acabamos de aludir são igualmente necessárias e devem ser adicionadas a outras. Além dos aspectos do espaço, do tempo, etc. (e, em geral, dos aspectos que devem estar presentes na realização de qualquer entrevista; ver Quadro 7.1), as primeiras entrevistas requerem uma reflexão em profundidade referente às informações e aos conteúdos sobre os quais se estruturam.

Em relação aos objetivos e aos conteúdos da entrevista, há algumas diferenças entre o primeiro e o segundo ciclo. No caso da creche, quando talvez a criança ainda não tenha um ano completo e esteja no início de uma separação gradual dos pais e dos costumes de seu lar, essa entrevista deverá ter a finalidade de conhecer e de saber quais os costumes para poder observá-los, especialmente no momento inicial. Nesse caso, por exemplo, importa saber se a criança dorme com ou sem chupeta; se come os alimentos em pedaços ou somente em forma de cremes, etc., e outras informações úteis para que as educadoras possam adequar as suas intervenções aos hábitos e às pautas familiares.

Na pré-escola, às vezes, as entrevistas fixam-se de maneira bastante exaustiva em aspectos como a gestação e o nascimento do bebê, sua evolução no primeiro período da vida e outras perguntas similares, cujas informações, por um lado, invadem a intimidade da família e, por outro, podem suscitar reações de certa angústia e mal-estar. Com freqüência, e principalmente se a família tem mais de uma criança, os pais não recordam exatamente quando a criança começou a engatinhar ou quando disse a primeira palavra. Além do mais, muitas vezes, tais informações podem ser pouco necessárias; se for conveniente fazer uma história clínica, existem outros profissionais que poderão colaborar com as professoras para fazê-la e para adaptar seu significado à família.

Pelo tipo de atuação que a escola realiza, provavelmente as informações que mais lhe interessam referem-se a como está a criança em casa, como é o seu dia habitual (o que faz, com que pessoas convive, do que mais gosta e do que não gosta), como a sua mãe e o seu pai a vêem; como sentem o ingresso da criança na escola, como a prepararam, se foi possível; quais as expectativas que têm da escola, etc.

Se nos colocarmos no lugar dos pais, poderemos aceitar que, provavelmente, também eles têm muitas coisas para perguntar sobre a escola; é importante saberem que podem perguntar, que lhes responderemos e que a situação de entrevista, sem perder a sua funcionalidade, torne-se uma situação o mais interativa possível. É necessário que os pais entendam por que lhes perguntamos coisas a respeito de seu filho e dos próprios pais, para que não o vejam como uma invasão, nem como uma avaliação da sua tarefa educativa. Partindo desse esclarecimento, poderão interpretar positivamente as questões que lhe fizermos, entenderão que tomamos notas enquanto falam e poderão, por sua vez, expressar as suas impressões.

Em certas escolas, considera-se a entrevista como parte do próprio processo de adaptação da criança e como um meio de conhecimento da criança no seu contexto familiar. Por esse motivo, enfoca-se mais o espaço do conhecimento mútuo e de aproximação da criança na escola e à sua educadora. Nesses casos, o menino ou a menina estão presentes, podem brincar com os brinquedos e os objetos da sala de aula, enquanto a família e a professora trocam impressões. Dessa maneira, a educadora pode conhecer melhor a dinâmica e o caráter familiar; por sua vez, a criança começa, naquele momento, a compartilhar a futura escola com a mãe e o pai.

Convém ter presente que o conhecimento mútuo requer tempo; não se deve pensar em uma entrevista como uma situação na qual se obtenha inexoravelmente determinados dados; naturalmente que esses são importantes, porém teremos mais ocasiões de conversar e de consegui-los. Na primeira entrevista, o objetivo fundamental é estabelecer as bases para as futuras colaborações. Por outro lado, existe todo um conjunto de informações mais sutis que, às vezes, não se perguntam e que se lêem nas atitudes, nas outras respostas e que podem ser captadas pela educadora (nervosismo, um pai que interrompe o outro, uma atitude de extrema familiaridade com a professora, etc.). A respeito disso, também é preciso ser prudente e não interpretar excessivamente. É preciso considerar que, nos primeiros contatos, todos podem estar muito preocupados em passar uma "boa imagem" e que as impressões somente sejam válidas quando as impressões posteriores confirmarem as primeiras.

Em qualquer caso, trata-se de um tema importante para refletir de maneira conjunta com a equipe de professores e para pedir, se necessário, assessoramento a outros profissionais que fazem das entrevistas as suas ferramentas de trabalho (psicólogos, pedagogos). O sentido de tal reflexão pode ser muito amplo, porém sempre haverá de ajudar a direcionar a entrevista como um instrumento cuja finalidade é ajudar a conhecer melhor a criança e a compartilhar os objetivos educativos entre a escola e a família.

As entrevistas solicitadas

No decorrer do curso, poderá acontecer que, além da entrevista do segundo trimestre, mais vinculada à avaliação (ver Capítulo 5), os professores considerem necessário convocar a mãe e o pai de uma criança para comentar algum aspecto que lhes preocupa sobre a criança ou por algum outro motivo.

Nesses casos, convém ter presente um conjunto de aspectos que contribuem para preparar a entrevista e para que se desenvolva satisfatoriamente por parte de todos. Esses aspectos podem ser contemplados também em relação à entrevista inicial e à do segundo trimestre.

À margem de tais questões, é preciso ter uma consideração geral que faça referência a quando é necessário fazer a entrevista. Assim que se detecta um problema? Somente quando ele toma uma dimensão considerável? Somente para falar de problemas? Cada caso é diferente, mas existem algumas considerações que podem ser bastante generalizáveis. Diante de uma conduta que preocupa ou de algo que não está claro, o mais prudente pode ser deixar passar alguns dias, dar-se tempo e ocasião de analisar o que sucede, em quais situações, o que acontece quando se intervém em um determinado sentido.

Essa espera – que não se confunde com uma negociação da dificuldade – se acompanhada de uma atitude de observação atenta, ajuda a compreender melhor o que se está passando, a situar-se de uma certa distância emocional, a valorizar com mais fundamento se é preciso falar com o pai e a mãe; em caso afirmativo, a formular o tema de maneira mais elaborada, portanto, com mais possibilidade de avanço.

Esperar que os problemas resolvam-se com o passar do tempo, sem fazer nada, é uma estratégia que pouco provavelmente poderá dar resultado; às vezes, parece que sim, mas em geral, se há mudanças, é porque nos dirigimos de uma maneira diferente à situação, talvez até sem percebermos. Também não é uma boa estratégia deixar que as situações problemáticas cheguem ao limite para começar a conversar. A combinação da prudência, a observação e a comunicação tranqüila com a família da criança parece ser a maneira mais adequada para compreender o que se passa e poder-se intervir.

Por último, as professoras e os professores devem valorizar o fato de ser gratificante dar boas notícias. Às vezes, foi realizado um trabalho muito interessante com a família e foi possível desbloquear uma situação, resolver um problema; para consegui-lo, foi necessário estar muito atento à criança, foram programadas sucessivas entrevistas, trabalhou-se conjuntamente. Porém, com freqüência, quando as coisas vão bem, não se comunica da mesma maneira. Naturalmente, quando a criança progride de um modo adequado, esse fato expressa-se através de canais constituídos – o contato mais informal e freqüente, a entrevista de avaliação, os informes, etc. Contudo, alguns pais que estavam alerta porque o seu filho ou a sua filha estava apresentando alguma dificuldade, podem sentir-se muito eufóricos se lhes comunicarmos, igualmente, que a situação melhorou; a sua preocupação, provavelmente, baixará no mesmo sentido que aumentarão as expectativas relativas à criança, um aspecto necessário ao seu desenvolvimento (ver Quadro 7.1).

As entrevistas solicitadas pelos pais

Em um dado momento, a família pode pedir uma entrevista para comentar algum aspecto que lhes preocupa a respeito de seu filho ou filha, da escola ou da professora ou, simplesmente, para manter um intercâmbio de impressões. A casuística pode ser tão diversa que poucas coisas podem ser ditas, além de ter a disponibilidade necessária para escutar, para tentar entender o ponto de vista dos pais e das mães, para orientá-los em relação a outros profissionais, quando pensarmos que não somos o interlocutor adequado para os conteúdos que apresentam. Em qualquer caso, antes da entrevista, convém refletir sobre o progresso da criança, consultar o expediente da família, recordar as notas feitas em entrevistas anteriores,... enfim, é preciso prepará-la.

Às vezes, tais entrevistas podem ser a ocasião na qual se formula uma queixa, uma crítica mais ou menos explícita da instituição ou da professora. A tentação de colocar-se na defensiva pode ser bastante forte e até mesmo justificada. Porém, pode não ser uma estratégia adequada, se resultar em estranhamentos, em antagonismos de posições e, afinal, na impossibilidade de entenderem-se. Nesses casos, convém escutar e expor, de maneira respeitosa, qual é a nossa visão, colocar que nem sempre poderemos estar de acordo em tudo que acontece e que é importante tentarmos entender, conjuntamente, a origem dessa discrepância. Com freqüência, as duas partes terão que renunciar à própria representação para alcançar uma representação mais compartilhada e, às vezes, isso não será de todo possível. Nessas situações, uma saída possível pode ser aceitar o desacordo, ressaltar os aspectos que concordamos e tentar expor alguma estratégia – a partir do que estão de acordo e do que discordam – que restabeleça a confiança mútua.

É importante sempre atender a qualquer possível pedido de entrevista por parte dos pais e das mães, ainda que a professora não a considere necessária ou urgente. Podem estar ocorrendo coisas no ambiente familiar que convenha ter conhecimento ou, simplesmente, é preciso escutar os pais que se sentem intranqüilos e que querem ter mais informação sobre a situação escolar dos seus filhos. A partir dessa perspectiva, pode ser interessante refletir sobre al-

Quadro 7.1 Aspectos que devem estar presentes na preparação da entrevista

1. Por que é preciso fazer a entrevista?
   Em primeiro lugar, é preciso considerar a finalidade da entrevista – que pode ser diferente segundo o momento e o motivo – e decidir os diversos aspectos que são necessários considerar em função dessa finalidade. É muito conveniente poder explicá-la aos pais com antecedência.
   As finalidades mais habituais das entrevistas, nessa etapa, são as seguintes:
   - Compartilhar a visão sobre a criança. Fazer um intercâmbio de representações entre a família e a professora. Propor hipóteses ou dúvidas que se queiram comentar com os pais para compreender melhor a criança e atender às suas necessidades.
   - Informar os pais sobre a evolução que a criança está seguindo na escola. Manifestar os aspectos que são necessários melhorar e trabalhar.
   - Chegar a acordos com a família para reconduzir o processo de aprendizagem da criança, para adequá-lo às suas necessidades. Estabelecer um processo educativo realmente conjunto.
2. A quem se convoca?
   - Conforme a finalidade da entrevista, será necessário a presença do pai e da mãe ou somente daquele que habitualmente se encarrega da relação com a escola. Nos casos em que há intervenção de outras pessoas (avó, avô, babá, irmã maior) que compartilhem boa parte da vida da criança – e sempre de acordo com a finalidade da entrevista – pode-se convocar também essas pessoas.
3. O que é feito? Quanto deve durar?
   - Convém marcar com os pais em uma hora que lhes seja possível ir à escola. Da mesma maneira, uma vez marcada, é preciso ter o tempo suficiente para não lhes dar a sensação de muita pressa. É importante que saibam de antemão quanto tempo poderá ser dedicado, para que temas interessantes não sejam deixados de lado, como também despedidas pouco cuidadas. Todos esses critérios evidenciam a importância de contar com uma organização que lhes facilite (espaço e tempo estabelecido para esta atividade, previsão de substituição da professora se for necessário, acordos da escola, etc.).
4. Onde fazer a entrevista?
   - Pode ser em um espaço reservado para as entrevistas ou na própria sala de aula; isso depende, entre outras coisas, do momento e da finalidade.
   Quando for o caso de explicar aos pais o que a filha e o filho fazem na escola, a entrevista poderá ser realizada na própria sala de aula, o que permitirá mostrar os desenhos e as produções da criança e explicar *in loco* a organização e a dinâmica do grupo. Quando se tratar de um problema delicado, pode ser mais conveniente um local mais privado e neutro, onde os pais sintam-se bem-acolhidos e com mais liberdade de ação.
5. Ambientação e clima da entrevista.
   - Há certos aspectos sutis que, de início, criam um clima determinante na entrevista: a maneira de convocar a família, o espaço onde se desenvolverá a disposição das cadeiras e mesas, a atitude da professora – tranqüila, aberta, colaboradora, negativa, defensiva, etc. – e a sua maneira de proceder – interrogadora, de interncâmbio, de manifestação da própria opinião e de pesquisadora; respeita a fala dos interlocutores, etc. Todos esses aspectos devem ser cuidados, especialmente nos casos mais delicados ou difíceis; a melhor maneira de fazê-lo, sem dúvida, é dedicando o tempo suficiente para refletir sobre o caso e para preparar a entrevista.

gumas estratégias que facilitam aos pais encaminhar a solicitação de uma entrevista para a professora: dispor de um horário para essa função; poder solicitá-la através da secretaria ou da recepção do centro; informar, nas reuniões da turma da sala de aula ou através de outros canais, a disponibilidade da equipe para manter os intercâmbios com a família e tudo o que lhes pareça adequado. Essa medida contribui para dar confiança e segurança aos pais e às mães e confirmará que a escola apresenta interlocutores dispostos a conversarem com eles sobre a educação de seus filhos.

7.5 A PARTICIPAÇÃO DOS PAIS E DAS MÃES NO CENTRO EDUCATIVO

Além da participação natural pelo fato de ter as crianças pequenas no centro, os pais têm diversos canais de representação e de participação na escola, alguns dos quais são reconhecidos e amparados pela legislação vigente – no caso dos centros públicos e combinados – e de outros que derivam das decisões que se concretizam no Projeto Educativo do Centro – PEC.

São exatamente os constituintes dos conselhos escolares, os pais e as mães – através de seus representantes – que aprovam esse documento, expondo as linhas de identidade, o regulamento de regime interno da escola e as finalidades que se deseja alcançar. As associações dos pais e das mães de alunos constituem um outro órgão de representação e de intervenção das famílias na escola, as competências e as atribuições das quais diferem, dentro de alguns marcos legais, de uma escola a outra.

À margem disso, as equipes de professores dessa etapa e de outras deverão de propor que níveis de participação, no centro, estão acordados com os pais e as mães. Podem entrar na sala de aula quando acompanham as crianças? Podem contribuir na preparação das festas da escola? Podem ajudar nas saídas? Podem montar oficinas nas quais os avós venham à escola para explicar histórias ou contos infantis aos pequenos? Podem participar nos cantinhos de...?, etc. Trata-se de um tema delicado, de experiências que devem ter não só o caráter da equipe dos professores como a própria vontade dos pais e das mães de intervirem e o grau em que os dois coletivos atribuem sentido a essa participação.

A participação das famílias pode ser benéfica para a escola pelos seguintes motivos: aproxima os dois mundos – o da família e o do centro – favorecendo aprendizagens mútuas, nas quais cada pessoa pode trazer uma experiência, um saber, uma maneira de fazer diferente e enriquecedora. Em qualquer caso, a pertinência, o tipo e a magnitude da participação deve ser cuidadosamente analisada e discutida pelo conjunto dos professores, ao mesmo tempo que convenientemente enquadrada no projeto pedagógico da escola. Essa participação nunca deve gerar confusão sobre as responsabilidades, as funções e as respectivas implicações; sempre deverá ser um meio, entre outros, para garantir o que queremos deixar evidente neste capítulo: a proximidade entre os dois contextos primordiais de desenvolvimento das crianças da etapa da educação infantil.

7.6 ALGUMAS IDÉIAS QUE É PRECISO GUARDAR

No decorrer deste capítulo, surgiram algumas idéias que convém ratificar:

- No decorrer de todo o desenvolvimento da criança, sobretudo nas sete etapas iniciais, o conhecimento mútuo e o estabelecimento de acordos entre o contexto familiar e o escolar atuam em benefício da criança pequena e promovem o seu bem-estar.
- As relações entre a família e a escola somente podem ser construtivas se estiver baseada no respeito mútuo, na confiança e na aceitação das peculiaridades de cada um. Não existem duas famílias iguais e convém não ter esquemas rígidos sobre "como deve ser" uma família.
- O contato entre pais e professores deve cumprir os objetivos de conhecer a criança, estabelecer critérios educativos comuns, oferecer modelos de intervenção e de relação com as crianças e ajudar a conhecer a função educativa da escola.
- Há diversos canais, alguns mais informais e outros mais formais e estruturados: entrevista de entrada, entrevistas de intercâmbio (a pedido dos pais, das mães ou da escola), entrevistas de avaliação, atuações de formação e de informação aos pais, colaboração dos mesmos em tarefas diversas na escola. Cada centro deve tomar um conjunto de decisões em

- torno dessas ferramentas, tornando-as úteis, consensuais, flexíveis e respeitadas por todos.
- A relação entre a família e a escola pode ser muito enriquecida pela interação de outros profissionais (psicopedagogos fundamentalmente) que, em diferentes níveis, podem ajudar a apresentar maneiras construtivas de trabalhar conjuntamente.
- O contato entre as escolas e as famílias poderá transcender o nível de exigência administrativa para converter-se em um instrumento que melhore e facilite a tarefa educativa dos pais, das mães e dos professores.

NOTA

[1] Algumas idéias deste item aparecem em SOLÉ, I.: "Les pràctiques educatives", In: COLL, C. (coord.) *Psicologia de l'educació*. Barcelona: UOC, 1995. (Materiais da Universidade Oberta da Catalunya. Módulo 3.)

SE QUISER LER MAIS...

BRONFRENBRENNER, U.: *La ecología del desarrollo humano*. Barcelona. Paidós, 1987.
MARTÍN, L.; ERRAURIZ, P.: *La escuela infantil. Un lugar de encuentro*. Madrid. Síntesis, 1989.
SANJUAN, R. e outros: *Famílies a l'aula. Una experiència de relació família-escola*. Barcelona. Prefeitura de Barcelona, 1994.
SCHAFFER, H.R.: *El context socio-familiar de l'infant*. Barcelona. Temes d'Infància, Rosa Sensat, 1990.
SCHAFFER, H.R.: *Decisiones sobre la infancia*. Madrid. Aprendizaje-Visor, 1994 (edição original 1990).

Referências Bibliográficas

ANTÚNEZ, S. e outros: *Del projecte educatiu a la programació d'aula*. Barcelona. Graó, 1991.

ANTÚNEZ, S.: *Claves para la organización de centros escolares*. Barcelona. ICE/Horsori, 1993.

AUSUBEL, D.P.; NOVAK, J.D.; HANESIAN, H.: *Psicología educativa: un punto de vista cognoscitivo*. México. Trillas, 1983 (edição original: 1978).

BOSCH, L.: *L'escola i els transtorns de llenguatge*. Curso da escola de verão de Osona. Documento interno não-publicado.

BRONFENBRENNER, U.: *La ecología del desarrollo humano*. Barcelona. Paidós, 1987 (edição original 1979).

BRUNER, J.; WOOD, D.J.; ROSS, G.: "The role of tutoring in problem solving". *Journal of Child Psychology an Psychiatry*, núm. 17, 1976, pág. 89-100.

BRUNER, J.: *Juego, pensamiento y lenguaje*, em LINAZA, J. (comp.): *Acción, pensamiento y lenguaje*. Madrid. Alianza, 1984.

BRUNER, J.: *La parla dels infants*. Vic. Eumo, 1985.

CARMEN, L. del: "El proyecto curricular de centro" em MAURI, T.; SOLÉ, I.; CARMEN, L. del; ZABALA, A.: *El curriculum en el centro educativo*. Barcelona. ICE/Horsori, 1990, pág. 91-124.

CARMEN, L. del; ZABALA, A.: *Guía para la elaboración, seguimiento y valorización de proyectos curriculares de centro*. Madrid. CIDE-MEC, 1991.

CARMEN, L. del: *La planificació de cicle i curs*. Barcelona. Graó/ICE, 1993.

CARMEN, L. del: "Significado y sentido". Barcelona. *Cuadernos de Pedagogía*, núm. 223, 1984, pág. 18-21.

CATALDO, Ch.: *Aprendiendo a ser padres*. Madrid. Aprendizaje-Visor, 1991 (edição original: 1987).

COLL, C.: La construcción de esquemas de conocimiento en el proceso de enseñanza/aprendizaje, em COLL, C. (ed.): *Psicología genética y aprendizajes escolares*. Madrid. Siglo XXI, 1983, pág. 183-201.

COLL, C.: *Marc curricular per a l'ensenyament obligatori*. Barcelona. Generalitat de Catalunya. Departament d'Ensenyament, 1986.

COLL, C.: *Psicología y currículum*. Barcelona. Laia, 1987 (Psicología y curriculum. Barcelona. Paidós).

COLL, C.; SOLÉ, I.: "La importancia de los contenidos en la enseñanza". *Investigación en la escuela*, núm. 3, 1987, pág. 19-27.

COLL, C.: Un marco de referencia psicológico para la educación escolar: la Concepción Constructivista del aprendizaje escolar y de la enseñanza, em COLL, C.; PALACIOS. J.; MARCHESI, A.: *Desarrollo psicológico y educación II. Psicología de la educación*. Madrid. Alianza, 1990, pág. 434-453.

COLL, C.; MIRAS, M.: La representación mutua professor/alumno y sus repercuciones sobre la enseñanza y el aprendizaje, em COLL, C.; PALACIOS, J.; MARCHESI, A.: *Desarrollo psicológico y educación II. Psicología de la Educación*. Madrid. Alianza, 1990, pág. 297-313.

DARDER, P.; MESTRES, J. (coord.): *Avaluació de Centres d'Educació Infantil (ACEI)*. Barcelona: Dossiers de Rosa Sensat, 1994.

DÍEZ NAVARRO, M.C.: "El diario de clase". *Cuadernos de Pedagogía*, núm. 232, 1995, pág. 38-42.

DUCKWORTH, E.: *Cómo tener ideas maravillosas*. Madrid. Visor/MEC, 1988 (edição original: 1972).

FÈNEYROU, R.: "Avaliació i diferenciació". *Butlletí del Col·legi Oficial de Doctors i Llicenciats de Catalunya*, núm. 73, 1990.

FÈNEYROU, R.: "Incidències psicològiques de l'avaluació". *Butlletí del Col·legi Oficial de Doctors i Llicenciats de Catalunya*, núm. 74, 1991.

FERREIRO, E.; TEBEROSKY, A.: *Los sistemas de escritura en el desarrollo del niño*. Madrid. Siglo XXI, 1979.

FREDERICKS, A.D.; TAYLOR, D.: *Los padres y la lectura. Un programa de trabajo*. Madrid. Aprendizaje-Visor/MEC, 1991.

GARDNER, H.: *La mente no escolarizada*. Barcelona. Paidós, 1993.

GARTON, A.; PRATT, CH.: *Aprendizaje y proceso de alfabetización. El desarrollo del lenguaje hablado y escrito*. Barcelona. Paidós/MEC, 1991 (edição original: 1989).

GENERALITAT DE CATALUNYA. DEPARTAMENT D'ENSENYAMENT: *Currículum*. Educació Infantil, 1992.

GOBIERNO VASCO. Departamento de Educación: *Diseño Curricular Base*. Educación Infantil, 1992.

GOLDSCHMIED, E.: "El joc heurístic". *Infància*, núm. 33, 1986, pág. 11-15.

HUGUET, T.; BASSEDAS, E.: "Jugar, crecer y aprender en la Etapa de la Educación Infantil". *Aula de innovación educativa*, núm. 7, 1984, pág. 30-34.

HUGUET, T.: "Evaluación, diversidad y cambio en Educación Infantil". *Aula de innovación educativa*, núm. 28-29, 1994, pág. 19-23.

JUBETE, M.; ESTELA, A.: "Espai familiar, una iniciativa sorgida en el si del Projecte Context Infància". *Text i Context*, núm. 8, 1993, pág. 18-22.

JUBETE, M.; MAJEM, T.; ESTELA, A.: "Dos contextos de Educación no formal". *Cuadernos de Pedagogía*, 1995.

JUBETE, M.; MAJEM, T.; ESTELA, A.: "Dos nuevos servicios de educación no formal". *Cuadernos de Pedagogía*, núm. 239, 1995, pág. 20-23.

KAYE, K.: *La vida mental y social de bebé. Cómo los padres crean personas*. Barcelona. Paidós, 1986 (edição original: 1982).

LÓPEZ, F.: "Desarrollo social y de la personalidad", em PALACIOS, J.; MARCHESI, A.; COLL, C.: *Desarrollo psicológico y educación I*. Madrid. Alianza, 1990, pág. 99-112.

MAURI, T.; VALLS, E.; GOMÉZ, I.: *Els continguts escolars. El tractament en el currículum*. Barcelona. Graó, 1992.

McLAUGHLIN, M.: "Ambientes institucionales que favorecen la motivación y productividad del profesorado", em VILLA (coord.): *Perspectivas y problemas de la función docente*. Madrid. Narcea, 1988.

MINISTERIO DE EDUCACIÓN Y CIENCIA: *El currículum de la etapa*. Cajas Rojas de Infantil, 1992.

MIRAS, M.: "Diferencias individuales y enseñanza adaptativa". *Cuadernos de Pedagogía*, núm. 188, 1991, pág. 24-27.

MOLINA, J.; JIMÉNEZ, N.: *La escuela infantil. Acción y participación*. Barcelona. Paidós, 1992.

MOLL, B.; PUJOL, M.A.: Los materiales en la Escuela Infantil, em MOLL, B. (dir.): *La Escuela Infantil de 0 a 6 años*. Madrid. Anaya, 1989.

MONERO, C.: "Ser o no ser constructivista, ésta no es la cuestión". *Substratum*, núm. 6, 1995, pág. 35-54.

MOSHMAN, D.: "Exogenus, endogenus and dialectal constructivism". *Developmental Review*, núm. 2, 1982, pág. 371-384.

OCDE: *Escuelas y calidad de la enseñanza. Informe internacional*. Barcelona. Paidós/MEC, 1991.

OLIVA, A.; PALACIOS, J.: "Familia-escuela infantil. El problema de la discrepancias en ideas y valores educativos". *Aula de Innovación Educativa*, núm. 11, 1993, pág. 27-30.

PALACIOS, J.; OLIVA, A.: *Ideas y actitudes de madres y educadores sobre la educación infantil*. Madrid. CIDE. Ministerio de Educación y Ciencia, 1991.

PALACIOS, J.: "¿Qué es...? ¿Herencia o medio?". *Cuadernos de Pedagogía*, núm. 59, 1979, pág. 18-46.

PALACIOS, J.: *Desarrollo psicológico desde el nacimiento a los seis años*. Universidad de Sevilla. Documento interno publicado, 1991.

PÉREZ-GÓMEZ, A.: "Paradigmas contemporáneos de investigación didáctica", em GIMENO, J.; PÉREZ, A. (eds.): *La enseñanza su teoría y su práctica*. Madrid. Akal, 1983, pág. 95-138.

PIAGET, J.: *El nacimiento de la inteligencia en el niño*. Madrid. Aguilar, 1977 (edição original: 1969).

PIAGET, J.; INHELDER, B.: *Psicología del niño*. Madrid. Morata, 1977 (edição original: 1969).

RIVIERE, A.: "La psicología de Vigotsky: sobre la larga proyección de una corta biografía". *Infancia y Aprendizaje*, núm. 27-28, 1984, pág. 7-86.

RODRIGO, M.J.: Procesos cognitivos básicos. Años preescolares, em PALACIOS, J.; MARCHESI, A.; COLL, C.: *Desarrollo psicológico y educación I*. Madrid. Alianza, pág. 143-155.

ROGOFF, B.: *Aprendices del pensamiento*. Barcelona. Paidós, 1993.

ROSENTHAL, R.; JAKOBSON, L.: *Pygmalion in the classroom: teacher expectation and pupil's intellectual development*. Nova York. Holt, 1968.

RUIZ PÉREZ, L.M.: *Desarrollo motor y actividades físicas*. Madrid. Gymnos, 1987.

SAUSSOIS, N. e outros: *Los niños de 2 a 4 años en la escuela infantil*. Madrid. Narcea, 1991 (edição original: 1983).

SAUSSOIS, N. e outros: *Los niños de 4 a 6 años en la escuela infantil*. Madrid. Narcea, 1992.

SCHAFFER, H.R.: *Decisiones sobre la infancia*. Madrid. Aprendizaje-Visor, 1994 (edição original: 1990).

SHAVELSON, R.J.; STERN, P.: "Research on teachers' pedagogical thougths, judgments, decisions and behavior". *Review of Educational Research,* núm. 51, 4, 1981, pág. 455-498.

SOLÉ, I.: "¿Se puede enseñar lo que se ha de construir?". *Cuadernos de Pedagogía,* núm. 188, 1991, pág. 33-35.

SOLÉ, I.: "Aprenentatge, educació i formació global de la persona". *Perspectiva escolar,* núm. 170, 1992, pág. 29-36.

SOLÉ, I.: *Estrategias de lectura*. Barcelona. Graó, 1992.

SOLÉ, I.: "Disponibilidad para el aprendizaje y sentido del aprendizaje", em COLL, C. e outros: *El constructivismo en el aula*. Barcelona. Graó, 1993.

TAVERNIER, R.: *La escuela antes de lo 6 años*. Barcelona. Martínez Roca, 1987 (edição original: 1984).

VILA, I.: "Relaciones familia-escuela". *Cuadernos de Pedagogía,* núm. 239, 1995, pág. 14-16.

VIGOTSKI, L.: "Aprendizaje y desarrollo intelectual en la edad escolar". *Infancia y Aprendizaje,* núm. 27-28, 1984, pág. 105-118 (edição original: 1956).

WILLIS, A.; RICCIUTI, H.: *Orientaciones para la escuela infantil de cero a dos años*. Madrid. Morata/MEC, 1990 (edição original: 1985).

ZABALA, A.: "Los ámbitos de intervención en la educación infantil y el enfoque globalizador". *Aula de Innovación Educativa*. Monogràfic d'Educació Infantil, núm. 11, 1993, pág. 15-18.

ZABALA, A.: "La función social de la enseñanza. Referente básico en la organización y secuenciación de contenidos". *Aula de inovación Educativa,* núm. 23, 1994, pág. 40-48.

ZABALA, A.: *La pràctica educativa. Com ensenyar*. Barcelona. Graó, 1995.

Anexos

A seguir, apresentamos diferentes anexos que complementam e exemplificam explicações dos capítulos anteriores. Em geral, referem-se a exemplos concretos de desenvolvimento do currículo, tanto ao nível de projeto do centro como ao nível de programação. Todos têm a finalidade de enriquecer e exemplificar aspectos da prática em aula ou no centro.

1. A jornada escolar na creche e na pré-escola: exemplos.
2. Situação de chegada na escola: programação de uma unidade didática.
3. O cantinho da casinha: programação de uma unidade didática.
4. A situação de refeição: as decisões da equipe de professores de um centro.
5. As chegadas e as saídas: a sua concretização no Projeto Curricular de Centro.
6. Proposta de blocos de conteúdos para as três áreas.
7. Exemplo de seqüenciação de conteúdos e de objetivos da área de descoberta do meio em uma creche.
8. A organização do espaço em uma creche: a sua concretização no Projeto Curricular de Centro.

Não pretendemos que esses exemplos sejam tomados como modelos para seguir e imitá-los fielmente. Trata-se de desenvolvimentos realizados em contextos concretos, os quais precisam ser adaptados ou modificados, atendendo às características das crianças e as situações em que se apresentam.

É importante enfatizar que se referem a documentos escritos sobre acordos e decisões dos centros, mas não estão acompanhados do processo de discussão, de elaboração e de reflexão que em termos de equipe, previamente e paralelamente geraram a produção escrita que aqui apresentamos. Como já dissemos no Capítulo 6 embora acreditemos que o mais importante é esse processo de reflexão e de trabalho em equipe, também consideramos indispensável um registro escrito das decisões e dos aspectos acordados para ir consolidando e avançando no trabalho conjunto.

O Anexo 1 apresenta duas jornadas nas escolas de educação infantil. Uma com crianças de um ano, na creche, e outra com os meninos e as meninas de quatro anos, na pré-escola. Trata-se de apontamentos das professoras com quem temos colaborado e aprendido, os quais ilustram uma jornada de um ano escolar e que têm a virtude de situar-nos na realidade cotidiana de uma escola desta etapa. Esses exemplos podem apresentar, inclusive, soluções originais para problemas que os educadores e as educadoras propõe e resolvem.

Nos Anexos 2 e 3, apresentamos duas unidades de programação que foram trabalhadas em um seminário com professoras de educação infantil. Refere-se a exemplos que ilustram o terceiro nível de concretização e que mostram uma maneira de planejar a atuação nessa etapa.

Os Anexos 4, 5, 7 e 8 apresentam desenvolvimentos de diferentes componentes dos projetos curriculares de três centros concretos, com os quais colaboramos e aos quais agradecemos sua abordagem.

O Anexo 6 apresenta uma organização geral dos conteúdos dessa etapa que facilita uma visão de conjunto de tudo aquilo que é preciso ensinar e aprender e que é necessário considerar na hora de desenvolver o currículo do centro.

ANEXO 1. A JORNADA ESCOLAR NA CRECHE E NA PRÉ-ESCOLA: EXEMPLOS

Um dia de aula no grupo de um ano[1]

- Creche municipal
- Grupo de um ano de idade
- *Curso 93-94**:
- *Número de crianças do grupo*: cinco meninos e cinco meninas (nascidos entre fevereiro de 92 até novembro de 92 – pode haver dois meses de diferença entre eles). Cinco dessas crianças são novas e as demais já estavam na creche desde o ano anterior:
  Antigos: Aleix, Clara, Gerard, Cèlia, Marta.
  Novos: Martí, Carme, Lucas, Laura, Albert.
- *Educadoras*: duas.
- *Horários*:
  - Segunda, quarta e sexta das 10 às 17h; terça e quinta das 8h30min às 15h30min.
  - Segunda, quarta e sexta das 8h30min às 15h30min; terça e quinta das 10 às 17h.

As duas professoras dividem o atendimento às crianças do grupo de lactentes em determinados momentos: das 8h30min às 9h, na hora do almoço quando necessitar, etc.

O horário desse grupo é o seguinte:

— Das 8h30min às 10h: entrada (jogos livres ou semidirigidos na sala, nos cantinhos, contos, danças, canções, jogos de construções/montagem, etc.).
— Das 10 às 10h30min, aproximadamente: saídas ao corredor e ao *hall* de entrada, brincadeiras com *triciclos*, bicicletas, bolas, tobogã pequeno, etc. Em geral, são jogos de grande movimento com diferentes elementos lúdicos.
— Das 10h30min às 11h30min: saída ao pátio (troca de fraldas, quando necessário).
— Das 11h30min às 12h: lavar as mãos, colocar babeiros, preparação do almoço.
— Às 12h: almoço.
— Das 12h30min às 13h: troca de fraldas. Preparação para o descanso. Música suave.
— Das 13h30min às 15h, aproximadamente: descanso.
— Das 15h às 16h: troca de fraldas, vestir-se, etc.
— Às 16h: merenda.
— Das 16h30min às 17h: saída. Se o tempo estiver bom, ida ao pátio; ao contrário, jogos na sala.

---

*N. de T. "Curso" corresponde a ano letivo; "93-94", porque o ano letivo na Espanha é de setembro a fins de junho.

Diário de um dia com esse grupo[2]

(Final de novembro)
Professoras: Marta (foi quem escreveu) e Tere.

(A CHEGADA)
Martí, que é muito pequeno e acaba de fazer um ano, chega no colo do acompanhante e chora. Não quer descer ou sair do colo e, em seguida, pede a chupeta. Esteve vários dias doente com dor de ouvido e esse é um fator muito importante, que transtorna o seu processo de adaptação. É um menino que ainda não caminha, somente se arrasta pelo chão e sente-se inseguro na aula. Tem dificuldades com os seus companheiros e companheiras que já estão em um nível de mobilidade bem mais avançado, porque, às vezes, pisam-lhe ou tomam-lhe as coisas facilmente. Somente quer que a educadora o segure e deixe-o dormir pela manhã. Tem sono, porque sai de casa antes de sua hora de acordar. Esse fato também provoca pouca interação com as outras crianças dentro da sala no momento de trabalhar e de estimular tal aspecto, uma vez que, pela manhã, estão mais tranqüilos e os jogos são mais individualizados. Não quer ir ao pátio, se não for levado dentro do carrinho.

Clara chega pela mão de sua mãe. Está séria. Digo-lhe: Bom dia! e ela estica os braços. A mãe lhe diz: "Dá um beijo na Marta!" e ela me olha, quando a mãe sai, Clara acena.

Carme chega contente e rindo com a avó. Em seguida, aproxima-se de Clara e mostra-lhe um ursinho que está próximo. Busca um joguinho e começa a fazer uma torre com quatro cubos. Clara a observa e eu a animo para que ela também vá brincar com os outros cubos.

Chega Cèlia com o pai e a mãe e já no corredor chama por Marta. A mãe conta que ela acordou falando em Marta. Explica-me que tem muita vontade de vir e vai explicando mais coisas sobre Cèlia. Está muito contente e não quer voltar. Despede-se da mãe quando a pego no colo, distrai-se em seguida e quer começar a brincar.

Aleix chega muito coberto dentro do carrinho, com a mãe. Eu digo: "Ui, que frio que faz hoje, Aleix?". Em seguida, quer sair do carrinho e pegar um joguinho e jogar muito contente. Aproxima-se de Clara e sorri.

Vão chegando as demais crianças.

Às 10h, chega a outra professora da sala. Todas a recebem. Ela dá um beijo em cada uma, pergunta coisas e faz comentários a cada uma das crianças. Elas querem prolongar esse momento de contato. Cèlia protesta e empurra as outras crianças, porque quer que a professora a pegue. A professora continua dando beijos nas demais crianças.

(A ATIVIDADE COLETIVA)
Laura e Gerard trouxeram fotografias da família e ascolocamos no espelho junto com outras que lá estão expostas. Aproveitamos a ocasião para falar sobre os pais de Laura, como se chamam, onde estão agora; chamamos a atenção para olharem a paisagem da foto (o mar no verão). Também falamos sobre a foto de Gerard, na qual aparece sua irmã menor e perguntamos seu nome, o que faz, se somente toma leite e mamadeira, se chora, se sorri... Todas as crianças escutam atentas e cada uma procura a sua foto e para mostrar-me.

(A RODINHA)
Solicita-se que se aproximem em um círculo sobre o colchonete; explico-lhes que cantaremos canções de Natal e de Papai Noel. Quando começo a cantar: "Agora vem Natal, mataremos o galo...", a Carme levanta e busca um livro de figuras no qual há um galo. "Oh! Muito bem, Carme, um galo! Vejam o que a Carme pegou!" e mostro-lhes o galo. Voltamos a sentar e continuamos cantando, todos batendo palmas, por três vezes. Depois disso, como já são 10h30min, saímos ao corredor e ao *hall* de entrada.

Alex pede para colocá-lo no escorregador grande que está na entrada. Coloquei um pedaço de espuma para que pudesse subir melhor. Consegue subir e está muito contente por isso; quando chega em cima, comemora batendo palmas e batendo os pés. Clara e Carme também sobem.

Tere (professora) está passeando com Martí, que quer andar sozinho de triciclo. Os maiorzinhos do grupo brincam de esconder por detrás das colunas; os outros estão passeando com as bonecas em seus carrinhos. O ambiente está tranqüilo. O nosso grupo está sozinho.

(OS CANTINHOS DE JOGOS)
Às onze horas, voltamos à sala e, enquanto alguns recolhem os joguinhos e os colocam em seus lugares, Tere serve água às crianças que têm

sede; primeiro sentam-se no chão e, quando sentados, recebem um copo com água. Continuamos recolhendo e eu solicito ajuda e indico-lhes o lugar onde devem ser guardados os brinquedos. Pegam os blocos de plástico para montar e um grupinho começa a brincar. Intervenho e começo a montar um trem com as peças e mostro-lhes como faço, colocando as peças de diferentes maneiras. Martí, que estava em um cantinho com Tere, sai de lá e vem arrastando-se; pega um vagão com rodas e anda com ele. Clara o vê e aproxima-se dele, levando mais peças de montar. "Muito bem, Clara! – digo – assim o Martí também poderá brincar". Martí vai até outro brinquedo (um volante) e o rodeia; logo cansa-se e volta arrastando-se até a Tere (professora). Chamo-o e digo: "Martí, olhe! Gerard está brincando com o carrinho de que você gosta tanto, vá brincar com Gerard!". Ele o observa, mas não se move do meu lado.

Laura começa a recolher as peças do joguinho de montar e põe-nas no caixote. Então, Clara participa. Convido os outros pequenos para que façam o mesmo e ajudem-nas.

(A PREPARAÇÃO PARA O ALMOÇO)

Às onze e meia, depois de anunciá-lo em voz alta para todos, vamos lavar as mãos e colocar os babeiros. Sobem em um banco que foi colocado em frente das pias para alcançarem. Carme está removendo os babeiros do cesto, escolhe alguns e traz-me. Vão se sentando junto à mesa, no lugar que querem.

(O ALMOÇO)

Uma professora vai buscar o carrinho na cozinha, acompanhada de duas meninas. Já está tudo preparado e logo voltam para a sala onde estão todas as crianças sentadas esperando. Quando chegamos, falamos: "Já estamos aqui, já vem o carrinho da comida!" e todos aplaudem, contentes. Coloca-se uma música suave.

Servimos logo Aleix e Carme, porque não sabem esperar. Há duas crianças que comem triturado, aproximamos a cadeirinha e Tere dá-lhes comida uma a uma. Eles comem o bife/hambúrguer com avidez, enquanto lhes avisamos para mastigarem com os dentes. Controlamos Aleix para não pegar o prato do vizinho. Depois comem massa com molho. Aviso-os que não queima e que já podem começar a comer.

Marta não quer comer, parece que não está bem e, por fim, vomita. As outras crianças comem tudo, com alguma ajuda minha para "terminarem" o prato. Depois ganham um *flan* de sobremesa. Alberto não gosta e não o forço a comer.

(DEPOIS DO ALMOÇO)

Terminado o almoço, desato os babeiros e os felicito porque comeram muito bem; levamos as crianças para lavarem as mãos e o rosto e para tomarem água.

Cada criança leva a sua cadeirinha para colocá-la sobre a estante. Cada uma quer me alcançar a sua e Alberto chora, porque Aleix tirou-lhe a cadeira para me alcançar. Eu lhe digo: "Não, Aleix, esta cadeira é a do Alberto e ele que vai me alcançar. Dá a cadeira para ele!". Aleix larga a cadeira de qualquer jeito no chão.

(A TROCA DE FRALDAS)

Cèlia já está com sono e começa a resmungar, por isso a troco primeiro. "Cèlia – digo a ela – você fez cocô? Vamos ver?! (cheiro) Ui! Sim, que cocô grande! Vamos limpar o bum-bum da Célia!".

Ela fica muito contente e deixa-se trocar, bem relaxada. Quando está limpa, dou-lhe beijos na barriga e a olho fixamente nos olhinhos; ela observa fixamente, esperando mais beijos. Continuamos a brincadeira um pouco mais e coloco-lhe a fralda. Dou-lhe a chupeta e pergunto-lhe se quer água. Ela diz que sim, dou-lhe e logo depois ela se coloca no meu colo na posição de dormir. Deito-a na cama, tapo-a e digo-lhe: "Durma, Cèlia, até depois".

Vou perguntando às outras crianças quem precisa fazer cocô e a Carme responde-me que sim; busca o peniquinho dentro do armário do banheiro. Pergunto-lhe se quer sentar no peniquinho, ela afirma com a cabeça. Tiro-lhe a fralda e sento-a. Já sei que não ficará ali nem um minuto. Alcanço-lhe um livrinho/livro de histórias e a animo para que faça cocô. As outras crianças também vão pegando os peniquinhos e sentam-se, com roupa e tudo. Por um momento ajudo-os a acomodarem-se e cuido para que se ordenem. Pego os peniquinhos que sobraram e os coloco em seu lugar.

Pego Marta para trocá-la, porque preciso colocar-lhe o termômetro. Tem febre. Digo a Tere que vou telefonar para o seu pai; Tere fica no banheiro, trocando as outras crianças.

Mais tarde, enquanto estava trocando outras crianças, pela vidraça que separa o trocador, vejo entrar Paula, do grupo dos maiores (uma menina com dificuldade de integração, afetada por Síndrome de Down) e quer brincar com o escorregador pequeno da nossa sala. Isso lhe agrada muito. Aleix a observa, pega uma caixa plástica da cozinha de brinquedo e, de repente, bate-a na cabeça de Paula. Ela não chora, mas fica muito quieta. Chamo Aleix para que venha, quando chega, abaixo-me e fixo meus olhos nos seus, solicitando que me olhe. Custa-lhe, não quer, desvia o olhar. Digo a ele que não deve bater em Paula; explico-lhe que ela vem brincar na nossa sala, porque gosta muito do nosso escorregador; repito-lhe que não volte a fazer o que fez, porque a maltrata. Começa a olhar-me e eu continuo com o olhar fixo nele.

(O DESCANSO AO MEIO-DIA)

Às 13h já estão todos nos berços; em seguida, dormem. Hoje não houve guerra de chupetas (atiram-nas para cima e custa-nos recolhê-las). O último a adormecer foi Gerard, como sempre. Fica conversando e destapando-se e eu lhe digo: "Psiu, psiu, é hora de dormir!" e coloco uma música suave.

Saio do dormitório e entro na sala de aula.

Esse é o momento que tenho para escrever nas agendas de Carme e de Martí e para fazer a folha de entrada, na qual explico aos pais como foi no dia e as coisas mais destacadas, como a hora do almoço, a troca de fraldas, o horário do soninho, etc.

Depois vou almoçar e Tere fica cuidando o sono do grupo de lactentes e os de um ano. Depois ela vai almoçar e eu a substituo.

(DESPERTAR)

Quando começam a acordar, busco as crianças, de uma em uma, e solicito silêncio para aprenderem a respeitar o sono das outras. Digo-lhes sempre que chamem por Marta e por Tere, mas que não chorem para não despertarem os companheiros e as companheiras. Elas compreendem e o observam.

(OS JOGOS)

À medida que despertam, jogam dentro da sala, muito tranqüilamente. Sobretudo olham contos, fotografias ou jogam com algum joguinho de montar. Aleix, porém, sempre busca o que ele trouxe e que é do seu gosto (uma pequena bicicleta sem pedais); ele a monta e sai da sala até o corredor e o lavabo. É o seu brinquedo preferido. Marta, quando se acorda, sempre vai até a sala dos lactentes e fica lá até a hora de merendar.

No momento da merenda, Xaro (a cozinheira) vem à sala; as crianças já a esperam: faz perguntas a elas, mima-as, beija-as. Diz a elas que, quando acabaram de merendar, darão as migalhas de pão aos passarinhos no pátio da escola.

(A MERENDA)

De merenda, comem iogurte com bolacha, torradas ou bolinho inglês (madalenas). Quase todas comem sozinhas e com muito apetite.

(A DESPEDIDA)

Quando acabamos, começam a chegar os pais e as mães para levá-los. Despedimo-nos até amanhã.

Um dia de aula no grupo de quatro anos[3]

- Ano letivo 93-94
- Colégio público de um bairro de Esplugues de Llobregat. O nível social da população do bairro é médio-baixo. A língua predominante é o castelhano. A escola atende dos três anos até os alunos de 8ª de EGB. Faz sete anos que começaram a ensinar catalão na escola.
- Nas duas turmas de quatro anos há 24 alunos em cada uma. A maioria das crianças já estava na escola no ano passado.
- As professoras tutoras são as mesmas do ano anterior, do grupo de três anos. Nessas turmas também intervém uma auxiliar de conversa (quatro horas entre os dois grupos) e o professor de música (45 minutos por grupo). Contam com o assessoramento da psicóloga da EAP.
- A distribuição do espaço foi feita de maneira que, entre as duas salas, encontram-se os cantinhos de jogos ou oficinas.

Uma jornada nos grupos de quatro anos: horários

- Às 9h: a entrada, o "Bom dia" e a rodinha.
- Às 9h30min: os cantinhos (integração entre as duas turmas).
- Às 10h30min: no pátio.
- Às 11h15min: as atividades diversas, como:
- Jogos de linguagem verbal (relacionar nome com foto, adivinhações, jogar com os nomes próprios, classificar, relacionar, etc.).
- Jogos de matemáticas (de lógica, de mesa, etc.).
- Canções e danças.
- Dramatizações,
- Contos.
- Jogos coletivos.
  - Às 12h: a saída. Refeitório da escola.
- Às 15h: a entrada, "Boa tarde!", a sessão de psicomotricidade ou outras atividades coletivas.
- Às 16h15min: a preparação para a saída.
- Às 17h: a saída.

Um dia de aula em uma das turmas de quatro anos

(A ENTRADA)

Soa a sirene às 9h da manhã. Um grupo de meninos e meninas já faz a fila (o trem). Outros correm para pegar o trem que começa a se mover e vão acenando para as mães que ficam à porta. No corredor, as crianças tiram os casacos e os colocam nos cabides. Deixam os lanches na prateleira ou penduram a mochila. Enquanto comentam com os seus companheiros e as suas companheiras as últimas novidades: as figurinhas do Aladin, o que aconteceu recentemente em casa, etc.

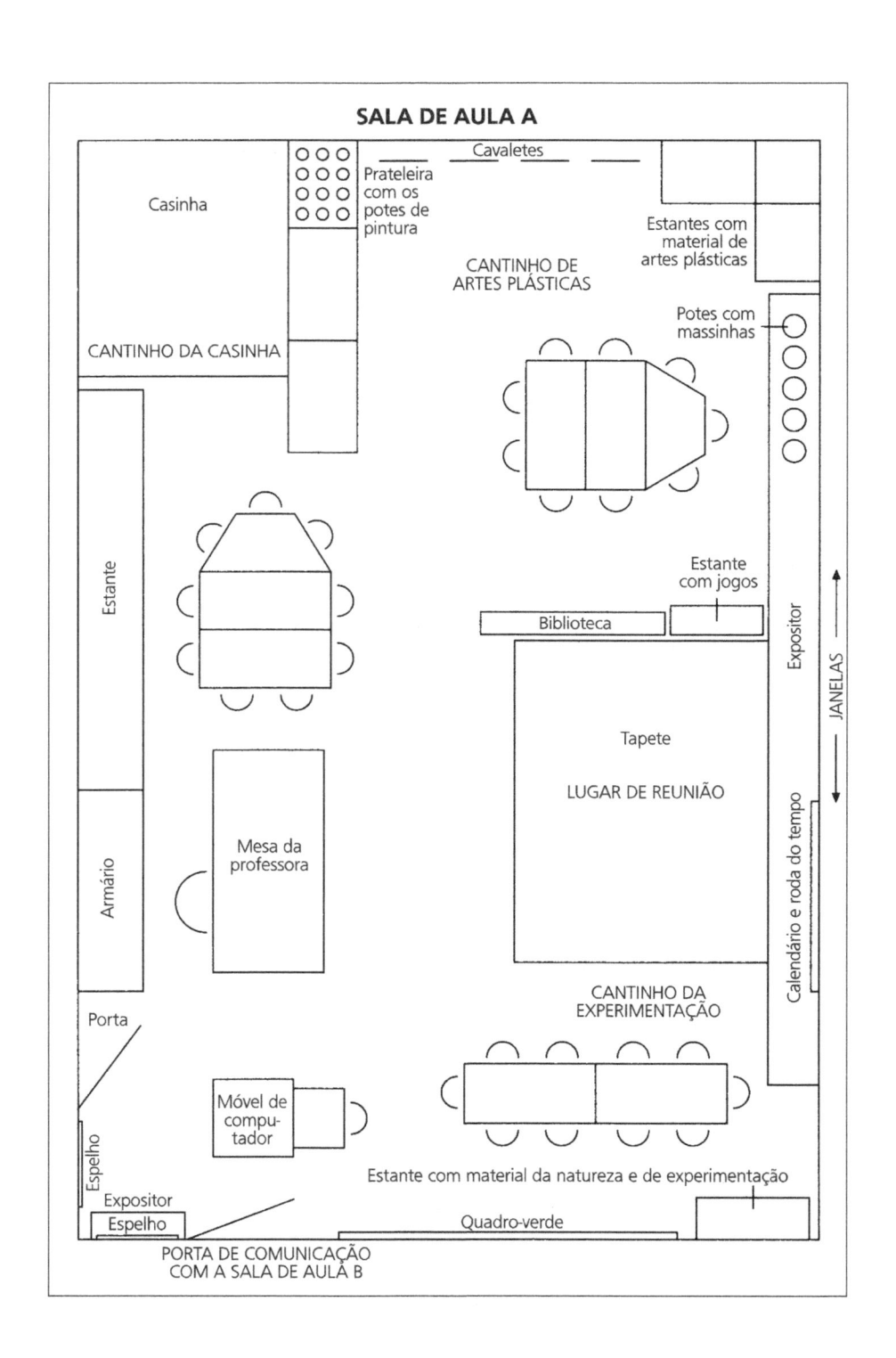

SALA DE AULA A

- Casinha
- Prateleira com os potes de pintura
- Cavaletes
- CANTINHO DE ARTES PLÁSTICAS
- Estantes com material de artes plásticas
- CANTINHO DA CASINHA
- Potes com massinhas
- Estante
- Estante com jogos
- Biblioteca
- Expositor
- JANELAS
- Tapete
- LUGAR DE REUNIÃO
- Mesa da professora
- Armário
- Calendário e roda do tempo
- CANTINHO DA EXPERIMENTAÇÃO
- Porta
- Móvel de computador
- Estante com material da natureza e de experimentação
- Espelho
- Expositor
- Espelho
- Quadro-verde
- PORTA DE COMUNICAÇÃO COM A SALA DE AULA B

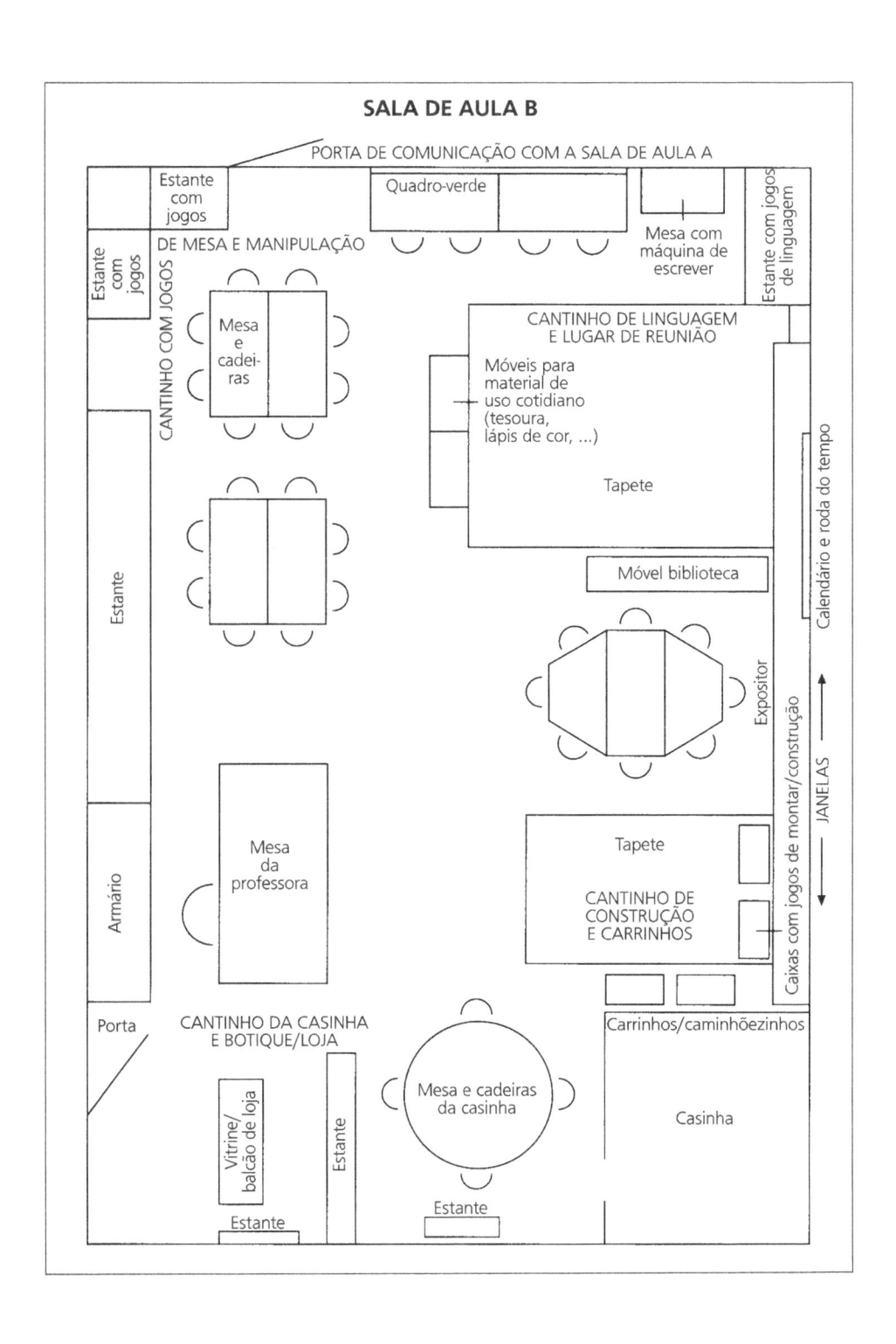

SALA DE AULA B

PORTA DE COMUNICAÇÃO COM A SALA DE AULA A

- Estante com jogos
- Quadro-verde
- Mesa com máquina de escrever
- Estante com jogos de linguagem
- Estante com jogos
- CANTINHO COM JOGOS DE MESA E MANIPULAÇÃO
- Mesa e cadeiras
- CANTINHO DE LINGUAGEM E LUGAR DE REUNIÃO
- Móveis para material de uso cotidiano (tesoura, lápis de cor, ...)
- Tapete
- Calendário e roda do tempo
- Estante
- Móvel biblioteca
- Expositor
- JANELAS
- Mesa da professora
- Tapete
- CANTINHO DE CONSTRUÇÃO E CARRINHOS
- Caixas com jogos de montar/construção
- Armário
- Porta
- CANTINHO DA CASINHA E BOTIQUE/LOJA
- Carrinhos/caminhõezinhos
- Vitrine/balcão de loja
- Estante
- Mesa e cadeiras da casinha
- Casinha
- Estante
- Estante

(RODINHA/MARCAR A PRESENÇA)

Entram na sala; pegam a sua "carteira de identidade" que está no desenho da casa (ver a Foto 1) e colocam (uma maneira de marcar a presença). Sentam no tapete, fazendo uma rodinha. Sara está muito inquieta, porque quer mostrar para a turma o que trouxe de casa. A professora pergunta-lhe: "Sara, o que você quer nos mostrar?" Ela responde que trouxe alguns calendários com cavalos e leões para a sala de aula. O grupo, muito entusiasmado, pede para vê-los. Sara mostra os calendários; são de todos os tamanhos: de agenda, de mesa e de cartaz grande.

OLIVER: Podemos pôr ao lado do nosso calendário (ver a Foto 2).

MARINA: E se colocarmos uma cruz no dia de hoje?

PROFESSORA: Muito bem, agora mesmo coloco.

(TAREFAS/AJUDANTES)

As crianças observam os calendários e os comparam.

Como em cada dia, os encarregados dos calendários, Marta e Marc, começam a sua tarefa.

As tarefas a serem repartidas neste curso são:

- Distribuidor e recolhedor do material de uso cotidiano.

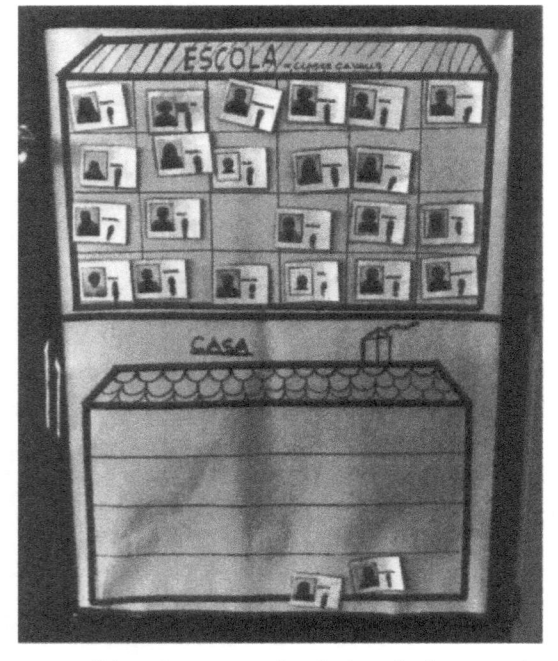

Foto 1. "Lista de Presenças": sala de aula do grupo de três anos da Escola Folch i Torres.

- Mensageiro.
- Encarregado dos animais e das plantas.
- Encarregado do calendário.
- Encarregado da limpeza.

Foto 2. Calendário e observação do tempo: sala de aula do grupo de três anos da Escola Folch i Torres.

Os encarregados das tarefas trocam a cada semana e sempre são um menino e uma menina. Nas segundas-feiras são marcados. Todos os meninos e as meninas fazem todos as tarefas no decorrer do ano; isso vai sendo marcado em um quadro (ver a Foto 3).

(MARCAR A PRESENÇA)
Primeiro, contamos as crianças que vieram à escola e comprovamos as que faltam, observando as "carteiras de identidade" que ficaram no quadro magnético do desenho da casa.
MARTA: A Anna não veio.
MARC: Deve estar doente.
PROFESSORA: Então, venha, escreva o nome dela no quadro. Todos nós ajudaremos.
CRIANÇAS: A letra de Alejandro...
ADRIÀ: E a minha!
ADOLFO: Eu também tenho.

Faz o A. Como não sabe escrever as outras letras, Pol aproxima-se, pega a "carteira de identidade" de Anna e mostra-a, destacando: "São estas." Copia-as, escrevendo no quadro. A professora pergunta o que falta para acabar o nome. Isabel aproxima-se e destaca a primeira letra A, dizendo: "Falta isso."
A professora pergunta quantas crianças faltam na aula e o grupo constata que somente uma.
Marta e Marc escrevem o número 1 no quadro. Como todos os dias, arrancam a folha do nosso calendário de páginas. Aparece o número 10.
DANI: É o número do Romário.
CARLOS: O Barça ganhou do Madri ontem.
Sergio levanta as mãos, marcando com uma os cinco dedos estirados e com a outra mão fechada, diz: "Cinco a zero!".
MIREIA: O meu pai é do Madri.
ALBA: O meu pai é do Barça.
Isabel, pensativa, comenta: "Mmmm, Romario, tem a mesma letra que Raquel". A professora escreve os dois nomes no quadro e mostra ao grupo o que Isabel descobriu. Depois de falar do tema, acabamos de fazer o calendário. Buscamos o número 10 e o situamos no lugar correspondente do calendário da sala. Observamos o tempo e o marcamos no calendário do tempo (ver a Foto 3).

Foto 3. Tarefas/ajudantes: sala de aula do grupo de três anos da Escola Folch i Torres.

(OS CANTINHOS DE JOGOS)
A professora lembra os cantinhos feitos nesta quinzena (artes plásticas; expressão oral; jogos de mesa; experimentação; computador; casinha; jogos de montagem e garagem) e as crianças escolhem o cantinho por onde ainda não passaram.
Os cantinhos foram feitos em conjunto com as duas turmas de quatro anos. Os que temos no decorrer do curso são os seguintes:

- Uma turma tem: artes plásticas; experimentação; cabeleireiro e fantasias; computadores e casinha.
- A outra turma tem: carrinhos, jogos de montar/construção e garagem; expressão verbal; jogos de mesa e manipulação; casinha e boutique/loja.

Nos cantinhos, são trabalhados conteúdos de todas as áreas do currículo. Cada professora fica em uma sala. Já planejamos que, em cada sala, haja um cantinho que requer maior participação da professora, enquanto nos outros o jogo é mais autônomo. Na hora de controlar a assistência e de avaliar, temos em cada cantinho duas folhas: uma para a turma, com quadros de entrada dupla, onde é registrado o dia em que a criança passou lá e a avaliação que fazemos. Avaliamos em relação ao objetivo prioritário que cada cantinho tem para nós. Todos os meninos e as meninas passam por todos os cantinhos.

Às 9h30min, abrimos as portas das duas salas de aula e as crianças vão se colocando nos cantinhos escolhidos. Nessa quinzena, as professoras incidem mais no cantinho da pintura e no cantinho do dominó e da expressão.

No computador, jogam com os cartões vermelhos.

POL: Quero que o menino entre na casa.
CRISTIAN: Então, abra a porta com este cartão.

No cantinho da expressão oral, as crianças seguram os marionetes do conto "Cachinhos de Ouro".

GEMMA: Eu quero segurar o Cachinho de Ouro!
SHEILA: Eu o ursinho pequeno.
GENÍS: Eu também.

Depois de uma discussão, com a intervenção da professora, conseguem repartir os personagens e representam o conto.

No cantinho do dominó, repartem-se as fichas.

PROFESSORA: Marc, quantas fichas você tem?
MARC: Três.
Os outros: Não, ele tem cinco.
PROFESSORA: Contemos, Marc: uma, duas, três, quatro e cinco. Agora começamos. Quem tem a ficha com os dois desenhos iguais?
MARTA: Eu. Eu começo.

A professora vai explicando as regras do jogo, enquanto jogam.

No cantinho de artes plásticas, depois de uma pequena explicação, as crianças começam a fazer desenhos livre com pintura.

PROFESSORA: Cuidado, Francisco, que pinga tinta. Recordem: cada pincel no seu pote.

Ao acabar o tempo dedicado aos cantinhos (aproximadamente às 10h15min), cada grupo recolhe o material que utilizou.

As professoras lembram que devem/poder ir ao banheiro antes de sair ao pátio.

PROFESSORA: Ir ao banheiro e depois voltar e buscar o lanche, antes de sair ao pátio.

(NO PÁTIO/O RECREIO)

Às 10h30min, toda a pré-escola está no pátio. As crianças levam os lanches e sentam nos degraus e outras já começam a brincar.

O pátio da pré-escola tem dois espaços. Uma parte com piso de cimento com campos de futebol, minibasquete e ciclovias. O material do pátio é: rodas, bicicletas e bolas. No outro espaço há areia e é onde está o escorregador, uma estrutura de madeira e balanço. O material na caixa de areia é: baldes, pazinhas, caminhõezinhos e carretas.

SHEILA: Eu quero o carrinho.
SERGIO: Não, este é meu. Pegue outro.

Um grupo organiza-se para jogar basquete e um outro para o futebol. Outras crianças preferem ir ao pátio de trás para brincar na areia com as pazinhas e baldinhos.

Às 11h15min, depois de recolher os brinquedos, entram para a sala, fazendo um trem.

(A ATIVIDADE COLETIVA)

PROFESSORA: Sentem no tapete. Querem representar o conto do caracol?
TRÊS CRIANÇAS: Sim, sim! Eu quero ser o caracol!
PROFESSORA: Faremos um sorteio "Uma macaca está...".

Distribuímos os papéis principais do conto. As demais crianças fazem o acompanhamento. Ao acabarem, a professora avisa as crianças que não fiquem no refeitório, que se preparem para sair.

(O ALMOÇO)

Neste momento, chega a monitora do refeitório.

TODAS: Olá, Cati!
CATI: Oi! Façamos um trem e vamos para o refeitório.

No refeitório, colocam os aventais, pegam a bandeja e começam a almoçar. Alguns comentam se lhes agrada ou não o que tem para comer. Depois de comer, vão a uma oficina de artes plásticas de pouca duração e logo brincam um pouco no pátio.

Considerando que os refeitórios normalmente são grandes e pouco acolhedores, reservamos um canto do refeitório para as crianças da pré-escola.

(A TARDE)

Às três da tarde, voltamos a fazer os trens/filas.

AITOR: Hoje comi tudo.
CARLA: E eu também.
PROFESSORA: Que você comeu no almoço?
AITOR: Macarrão e peixe.
NAIARA: Agora faremos ginástica!
PROFESSORA: Sim, hoje é sexta-feira. Vocês já sabem, às sextas, à tarde, fazemos ginástica.
MARTA: Onde iremos, na sala ou no pátio?
PROFESSORA: Hoje ficaremos na sala, jogando com peças de jogos.
CARLA: Que legal!
(A ATIVIDADE COLETIVA)
Quando chegam à sala de psicomotricidade, as crianças sentam nos bancos e tiram os tênis. A professora recorda as normas a elas.
PROFESSORA: Deixemos os tênis embaixo do banco. Cuidado para não empurrar os companheiros e as companheiras, sem pisar ninguém. Já podem começar a jogar.
Raquel, Marta e Isabel pegam a escada e um triângulo e montam um escorregador. Outras crianças constroem pontes, casas, circuitos. O espaço vai transformando-se. Os grupos de jogos variam. A Verônica está sozinha em um canto.
PROFESSORA: Por que você não joga?
VERÔNICA: Não tenho vontade.
PROFESSORA: Você quer que construamos uma casa?
VERÔNICA: Sim.
(A RECOLHIDA)
Ao acabar, recolhemos as peças. As crianças deitam-se no tapete e relaxam. Depois calçam os tênis. São 16h15min.
(NO PÁTIO/O RECREIO)
Vamos ao banheiro e depois um momento no pátio.
As 16h45min entramos.
PROFESSORA: Pegar o avental, o copo e os tiquets que estão no expositor, no lugar de cada um.
(A SAÍDA)
Às 17h despedimo-nos até segunda-feira.

ANEXO 2. A SITUAÇÃO DE CHEGADA À ESCOLA: PROGRAMAÇÃO DE UMA UNIDADE DIDÁTICA[4]

- *Tipo de unidade didática*: cantinho, oficina, projeto, centro de interesse, *atividade diária, rotina*, de conteúdos específicos.
- *Explicitação do tema, o problema ou a situação*: situação de chegada à escola.
- *Ciclo*: pré-escola.
- *Nível:* grupo de três anos.
- *Local de realização*: no vestíbulo e na sala de aula.
- *Duração:* 15 ou 20 minutos (especialmente no início do ano; progressivamente é reduzido).

Objetivos gerais

- Que a criança entregue-se à dinâmica de seu grupo e situe-se dentro da sala.
- Que a criança sinta-se acolhida como uma pessoa individual.
- Que a criança sinta-se contente por reencontrar o grupo e a educadora.
- Que a criança manifeste as suas emoções.
- Que a criança aceite a separação e a despedida de quem a acompanha até a escola.
- Que se estabeleça uma boa comunicação entre a mãe, o pai e a professora, com a participação da criança.
- Que a criança perceba uma continuidade entre a sua casa e a escola.
- Que as mães e os pais se sintam tranqüilos e depositem confiança na escola.

Conteúdos

Procedimentais

- Adaptação aos ritmos e às rotinas da vida da escola.
- Orientação no espaço de entrada e na sala de aula.
- Manifestação das próprias necessidades.
- Constatação e manifestação das próprias vivências, emoções e sentimentos.
- Expressão verbal de vivências, emoções e necessidades.
- Aceitação da separação.
- Hábitos de autonomia ao vestir-se

Factuais ou conceituais

- Identificação das pessoas e da organização do ambiente escolar.
- Construção da própria imagem e da identidade.
- Valorização positiva da própria identidade.

Atitudinais

- Participação na vida da escola.
- Interesse pela relação afetiva com a educadora e com os companheiros.
- Confiança e segurança progressiva nas suas próprias possibilidades.
- Interesse para vencer as dificuldades superáveis.

Metodologia e estratégias de intervenção

- Organiza-se a situação para que o pai e/ou a mãe possam acompanhar o seu filho até a sala, especialmente nas primeiras semanas; depois se estabelece que, gradualmente, possam despedir-se do seu filho ou da sua filha na entrada da sala.
- Organiza-se o espaço da sala em cantinhos diferentes e com materiais e brinquedos ao alcance para que as crianças possam jogar com a ajuda ou a participação de seus pais.
- A professora pode estar, dessa maneira, à disposição dos que vão chegando, recebendo pessoalmente cada criança e convidando-a para começar a brincar, juntamente com as pessoas que a acompanham, se for preciso. Essa organização permite que possamos conversar com as crianças uma por uma e que conheçamos a sua individualidade.
- Acolher as crianças e a sua família (atitude corporal, não ter pressa, manter contato físico, etc.). Manifestar alegria pelo reencontro e convidar as outras crianças para receberem o companheiro que está chegando. Mostrar interesse pelo que acontece fora da escola. Sentir e mostrar afeto real por cada uma das crianças do grupo.
- Aceitar ou promover (depende da criança) que tragam algum desenho, algum brinquedo/joguinho, algum livro ou objeto de sua casa. No momento da rodinha, verificar o que a criança trouxe e pedir que mostre a seus companheiros.
- Dar orientações prévias às famílias, explicando-lhes como se organiza esse momento e como podem colaborar; progressivamente, é preciso dar orientações para alcançar os objetivos propostos.
- Incentivar que a criança gradualmente interiorize as diferentes rotinas e ações que deverá realizar: tirar o casaco, pendurar a mochila, colocar o avental, começar a jogar, lanchar (no caso de que se lanche nesta hora, etc.).
- Ajudar a criança para que se despeça ativamente de quem a acompanhou até a escola.

Avaliação

- *Critérios e pautas para observar:*
  - Chega contente na escola/não manifesta alegria/custa-lhe.
  - Despede-se da pessoa que a acompanha ativamente/custa-lhe despedir-se/não quer ficar.
  - Aceita o consolo e o acolhimento da professora/rejeita-o/fica indiferente.
  - Integra-se em algum cantinho para brincar/é preciso chamá-la/o faz sobretudo quando já estão determinados companheiros e/ou companheiras.
  - Conhece o seu cabide, o seu espaço na prateleira ou o seu armário.
  - Colabora ativamente para tirar o abrigo, colocar o avental, pendurar a mochila/é preciso acompanhá-la/é preciso dizer-lhe para que o faça/o faz progressivamente. Apresenta e ordena os seus objetos pessoais.
  - Freqüentemente traz objetos de casa/mostra-os/aceita deixá-los para alguma outra criança/não nunca os traz.
  - Explica as coisas que lhe ocorreram ou as que viu/somente se os familiares a lembram/sobretudo quando traz alguma coisa que o lembre.
- *Valorização* (como fazer, que coisas alterar, etc.):
  - As crianças situam-se rapidamente no jogo livre da aula?
  - As crianças mostram objetos, joguinhos, produções a seus familiares?
  - As crianças explicam-me coisas quando chegam? Pode-se escutar?

- Os familiares colaboram na integração da criança dentro da dinâmica da aula, favorecendo uma separação e uma autonomia progressiva?
- Que ambiente há na sala de aula no momento da chegada?
- Como me sinto nesse momento?
- Posso compartilhar a aula e as crianças com os pais e as mães?
- É difícil conduzir o grupo de mães, pais e crianças nesse momento?
- Que conflitos tenho nesse momento?
- Tenho tempo para receber os pedidos, as informações e as preocupações das mães, dos pais e das crianças?
- Tenho tempo para conversar individualmente com as diferentes meninas e com os meninos da sala durante a semana?

ANEXO 3. O CANTINHO DA CASINHA: PROGRAMAÇÃO DE UMA UNIDADE DIDÁTICA[5]

- *Tipo de unidade didática*: cantinho, oficina, projeto, centro de interesse, atividade diária, rotina, de conteúdos específicos.
- *Explicitação do tema, do problema ou da situação*: casinha – concretamente nos referimos ao refeitório e à cozinha.
- *Ciclo*: pré-escola.
- *Nível:* grupo de três anos.
- *Local de realização*: dentro da sala de aula.
- *Duração*: no decorrer de todo o ano, com variações à medida que o ano vai avançando.

Objetivos didáticos gerais

- Que as crianças interagem e relacionem-se entre si.
- Que conversem e comuniquem-se entre si.
- Que aprendam o jogo simbólico e o enriquecem representando diferentes papéis, representativos de situações da vida cotidiana, etc.
- Que identifiquem e diferenciem os espaços habituais (casa, cozinha, refeitório) e os objetos específicos, utilizando o vocabulário adequado.
- Que estabeleçam relações, semelhanças e diferenças entre as diversas casas e os diversos espaços, sempre relacionando-os com os de cada criança.
- Que se sintam bem, joguem e adaptem-se à escola.

Conteúdos

Procedimentais

- Estratégias de relação com os companheiros.
- Hábitos de ordem.
- Classificação pelo uso, pela forma e pelas cores.
- Utilização de vocabulário adequado.
- Utilização de formas verbais sociais que sejam comuns nesses espaços.
- Motricidade global: limpar, varrer, organizar, etc.
- Exploração, manipulação, experimentação com objetos e materiais.
- Representação de papéis.
- Simulação de situações.
- Controle progressivo nas relações com as outras pessoas.
- Comunicação de interesses, preferências e propostas.

Conceituais e factuais

- Quantidades, forma, cores.
- Identificação de semelhanças e de diferenças entre as casas, cozinhas, refeitórios, etc.
- Conhecimento dos objetos da casa e do vocabulário correspondente.

Atitudinais

- Prazer pelo jogo e pela relação com as outras pessoas.
- Colaboração.
- Respeito pelos materiais.
- Participação.

Atividades de aprendizagem

É preciso considerar a interação entre os alunos e o tipo de agrupamento, as intervenções e os tipos de interação com os adultos e a organização do espaço e dos materiais propostos.

- Atividade de *apresentação:*
  Explicar às crianças que queremos fazer um cantinho. Explicar por que queremos fazê-lo; o que esperamos que aprendam, que façam, que ocorre nesse cantinho (que joguem, falem, que interajem, imitem os pais, os adultos, etc.).
  Intervenções da professora: explicar, falar, fazer que entendam, ir comprovando a compreensão, perguntando, etc., em relação ao que é dito..
  Explicar que queremos que os pais também colaborem e que saibam o que queremos fazer: mandar um folha à casa com a casinha desenhada. Juntamente com as suas famílias irão examiná-la e farão a lista e/ou o desenho das coisas da cozinha ou do refeitório. Atividades coletivas de grande grupo com exposição conjunta. Intervenções para guiar, moderar e coletar as abordagens que fazem, incentivar a participação de todos.
- Confecciona-se uma *lista na escola* com as coisas que queremos usar. Compara-se que coisas já temos e o que deveremos procurar ou trazer.
  Intervenções da professora: fazer o modelo, escrever na presença das crianças, estimular que participem, etc. Atividade coletiva mais conduzida pelo adulto e com a participação guiada das crianças.
- *Saída ao bairro* para observar as casas. Observar as casas das crianças que vivem no bairro, relacioná-las com as próprias casas, etc.
  Atividade de grande grupo preparada. Intervenções da professora solicitando que observem, observando e escutando o que dizem, reclamando a sua atenção sobre as casas, etc.
- Atividade de eleição do cantinho no qual irão e a previsão do que farão: em *rodinha*, falar dos diferentes cantinhos aos que podem ir (identificação progressiva dos diferentes cantinhos); recordá-los das normas de jogo (cuidar dos objetos, guardá-los no mesmo lugar em que estavam naquele cantinho, mudar de colar se muda de cantinho, é preciso recolher o material quando se acaba de jogar, etc.). Favorecer que expressem as preferências, que façam comentários sobre os cantinhos, que expliquem o que fizeram ou que podem fazer naquele dia ("Alguém tem idéias ou propostas interessantes para brincar na cozinha?"). Apresentar idéias para desenvolver o jogo. Falar sobre os materiais que foram colocados naquele dia e sobre as possibilidades que têm, se os conhecem ou não, se alguma criança trouxe algum material para o cantinho, etc.
  Observar que nem todas podem jogar no mesmo cantinho.
- Jogo livre de simulação de situações da vida cotidiana. *Situações*:
  — A chegada, os cumprimentos, a explicação das vivências fora de casa.
  — A situação da refeição: o que comeremos, o que preferimos, o que nos agrada mais, o que fizemos para comer, que quantidade queremos, solicitação de alimentos ou dos objetos.
  — A preparação da mesa: colaboração no momento de preparar e de tirar; classificar, contar, ordenar especialmente.
  — A limpeza da cozinha, o refeitório: varrer, limpar a mesa, organizar as coisas, etc.

- Atividades de *experimentação, manipulação, exploração* de materiais diversos e dos alimentos
  - Trazer alimentos a granel, que podem ser misturados, para abrir, esvaziar, passar de um recipiente a outro, repartir (feijões, grãos de bico, arroz, lentilhas, farinha, etc.)
  - Trazer materiais que possam cortar, quebrar (casca de laranja, folhas de alface, batatas, verduras, etc.).
  - Materiais colecionados do exterior (pedrinhas, pinhas, folhas de árvores, bolinhas, galhos pequenos, etc.).
  - O que as crianças podem fazer com esses materiais?
    Antecipar, prever o que farão, o que acontecerá.
    Estabelecer relações causa-efeito ("Quando coloco farinha, ficará branco.").
    Constatar os efeitos previstos.
    Comparar quantidades, cores, formas, tamanhos, etc.
    Classificar.
    Encher, esvaziar, comparar, repartir, colocar dentro, misturar, fazer cremes, cortar, etc.
- Representação e comunicação oral do que se fez com uma *exposição coletiva*: Prever determinados dias nos quais, depois de jogar, possa ser feita a rodinha e ser conversado sobre o que foi feito (com que foi jogado, quem, quais os objetos ou brinquedos utilizados, que fizeram as outras crianças, etc.). Referir-se, sobretudo, de maneira que as crianças reflitam um pouco e recordem o que fizeram. É preciso dizer a elas antes de brincarem nas casinhas, que depois será feita essa rodinha, para que possam prever ou ter presente, uma vez que isso as ajuda a estruturarem-se e a antecipar as situações da sala de aula.

É preciso solicitar que diferentes crianças falem a cada dia, para evitar que sempre as mesmos participem; também não se pode forçar a quem não tem vontade de falar.
- *Representação gráfica* do que foi feito: livre ou preparada, conforme a atividade e o material que se tenha oferecido.

Materiais e objetos

Colocar poucas coisas: utensílios de cozinha, alimentos naturais (ir colocando, em determinados dias, como cenoura, batata, feijão, folhas de alface, etc.), toalhas, avental, vassoura e pazinha de recolher o lixo, pano de limpeza da louça, material para limpeza do chão e telefone.

Avaliação

Para observar os alunos, propusemos que sejam considerados alguns aspectos:

1. *Interação entre as crianças:* quem toma iniciativa, tipo de interação que se estabelece, utilização da linguagem oral e gestual, etc.
2. *Interação que realizam com os objetos*: ações que fazem, tipos de jogos, manipulações, exploração, construções, jogo simbólico, jogo de imitação, etc.
3. *Interação que se estabelece com a educadora*: quem toma a iniciativa, tipo de interação que se estabelece, tipo de intervenções e solicitações das crianças para a educadora e da educadora para as crianças.
4. *Verbalização:* tipo de verbalização que se estabelece, produções orais observadas, vocabulário, utilização e funções da linguagem (para solicitar, para controlar

os outros, para provocar a interação, para protestar, para defender os próprios objetos, etc.).

Valorização (como proceder, que coisas modificar, etc.)

A partir da observação podemos valorizar as crianças e os seus comportamentos, a organização que fazemos do espaço, os materiais que propusemos e a influência que tem no tipo de jogo que se produz; as intervenções dos adultos e também a influência que tem na situação que se cria. Dessa maneira, podemos ir planejando modificações e trocar para melhorar ou modificar a situação proposta.

ANEXO 4. A SITUAÇÃO DE REFEIÇÃO: AS DECISÕES DA EQUIPE DE PROFESSORES DE UM CENTRO[6]

	IDADE: UM ANO	IDADE: DOIS ANOS	IDADE: TRÊS ANOS
TEMPO	• 11h30min-12h30min: limpar-almoçar-limpar. • 12h30min-13h: trocar de fralda. • Período de refeição: 45' + 15' para as que demoram.	• 11h45min-12h45min • 12h45min-13h: higiene e observar livros. • período de refeição: 45'.	• 11h45min-12h45min • 12h45min-13h: higiene e observar livros. • período de refeição: 45'.
ESPAÇO	• O espaço da refeição fica limitado ao local onde estão as mesas. • O restante do espaço está ordenado e sem obstáculos. • No período de troca de fraldas, depois do almoço, as crianças não podem ir ao refeitório (banqueta para separar os espaços).	• O espaço do almoço é onde estão as mesas. • O restante do espaço está ordenado e sem obstáculos.	• O espaço do almoço é onde estão as mesas. • O restante do espaço está ordenado e sem obstáculos.
MATERIAL	Material pessoal e intransferível: • Babadores. • Copos. • Toalhinha. Material comum: • Sabonete. • Pratos rasos e pratos de sopa. • Colheres. • Garfos. • Carrinho p/ trazer a comida. • Papel higiênico.	Material pessoal e intransferível: • Copo. • Babador. • Toalhinha. • Escova de dentes. Material comum: • Pratos rasos e pratos de sopa. • Colheres. • Garfos. • Carrinho p/ trazer a comida. • Sabonete. • Papel higiênico.	Material pessoal e intransferível: • Copo. • Guardanapo. • Toalhinha. • Escova de dentes. Material comum: • Sabonete. • Pratos rasos e pratos de sopa. • Colheres. • Garfos. • Facas. • Carrinho p/ trazer a comida. • Sacolas de plástico. • Toalhas. • Papel higiênico.
INTERVENÇÃO DE PESSOAS ADULTAS	• Durante todo o período há duas professoras na sala. • A cozinheira deixa a refeição na sala e depois que acabam retira a mesa. • Durante o período de adaptação alguma outra pessoa intervém.	• Durante todo o período há duas educadoras. • A cozinheira traz a comida, entra para buscar os pratos e depois faz a limpeza.	• Durante todo o período há duas educadoras que buscam o carrinho da comida junto com as crianças; ajudam na hora de comer e limpam o chão quando acabaram a refeição.

SEQÜENCIAÇÃO DE CONTEÚDOS E DE OBJETIVOS

CONTEÚDOS	OBJETIVOS – UM ANO (Ser capaz de...)	OBJETIVOS – DOIS ANOS (Ser capaz de...)	OBJETIVOS – TRÊS ANOS (Ser capaz de...)
• Fazer xixi antes de comer (descoberta de si mesmo).	• Tirar os calçados.	• Calçar e descalçar os sapatos.	• Fazer tudo sozinha, desabotoando os botões.
• Limpar as mãos e o rosto (D.M.).	• Esfregar as mãos e molhar a boca com ajuda.	• Arremangar as mangas e esfregar bem as mãos e o rosto, abrindo e fechando a torneira com ajuda.	• Pegar o sabonete sozinha, esfregar as mãos, lavar o rosto, abrir e fechar a torneira sem ajuda.
• Enxugar as mãos e o rosto (D.M.).	• Reconhecer a sua toalhinha como um objeto para enxugar, pegá-la e pendurá-la.	• Utilizar corretamente a toalhinha.	• Utilizar corretamente a toalhinha.
• Utilização do babador (D.M.).	• Reconhecer o seu babador e alcançá-lo à educadora para colocá-lo.	• Reconhecer o próprio babador e alcançá-lo à educadora.	• Reconhecer o seu guardanapo, pegá-lo sozinho e colocá-lo dentro da sacola de plástico depois de acabar de almoçar.
• Uso do copo ou da xícara.	• Segurar seu copo e tomar água.	• Reconhecer o seu copo, colocar água e tomar sozinha.	• Reconhecer o seu copo, colocar água e tomar sozinha.
• Sentar-se bem e não levantar-se da cadeira (D.M.).	• Aceitar a ajuda que a professora dá, ficar bem sentada durante todo o período da refeição.	• O mesmo objetivo que para as crianças de um ano e também esperar até o momento de ir limpar-se.	• O mesmo objetivo que para as de dois anos.
• Saber esperar a sua vez (D.M.).	• Esperar a sua vez no local onde comem.	• O mesmo objetivo que para as de um ano.	• O mesmo objetivo que para as de um e dois anos.
• Saber concentrar-se na refeição (D.M.).	• Concentrar-se somente na atividade de comer e não fazer mais nada.	• O mesmo objetivo que para as de um ano.	• O mesmo objetivo que para as de um e dois anos.
• Saber respeitar as outras crianças (D.M.).	• Comer sem incomodar as outras crianças.	• O mesmo objetivo que para as de um ano	• O mesmo objetivo que para as de um e dois anos.
• Controle do tom de voz e do volume de ruído (D.M.).	• Falar em voz baixa durante o período do almoço, não gritar, nem bater na mesa.	• O mesmo objetivo que para as de um ano.	• O mesmo objetivo que para as de um e dois anos.
• Aprendizagem da mastigação (D.M.).	• Mastigar sozinho toda a comida.	• O mesmo objetivo que para as de um ano.	• O mesmo objetivo que para as de um e dois anos.

SEQÜENCIAÇÃO DE CONTEÚDOS E DE OBJETIVOS (continuação)

CONTEÚDOS	OBJETIVOS – UM ANO (Ser capaz de...)	OBJETIVOS – DOIS ANOS (Ser capaz de...)	OBJETIVOS – TRÊS ANOS (Ser capaz de...)
• Atitude de limpeza.	• Manter-se limpa ao máximo durante o período do almoço.	• O mesmo objetivo que para as crianças de um ano.	• O mesmo objetivo que para as de um e dois anos.
• Colaboração na situação da refeição (D.M.).	• Colocar o babador dentro da sacola individual.	• Organizar os instrumentos usados quando acaba a refeição e colocar o babador na sacola.	• Ir buscar o carrinho da refeição com a professora, repartir as colheres, organizar o pote, colocar o guardanapo na sacola de plástico.
• Atitude ativa na refeição (D.M.).	• Tomar uma atitude ativa na hora da refeição e não esperar que lhe sirvam na boca.	• O mesmo objetivo que para as de um ano.	• O mesmo objetivo que para as de um e dois anos.
• Comer toda a comida do prato (D.M.).	• Comer toda a comida do prato, cuidando para não sobrar nada.	• O mesmo objetivo que para as de um ano.	• O mesmo objetivo que para as de um e dois anos.
• Expressão das suas necessidades e dos seus sentimentos (linguagem verbal).	• Expressar o que quer com gestos ou com a sua linguagem.	• Solicitar, mediante a utilização da linguagem verbal.	• Solicitar, mediante a utilização da linguagem verbal.
• Escovar os dentes (D.M.).	– – –	• Lembrar de limpar os dentes, reconhecer a sua escova e utilizá-la para este fim.	• O mesmo objetivo que para as de dois anos; também abrir e fechar o estojo da escova e utilizá-la adequadamente.
• Utilização dos instrumentos para a refeição (D.M., descoberta do ambiente).	• Utilizar corretamente a colher. • Iniciar o uso de garfo. • Utilizar corretamente os dedos como pinça.	• Utilizar corretamente a colher e o garfo em quase todas as refeições. • Saber descascar algumas frutas com os dedos.	• Utilizar corretamente a colher e o garfo em todas as refeições. Saber descascar algumas frutas com os dedos.
• Identificação de gostos, qualidades e texturas (D.M.).	• Discriminar entre frio e quente.	• Discriminar entre quente e frio. • Identificar alimentos salgados, doces, ácidos; as diferentes cores, as distintas formas, as diferentes texturas dos alimentos e os diferentes odores.	• O mesmo objetivo que as de dois anos.

SEQÜENCIAÇÃO DE CONTEÚDOS E DE OBJETIVOS (continuação)

CONTEÚDOS	OBJETIVOS – UM ANO (Ser capaz de...)	OBJETIVOS – DOIS ANOS (Ser capaz de...)	OBJETIVOS – TRÊS ANOS (Ser capaz de...)
• Utilização da linguagem de acordo com a situação (L.V.).	• Compreender e começar a utilizar o vocabulário relacionado aos instrumentos e a alguns alimentos.	• Compreender e utilizar corretamente todo o vocabulário relacionado à situação da refeição. • Compreender e utilizar os seguintes conceitos: – Quantidade: cheio/vazio; um pouco/nada /tudo; muito/pouco/mais; a metade/inteiro/um pedaço; um, dois, três. – Tamanho: grande/pequeno. – Tempo: rápido/aos poucos/depressa; antes/depois/agora/primeiro. – Espaço: sobre/abaixo.	• O mesmo objetivo que para as crianças de dois anos.
• Linguagem escrita como um meio de comunicação (linguagem verbal).	- - -	- - -	• Reconhece onde está escrito o seu nome (nos ajudantes, no copo).
• Correspondência termo a termo (linguagem matemática).	- - -	- - -	• Dar uma colher a cada criança.

**PAPEL DA EDUCADORA
ASPECTOS METODOLÓGICOS QUE É NECESSÁRIO
CONSIDERAR NAS SITUAÇÕES DE REFEIÇÃO**

- Organizar as situações de maneira que haja:
  - Esperas mínimas entre um prato e outro.
  - Temperatura adequada dos alimentos.
  - Ambiente agradável para a criança.
- Ter sensibilidade para adequar as exigências segundo os diferentes momentos que as crianças podem passar: durante o período de adaptação, alunos novos na sala de aula, etc.
- Utilizar sempre uma linguagem correta para identificar os alimentos.
- Cuidar para que os lugares estejam organizados, tanto durante a refeição como depois de finalizada.
- Chegar a conhecer as meninas e os meninos, de maneira que se possa colocar a quantidade de comida no prato conforme o apetite que a criança costuma ter. Respeitar as diferenças individuais.
- Respeitar o ritmo individual das crianças, dentro dos limites estabelecidos para essa situação (antes das 13h deverão estar todos dormindo).
- Perceber o quanto é necessário que a criança passe do triturar ao cortar em pedacinhos e, ao comer os pedaços, da importância da mastigação.
- Em relação à criança que não quer comer, solicitar que somente prove todos os pratos e ir aumentando a quantidade do prato do qual não gostou, para que, aos poucos, consiga comer de tudo.
- Seguir sempre a seqüência ordenada na situação de refeição.
- É preciso variar o papel da educadora no decorrer do curso: passar de ser organizadora única da situação de refeição a fazer um papel de apoiadora e da pessoa que recorda o que deve ser feito aos meninos e às meninas. Isso é especialmente importante nas idades de 2-3 e 3-4 anos.

ANEXO 5. AS CHEGADAS E AS SAÍDAS: A SUA CONCRETIZAÇÃO NO PROJETO CURRICULAR DE CENTRO[7]

> Casa da Criança El Sucre, do Departamento de Ensino da Generalidade de Catalunha, Esplugues de Llobregat.

Objetivos (Finalidades)

- Que a criança sinta-se acolhida como um ser individual.
- Que a criança fique situada e tranqüila na escola.
- Que a criança experimente prazer e alegria em reencontrar o seu grupo e a sua educadora (na chegada) e os seus familiares (na saída).
- Que a criança possa manifestar as suas emoções.
- Que a criança aceite progressivamente a separação de seus familiares.
- Que a criança oriente-se dentro do espaço da sala de aula.
- Que haja uma boa comunicação entre as mães, os pais e as educadoras, com a participação da criança.
- Que os alunos, os pais e a educadora possam compartilhar o espaço da sala de aula, os objetos e os joguinhos.
- Que haja uma continuidade entre a casa e a escola, bem como entre a escola e a casa.
- Que os pais e os acompanhantes saiam tranqüilos e confiantes, quando deixam a criança na escola.
- Que a criança antecipe a despedida (e o encontro com os familiares que vêm buscá-la).

Conteúdos prioritários

- Adaptação à escola.
- Conhecimento de si mesmo.
- Relação e interação com as outras pessoas.
- Cada um em sociedade.
- Linguagem verbal.

Metodologia, recursos e maneiras de fazer

- Acolhida individualizada:
  - Cumprimentar pessoalmente a criança e chamá-la pelo nome.
  - Fazer referência a quem a acompanha, aos objetos pessoais, etc.
  - Chamar atenção das outras crianças sobre a chegada de cada criança, estimulando-os para que a recebam e a ajudem a incorporar-se na sala.
- Que haja suficiente material ao alcance da criança para favorecê-la a direcionar-se na sala.
- Organizar a sala de maneira que seja possível atender as crianças e os familiares. Propor atividades mais descentralizadas (cantinhos, observar contos, etc.) para poder dispor de tempo para receber cada criança e os seus familiares.

- Nas chegadas, ajudar a criança para que se despeça "ativamente" do pai, da mãe ou do acompanhante (que lhe acompanhe até a porta, diga-lhe "tchau" e feche a porta quando eles forem embora). Trabalhar com as famílias para que não saiam sem se despedir da criança.
- Nas saídas, ajudar a criança a encontrar-se com a mãe ou o acompanhante.
- Aceitar que tragam brinquedos de sua casa. Incentivar as crianças mais inseguras. Acolher no grupo. Buscar mecanismos e estratégias para controlá-la durante determinado período, etc.
- Dar informações aos pais e às mães sobre o que se faz na aula (algumas vezes, de maneira antecipada e, em outras, depois de feito).
- Tornar os pais partícipes das produções das crianças na sala de aula.
- Dar informação específica sobre a estada da criança no decorrer de cada dia.
- Criar expectativas sobre as atividades do dia seguinte (naquilo que eles podem entender). Organizar continuidade com o amanhã.
- Atitude da educadora:
  — Ir receber a criança.
  — Adotar um certo olhar, a atitude corporal, o tom de voz, etc.
  — Contato físico.
  — Manifestar a alegria que sente por voltar a ver o menino ou a menina.
  — Comentar a mudança do penteado, da roupa, etc.
  — Interessar-se pelo que tenha feito enquanto esteve em casa.
  — Fazer referência a quem a acompanha.

ANEXO 6. PROPOSTA DE BLOCOS DE CONTEÚDOS PARA AS TRÊS ÁREAS[8]

DESCOBERTA DE SI MESMO	
CORPO E MOVIMENTO • Habilidades motrizes básicas: postura, coordenação, equilíbrio, caminhada e precisão. • Controle global e segmentário. • Possibilidades motrizes próprias. • Exploração. Esforço. Gosto. • Satisfação. Constância.	**CONHECIMENTO DE SI MESMO E DO PRÓPRIO CORPO** • Necessidades próprias, possibilidades, emoções, interesses, preferências. • O próprio corpo. • Identidade. Auto-imagem. Auto-estima. • Valorização de si mesmo. • Observação. Exploração. Expressão. • Comunicação. Iniciativa. • Constância. Satisfação. • Autoproteção. Esforço.
CADA UM EM SOCIEDADE • Hábitos de autonomia pessoa: limpeza, alimentação, vestimenta, ordem, descanso e saúde.	

DESCOBERTA DO MEIO	
ADAPTAÇÃO À ESCOLA • Orientação, exploração e localização no espaço. • Normas e hábitos de convivência. • Conhecimento. Confiança. • Participação. • Interesse. • Tranqüilidade.	**RELAÇÃO E INTERAÇÃO COM AS OUTRAS PESSOAS: EDUCADORES, ADULTOS, COMPANHEIROS E COMPANHEIRAS, FAMÍLIA** • Identificação. Colaboração. • Antecipação. Controle progressivo. • Interpretação e manifestação. • Curiosidade e interesse. • Satisfação e defesa.
CONHECIMENTO E EXPLORAÇÃO DO AMBIENTE IMEDIATO • Seres vivos. Locais e espaços. Elementos e materiais. • Costumes. Cultura. Festas. Tradições. Folclore. • Participação. Observação. • Curiosidade. Conhecimento. Estabelecimento de relações. • Interesse. Respeito. Identificação. • Evocação. Recordação. Constatação de mudanças.	

INTERCOMUNICAÇÃO E LINGUAGENS	
LINGUAGEM VERBAL • Comunicação não-verbal. • Compreensão oral. Expressão oral. • Evocação de fatos e situações. • Aquisição de vocabulário. • Iniciação à linguagem escrita. • Respeito. Participação. • Expressão. Escuta. Esforço.	**LINGUAGEM MUSICAL** • Canções. Danças. Cantigas. Ritmos. • Audições. Produções. Imitação. Reprodução. • Escuta. Expressão. • Memorização. Participação ativa. • Respeito. Sensibilização. • Satisfação. Gosto. Atenção.
LINGUAGEM PLÁSTICA • Percepção sensorial. • Observação. Exploração. • Representação. Comunicação. • Interesse. Satisfação. • Evocação. Experimentação. • Jogo. Coordenação do olho/gestos. • Aquisição de hábitos de limpeza e ordem. • Iniciação a técnicas.	**LINGUAGEM MATEMÁTICA** • Observação. Manipulação. • Estabelecimento de relações. Comparações entre objetos. • Interesse. Constância. Atenção. • Exploração. • Noções de medida. Noções de espaço. • Figuras geométricas. • Noções de quantidade.

ANEXO 7. EXEMPLO DE SEQÜENCIAÇÃO DE CONTEÚDOS E DE OBJETIVOS DA ÁREA DE DESCOBERTA DO MEIO EM UMA CRECHE

Creche Municipal Marrecs, de Sant Just Desvern[9]

Os blocos de conteúdos do PCC do centro são os seguintes:
- *Descoberta de si mesmo*
  - Conhecimento de si mesmo e do próprio corpo.
  - Controle do corpo e dos movimentos.
  - Cada um na sociedade.
- *Descoberta do meio*
  - Adaptação à escola.
  - Jogo e interação com as outras crianças.
  - Interação e jogo com os objetos e materiais.
  - Cultura e tradições.
- *Intercomunicação e linguagens*
  - Linguagem verbal.
  - Linguagem musical.
  - Linguagem plástica.
  - Linguagem matemática.

PCC CRECHE MARRECS
Área: **Descoberta do meio natural e social**
Bloco de conteúdo: **Adaptação à escola**

CONTEÚDOS	LACTENTES (0-12 meses)	1-2 ANOS (12-24 meses)	2-3 ANOS (24-36 meses)
Adaptação à escola.	Conhecer o espaço da sala de aula. Ter interesse e curiosidade para recorrer os outros espaços da escola. Sentir-se tranqüila e confiante quando a deixam na escola e no decorrer do dia.	Conhecer os diferentes espaços da escola. Ser capaz de sair por alguns instantes fora da sala, por iniciativa própria, e voltar quando tem necessidade.	Orientar-se nos diferentes espaços da escola. Ser capaz de jogar/brincar e de provocar transformações no espaço exterior.
Relações com os outros meninos e meninas.	Sentir-se bem em um jogo com crianças maiores. Interessar-se pelas crianças da sua idade.	Interessar-se mais pelo jogo das outras crianças. Começar a respeitar jogos e brinquedos de outras crianças com a ajuda do adulto. Interessar-se pelas atividades que as crianças maiores fazem.	Ser capaz de organizar jogos em pequenos grupos ou em duplas. Começar a compartilhar jogos e brinquedos com ou sem a intervenção do adulto.
Relações com os adultos.	Procurar relacionar-se e manter contato com a educadora.	Aceitar a ajuda e o consolo de outros adultos da escola.	Procurar relacionar-se com os outros adultos da escola. Integrar-se nas atividades e nos jogos coletivos.
Orientação no espaço.	Reconhecer e sentir-se segura dentro da sua sala de aula e nos espaços onde habitualmente realiza suas atividades: dormitório, sala de trocas de fralda, corredor, etc.	Reconhecer a própria sala de aula como um ponto de referência. Dentro da sala de aula, reconhecer os diferentes espaços existentes (dormitório, sala de troca) e saber orientar-se.	Identificar as diferentes salas pelo seu nome. Reconhecer os diferentes cantinhos de jogos dentro da sala.
Hábitos de convivência.	Compartilhar progressivamente o espaço com as outras crianças.	Começar a compartilhar o espaço e a educadora. Respeitar a utilização dos objetos que os companheiros têm consigo.	Compartilhar o espaço e a educadora com o grupo. Compartilhar os objetos e jogar com as outras crianças.

CONTEÚDOS	LACTENTES (0-12 meses)	1-2 ANOS (12-24 meses)	2-3 ANOS (24-36 meses)
Exploração do espaço.	Manifestar interesse pela descoberta e exploração de outros espaços imediatos (sala ao lado, corredor, etc.).	Manifestar interesse pela descoberta e exploração de todos os espaços da escola.	Manifestar interesse e segurança em todos os espaços da escola.
Prudência diante do perigo.	Manifestar uma certa prudência diante dos perigos mais conhecidos.	Manifestar prudência diante de certos perigos conhecidos.	Manifestar prudência diante de certos perigos conhecidos.
Exploração e localização dos espaços e dos objetos.	Diferenciar os espaços e os elementos do meio próximo, através da experimentação; manifestar as suas preferências em relações a esses.	Diferenciar características e funções dos diferentes espaços e dos diferentes elementos do meio, através da experimentação e manifestar as próprias preferências.	Progredir neste conhecimento. Identificar o seu espaço e os seus objetos pessoais através de símbolos (colchonete, copo, etc.). Conhecer e utilizar os diferentes espaços e os elementos de cada um.
Capacidade de espera.	Conhecer as pessoas mais próximas (crianças e adultos).	Aceitar esperar um pouco, enquanto a educadora atende outras crianças.	Avançar na capacidade de espera.
Participação e colaboração na manutenção do espaço.	Iniciar-se na colaboração para recolher os brinquedos junto com as educadoras.	Colaborar com as educadoras para manter a ordem da sala.	Saber ordenar os diferentes elementos e os diferentes joguinhos no seu local habitual.
Exploração e orientação no pátio e ao ar livre.	Aceitar sair por breves momentos ao pátio e ao ar livre.	Orientar-se no pátio em relação aos diversos pontos de referência (educadora, diferentes cantinhos, elementos, etc.) e desfrutar o brinquedo ao ar livre.	Ser mais autônomo no jogo no pátio; ter iniciativas com as companheiras e os companheiros de jogo.
Orientação no tempo.	— — —	Conscientizar-se dos momentos do dia e das atividades que costumam fazer (almoçar, dormir, lanchar, etc.).	Reconhecer os diferentes momentos e as diferentes atividades do dia e participar mais ativamente (atribuições do ajudante de classe, hábitos, etc.).

PCC CRECHE MARRECS
Área: **Descoberta do meio natural e social**
Bloco de conteúdos: **Interação e jogo com as outras crianças**

CONTEÚDOS	LACTENTES (0-12 meses)	1-2 ANOS (12-24 meses)	2-3 ANOS (24-36 meses)
Interesse e curiosidade.	Mostrar interesse pelas outras pessoas (educadora, companheiros, companheiras e familiares).	Mostrar interesse pelas outras pessoas e compartilhar pequenos momentos de jogo (c/ educadora, companheiros e outros adultos próximos ao grupo).	Mostrar interesse pelas outras pessoas e iniciar jogos em pequenos grupos de maneira mais autônoma.
Relação afetiva.	Chegar a ter relação afetiva com a sua educadora e ir aceitando a relação com os outros adultos.	Chegar a ter relação afetiva com a sua educadora e ir aceitando a relação com os outros adultos.	Chegar a ter relação afetiva com a sua educadora e ir aceitando a relação com os outros adultos, bem como identificar as suas diferentes funções.
Solicitação de atenção e relacionamento.	Reclamar a atenção do adulto quando tiver necessidade.	Solicitar e procurar uma relação com o adulto quando tiver necessidade.	Solicitar e procurar uma relação com o adulto do qual necessita ajuda.
Manifestação das suas necessidades às outras pessoas.	Manifestar as suas necessidades através do choro, do sorriso, etc.	Iniciar-se na manifestação das suas necessidades também através da linguagem.	Avançar na manifestação verbal.
Controle progressivo da agressividade.	- - -	Começar a controlar a sua agressividade com as outras crianças.	Controlar a sua agressividade e utilizar outros recursos para solucionar os conflitos. Perceber as necessidades manifestadas e o estado de ânimo das outras pessoas.
Manifestação das suas emoções e dos seus sentimentos às outras pessoas.	Exteriorizar as emoções e os sentimentos. Exteriorizar as surpresas ou as suas descobertas.	Exteriorizar as emoções e os sentimentos, acompanhados da expressão oral e de outras formas de expressão (gestos, expressão facial, etc.). Exteriorizar as surpresas ou as descobertas através de linguagem verbal.	Exteriorizar as emoções e os sentimentos, acompanhados da expressão oral e de outras formas de expressão (gestos, expressão facial, etc.). Exteriorizar as surpresas ou as descobertas, avançando, assim, na expressão oral.

CONTEÚDOS	LACTENTES (0-12 meses)	1-2 ANOS (12-24 meses)	2-3 ANOS (24-36 meses)
Observação e imitação das outras pessoas.	Fixar-se no que os companheiros e os adultos fazem e começar a imitá-los.	Fixar-se no que os companheiros e os adultos fazem e imitá-los em determinados momentos.	Imitar as situações cotidianas no jogo (jogo mais rico, jogo simbólico), reproduzindo, provando e imaginando.
Identificação com o próprio grupo.	Manifestar de alguma maneira sentimentos de pertinência a um grupo, sobretudo em relação à educadora e ao espaço (começar em relação aos companheiros).	Manifestar de alguma maneira sentimentos de pertinência a um grupo em relação à educadora, ao espaço e aos companheiros.	Manifestar sentimentos de pertinência a um grupo em relação à educadora, ao espaço e aos companheiros.

PCC CRECHE MARRECS
Área: **Descoberta do meio**
Bloco de conteúdos: **Jogo e interação com objetos e materiais**

CONTEÚDOS	LACTENTES (0-12 meses)	1-2 ANOS (12-24 meses)	2-3 ANOS (24-36 meses)
Observação.	Ser capaz de observar estímulos presentes durante pequenos momentos (com ou sem intervenção da educadora).	... relacionando-os entre si.	... e diferenciando as constantes alterações.
Exploração sensorial.	Ser capaz de explorar através dos sentidos as diferentes características dos elementos que a envolve.	Ser capaz de experimentar, combinando diferentes objetos a partir de experiências anteriores.	Nomear algumas qualidades perceptivas (grande/pequeno, muito/pouco/nada, escuro, ruído, etc.).
Interesse e curiosidade por explorar e manipular.	Ter interesse por explorar e manipular diferentes materiais (naturais, brinquedos, objetos cotidianos e diversos, etc.).	Ter interesse por explorar e manipular diferentes materiais (naturais, brinquedos, objetos cotidianos e diversos, etc.).	Ter interesse por explorar e manipular diferentes materiais (naturais, brinquedos, objetos cotidianos e diversos, etc.).
Percepção e discriminação de sensações. Seleção de objetos e materiais.	Perceber estímulos sensoriais diversos, partindo da manipulação de materiais.	Discriminar diferentes sensações a partir da manipulação e da experimentação de materiais. Selecionar objetos ou materiais segundo o jogo que se faz.	... e começar a verbalizá-lo. Fazer o mesmo com animais e plantas, detectando como são e o que fazem. Selecionar objetos ou materiais com uma determinada finalidade.

CONTEÚDOS	LACTENTES (0-12 meses)	1-2 ANOS (12-24 meses)	2-3 ANOS (24-36 meses)
Localização de estímulos no meio.	Localizar estímulos presentes com ajuda, se necessário.	Localizar determinados objetos e estímulos no meio próximo.	... e verbalizá-lo.
Imitação. Jogo simbólico.	Imitar ações presentes.	Imitar ações sem a presença de modelo. Ser capaz de iniciar um jogo simbólico com objetos (individual ou em duplas).	Reproduzir situações vividas através do jogo simbólico. Ser capaz de fazer um jogo simbólico mais elaborado. Fazê-lo também em pequeno grupo.
Cuidado com o meio.	— —	Começar a ter cuidado com os objetos, os animais e as plantas, com a ajuda da educadora.	Ter cuidado com os objetos, os animais e as plantas, com a ajuda da educadora.

PCC CRECHE MARRECS
Área: **Descoberta do meio**
Bloco de conteúdos: **Cultura e tradições**

CONTEÚDOS	LACTENTES (0-12 meses)	1-2 ANOS (12-24 meses)	2-3 ANOS (24-36 meses)
Participação e prazer nos jogos e canções.	Desfrutar com as canções e com os jogos feitos quando está no colo.	Reconhecer as canções trabalhadas e participar com mímicas. Participar e desfrutar dos jogos.	Começar a cantar e recordar as canções habituais. Cantar espontaneamente.
Participação nas festas e tradições.	- - -	Desfrutar com uma certa tranquilidade das festas celebradas na escola.	Participar na realização das festas e desfrutá-las. Conhecer as figuras mais representativas das manifestações tradicionais: bonecos gigantes, dragões, *tió**, *carnaval*, etc.
Interesse pelos contos escutados ou observados.	- - -	Ter interesse e curiosidade pelos contos e por outros materiais impressos. Centrar a atenção, durante pequenos instantes, observando contos e/ou imagens.	Começar a recordar coisas a partir das imagens. Conhecer alguns contos populares e os seus protagonistas. Desfrutar escutando contos e observando-os.
Experimentação a partir da própria ação.	Perceber os efeitos da sua ação sobre os objetos.	Comprovar os efeitos da sua ação sobre os objetos.	Comprovar os efeitos da sua ação sobre os objetos e começar a prevê-los.
Atenção e constatação das mudanças.	Observar o meio próximo.	Perceber as mudanças evidentes no seu meio, nos objetos e nas pessoas.	... e verbalizá-las.

*N. de T. *Tió* — Festa tradicional catalã em que as crianças recitam uma quadrinha, golpeam um tronco de madeira com cara de boneco e, então, recebem um pequeno presente.

ANEXO 8. A ORGANIZAÇÃO DO ESPAÇO EM UMA CRECHE: A SUA CONCRETIZAÇÃO NO PROJETO CURRICULAR DE CENTRO

(Creche Municipal Marrecs, de Sant Just Desvern. A organização do espaço na nossa escola[10])

Idéias gerais em relação ao tratamento e à utilização do espaço

Em geral, a escola tenta compartilhar e deixar flexibilidade na utilização livre dos diferentes espaços por parte de cada professor; afora isso, pensamos que é necessário estar de acordo em determinados aspectos para evitar confusões e funcionar de uma maneira ágil e coordenada.

A idéia que temos no momento e que procuramos manter é a de apresentar um *equilíbrio* entre as chamadas posturas de "portas abertas", segundo as quais as crianças e as educadoras podem dispor em qualquer momento de qualquer espaço e as crianças podem voltar e passear livremente por todas as salas; e as posturas de "portas fechadas", nas quais cada grupo está dentro da sua sala e não faz contato entre as crianças de diferentes grupos.

Pensamos que as crianças, nessa idade, necessitam ter como referência um grupo de companheiros, uma sala e um educador que sejam estáveis, que lhes dêem segurança e que as ajudem a estruturarem-se (*grupo de referência*). Por isso, é conveniente, em determinados momentos, fechar as portas da sala e realizar atividades tranqüilas com todo o grupo.

De qualquer modo, pensamos que é necessário que as crianças vão conhecendo e apropriando-se de todos os espaços disponíveis da escola e possam relacionar-se com outros grupos e com educadores e educadoras diferentes. *Tentamos criar situações e momentos dos dois tipos de uma maneira organizada e dentro de certos limites e de certos acordos que deverão ser estabelecidos.*

Neste item do projeto, coletamos tais acordos, deixando claro que podem ser modificados sempre que toda a equipe achar conveniente. O espaço da escola está formado por diversos espaços que têm funções e utilizações diferentes: há espaços que são comuns e que são utilizados por diversos grupos; outros (a sala de aula), em geral, utilizados somente pelo mesmo grupo; e ainda outros destinados exclusivamente às educadoras e aos educadores (vestiários, gabinetes, etc.).

A seguir, explicaremos quais são os acordos básicos considerados como educadores em relação aos diferentes espaços.

Esses *diferentes espaços da escola* são os seguintes:

- Espaço da sala de aula.
- Espaços comuns:
  — O corredor.
  — O pátio.
  — A cozinha.

Na escola, há uma ou duas pessoas responsáveis pelos diferentes espaços a cada ano. A função delas é a de cuidar/observar para que o seu espaço seja mantido tal como está previsto em cada momento; procurar manter os acordos assumidos; ir pensando em sugestões ou propostas concretas para a sua decoração, utilização e manutenção, tentando envolver os diferentes grupos e as crianças nas atividades geradas.

O espaço da sala de aula

Os meninos e as meninas passam a maior parte do dia na sua sala de aula. Esse é o espaço onde as crianças são recebidas quando chegam, onde jogam e onde fazem determinadas atividades, ou seja, onde fazem o descanso, lancham e despedem-se quando os familiares as buscam.

Nesse espaço, trabalha-se e considera-se toda a diversidade de conteúdos e de objetivos, exceto alguns que são considerados em outros espaços, nos quais se possa trabalhar com maior riqueza e possibilidades. Entre os conteúdos apresentam-se, citam-se: motricidade global e deslocamento diverso; observação de elementos e fenômenos da natureza; conhecimento em relação a outros grupos e a outros adultos da escola; participação nas festas e celebrações da escola.

Um critério fundamental nas nossas escolas é que a organização seja *polivalente e flexível*, uma vez que permite cumprir com *multiplicidade de funções* que comentamos anteriormente (trabalhar, jogar, comer, dormir, etc.) durante uma jornada e, portanto, parte do mobiliário deve poder ser deslocado e movido quando necessário.

Um outro critério é o de *estimular o jogo em pequenos grupos para favorecer a comunicação e a interação entre as crianças*. Por esse motivo, nas nossas salas, organizamos o espaço em diferentes cantinhos de jogo e de trabalho, que devem ser decididos em função da idade e das necessidades das crianças. Na maioria das salas de aula, por exemplo, é feita a "casinha" com pequenas variações, na qual as crianças podem brincar com os objetos que habitualmente existem em uma casa, em uma cozinha ou em um quarto de dormir; na parte da cozinha pode haver potes, pratos, talheres e comidas; outros espaços se parecem mais com um quarto de dormir, com caminha, mesa de cabeceira, bonecas e roupas. Freqüentemente também se fazem o cantinho dos carros, o cantinho dos jogos de mesa, do cabeleireiro, etc. Tudo gira em função do que o educador daquele grupo considera mais adequado e enriquecedor naquele momento.

Em relação à metodologia de trabalho nos cantinhos, dedicaremos um item próprio dentro da "Metodologia", em que tratamos e definimos mais o *como* e *quando* fazê-lo.

Na hora de organizar e revisar o espaço da nossa sala, também tentamos *favorecer a autonomia* e os hábitos de ordem dentro da escola. Isso implica que as crianças saibam o lugar de cada coisa, possam pegá-la e colocá-la de volta no local; que tenham, portanto, diversos materiais e jogos/brinquedos ao seu alcance, que saibam qual é o seu cabide, a sua toalhinha, o seu espaço no armário, etc.

É preciso que as crianças reconheçam os diferentes cantinhos de sua sala, o seu nome, os objetos que habitualmente usam, as atividades que possam fazer; que colaborem na hora de preparar a mesa, de limpá-la, servi-la e tirá-la; que colaborem para separar as cadeiras para brincar, colocar uma mesa para pintar, etc., ou alguma outra coisa que envolva uma certa autonomia e uma certa colaboração na manutenção da ordem dentro da sala.

A decoração e a ambientação da sala e da escola em geral são muito importantes e têm uma considerável influência no comportamento e nas atitudes das crianças e de nós mesmas; por isso, de vez em quando é importante revisar e observar minuciosamente a nossa sala, tentando *adotar o ponto de vista das crianças* e planejando alterações e novidades que possam provocar situações, relações e atitudes diferentes e motivadoras.

O corredor

Na nossa escola, o corredor é um espaço bastante amplo, que dá acesso a cinco salas. Nesse corredor existem estantes, nas quais as crianças deixam as suas mochilas, os seus casacos, etc. Há duas janelas grandes, através das quais se vê a rua, e as crianças, freqüentemente, ficam para olhar para fora ou jogar.

Os pais e as mães entram e passam pelo corredor, acompanham seus filhos até a sala de aula e trocam informações e cumprimentos.

Eles têm criado ambientes diferentes no corredor, relacionados a determinados momentos da vida escolar ou quando vêm sugerir alguma atividade na escola. Temporariamente, devido a um determinado interesse de trabalho de um centro ou de uma festa, com a colaboração dos pais e das mães, troca-se a decoração e a ambientação da escola.

Finalidades e utilizações básicas do corredor

Consideramos o corredor como um *espaço de prolongamento da sala de aula*, o qual poderá ser utilizado por cada educador conforme as necessidades do seu grupo. Também pensamos que, como o pátio, é um espaço onde se pode *favorecer as relações entre as crianças de diferentes idades e grupos* e tentar estimular com a nossa intervenção.

É um local onde se faz necessária a presença dos educadores e das educadoras para evitar conflitos e para que seja um espaço realmente educativo.

Para alcançar tais objetivos, pela manhã, a partir das 10h, uma educadora é responsável pelo que acontece nesse espaço, sai com o seu grupo, propõe atividades no corredor e acolhe ou atende crianças de outros grupos que também tenham saído. Dessa maneira, um dia na semana, cada grupo é responsável por esse espaço e cria-se uma responsabilidade compartilhada entre os educadores e as educadoras, não somente ao próprio grupo, mas também com relação às crianças de outros grupos.

As crianças do grupo em questão podem, caso queiram, brincar dentro da sala, sempre que a educadora ou o educador possa responsabilizar-se por todo o espaço. Em geral, está todo ocupado, uma vez que são três núcleos de grupos com dois ou três educadores cada um (grupo de 3 anos com dois; grupo de lactentes e de 1 ano com três e os dois grupos de 2 anos com dois educadores). Portanto, um dos educadores pode sair ao corredor, enquanto o outro ocupa-se das crianças que ficam na sala.

Isso não impede que, igualmente, das 10 às 11h, cada educador faça as atividades com o seu grupo: se alguma criança cansa de estar na sala, terá a opção de sair ao corredor e estará controlada; poderá, então, jogar com o educador que, naquele dia, é o responsável pelo local.

Em geral, no corredor são feitas atividades mais planejadas e dirigidas; mais adiante são feitas atividades de jogo livre, explicação e leitura de contos, canções, etc. Um critério importante na hora de escolher a atividade é que possibilite a participação e o jogo de crianças de diferentes idades, cada um a seu nível.

A decoração e o mobiliário devem *favorecer a relação por meio de um ambiente relaxado e tranquilo*, para acalmar as crianças que estejam bastante inquietas ou nervosas; tenta-se não favorecer correrias e o jogo motor muito movimentado. É importante fechar ou criar diferentes espaços, favorecer a criação de grupinhos de jogos (cortinas, móveis, etc.) e criar uma certa intimidade. Esses espaços variam a cada ano letivo e no decorrer de um mesmo ano. Alguns desses espaços ou cantinhos que podem ser criados são: dos carrinhos, com uma ponte ou rampa; do conto, com uma estante alta que pode ser baixada em determinados momentos; da loja, etc. (ver Foto 4).

Em relação ao material e aos joguinhos do corredor, em geral, são materiais grandes, brinquedos/peças de jogos sólidas e grandes, para que não sejam perdidos. Por exemplo, não pode haver quebra-cabeças, nem joguinhos de montar com peças pequenas; não é um local adequado para fazer atividades manipulativas finas, as quais devem ser prioritariamente realizadas dentro da sala de aula. Conforme os cantinhos, podem ter carrinhos de bonecas, módulos grandes de espuma para jogos motrizes, caminhões e carrinhos, bonecos grandes, contos na estante, etc.

Foto 4. "Hoje comemos todos juntos no vestíbulo.": turma da Creche Marrecs.

O corredor, em geral, não é utilizado das 13 às 15h, durante o período do descanso do meio-dia, para evitar dispersão das crianças e para não incomodar aquelas que dormem.

O vestíbulo

É definido como um espaço diferente da escola, sendo o local onde é possível realizar determinadas atividades que sejam convenientes em certos momentos e que requerem um espaço maior ou diferente da sala de aula.

Em geral, são atividades que requerem um espaço maior que o da sala e que é preciso realizar movimentos ou juntar diferentes grupos. Trata-se de *atividades motoras e de psicomotricidade, uma representação, apresentação de marionetes, canções ou simplesmente jogos livres com os elementos de jogos que há (montagem/construção para colocar o tobogã) e outros materiais preparados para a ocasião.*

Geralmente o utilizamos ao serem realizadas atividades que envolvem um *certo planejamento e preparação;* a realização dessas atividades já está prevista, considerando os objetivos e os conteúdos que serão trabalhados, a seqüência da atividade, o material, o tipo de intervenção da professora, etc. Freqüentemente, são atividades bastante dirigidas e direcionadas a um grupo ou a grupos determinados.

Cada educador e educadora pode fazer, se considerar conveniente, no mural que há na sala dos educadores anotações prevendo o uso desse espaço; cada um prevê a data, a finalidade e se é possível ou não compartilhar com outro grupo que esteja interessado.

O pátio

As *finalidades básicas* para as quais se utiliza esse espaço são as de relaxar, expandir-se, poder mover-se e correr; afora isso, utiliza-se o pátio quando se trabalha determinados conteúdos.

A seguir, fazemos referência aos objetivos gerais e aos conteúdos que, normalmente, consideramos e favorecemos no pátio (ver quadro abaixo):

Intervenção das educadoras e dos educadores

Em geral, deixamos as crianças brincarem livremente no pátio e quase não se intervém no jogo; elas devem acostumar-se a brincar sozinhas, a relacionar-se com as outras meninas e com os meninos, bem como aprender a solucionar os seus pequenos conflitos. No pátio, as educadoras e os educadores sempre estão presentes: às vezes, somente para observar, em outras para cantar e fazer brincadeiras com as crianças; também para relacionarem-se de uma maneira mais individualizada com aquelas que não se aproximam e pouco os procuram. É um momento de certo descanso para as educadoras, de conversar entre si e trocar comentários; isso é bom para as educadoras e para as crianças que também desfrutam da conversa e que se atrevem a procurar relacionar-se com outra educadora ou educador.

A partir dessa utilização cotidiana como espaço para o recreio, quando realizamos atividades mais planejadas com um grupo concreto ou com diversos grupos (almoçar ao ar livre, atividades motoras, observação e exploração de elementos ou fenômenos da natureza, jogo com água, etc.), a intervenção será igual a outras atividades.

Organização do pátio: cantinhos e materiais

O nosso pátio, atualmente, possui os seguintes espaços e cantinhos:

- Zona dos balanços com sombra.
- Zona da areia.
- Zona dos aparelhos, com o arco, o escorregador, os pássaros (estilo das pracinhas de brinquedo).

- Objetivo geral 1: que a criança seja capaz de conseguir, aos poucos, o conhecimento do próprio corpo, nomeando as diferentes partes e sendo progressivamente autônoma no desenvolvimento das diversas atividade motoras que vai adquirindo. Sobretudo, ao que se refere às habilidades motrizes. Os elementos e os brinquedos do pátio (o escorregador, o arco, os balanços, os pneus, os baldes, etc.) já favorecem espontaneamente o trabalho e o desenvolvimento dessas habilidades; de toda forma, às vezes, também podem ser realizadas outras atividades mais dirigidas.
- Objetivo geral 2: que a criança seja capaz de discriminar e diferenciar todas as suas capacidades sensoriais (auditivas, visuais, táteis, etc.), através da *observação e da experimentação de tudo que a envolve.*
  No pátio, as crianças podem brincar livremente com os materiais da natureza (areia, pedras, água, etc.); podem *sentir, perceber, observar e experimentar os diferentes elementos do meio natural e social* (o vento, a chuva, o ruído das árvores, o ruído de um avião, o calor do sol, as folhas e os frutos das árvores, a escavadeira da obra ao lado, etc.).
- Objetivo geral 6: que as crianças sejam capazes de reconhecer e de orientar-se nos espaço habituais, ampliando progressivamente a descoberta do meio, através da observação e da experimentação, adquirindo uma orientação temporal em relação aos ritmos e às atividades cotidianas.
- Objetivo geral 8: que a criança seja capaz de *desfrutar e de participar ativamente nas diferentes situações de jogo livre ou dirigido que é proposto na escola* (jogo simbólico, no pátio, nos cantinhos da sala, etc.).

- Zona dos lactentes.

Os brinquedos e materiais do pátio são guardados dentro do prédio da escola e são colocados no pátio a cada dia. Os brinquedos que estragam são consertados ou tirados de circulação; sempre se tenta mantê-los em bom estado.

As crianças devem acostumar-se a reconhecer e a diferenciar os brinquedos de interior e de exterior e não trazê-los à sala ou vice-versa, para que não sujem, não fiquem misturados, ou seja, é uma maneira de a criança aprender a cuidar dos objetos e colaborar na ordem do centro.

Todos os educadores e, principalmente, a pessoa encarregada do pátio devem empenhar-se no estabelecimento desses acordos e para que todos colaborem com a sua manutenção.

Horário

Cada educador ou educadora pode utilizar o pátio no momento em que considere conveniente; mesmo assim, a equipe estabelece alguns limites que deverão ser respeitados, salvo em ocasiões especiais. No inverno, não se considera conveniente sair antes das nove, porque é muito frio; também isso se aplica ao horário do almoço e da hora do descanso, porque as crianças deverão estar reunidas com seu grupo.

A cozinha

A cozinha da nossa escola está situada perto da entrada do corredor que dá acesso às diferentes salas de aula. Tem uma janela que comunica com o corredor e, portanto, quando qualquer adulto, criança ou familiar vai às salas, passa forçosamente pela cozinha e vê como as cozinheiras movimentam-se e preparam a comida. Isso faz com que as cozinheiras e a cozinha seja *um espaço muito conhecido e familiar para as crianças e as pessoas que as trazem à escola*. Pela manhã, as crianças passam pela cozinha, cumprimentam as cozinheiras, conversam com elas e perguntam a elas o que terá para o almoço. Na creche, aproveita-se esse fato para que as crianças aprendam a *relacionar-se com adultos diferentes e para trabalhar as formas sociais de saudações e de cortesia* ("Bom dia!", "Olá, Viki!", "Até amanhã!", "Adeus!", etc.).

Por outro lado, na cozinha há toda uma série de materiais, produtos, aparelhos e alimentos que não há em outros locais da escola. Às vezes, as crianças vão à cozinha buscar alimentos para levar à sala; lá, podem *observar* como se transformam os alimentos através da elaboração e do cozimento; às vezes, os pequenos grupos podem participar ativamente nessa *elaboração* (amassar a massa dos croquetes, levar as bolachas ao forno, enfeitar uma torta, etc.). Com a ajuda das cozinheiras, que colaboram nas atividades educativas e que fazem parte da equipe educativa, podem considerar e trabalhar uma série de conteúdos que constam no projeto educativo e curricular da nossa escola.

Os *conteúdos* que procuramos veicular, preferentemente no espaço da cozinha e com a colaboração das cozinheiras, constam no quadro a seguir:

- Observação e conhecimento dos alimentos, dos objetos, dos instrumentos e dos aparelhos da cozinha (limpeza dos pratos, da batedeira, do descascador de batatas, etc.).
- Observação e participação nas trocas e transformações dos alimentos.
- Observação dos processos de elaboração e cozimento dos alimentos.
- Experimentação e exploração com alimentos e produtos.
- Utilização de formas orais de saudações e de convivência.
- Capacidade de relação com os diferentes adultos da escola.
- Valorização da função e da utilidade das cozinheiras na vida da creche e na satisfação das necessidades de alimentação das crianças.

Notas

[1] Esta jornada corresponde a um dia de aula no grupo de um ano na Creche Municipal de Marrecs, de Sant Just Desvern, com as professoras Marta Martí e Teresa Amigó.

[2] As anotações que aparecem entre parênteses são as indicações dos diferentes momentos da jornada.

[3] Esta jornada corresponde a um dia de aula no grupo de quatro anos da pré-escola da Escola Folch i Torres, de Esplugues del Llobregat. As duas professoras que atendem as duas turmas de quatro anos dessa escola chamam-se Antonieta Carbonell e Anna Messeguer.

[4] Esta unidade didática foi elaborada no seminário "O ciclo 3-6 dentro da etapa da educação infantil", realizado em Esplugues de Lobregat, durante o ano letivo de 1993-1994, coordenado por Teresa Huguet; participaram também: Maria Bagó, Antonieta Carbonell, M. Lluïsa Cuadra, Isabel Dómine, Nicolás Domínguez, Anna Messeguer, M.Carmen Rodríguez e Rosa Vílchez.

[5] Esta unidade didática foi elaborada no seminário: "O ciclo 3-6 dentro da etapa da educação infantil", realizado no ano letivo de 1993-1994, em Esplugues de Llobregat, coordenado por Teresa Huguet; participaram: Maria Bagó, Antonieta Carbonell, M. Lluïsa Cuadra, Isabel Dómine, Nicolás Domínguez, Anna Messeguer, M. Carmen Rodríguez e Rosa Vílchez.

[6] Este trabalho foi realizado na E. B. L'Arboç, durante o ano letivo de 1991-92, no qual intervieram as seguintes professoras: Montserrat Bastardes, Cristina Alvarez, Dolors Gamito, Dolors Jimenez, Núria Roca, Maite Hernanz, com o assessoramento de Eulàlia Bassedas.

[7] Deste projeto curricular participaram as educadoras da escola: Raquel Dómine, Rosario Cuervo, Margarita Hernández, Thaïs Monfort, Lourdes Montraveta, Lourdes Mor, Rita Romanos, Montserrat Soler, Encarnación Vilchez e Anna Mª Vives, com o assessoramento de Teresa Huguet, da EAP de Esplugues-Sant Just.

[8] Teresa Huguet, EAP de Esplugues.

[9] Deste projeto curricular participaram as educadoras e os educadores da escola: Teresa Amigó, Toni López, Marta Martí, Assumpció Roca, Montserrat Rodriguez, Susanna Ruiz, Anna Segura, Angelina Torelló, Anna Trepat, Gabriela Vegas, com o assessoramento de Teresa Huguet, da EAP de Esplugues-S.Just.

[10] Neste projeto colaboraram: Teresa Amigó, Toni López, Marta Martí, Victoria Nuñez, Assumpció Roca, Montserrat Rodriguez, Susanna Ruiz, Anna Segura, Charo Talaverón, Angelina Torelló, Anna Trepat, Gabriela Vega, com o assessoramento de Teresa Huguet.

Guia de recursos e serviços para a criança

Este guia contém uma série de centros públicos que oferecem diversos serviços às crianças de zero a seis anos. Faremos uma pequena explicação de cada serviço e daremos indicações que permitem o contato com os profissionais, caso se deseje solicitar seus serviços no âmbito da escola ou particular.

Para informação sobre os serviços, pode-se consultar a obra:

Guia d'equips d'atenció especialitzada per a infants, adolescents i joves de Catalunya. Barcelona: Generalitat de Catalunya. Departament de Benestar Social, 1994. (Também se pode consultar a versão informatizada.)

BIBLIOTECAS INFANTIS

Muitas bibliotecas da rede pública da Catalunha (Departament de Cultura de la Generalitat ou da Diputació de Barcelona) têm uma zona específica independente para as crianças até os seis anos. Todas possuem material próprio para essa idade (livros de contos com texto, livros de imagem, publicações periódicas e material audiovisual), o qual pode ser consultado na biblioteca ou retirado sob forma de empréstimo. Também, às vezes, há um mobiliário e um acervo específico (expositores, almofadas). Além disso, algumas contam com pessoas dedicadas especificamente para essa faixa etária; em outras são feitas atividades direcionadas às crianças, como a explicação de contos ou atividades de animação.

Para maiores informações, entrar em contato com:

- Xarxa de Biblioteques Populars
  Diputació de Barcelona
  Comte d'Urgell, 187
  08036 Barcelona
  Tel.: (93) 402 25 45
  Fax: (93) 402 24 88.

Servei de Biblioteques i del Pratimoni Bibliogràfic.

- Departament de Cultura de la Generalitat de Catalunya.
  Portaferrissa, 1. Palau Moja
  08001 Barcelona
  Tel.: (93) 302 15 22.

LUDOTECAS DESTINADAS ÀS CRIANÇAS PEQUENAS

As ludotecas definem-se como "um equipamento dirigido por uma equipe estável e profissional, com um projeto específico de jogos e atividades lúdicas, com um acervo lúdico significativo e aberto ao público". A maioria das ludotecas está aberta às crianças da pré-escola e às maiores; também existem aquelas que são especializadas para atender somente a faixa etária de zero a seis anos, nas quais as crianças deverão ir acompanhadas por pessoas adultas. Essas ludotecas possuem diversos espaços diferenciados: espaço amplo para os jogos motores; um outro espaço para jogos simbólicos e de montagem/construção; um terceiro espaço para a iniciação em jogos de regras; e, finalmente, um pequeno espaço de biblioteca. As ludotecas estão abertas normalmente de manhã para as creches ou para as pré-escolas da zona onde estão situadas.

Para maiores informações, entrar em contato com:

- ATZAR, Associació de Ludotecàries, Ludotecaris i Ludoteques de Catalunya
  Còrsega, 269
  08036 Barcelona
  Tel.: (93) 237 07 01 e 218 78 87.

NOVOS SERVIÇOS EDUCATIVOS PARA CRIANÇAS DE 0 A 3 ANOS

Nos últimos anos, em diferentes âmbitos, tem-se observado o interesse em iniciar serviços para ajudar famílias ou crianças de meios pouco favorecidos culturalmente, a fim de possibilitar-lhes um desenvolvimento mais rico em experiências. Sem intenção de ser exaustivo e pela sua novidade, faremos uma relação de alguns desses serviços, com uma pequena explicação do que oferecem à população.

- *Espaço familiar*
  Prefeitura de Barcelona – Fundació Bernard van Leer. É um serviço que oferece um local de apresentação e de relacionamento para pequenos e grandes, no qual as crianças até três anos podem ir para jogar, acompanhadas do adulto que as cuida. Um ambiente seguro e acolhedor, equipado com uma grande diversidade de materiais e joguinhos; conta com a presença e o apoio de pessoal especializado.
  — Centre de Serveis Personals "Erasme Janer"
  Erasme Janer, 8
  Tel.: (93) 329 62 04
  Barcelona 08001 (Ciutat Vella).
  — La Casa dels Colors
  Alts Forns, 46, 1r
  Tel.: (93) 223 34 56
  Barcelona 08038 (Sants-Montjuïc).
  — Centre Cívic Bon Pastor
  Enric Sanchís, s/n
  Tel.: (93) 314 79 47
  Barcelona 08030 (Sant Andreu).

- *Local de jogos*
  Prefeitura de Barcelona – Fundació Bernard van Leer. É um serviço dirigido aos professores e às professoras de creches e pré-escolas, o qual oferece às crianças de dois a quatro anos um ambiente rico em aprendizagem, em um espaço organizado em cantinhos de atividades com brinquedos, jogos e materiais diversos; tudo é especialmente selecionado para a diversidade de capacidades e habilidades que desenvolvem.
  – Centre de Seveis Personals "Erasme Janer"
    Erasme Janer, 8
    Tel.: (93)329 62 04
    Barcelona 08001 (Ciutat Vella).
  – La Casa dels Colors
    Alts Forns, 46,1r
    Tel.: (93) 223 34 56
    Barcelona 08038 (Sants-Montjuïc).
  – Centre Cívic Bon Pastor
    Enric Sanchís, s/n
    Tel.: (93) 314 79 47
    Barcelona 08030 (Sant Andreu).
- *Já temos um filho*
  Prefeitura de Barcelona – Fundació Bernard van Leer. É um programa que impulsiona a criação de grupos e intercâmbio, orientado por profissionais e direcionado às mães que acabaram de ter bebê.
  – Centre de Serveis Personals "Erasme Janer"
    Erasme Janer, 8
    Tel.: (93) 329 62 04
    Barcelona 08001 (Ciutat Vella).
  – La Casa dels Colors
    Alts Forns, 46, 1r
    Tel.: (93) 223 34 56
    Barcelona 08038 (Sants – Montjuïc).
  – Centre Cívic Bon Pastor
    Enric Sanchís, s/n
    Tel.: (93) 314 79 47
    Barcelona 08030 (Sant Andreu).
- *Centro do Dia Materno-filial "Casa de la Font"*
  Prefeitura de Barcelona – Serveis Socials
  Om, 3
  Tel.: (93) 441 58 42
  Barcelona 08001 (Ciutat Velha).
  É um centro que acolhe crianças de zero a três anos com as suas mães e que pretende fazer uma tarefa educativa e de socialização com as famílias do distrito da Cidade Velha que convivem com uma problemática grande.
- *Casa Aberta*
  Prefeitura de Vilanova e de Geltrú
  Josep Coroleu, 20
  08800 Vilanova e Geltrú
  Tel.: (93) 815 92 46.
  É um local de apresentação e de acolhida para crianças de zero a quatro anos e para as pessoas que as acompanham. É um espaço aberto que pode ser freqüentado por adultos e crianças para repousar, jogar, conversar, onde há profissionais que têm objetivos de dar um bom atendimento e de criar um espaço acolhedor e tranqüilo.

Em outros municípios, podem ter iniciado outros programas semelhantes. Para o seu conhecimento é interessante entrar em contato com as áreas de Educação ou de Serviços Sociais das prefeituras.

EQUIPE DE ASSESSORAMENTO E DE ORIENTAÇÃO PSICOPEDAGÓGICA (EAP)

- *Equipes de Assessoramento e Orientação Psicopedagógica (EAP)*
  Direção Geral de Ordenação Educativa. Departamento de Ensino. Generalidade da Catalunha.

Os EAP são serviços educativos de composição interdisciplinar (psicólogos, pedagogos e assistentes sociais) que fazem o assessoramento e a orientação psicopedagógica aos centros educativos, para que possam responder adequadamente à diversidade das necessidades educativas que o aluno apresenta no decorrer da sua escolaridade.

O âmbito de intervenção das EAP é a comarca (corresponde a uma região); naquela em há população elevada, o atendimento ocorre em um processo de intervenção mais reduzido: distrito, município, subcomarca.

Atualmente a rede, que compreende toda a Catalunha, é composta por 77 equipes, distribuídas por todo o território catalão: 74 de setor e 3 específicas para alunos com deficiências sensoriais e motoras. Estas últimas estão vinculadas a centros de recursos específicos que auxiliam no aspecto de valoração, orientação e acompanhamento escolar:

- *Centros de Recursos Educativos para Deficientes Auditivos (CREDA)*
  Direção Geral de Ordenação Educativa. Departamento de Ensino. Generalidade da Calalunha.
- *Centro de Recursos Educativos "Joan Amades" para Cegos (CREC)*
  Direção Geral de Ordenação Educativa. Departamento de Ensino. Generalidade da Catalunha e ONCE.

Para maiores informações, entrar em contato com:

- Departamento de Ensino. Generalidade da Catalunha.
  Direção Geral de Ordenação Educativa
  Via Augusta, 202
  08021 Barcelona
  Tel.: (93) 400 69 00
  Fax: (93) 400 69 80

SERVIÇO DE ATENDIMENTO PRECOCE

- *Serviço de Atendimento Precoce (SAP)*
  Instituto Catalão de Assistência e Serviços Sociais. Departamento de Bem-estar Social. Generalidade da Catalunha (centros de iniciativa privada e pública).
  Esse serviço dispõe de médicos, psicólogos, terapeutas e assistentes sociais e setoriais por comarcas e distritos municipais; tem como objetivo detectar e atender, o mais breve possível, as deficiências para que a criança amadureça e tenha um desenvolvimento normal. Trata-se de desenvolver, ao máximo, todas as capacidades da criança, dando apoio aos pais, às mães e aos educadores.
- *Centro de Saúde Mental Infantil e juvenil (CSMIJ)*
  Programa de Saúde Mental do Serviço Catalão de Saúde. Departamento de Sanidade. Generalidade da Catalunha.
  Esses centros estão formados por psicólogos, psiquiatras e assistentes sociais; fazem diagnóstico e tratamento de crianças, jovens e famílias que se apresentam em situação problemática emocional que põe em risco o seu desenvolvimento.
- *Centro de Atendimento a Deficientes (CAD)*
  Instituto Catalão de Assistência a Serviços Sociais. Departamento de Bem-estar Social. Generalidade da Catalunha.
  Esses centros, formado por psicólogos, médicos e trabalhadores sociais, pretendem dar resposta às necessidades e às demandas daquelas pessoas que sofrem de uma deficiência, uma incapacidade ou uma diminuição do tipo físico, psíquico ou sensorial.

Para maiores informações, entrar em contato com:

- Departament de Benestar Social. Generalitat de Catalunya
  Plaça Pau Vila, 1
  08003 Barcelona
  Tel.: (93) 483 10 00
- Departament de Sanitat. Generalitat de Catalunya
  Travessera de les Corts, 131-159
  08028 Barcelona
  Tel.: (93) 403 85 85
  Fax: (93) 403 89 25

EQUIPES DE ATENDIMENTO À CRIANÇA E AO ADOLESCENTE (EAIA)

- *Equipe de Atendimento à Criança e ao Adolescente com alto risco social (EAIA)*
  Direção Geral de Atendimento à Criança. Departamento de Bem-estar Social. Generalidade da Catalunha.
  Essas equipes, formadas por psicólogos, pedagogos, trabalhadores sociais e educadores, dão atendimento individualizado às crianças recomendadas pelos Serviços Sociais de Atendimento Primário, como um recurso alternativo à família em casos de maus-tratos ou de problemas graves de convivência.
- *Serviços Sociais de Atendimento Primária (SSAP)*
  Prefeituras ou conselhos de comarcas. Esses serviços, compostos por assistentes sociais, educadores sociais e trabalhadores familiares, estão situados em todos os distritos ou populações da Catalunha e pretende oferecer atendimento próximo às cidadãs e aos cidadãos; é, dessa maneira, o primeiro degrau de uma rede pública de assistência social.

Para maiores informações, entrar em contato com:

- Departament de Benestar Social
  Plaça Pau Vila, 1
  08003 Barcelona
  Tel.: (93) 483 10 00
- Prefeituras dos municípios (*pobles*) e cidades.

Guia de recursos bibliográficos e audiovisuais

BIBLIOGRAFIA PARA A PRÁTICA EDUCATIVA NA EDUCAÇÃO INFANTIL

A bibliografia que apresentamos pretende proporcionar leituras complementares às pessoas interessadas no aprofundamento de alguns dos temas sobre prática educativa que foram expostos no Capítulo 4.

É por isso que, em linhas gerais, os itens organizados nesta bibliografia são os mesmos do capítulo comentado. Escolhemos, apesar do risco de não querer ser exaustivo e de esquecer documentos interessantes, artigos e livros que, no decorrer dos dois anos, utilizamos freqüentemente em nosso trabalho. Nesta relação, estão apresentados tanto livros que aprofundam os temas sobre planejamentos psicopedagógicos de uma prática educativa de qualidade, como trabalhos que apresentam experiências educativas concretas.

O estímulo do autoconceito e da auto-estima

ARNAIZ, V.: "El profesor y la seguridad afectiva en educación infantil" (dois artigos). *Aula de Innovación Educativa*, núm. 20 e 21, 1993.

FIERRO, A.: "Personalidad y aprendizaje en el contexto escolar", em Coll, C.; PALACIOS, J.; MARCHESI, A. (comp.): *Desarrollo psicológico y educación, II. Psicología de la Educación*. Madrid. Alianza, 1990.

REINHARDT, V. e outros: "Desenvolupament de l'autoestima de l'infant". *Infància*, núm. 81, 1994, pág. 28-30.

ROGERS, C.; KUTNICK, P. (comp.): *Psicología social en la escuela primaria*. Barcelona. Paidós, 1992.

SOLÉ, I.: "Aprenentatge, educació i formació global de la persona". *Perspectiva escolar,* núm. 170, 1992, pág. 29-36.

SOLÉ, I.: "Disponibilidad para el aprendizaje y sentido del aprendizaje", em COLL, C. e outros: *El constructivismo en el aula*. Barcelona. Graó, 1993.

O ensino como uma atividade compartilhada

BRUNER, J.S.: *Desarrollo cognitivo y educación*. Seleção de textos sob responsabilidade de J. Palacios. Madrid. Morata, 1988.
COLL, C. e outros: *El constructivismo en el aula*. Barcelona. Graó, 1993.
EDWARDS, D.; MERCER, N.: *El conocimiento compartido*. Barcelona. Paidós, 1988.

Aprendizagem significativa e globalização

FEBRER, M. DE; JOVER, M.: "La globalització: una actitud", em *Guix*, núm. 181, 1992, pág. 19-22.
ZABALA, A.: "El enfoque globalizador". *Cuadernos de Pedagogía*, núm. 168, 1989, pág. 22-27.
ZABALA, A.: "Los ámbitos de intervención en la Educación Infantil y el enfoque globalizador". *Aula de Innovación Educativa*, núm. 11, 1993, pág. 13-18.
ZABALA, A.: *La práctica educativa*. Barcelona. Graó, 1995.

A atenção às necessidades educativas especiais

BOIX i AUDLADELL, J.: *Espina bífida*. Barcelona. Generalitat de Catalunya. Departament de Benestar Social, 1990.
BROWN, L.: *Criterios de funcionalidad*. Barcelona. Milán, 1989.
ESCAPA, R. (FCDS): *Síndrome de Down*. Barcelona. Generalitat de Catalunya. Departament de Benestar Social, 1991.
FERRER, I.: *Jo no hi sento com tu. La integració del nen sord a l'escola bressol*. Barcelona. Barcanova, 1989.
GINÉ, C. e outros: "Los niños con discapacidad en la escuela: recursos para la evaluación y la enseñanza". *Comunicación, Lenguaje y Educación* (tema central), núm. 22, 1994, pág. 5-53.
LEONHARDT, M.: *El bebé ciego. Primera atención. Un enfoque psicopedagógico*. Barcelona. Masson, 1992.
MARCHESI, A.; COLL, C.; PALACIOS, J. (comp.): *Desarrollo psicológico y educación, III. Necesidades Educativas Especiales*. Madrid. Alianza, 1991.
PONCES VERGE, J.: *Paràlisi Cerebral Infantil*. Barcelona. Generalitat de Catalunya. Departament de Benestar Social, 1991.
PUIGDELLÍVOL, I.: *Necessitats educatives especials*. Barcelona. Eumo, 1993.
PUIGDELLÍVOL, I.: *Programación de aula y adecuación curricular*. Barcelona. Graó, 1993.

WING, L.: *La educación del niño autista*. Guia para pais e professores. Barcelona. Paidós, 1985.

O jogo

ÁLVAREZ, C.: "El juego infantil", em MAYOR, J. (dir.): *La psicología en la escuela infantil*. Madrid. Anaya, 1987.
NAVARRO, C.: "La actividad lúdica en la educación infantil", em MOLL, B. (dir.): *La escuela infantil de 0 a 6 años*. Madrid. Anaya, 1989.
ORTEGA, R.: *Jugar y aprender*. Sevilla. Diada, 1990.
ORTEGA, R.: "Juego, desarrollo y aprendizaje en educación infantil". *Aula de Innovación Educativa*, núm. 28-29, 1994, pág. 13-18.

A adaptação

ESCOLA BRESSOL XARLOT: *Parlem d'adaptació*. Prefeitura de Barcelona, 1995 (Apontamentos da Educação Infantil).
IBÁÑEZ SANDÍN, C.: *El proyecto de educación infantil y su práctica en el aula*. Madrid. La Muralla, 1992.

As situações de alimentação

AA.DD.: *Orientacions dietètiques per a col·lectius infantils, escolars i de gent gran*. Barcelona. Prefeitura de Barcelona, 1985 (Estudos e Pesquisas).
ÁNGEL, C.: "Adquisición de hábitos y rutinas en las actividades básicas del niño", em MOLL, B. (dir.): *La escuela infantil de 0 a 6 años*. Madrid. Anaya, 1989.
BRAS, J.: *Orientacions sanitàries per a les Llars d'Infants*. Barcelona. Generalitat de Catalunya, 1985.
JIMÉNEZ, N.: *L'alimentació del nen petit a l'escola bressol*. Barcelona. Rosa Sensat, 1980.
MOLINA, L.; JIMÉNEZ, N.: *La escuela infantil*. Acción y participación. Barcelona. Paidós, pág. 153-170.
WILLIS, A.; RICCIUTI, H.: *Orientaciones para la escuela infantil de cero a dos años*. Madrid. Morata/MEC, 1990, pág. 89-95.

As situações de limpeza

MOLINA, L.; JIMÉNEZ, N.: *La escuela infantil*. Acción y participación. Barcelona. Paidós, 1992, pág. 195-209.
WILLIS, A.; RICCIUTI, H.: *Orientaciones para la escuela infantil de cero a dos años*. Madrid. Morata/MEC, 1990, pág. 95-97.
ÁNGEL, C.: "Adquisición de hábitos y rutinas en las actividades básicas del niño", em MOLL, B. (dir.): *La escuela infantil de 0 a 6 años*. Madrid. Anaya, 1989.

As situações de descanso

MOLINA, L.; JIMÉNEZ, N.: *La escuela infantil*. Acción y participación. Barcelona. Paidós, 1992, pág. 281-302.
ÁNGEL, C.: "La actividad y el descanso en la Escuela Infantil", em MOLL, B. (dir.): *La escuela infantil de 0 a 6 años*. Madrid. Anaya, 1989.
WILLIS, A.; RICCIUTI, H.: *Orientaciones para la escuela infantil de cero a dos años*. Madrid. Morata/MEC, 1990, pág. 97-100.

As situações de entrada e saída

MOLINA, L.; JIMÉNEZ, N.: *La escuela infantil. Acción y participación*. Barcelona. Paidós, 1992, pág. 303-309.
ESCOLA BRESSOL PEPETUELO: *L'entrada a l'escola bressol*. Barcelona. Patronato Municipal de Guarderies, 1985.
WILLIS, A.; RICCIUTI, H.: *Orientaciones para la escuela infantil de cero a dos años*. Madrid. Morata/MEC, 1990, pág. 26-30.

As atividades coletivas

AA.DD.: *Educación preescolar: métodos, técnicas y organización*. Barcelona. CEAC.
ANDRAUD, A.: *Los ejercicios de lenguaje en el parvulario*. Barcelona. Médica y Técnica, 1981.
ANTÓN, M.: *La psicomotricitat al parvulari*. Barcelona. Laia, 1979.
BRUEL, A. e outros: *Juegos motores con niñas y niños de 2 y 3 años*. Madrid. Narcea, 1985.
KAMII, C.: *Juegos colectivos en la primera enseñanza: implicaciones de la teoría de Piaget*. Madrid. Visor, 1988.
MAJEM, T.; ÒDENA, P.: *El joc de la descoberta*. Barcelona. A.M. Rosa Sensat, 1994.
MONFORT, M.; JUARÉZ, A.: *El niño que habla: el lenguaje oral en el preescolar*. Madrid. CEPE, 1992.
SCHILLER, P.; ROSSANO, J.: *500 actividades para el currículo de Educación Infantil*. Madrid. Narcea, 1990.

As atividades individuais

FIGUERAS, C.; PUJOL, M.A.: *Els racons de treball. Una nova forma d'organitzar el treball personalitzat*. Vic. Eumo, 1988.

As atividades em pequenos grupos: os cantinhos de jogo ou oficinas

EQUIPE DE PROFESSORES DA ESCOLA BARKENO: *Ensenyar aprenent per ensenyar a aprendre*. Barcelona. Barcanova, 1986.
BASSEDAS, E. e outros: *Juguem, comptem*. Barcelona. Rosa Sensat, 1991.
LAGUIA, M.J.; VIDAL, C.: *Rincons d'activitat a l'escola bressol e parvulari*. Barcelona. Graó, 1987.
FERNÁNDEZ, E.; QUER, L.; SECURUN R.: *Racó a racó*. Atividades a serem trabalhadas com crianças de 3 a 8 anos. Barcelona. Dossiers Rosa Sensat, 1995.
FORNASARI DE MENEGAZZO, L.: *La metodología juego-trabajo en el jardín de infantes desde el enfoque del aprendizaje activo*. Buenos Aires. Pac, 1982.
IBANÉZ SANDÍN, C.: *El proyecto de educación infantil y su práctica en el aula*. Madrid. La Muralla, 1992.
KAMII, C.; DEVRIES, R.: *El conocimiento físico en la educación preescolar*. Madrid. Siglo XXI, 1983.
SECO, E.: *Educación Infantil: Diseño curricular de aula*. Madrid. Cincel, 1990.
SAUSSOIS, N. DU.: *Actividades en talleres para guarderías y preescolar. Organizar/animar*. Madrid. Cincel-Kapelusz, 1982.
TAVERNIER, R.: *La escuela antes de los 6 años*. Barcelona. Martínez Roca, 1987.
TAVERNIER, R.: *La enseñanza entre los 2 y los 4 años*. Barcelona. Martínez Roca, 1991.
TRUEBA, B.: *Talleres integrales en educación infantil. Una propuesta de organización del escenario escolar*. Madrid. Ediciones de la Torre, 1989.
VIGY, J.: *Organización cooperativa de la clase. Talleres permanentes con niños de 2 a 7 años*. Madrid. Cincel-Kapelusz, 1976.

Os temas de trabalho

ARTIGAL, R. e outros: "Els projectes de treball: una estratègia d'aprenentatge", em AA.DD.: *La innovació en l'etapa d'educació infantil*. Comunicações das jornadas de junho de 1992. ICE-UAB, 1993.
CARBONELL, L.; GÓMEZ DEL MORAL, M.: "Los proyectos de trabajo y el aprender a aprender en educación infantil". *Aula de Innovación Educativa*, núm. 11, 1993, pág. 38-44.
DÍEZ, M.C.: *La oreja verde de la escuela. Trabajo por proyectos en Educación Infantil*. Madrid. Proyecto Didáctico Quirón, La Torre, 1995.
GIMENO, X.: "¿Se puede enseñar a pensar en el parvulario?", em MONEREO, C. (comp.): *Enseñar a pensar através del currículum escolar*. Barcelona. Casals, 1991, pág. 51-61.

HERNÁNDEZ, F.; VENTURA, M.: *La organización del currículum por proyectos de trabajo*. Barcelona. Graó, 1992.
PUJOL, M.; ROCA, N.: *Treballar per projectes a parvulari*. Vic. Eumo, 1991.
ROCA, N.; PUJOL, M.: "A vueltas con los proyectos de trabajo". *Cuadernos de Pedagogía*, núm. 212, 1993, pág. 32-35.
SELMI, L.; TURRINI, A.: *La escuela infantil a los tres años*. Madrid. Morata/MEC, 1988 (edição original: 1980).
SELMI, L.; TURRINI, A.: *La escuela infantil a los cuatro años*. Madrid. Morata/MEC, 1982 (edição original: 1982).
SELMI, L.; TURRINI, A.: *La escuela infantil a los cinco años*. Madrid. Morata/MEC, 1989 (edição original: 1987).
THIO DE POL, C.: "Els projectes a l'escola bressol". *Infância*, núm. 61, 1991, pág. 17-19.

Os materiais

ARTIGA, C.: *Material escolar*. Vic. Eumo, 1984.
GERBEAU, C.: *¿Cómo hacer? La organización material del parvulario*. Barcelona. Médico-Técnica, 1981.
GONZÁLEZ, B.; RODRÍGUEZ, M.: *Elaboración de material educativo para preescolar*. Madrid. Escuela Española, 1981.
MOLL, B.; PUJOL, M.A.: "Los materiales en la Escuela Infantil", em MOLL, B. (dir.): *La escuela infantil de 0 a 6 años*. Madrid. Anaya, 1991.
PABLO, P.; TRUEBA, B.: *Espacios y recursos para tí, para mí, para todos. Diseñar ambientes en educación infantil*, cap. VI. Madrid. Escuela Española, 1994.
WAGNER, B.J.; STUNARD, E.A.: *Cómo hacer fácilmente material didáctico*. Barcelona. CEAC, 1986.

A observação e a avaliação

KETELE, J.M. de: *Observar para educar*. Madrid. Visor, 1984.
MEC/Governo de Navarra: *Documentos de apoyo a la evaluación Infantil y Primaria*, 1993.
SECADAS, F.: *Escala observacional del desarrollo*. Barcelona. TEA, 1988.
SERVEIS PEDAGÒGICS: *Pautes i registres d'observació i avaluació. Primer Cicle d'Educació Infantil. Llar d'Infants*. Barcelona. Additio-Graó, 1994.
SERVEIS PEDAGÒGIS: *Pautes i registres d'observació i avaluació. Segon Cicle de Parvulari*. Barcelona. Additio-Graó, 1994.
SERVICIOS MUNICIPALES DE ASESORAMIENTO PSICOPEDAGÓGICO (SEMAP) DE SANT BOI E SANT JUST: *Evaluación y seguimiento en parvulario y ciclo inicial. Pautas de observación*. Madrid. Visor, 1984.

RECURSOS AUDIOVISUAIS

Aprendizagem e desenvolvimento

La organización de la acción. Barcelona. Prefeitura de Barcelona. IMIPAE, 1984 (20').
La organización de la realidad. Barcelona. Prefeitura de Barcelona. IMIPAE, 1984 (20').
Com pensen entre els dos quatre anys. Barcelona. Prefeitura de Barcelona. IMIPAE, 1985. (25')
Els progresos de Julia. Barcelona. Prefeitura de Barcelona. IMIPAE, 1988 (seis vídeos de 15' cada um).
Interacció i desenvolupament. Barcelona. ICE y Facultad de CCEE de la UAB, 1994 (25').
Relaciones madre-hijo. "La aventura de crecer". Madrid. TVE (30').
Aprender a pensar. "La aventura de crecer". Madrid. TVE (30').

A etapa de educação infantil

La educación infantil (experiencias con niños de 0 a 6 años). Ministeri d'Educació i Ciència (44'). Acompanha um guia de análise do vídeo.
L'educació a la llar d'infants i al parvulari. Departament de Ensenyament, 1989 (16').
Pensamiento infantil y cultura. Barcelona. Prefeitura de Barcelona. IMIPAE (15').
Comunicació i llenguatge al parvulari. Barcelona. A.M. Rosa Sensat, 1995 (18').
Concerts piano-violí a l'escola bressol. Barcelona. Prefeitura de Barcelona. Dirección de Serveis Pedagògics. IME, 1990 (46').
L'educació musical dels més petits. Barcelona. Prefeitura de Barcelona. Área de Educação. EMAV, 1991.
El nen i l'espai. Mapes cognitius. Vic. Eumo (12').
Se sent un color? (Good quality services for young children). Barcelona. A.M. Rosa Sensat-European Comission Network on Child Care and other measures to reconcile Employment and Family Responsabilities.
Viure en català a la llar d'infants. Barcelona. Generalitat de Catalunya. Departament d'Ensenyament. PMAV, 1993 (10').

A prática educativa I: organização e planejamento

Els educadors a les llars d'infants. Barcelona. Prefeitura de Barcelona, 1987 (11').
La organització de la clase de tres años. Barcelona. Associació de Professores Rosa Sensat-Departament d'Ensenyament. Generalitat de Catalunya, 1993 (18').

A prática educativa II: critérios e âmbitos de atuação

L'escola de la diversitat. Departament d'Ensenyament, 1989 (14').
El racó de l'ordinador. Barcelona. Prefeitura de Barcelona. IME, 1990 (6'). VHS
La psicomotricitat en el nen. Barcelona. Caixa de Barcelona, 1985 (37') Acompanha um guia.
Cuidados del recién nacido. Madrid. Videoteca de divulgación pediátrica ORDESA, 1985 (38'). VHS.
Activitats d'experimentació a l'escola bressol. Barcelona. Prefeitura de Barcelona, IMIPAE, 1987 (21').
Joguines a l'escola bressol. Barcelona. ICE Universidad de Barcelona (61').
Programa d'integració de nins deficients. Mallorca. Prefeitura de Palma. Patronat Municipal d'Escoles d'Infants, 1985 (16').
El nen i l'aigua a l'escola bressol. Barcelona. Escola Bressol Tris Tras (20').
És l'aigua un element educatiu? Barcelona. Escola Bressol Tris Tras (dois vídeos de 19').
El joc heurístic. Barcelona. Prefeitura de Barcelona. Área de Educação. Escoles Bressol Municipales, 1986 (29').
L'observació i l'experimentació al parvulari. Barcelona. A.M Rosa Sensat, 1993 (18').
El plaer de la sorpresa: l'art de la investigació. Barcelona. Prefeitura de Barcelona. Escola Bressol Municipal La Trepa i IMEB (15').
Les botigues: joguines. Barcelona. Generalitat de Catalunya, Departament d'Ensenyament, 1990 (50').
Anar de colònies. Palma. Prefeitura de Palma. Patronat Municipal d'Escoles d'Infants (12').

A família e a escola

La casa dels colors. Barcelona. Prefeitura de Barcelona: Patronat Municipal de Guarderies, 1992 (16').
El projecte Context-Infància. Barcelona: Prefeitura de Barcelona. IMEB, 1991 (18').
"Educación Infantil: de la cuna a la luna. La Aventura de Saber". Madrid. TV2, 1993.
Consta de uma série de onze vídeos que são uma representação fictícia do mundo da creche:
1. *Siete días de septiembre* (22').
2. *Na casa: preescolar en casa* (15').
3. *Habas contadas* (25').
4. *El personaje fantástico* (24').
5. *Más que una herramienta* (24').
6. *Un paso a dos* (24').
7. *La primera aventura* (24').
8. *Como la vida misma* (23').
9. *No me quieras tanto* (15').
10. *Historia de un caballo* (23').
11. *El primer adiós* (25').

Educar a los más pequeños. Programa de educação infantil. Madrid. Comunidad de Madrid. Dirección General de Educación. Casa de los niños (22').

Os vídeos mencionados podem ser encontrados nas seguintes instituições:
    Bibliotecas especializadas em educação com videoteca.
    IMIPAE. Instituto Municipal de Educação de Barcelona (IMEB).
    Centros de recursos pedagógicos (CRP) de municípios (*pobles*) e comarcas.